U0711672

高等政法院校规划教材

行政诉讼法学

XINGZHENG SUSONG FA XUE

（第六版）

司法部法学教材编辑部　审定

主　　编：应松年

副主编：杨小君　方世荣

撰稿人：（以撰写章节先后为序）

方世荣　应松年　谭宗泽

杨小君　邹　荣

中国政法大学出版社

2015·北京

声　明　　1. 版权所有，侵权必究。

　　　　　　2. 如有缺页、倒装问题，由出版社负责退换。

图书在版编目（ＣＩＰ）数据

行政诉讼法学/应松年主编. —6版. —北京：中国政法大学出版社，2015.6
ISBN 978-7-5620-6040-6

Ⅰ. ①行…　　Ⅱ. ①应…　　Ⅲ. ①行政诉讼法—法的理论—中国　　Ⅳ. ①D925.301

中国版本图书馆CIP数据核字(2015)第102324号

出 版 者　　中国政法大学出版社
地　　址　　北京市海淀区西土城路25号
邮　　箱　　fadapress@163.com
网　　址　　http://www.cuplpress.com（网络实名：中国政法大学出版社）
电　　话　　010-58908435(编辑部)　　58908334(邮购部)
承　　印　　保定市中画美凯印刷有限公司
开　　本　　720mm×960mm　　1/16
印　　张　　23
字　　数　　438千字
版　　次　　2015年6月第6版
印　　次　　2016年8月第2次印刷
印　　数　　5001～10000
定　　价　　45.00元

作者简介

应松年　男，1936 年出生，浙江宁波人。现为中国政法大学终身教授、博士生导师。第九届、第十届全国人大代表，内务司法委员会委员，北京市第十届、第十一届、第十二届人大代表、法制委员会副主任。享受政府特殊津贴，获中央国家机关"五一劳动奖章"。兼任全国人大法工委行政立法研究组副组长，中国行政法学研究会名誉会长，国务院突发公共事件应急预案专家组成员，国家减灾委员会专家委员会成员，中国法学会理事及专家委员会委员，中国监察学会副会长，最高人民检察院、公安部特约咨询员、特约监督员，北京市、天津市、福建省人民政府法律顾问，浙江省法治浙江建设专家咨询委员会委员等。主要著作：《行政法学》、《行政诉讼法学》、《行政行为法》、《国家赔偿法研究》、《中国走向行政法治探索》、《行政法学新论》、《比较行政程序法》、《行政程序法理论与立法研究》、《依法行政读本》、《走向法治政府——依法行政理论研究与实证调查》、《当代中国行政法》、《政府法治通用教程》、《中国行政法二十年丛书》等。

杨小君　男，祖籍浙江义乌，1959 年生于四川简阳。博士，现任国家行政学院法学部副主任、教授，博士生导师，中国行政法学研究会副会长，最高人民法院案例指导工作专家委员会委员。主要研究领域为行政法学、行政诉讼法学和国家赔偿法学。出版《我国行政诉讼受案范围理论研究》（西安交通大学出版社 1998 年版）、《我国行政复议制度研究》（法律出版社 2002 年版）、《行政处罚研究》（法律出版社 2002 年版）、《行政诉讼问题研究与制度改革》（中国人民公安大学出版社 2007 年版）、《政府信息公开实证问题研究》（国家行政学院出版社 2014 年版）、高等政法院校规划教材《行政诉讼法学》（副主编，中国政法大学出版社 1994 年版）等多本著作和教材，在重要学术期刊和报纸上发表《内外行政法律关系的理论与实践》、《正确认识我国行政诉讼受案范围的基本模式》、《关于国家赔偿标准的问题与建议》、《怠于履行行政义务及其赔偿责任》等文章多篇。

方世荣 男，1956 年出生，安徽省歙县人，法学博士。现任中南财经政法大学教授、博士生导师。兼任中国行政法学研究会副会长，湖北省法学会行政法学研究会会长。2000、2002 年分别赴美国乔治城大学、加州大学洛杉矶分校、德国歌德大学做高级访问学者。主要研究领域为行政法学、行政诉讼法学。出版《论具体行政行为》（武汉大学出版社 1996 年版）、《行政法律关系研究》（中国法制出版社 1999 年版）、《论行政相对人》（中国政法大学出版社 2000 年版）、《权力制约机制及其法制化研究》（中国财政经济出版社 2002 年版）、《"参与式行政"下的政府与公众关系研究》（北京大学出版社 2013 年版）、《行政法与行政诉讼法学》（中国政法大学出版社 2010 年版）、《行政诉讼法学》（清华大学出版社 2006 年版）等专著、教材近四十部，在《法学研究》、《中国法学》等学术刊物上发表论文一百八十余篇。

谭宗泽 男，1963 年出生，四川南充人，法学博士。现任西南政法大学行政法学院院长、教授，博士生导师。中国行政法学研究会常务理事、重庆市行政法专业委员会常务理事，国家行政学院兼职研究员、西南政法大学法律顾问、重庆市人大常委会立法咨询委员、重庆市人民政府立法评审专家。学术研究方向为行政法、行政诉讼法、公务员制度、行政行为及行政程序制度、国家公务员职务犯罪及预防、行政行为与民事行为之交叉研究、BOT 制度等。发表《反思与超越：中国语境下行政抵抗权研究》、《行政诉讼目的新论》、《行政违法研究》、《公务员法之公务员保障制度研究》等二十余篇论文，出版《行政诉讼结构研究》等多本著作和教材。

邹 荣 男，1964 年出生，法学博士。现任华东政法大学发展规划处处长、社会治理研究院常务副院长，华东政法大学法律学院副教授，硕士生导师，中国行政法学研究会常务理事，国家行政学院特邀研究员。历任华东政法大学成教院副院长、研究生教育院副院长，主编《行政法学》、《行政法与行政诉讼法学》、《中国行政法律》等，参编、参著各类行政法、行政诉讼法等教材与专著多部，在国内外刊物上发表论文等约十余万字。所参编《行政诉讼法学》（应松年主编）曾获司法部优秀教材二等奖。

　　长期以来，在司法部的领导下，法学教材编辑部认真履行为法学教育服务的职能，为满足我国不同层次法学教育发展的需要，在全国高等院校和科研院所的大力支持下，动员了包括中国社会科学院法学研究所、北京大学、清华大学、中国人民大学、浙江大学、厦门大学、中山大学、南京大学、武汉大学、吉林大学、山东大学、四川大学、苏州大学、烟台大学、上海大学、中国政法大学、西南政法大学、中南财经政法大学、华东政法大学、西北政法大学、国家行政学院、国家法官学院、中国人民公安大学、中央司法警官学院、广东商学院、山东政法管理干部学院、河南政法管理干部学院等单位的教学、科研骨干力量，组织编写了《高等政法院校法学主干课程教材》、《高等政法院校法学规划教材》等多层次、多品种的法学教材。

　　这些教材的出版均经过了严格的策划、研讨、甄选、撰稿、统稿、修订等程序，由一流的教授、专家、学术带头人担纲，严把质量关，由教学科研骨干合力共著，每一本教材都系统准确地阐述了本学科的基本原理和基本理论，做到了知识性、科学性、系统性的统一，可谓"集大家之智慧，成经典之通说"。这些教材的出版对中国法学教育的发展，起了非常重要的推动作用，受到广大读者的欢迎和法学界、法律界的高度评价。

　　教材是一定时期学术发展和教学、科研成果的系统反映，所以，随着科研的不断进步，教学实践的不断发展，必然导致教科书的不断修订。国际上许多经典的教科书，都是隔几年修订一次，一版、五版、二十版，使其与时俱进，不断成熟，日臻完善，成为经典，广为流传，这已成为教科书编写的一种规律。

　　《高等政法院校规划教材》出版至今已有十余年的时间，本套系列教材已修订多次，其中不少种教材多次荣获国家教育部、国家司法部等有关部门的各类优秀教材奖。由于其历史长久，积淀雄厚，已经形成自己独具特色的科学、系统、稳定的教材体系，在法学教育中，既保持了学术发展的连续性、传承性，又及时吸纳新的科研成果，推动了学科的发展与普及。它已成为国内目前最有影响力的一套法学本科教材。

进入 21 世纪，依法治国，建设社会主义法治国家是我国的基本方略。为了更好地适应新世纪法学教育的发展，为了迎接新时代的挑战，尤其是我国加入 WTO 带来的各种新的法律问题，我们结合近年来法治建设的新发展，吸收国内外法学研究和法学教育的新成果、新经验，对这套教材再次进行了全面修订。我们相信重修之规划教材定能对广大师生提供更有效的帮助。

司法部法学教材编辑部

第六版说明

　　《行政诉讼法学》初版于1994年7月出版。根据行政诉讼法实践与理论的发展，历经多次修改重版。2014年，我国《行政诉讼法》在施行25年后，进行了第一次大修，并于2015年5月1日生效。2015年4月22日，《最高人民法院关于适用〈中华人民共和国行政诉讼法〉若干问题的解释》公布，并于2015年5月1日起施行。《行政诉讼法学》当然必须据此再作修订。全书仍由原编写者执笔修改，欢迎使用和阅读本教材的读者们提出意见。

　　撰稿人分工如下（按撰写章节先后排序）：

　　方世荣 第一、四、八、九章；

　　应松年 第二、十四、十六章；

　　谭宗泽 第三、十、十一章；

　　杨小君 第五、六、十五、十七章；

　　邹　荣 第七、十二、十三章。

编　者
2015年5月11日

第五版说明

　　本书 2006 年"第四版"距今已有 5 年的时间，这段时间正值"十一五"硕果累累，"十二五"蓄势待发，我国的社会主义法治建设取得了积极的成果，行政法治方面，政府信息公开、行政程序、国家赔偿、行政强制等领域都取得了突破性进展。在此期间，一批重要的法律、法规和司法解释出台和发布，《国家赔偿法》完成了修订，《行政强制法》在期待中出台，《最高人民法院关于审理行政许可案件若干问题的规定》、《最高人民法院关于适用〈中华人民共和国国家赔偿法〉若干问题的解释（一）》等司法解释相继发布。面对立法的变化和行政法治实践的前进，本书再一次进行修订。

　　本次修订仍然坚持前几版写作的原则：在适应教学实践的基础上，尽可能吸纳最新立法动态和理论研究成果，并与行政诉讼司法实践中的新问题、新情况相结合，力求做到理论与实践的结合。

　　"第五版"的撰稿人与分工与"第四版"相同。

　　请读者批评和指正。

编　者
2011 年 7 月于中国政法大学

第四版说明

　　我在 2001 年"修订第二版"的前言中曾说："随着诉讼实践和理论研究的新发展，我们当再次撰写新版。"时隔 4 年，又要做第三次修订了，这也从一个侧面反映出我国行政法治发展的迅速。在此期间，《行政许可法》、国务院《全面推进依法行政实施纲要》、《最高人民法院关于行政诉讼证据若干问题的规定》和其他司法解释相继发布；新的行政和司法实践提出了许多在理论上需要探索和回答的新问题；经过行政法和行政诉讼法理论与实务工作者的共同努力，在行政诉讼理论研究方面取得了许多新的进展。还应指出的是：近几年来，由于我国行政和司法实践的迅速发展，修改行政诉讼法和国家赔偿法的呼声日益高涨，时机也日渐成熟，在某些方面已形成共识。所有这些都在本书修订时着重作了研究，并力求能在修订中得到充分反映。

　　本书在初次编写时，作者们曾约定，要适应教学实践的需要，提供尽可能完整的最新研究成果和最新的发展信息；根据法律、法规和司法解释的规定，阐明我国行政诉讼制度运行的基本规则，回答理论研究和实践中提出的新问题，在涉及行政诉讼有关争议问题时，提出我们的看法，并力求观点明确，论述简明，为读者和使用者留下必要的空间。此次修订，仍本此原则。"第四版"还在每章开篇增加了内容提要及学习的目的和要求，篇末附有思考题和参考书目。"第四版"的撰稿人员与分工，与第一版、第二版相同。

　　期望得到读者的批评指正。

编　者
2006 年盛夏于世纪城春荫园

第三版说明

　　本书自 1994 年 7 月出版至今，虽然仅短短几年，行政诉讼的理论与实践却已取得长足进展。行政案件数量激增，范围扩大，多彩的审判实践又为理论研究提供了丰富营养。研究行政诉讼法的理论新作不断涌现，研究的深度与广度也今非昔比，对国外行政诉讼制度也有了更多的了解。2000 年 3 月施行的《最高人民法院关于执行〈中华人民共和国行政诉讼法〉若干问题的解释》在一定程度上标志着中国行政诉讼制度的新发展；与此同时，《行政处罚法》、《行政复议法》和《立法法》相继颁行，进一步推动了行政诉讼制度的深入和开拓。凡此种种，都表明 1994 年版的《行政诉讼法学》已过于陈旧。承中国政法大学出版社支持，本书的修订本自去年启动，几经讨论和修改，得于短期内告成。新版尽可能总结和回答诉讼实践中产生和提出的新经验、新问题，吸收行政诉讼理论研究的新成果。应该说明的是，本书中也有一些论述可能仅为本书编者的看法和观点，期待着读者提出批评。

　　将本书标明为"第三版"，意为随着诉讼实践和理论研究的新发展，我们当再次撰写新版。

　　撰稿人分工按章序排列：

方世荣　第一章、第四章、第八章、第九章

应松年　第二章、第十四章、第十六章

谭宗泽　第三章、第十章、第十一章

杨小君　第五章、第六章、第十五章、第十七章

邹　荣　第七章、第十二章、第十三章

编　者

2005 年 5 月

目 录

第一章 绪 论

■ 学习目的和要求

　　了解行政诉讼的含义及其特点；全面掌握行政诉讼法的概念和范围；正确理解行政诉讼保证人民法院公正、及时审理行政案件，解决行政争议，保护公民、法人和其他组织的合法权益，监督行政机关依法行使职权的立法宗旨；掌握行政诉讼法与其他相关部门法的联系以及行政诉讼法律关系理论，以便为以后章节的学习打下坚实的基础。

第一节　行政诉讼法概述

一、行政诉讼的概念和特点

　　行政诉讼是由法院来审理、裁判公民等因不服行政机关的行政行为所形成的行政纠纷案件的一种法律制度。它与法院审理裁判违宪案件的宪法诉讼、审理裁判民事案件的民事诉讼以及审理裁判刑事案件的刑事诉讼构成四大基本诉讼制度。行政诉讼制度是民主与法治的产物，已有数百年的发展历史，当代法治国家都建立了这一制度。我国第七届全国人民代表大会第二次会议于 1989 年 4 月 4 日制定通过了《中华人民共和国行政诉讼法》（以下简称原《行政诉讼法》），1990 年 10 月 1 日起生效施行。经过二十多年的实施，第十二届全国人大常委会第十一次会议在 2014 年 11 月 1 日作出《全国人民代表大会常务委员会关于修改〈中华人民共和国行政诉讼法〉的决定》，根据时代发展的要求对该法进行了修订。2014 年修正的《中华人民共和国行政诉讼法》（以下简称 2014 年修正的《行政诉讼法》）自 2015 年 5 月 1 日起开始施行，从而使我国的行政诉讼制度得到了新的发展完善。

　　（一）行政诉讼的概念

　　对于行政诉讼的概念，人们基于不同的法律观念和世界各国不同的法治实践，有着不同的表述。例如，在法国，行政诉讼被称为行政审判（la juridiction administratif），指公民等对行政机关的违法侵害行为，请求专门的行政法院通过审判程序给予救济的手段。在英美国家，行政诉讼被称为司法审查（judicial review），指法院应相对人的申请，审查裁判行政机关的行政行为是否违宪和违法的诉讼活动。在我国，学者们通常将行政诉讼表述为国家审判机关即法院在当事人和其他诉讼参与人的参加、配合下，按照司法程序处理解决行政案件的各种活动的总称。各种表述及其角度虽有一定差异，但在行政诉讼是解决行政审议的司法活动、是由法院运用司法权来监督行政机关依法行使行政权力、是旨在保护公民一方合法权益的诉讼这几个关键点上都基本相同。根据学术界各种表述的共同点以及我国现行行政诉讼法的规定，我们认为对行政诉讼可以作如下界定：所谓行政诉讼，是指公民、法人或者其他组织在认为行政机关及其工作人员的行政行为侵犯自己的合法权益时，依法向国家审判机关即法院请求司法保护，并由法院对行政行为进行审查裁判的一种诉讼活动。

（二）行政诉讼的主要特点

行政诉讼与民事诉讼、刑事诉讼相比较，既具有诉讼活动的一般共性，又有其固有的特点，这些特点使行政诉讼在许多方面区别于后两种诉讼制度。

1. 行政诉讼所要处理解决的是行政案件。这是行政诉讼在受理、裁判案件上与其他诉讼的区别。民事诉讼处理解决的是民事案件，刑事诉讼处理解决的是刑事案件，而行政诉讼处理解决的是作为行政主体的国家行政机关以及法律、法规、规章授权的组织（以下简称"行政机关"）在行政活动中因行使行政职权而与公民、法人或者其他组织之间发生的争议，通常也被人们称为"行政争议"。行政诉讼就是专门解决这类案件的一项法律制度。

2. 行政诉讼是法院运用国家审判权来裁判化解行政纠纷，保护公民、法人和其他组织的合法权益不受行政机关违法行政行为侵害，监督行政机关依法行使职权和履行职责的一种司法活动。这是行政诉讼在目的和性质上与其他诉讼的区别。行政诉讼的目的首先是处理、解决行政纠纷，在此过程中防范或纠正行政机关的违法行政行为，实现对公民、法人和其他组织合法权益的有效保护。显然，行政诉讼的这种目的与民事诉讼和刑事诉讼的目的是完全有区别的。同时，行政诉讼的这种目的又决定了它具有监督行政机关依法进行行政活动的性质，行政诉讼实质上是国家审判机关对国家行政机关行政活动的一种司法监督，是以司法权来督促行政权的合法、正确行使，实践证明它是一种十分有效的监督方式。行政诉讼的这一性质当然是其他诉讼制度所不具备的。

3. 行政诉讼以不服行政行为的公民、法人或者其他组织为原告，以作出行政行为的行政机关为被告。行政诉讼是公民、法人或其他组织认为行政机关和行政机关工作人员的行政行为侵犯了自己的合法权益而提起的，旨在通过行政诉讼由法院审查该行政行为并作出相应的裁判，以保护自己的合法权益。为此，行政诉讼要以公民、法人和其他组织为原告，以作出行政行为的行政机关为被告。行政诉讼的这种原、被告是恒定不变的，同时，被告对原告也不能进行反诉。这就与民事诉讼、刑事诉讼有很大的区别。这种特点是由行政诉讼的性质和行政机关行政职权的强制执行力决定的。从行政诉讼的性质来讲，它具有司法权对行政权的监督性，因而必然要以行政机关的行政活动为审查监督的对象，这使得行政机关应成为被诉并接受司法审查的一方，如果以公民、法人和其他组织为被告就不符合行政诉讼的监督性质。也正因为如此，作为被告的行政机关也不能反诉原告而使自己转为原告的地位。从行政机关行政职权的属性来讲，它作为一种具有强制执行力的国家权力，当行政机关与公民、法人和其他组织发生有关争议时，行政机关自己完全可以凭借这种国家行政权力来强制行政相对人服从自己，由此，行政机关无须作为原告向法院对公民、法人和其他组织提起诉讼。反之，公民、法人和其他组织一方却缺乏要求行政机关服从自己意愿的能力，他们只能作为原告向法院对行政机关提出行政诉讼，请求司法机关运用司法权来监督行政权的行使，寻求司法的保护。

需要注意的是，上述作为原告的法人、组织，也可能会是一个以普通机关法人身份出现的行政机关或其他国家机关，即当行政机关或其他国家机关作为普通的机关法人和组织而受另一行政机关的行政行为约束时，它们也可以普通法人和组织的身份向作出行政行为的行政机关提起行政诉讼。例如，公安局作为一个普通的建房单位在征地建房方面要受国土局和规划局的管理，当公安局在征地建房中受到国土局和规划局的行政处罚并对此不服时，它可以法人或组织的身份对国土局和规划局提起行政诉讼。对行政机关成为行政诉讼的原告是需要正确理解的：①要正确理解它此时的法律身份。行政机关作为行政诉讼的原告时，不是以行使行政职权的行政主体身份出现，而是以受另一行政机关管理的法人或组织的身份出现，即此时它属于行政相对人。②要正确理解它的被告一方。行政机关作为行政诉讼的原告时，它的被告只能是作出行政行为并影响其合法权益的另一行政机关，而绝不能是一般的公民、法人和其他组织。此外，行政诉讼只能以行政机关为被告，而不能以行政机关工作人员个人为被告。虽然行政机关的行政行为都是由其工作人员来实施的，但行政机关工作人员的行为都是代表行政机关、以行政机关的名义作出的，其对公民、法人和其他组织所实施的权力都是行政机关所具有的权力。因此，该权力运用所导致的法律后果要由行政机关以自己的名义对外承担。

二、行政诉讼法的概念、范围和效力

（一）行政诉讼法的概念

行政诉讼与行政诉讼法是两个既有联系又有区别的概念。行政诉讼是法院和当事人以及其他诉讼参与人为处理解决行政案件所进行的诉讼活动，而行政诉讼法则是对这种诉讼活动所作的一整套法律规定，是进行行政诉讼的行为规则。

我国的行政诉讼法，是指规定人民法院、当事人和其他诉讼参与人进行行政诉讼活动，及其在诉讼活动中的相互关系的一整套法律规范。换言之，行政诉讼法是规定行政诉讼活动的全部法律规范的总称，是人民法院、当事人以及其他诉讼参与人进行行政诉讼活动都必须遵守的一整套法律准则。

对于行政诉讼法，有狭义和广义两种解释。狭义的行政诉讼法也称形式意义上的行政诉讼法，特指具有专门、完整法律形式的行政诉讼法典。广义的行政诉讼法也称实质意义上的行政诉讼法，指不论何种形式、一切在内容上规定行政诉讼问题的法律规范。

（二）行政诉讼法的范围

狭义的行政诉讼法在范围上仅指《行政诉讼法》这部专门形式的法典，它完整系统地规定了我国行政诉讼各方面的基本问题。

广义的行政诉讼法在范围上则包括：

1. 宪法中有关行政诉讼的法律规范。宪法对人民法院和人民检察院行使的审判权和检察权，对公民受到国家机关及其工作人员违法失职行为侵害时行使的申诉、控告权和请求赔偿权等，都作了基本的、原则性的规定，这些规定是进行行政诉讼立法和司法时起指导作用的法律规范，属于广义行政诉讼法中具有原则性、指导性意义的组成部分。

2. 专门的行政诉讼法典。即前述所称的狭义的《行政诉讼法》这部法典，它属于广义行政诉讼法中最基本、最主要的组成部分。

3. 国家司法机关组织法中有关行政诉讼的法律规定。它对人民法院进行案件审判活动的原则、组织形式和程序等作了基本的规定，对人民检察院在诉讼中实施法律监督及监督的方法、程序等也作了基本的规定。这些规定都是人民法院和人民检察院在行政诉讼中必须遵循的工作规程，它们也是广义行政诉讼法的组成部分。

4. 民事诉讼法中能适用于行政诉讼活动的部分法律规范。我国的行政诉讼在专门的行政诉讼法制定之前，适用的是民事诉讼法，行政诉讼法典在制定时为了避免条文的烦琐，对行政诉讼与民事诉讼完全相同的一些程序问题简略了，2014年修正的《行政诉讼法》第101条明确规定："人民法院审理行政案件，关于期间、送达、财产保全、开庭审理、调解、中止诉讼、终结诉讼、简易程序、执行等，以及人民检察院对行政案件受理、审理、裁判、执行的监督，本法没有规定的，适用《中华人民共和国民事诉讼法》的相关规定。"由此，民事诉讼法的这类规定在适用行政诉讼时，也属于行政诉讼法律规范，成为广义行政诉讼法的一个组成部分。

5. 各种行政法律、法规、自治条例和单行条例中有关行政诉讼的法律规范。我国大量的单项行政法律、法规、自治条例和单行条例中都有关于行政诉讼的条文规定，如《森林法》规定，当事人对林业主管部门的罚款决定不服的，可以在接到罚款通知之日起1个月内，向人民法院提起行政诉讼。这类法律规范都属于广义行政诉讼法的重要组成部分。

6. 正式有效的法律解释。正式有效的法律解释是指有权的国家机关针对行政诉讼问题所作的法律解释，主要包括国家权力机关对行政诉讼法规范所作的立法解释、国家最高审判机关和最高检察机关有关行政诉讼的司法解释。这些法律解释都具有法律效力和普遍约束力。尤其是1999年11月24日经最高人民法院审判委员会第1088次会议讨论通过，并于2000年3月10日起施行的《最高人民法院关于执行〈中华人民共和国行政诉讼法〉若干问题的解释》，是国家最高审判机关结合行政审判工作实际，对行政诉讼法所作的全面、具体的司法解释，它对于在行政审判工作中正确理解和全面执行行政诉讼法具有重要的作用。其他重要的司法解释还有最高人民法院《关于审理行政赔偿案件若干问题的规定》、《关于行政诉讼证据若干问题的规定》、《关于审理国际贸易行政案件若干问题的规定》、《关于审理反倾销行政案件应用法律若干问题的规定》、《关于审理反补贴行政案件应用法律若干问题的规定》、《关于审理行政案件适用法律规范问题的座谈会纪要》、《关于行政案件管辖若干问题的规定》、《关于行政诉讼撤诉若干问题的规定》、《关于审理行政许可案件若干问题的规定》、《关于审理房屋登记案件若干问题的规定》、《关于审理政府信息公开行政案件若干问题的规定》、《关于审理涉及农村集体土地行政案件若干问题的规定》等。2014年修正的《行政诉讼法》出台之后，最高人民法院已经作出《最高人民法院关于适用〈中华人民共和国行政诉讼法〉若干问题的解释》，以后也必将会作出一些新的其他的司法解释，这些法律解释都属于广义行政诉讼法中不可缺少的组成部分。

7. 有关行政诉讼的国际条约。我国在进行涉外行政诉讼时，应当根据我国参加、缔结或认可的涉及行政诉讼问题的国际条约的规定。除我国声明保留的条款之外，这类国际条约的规定也是我国进行涉外行政诉讼时应当遵循的准则。值得注意的是，根据坚持和尊重国家主权的原则，上述这些国际条约在我国行政诉讼中通常并不能直接为法院所适用，它们往往需要转化为国内法后才能得以具体适用。但从法源意义上讲，它们也属于我国广义行政诉讼法中的特别组成部分。

（三）行政诉讼法的效力

行政诉讼法的效力，是指行政诉讼法适用的效力范围，即行政诉讼法在怎样的空间范围和时间范围内，对哪些人和事具有适用的效力。具体包括空间效力、时间效力、对人的效力和对事的效力四个方面。

1. 空间效力。空间效力也称地域效力，行政诉讼法的空间效力指行政诉讼法适用的空间范围。一般来讲，我国的行政诉讼法适用的空间范围是我国的一切领域，包括我国领土、领海、领空以及领土延伸部分的所有空间。凡在我国领域内发生的行政案件和在我国领域内进行行政诉讼，均适用我国行政诉讼法的规定。

但是，我国在某些地域建立了特别行政区，如香港特别行政区等，在特别行政区实行"一个国家，两种制度"的方针。根据《香港特别行政区基本法》第8条、第18条等条文的专门规定，包括《行政诉讼法》在内的绝大部分全国性的法律均不在特别行政区实施。同时，从广义上讲，行政诉讼法除包括统一完整的行政诉讼法典之外，还包括其他一些有关行政诉讼问题的法律规范，这些法律规范有的是有权的地方国家权力机关制定的，虽然都在我国领域内适用，但具体适用范围却是有区域性的。由此，对不同层次的国家机关制定的行政诉讼法律规范，应分别正确了解它们适用的空间范围：

（1）国家最高权力机关、行政机关和司法机关制定的行政诉讼法典、行政法律、行政法规中有关行政诉讼的法律规范和相关的法律解释等，适用于除我国的特别行政区之外的一切领域。

（2）地方各省、市的权力机关制定的地方性法规中有关行政诉讼的法律规范，在各省、市范围内适用，即只适用于本省、市区域内发生的行政案件。

（3）各民族自治地方自治机关制定的自治条例、单行条例中有关行政诉讼的法律规范，在各民族自治地方范围内适用，即只适用于本自治区域内发生的行政案件。

2. 时间效力。行政诉讼法的时间效力指行政诉讼法生效、失效的起止时间以及对该法生效前发生的行政案件是否适用即是否具有溯及既往的效力。对于行政诉讼法生效、失效的时间，《全国人民代表大会常务委员会关于修改〈中华人民共和国行政诉讼法〉的决定》明确规定"本决定自2015年5月1日起施行"，这就明示了原《行政诉讼法》的失效时间和2014年修正的《行政诉讼法》的生效时间。其他法律、法规等中有关行政诉讼的法律规范分别根据各自的法律、法规明示的生效日期开始生效，并随着各自法律、法规和规章的失效日期开始失效。一般而言，行政诉讼法的生效和失效时间取决于以下两种情况：①国家立法机关制定或废除法律时，明令的法律施行之日或法律废止之日各为生效时间或失效时间；②国家立法机关制定新法代替旧法时，明令的新法生效时间为旧法的失效时间。

我国行政诉讼法自施行之日起开始生效，一般不溯及既往，即对行政诉讼法生效之前发生的行政案件不适用。

3. 对人的效力。行政诉讼法对人的效力指行政诉讼法适用于哪些人。根据 2014 年修正的《行政诉讼法》第 2 条和第 98 条的规定，凡在我国领域内进行行政诉讼的人都适用我国的行政诉讼法，行政诉讼法对他们都具有效力。这些人包括：我国的各级各类行政机关；法律、法规、规章授权的组织；我国的公民、法人或其他组织；在我国进行行政诉讼的外国人、无国籍人和外国组织。但对外国人、无国籍人和外国组织，法律另有规定的除外。

4. 对事的效力。行政诉讼法对事的效力指行政诉讼法适用于处理解决哪些行政案件，实际上也就是指行政诉讼的受案范围。凡依法可以提起行政诉讼的行政案件，都适用行政诉讼法来审理解决。至于这些行政案件的具体范围和内容，本书将在"行政诉讼受案范围"一章中详述。

三、行政诉讼法的立法宗旨

立法宗旨是制定一部法律的基本目的和价值追求。行政诉讼法的立法宗旨，也就是"立法者确定的，制定和实施行政诉讼法所要达到的目标和所要实现的任务"。[1]

2014 年修正的《行政诉讼法》第 1 条明确规定："为保证人民法院公正、及时审理行政案件，解决行政争议，保护公民、法人和其他组织的合法权益，监督行政机关依法行使职权，根据宪法，制定本法。"据此，行政诉讼法的立法宗旨包括以下四个方面：

1. 保证人民法院公正、及时审理行政案件。公正是司法的核心价值追求，而及时实现公正则是其价值的最佳体现。在行政诉讼中，人民法院是整个诉讼活动的组织者、指挥者和裁判者，处于最主要、最核心的诉讼主体地位，对行政案件获得公正、及时的解决具有决定性作用。为了保证人民法院公正、及时地审理解决行政案件，必须有一套科学的工作规程作为依据，使之正确地进行诉讼活动，行政诉讼法的制定便提供了这样一套工作规程。行政诉讼法可以从下列几个方面来保证人民法院公正、及时地审理行政案件：①行政诉讼法规定了人民法院在行政诉讼中的各项职权、职责及其行使和履行的方式，以保证人民法院正确运用职权和切实履行职责来公正审理行政案件。②行政诉讼法规定了一系列保证人

---

[1] 于安、江必新、郑淑娜编著：《行政诉讼法学》，法律出版社 1997 年版，第 32 页。

民法院公正审理行政案件的具体程序制度，如回避制度、管辖制度、辩论制度、合议制度等，从而对人民法院必须公正审理行政案件提出了制度约束。③行政诉讼法规定了保证行政案件得到及时处理的各种期限，并要求人民法院和诉讼参加人严格按期限进行诉讼活动。这些期限的规定能防止行政案件处理的久拖不决，对于及时解决纠纷、化解矛盾，提高办案效率，减少人力、物力和时间的耗费具有重要的保证作用。④行政诉讼法规定人民检察院有权对行政诉讼实施法律监督，规定检察机关对法院违法裁判的抗诉，规定当事人有权提出申诉和人民法院的审判监督程序，等等，这些都对人民法院公正审理行政案件具有切实的保证作用。

2. 解决行政争议。解决行政争议是 2014 年修订的行政诉讼法时特别加以突显的一项立法目的。行政诉讼立法要通过行政诉讼制度的设计，充分实现案结事了、定分止争、妥善化解社会矛盾的根本目标。化解矛盾纠纷是司法的根本职能和重要任务，行政诉讼法必须保障行政诉讼活动有效地解决行政争议。对此，行政诉讼法要规定各种具体的制度和措施。这包括：扩大行政诉讼的受案范围，使行政诉讼能审理范围更广泛的行政争议；规定多种裁判方式，有针对性地处理解决各类不同的行政案件；建立行政诉讼附带民事诉讼制度，一并处理解决有关联性的多重利益诉求；强化行政诉讼的执行制度，保障行政诉讼生效裁定和判决的即时履行；等等。

3. 保护公民、法人和其他组织的合法权益。保护公民、法人和其他组织的合法权益是行政诉讼立法的一项主要宗旨。我国是人民民主专政的社会主义国家，人民是国家的主人，享有广泛而充分的权利和自由，国家具有保障人民权利得以实现和不受侵害的职能。在各种侵犯公民、法人或其他组织合法权益的现象中，行政机关因其违法行使行政职权造成侵害的情形较易发生，且受害公民、法人或其他组织难以凭借自身力量抗拒，为此有必要建立专门的行政诉讼制度来实施司法救济，通过对行政行为实施司法审查，裁判确认行政行为违法、撤销违法行政行为、变更显失公正的行政行为、判令行政机关依法履行职责以及判决作出行政赔偿等，以切实保护公民、法人或其他组织的合法权益。

4. 监督行政机关依法行使职权。行政诉讼法在保护公民、法人或其他组织合法权益不受行政机关违法行政行为侵害的同时，也必然具有监督行政机关依法行使职权的目的。在行政诉讼法的立法宗旨中，保护公民、法人和其他组织的合法权益与监督行政机关依法行使行政职权具有统一性。因为行政诉讼制度对公民、法人和其他组织合法权益的保护，是针对行政机关违法行使行政职权造成了侵害而言的，要达到保护的目的，就必须实施对行政机关依法行使行政职权的监督。行政诉讼也正是通过公民、法人或其他组织的起诉以及人民法院对行政行为司法审查的过程，来认定并纠正行政机关违法行使行政职权的现象，补救其对公民、法人或其他组织造成的侵害后果，从而督促行政机关必须依法行政。

值得指出的是，2014 年修正的《行政诉讼法》在这一立法宗旨的表述上对原行政诉讼法有明显改变。原行政诉讼法确定的立法宗旨是"维护和监督行政机关依法行使行政职权"，既有"维护"也有"监督"。2014 年修正的《行政诉讼法》在修订中取消了"维护"而只强调"监督"，这是因为"维护"行政机关依法行使行政职权与行政诉讼制度的功能不相吻合。具体而言：①从世界各国的情况来看，行政诉讼制度设立的本意都是要发挥其对行政机关的监督功能和对公民、法人或其他组织的救济功能，即监督行政机关依法行使职权，防范行政权力违法行使侵害公民一方的合法权益，对已发生的侵害则通过行政诉讼对公民一方给予权利救济。由此，将维护行政机关依法行使职权也作为行政诉讼法的立法宗旨就背离了行政诉讼制度设立的本意。②行政机关的行政权所具有的强制执行力已能够保障和维护自身权力的有效行使，而无须通过司法权来加以维护。在行政法律关系中，行政权力所具有的单方命令性、强制执行性、惩处性等特质决定了其不必借助司法权力的"维护"即可实现。尽管现行法律对某些已发生法律效力的行政行为规定了须由行政机关向人民法院申请强制执行，但这种规定并非不能给行政机关配置执行权，反而正是为了防止行政机关滥用行政强制执行权而作出的制约性规定。③行政诉讼制度的启动机制也决定了行政诉讼不在于维护行政权力。根据行政诉讼"原告恒定是行政相对人一方"的原理，诉讼只能是由作为原告的公民一方提起，而原告指控行政机关的诉讼请求几乎不可能是主张要求"维护行政机关的职权"（除涉及针对第三人的特殊情况之外）。这表明，行政诉讼在规律上总是围绕保护公民一方权利、审查监督行政权力是否合法而进行的。对于行政机关来讲，它只是被动参与诉讼并接受监督。④2014 年修正的《行政诉讼法》在行政诉讼判决种类中取消了原行政诉讼法规定的维持判决，将其改为确认行政行为合法和驳回原告诉讼请求的判决。这表明，即使行政机关的行政行为具有合法性，也是经过司法权的审查监督后才得出的结论，对此只需驳回公民一方原告的诉讼请求，而不应维持被告行政机关的行政行为。

四、行政诉讼法和其他部门法的关系

行政诉讼法是整个法律体系中一个独立的法律部门，但它与行政法、民事诉讼法、刑事诉讼法等一些其他法律部门又有着密切的关系，正确理解这种关系对掌握它们之间的联系和区别是十分重要的。

（一）行政诉讼法与行政法

行政诉讼法是规定诉讼程序规则的法，行政法则是规定行政实体规则和行政程序规则的法。从这一角度讲，两者的内容和范围是不同的，但是它们又有着相互依存、联系的关系。首先，行政机关和公民、法人或者其他组织之间因行政实体和行政程序的权利、义务发生争议，或公民、法人和其他组织的权益被行政机关违反行政实体法和行政程序法的行政行为侵害时，需要行政诉讼法规定的诉讼程序来予以解决和保护。因此，没有行政诉讼法，行政法中大量实体和程序的规定都难以得到正确落实。同时，行政诉讼法是为实现行政实体法规范和行政程序法规范而制定并起作用的，没有行政实体法规范和行政程序法规范，行政诉讼法则将失去其存在的目的和意义，行政诉讼程序就是没有实际内容的空洞形式。此外，行政程序法与行政诉讼法还有紧密的承接关系。行政程序法与行政诉讼法都属于程序法，就它们与行政实体法的关系而言，都具有保障实现实体法规范的作用，但两者有阶段上的承接。行政程序法在行政活动的过程中具有保障实现实体权利的作用；而行政诉讼法在行政活动的事后，通过判定有争议的实体法律关系或纠正已被扭曲的实体法律关系保障实体法规范的正确实现。

（二）行政诉讼法与民事诉讼法

行政诉讼与民事诉讼是两种性质不同的诉讼活动，由此决定了行政诉讼法与民事诉讼法是不同性质的诉讼程序法，它们在立法宗旨、诉讼当事人、举证责任和审判方式等方面都有很大差别。

但是，行政诉讼法和民事诉讼法又都属诉讼程序方面的法律，都是为了解决案件纠纷，由此两者也有许多共同之处。如对诉讼的某些基本原则的规定、对案件审判组织的规定、对部分具体审理程序和执行程序的规定都是相同的。而且行政诉讼法在许多国家都是从民事诉讼法中逐步分离出来的，在行政诉讼法制定之前，行政诉讼活动往往作为民事诉讼的一个特别部分，适用民事诉讼法的规定。当行政诉讼法单独制定时，便直接吸取了许多民事诉讼的程序规则，行政诉讼法为了在立法上更简练，通常只重点规定行政诉讼活动所具有的特殊问题，对一些行政诉讼与民事诉讼相同的程序问题则简略化了，并通过相应的法律条文说明当行政诉讼在处理这些问题时，适用民事诉讼法的相应规定。如2014年修正的《行政诉讼法》第101条对此作了明确规定。此外，由于行政案件的特殊性，在行政诉讼中往往会存在涉及民事诉讼的情况，2014年修正的《行政诉讼法》第61条对此专门规定："在涉及行政许可、登记、征收、征用和行政机关对民事争议所作的裁决的行政诉讼中，当事人申请一并解决相关民事争议的，人民法院可以一并审理。在行政诉讼中，人民法院认为行政案件的审理需以民事诉讼的裁判为依据的，可以裁定中止行政诉讼。"这又体现了行政诉讼法与民事诉讼法的配合关系。

（三）行政诉讼法与刑事诉讼法

行政诉讼法与刑事诉讼法虽都属于诉讼程序方面的法律，但二者有着明显的性质区别。刑事诉讼法是规定刑事诉讼程序的法律，而刑事诉讼是国家司法机关在当事人和其他诉讼参加人的参加下查证、确定犯罪行为并依法给予犯罪人刑事制裁的一种诉讼活动。它与行政诉讼是完全不同的，由此导致刑事诉讼法与行政诉讼法在性质、立法宗旨、所处理解决的案件以及审判方式等方面的差别。但是，行政诉讼法与刑事诉讼法也有某些重要的联系。这主要体现在以下方面：

1. 根据最高人民法院对于行政诉讼法的司法解释，行政诉讼只受理针对行政行为提起的诉讼，而公安、安全等机关依据刑事诉讼法实施的刑事司法行为不是行政行为，因而不属于行政诉讼的受案范围。为此，刑事诉讼法关于公安、安全等机关依法实施刑事司法行为的规定与行政诉讼法有关受案范围的规定，就有了重要的配合关系，刑事诉讼法的相关规定，成为划分行政诉讼受案范围的一个具体标准。有关这种范围的正确掌握的问题，我们将在以下的章节中具体加以阐述。

2. 人民法院在审理行政案件中认为行政机关工作人员有犯罪行为的，要将有关材料移送公安、检察机关按刑事诉讼程序处理。在这种情况下，将发生混合在一起的两类问题，即行政机关的具体行政行为和行政机关工作人员的犯罪行为，需分别由两种诉讼，适用不同的诉讼法来处理解决。例如，公民、法人或者其他组织认为自己符合法定条件，申请行政机关颁发许可证，行政机关工作人员借机索贿并在未达到目的之前拒绝发证，公民、法人或者其他组织因此提起行政诉讼。对此，人民法院在依照行政诉讼法审理行政机关拒不发给许可证的行政案件的同时，要将行政机关工作人员索贿犯罪的材料移送检察机关按刑事诉讼法规定的程序处理。其结果将是：在行政诉讼中，人民法院判决行政机关及时发给许可证；在刑事诉讼中，行政机关工作人员被追究刑事责任。这就体现了两类诉讼法必不可少的配合关系。

3. 人民法院在审理行政案件中，认为受行政行为处理的行政诉讼参加人其行为构成犯罪，则要在行政案件审结后（或者先中止行政诉讼），将有关的犯罪材料移送有关的司法机关按刑事诉讼程序处理。这里同样体现了两种诉讼法必不可少的配合关系。

4. 人民法院在审理行政案件中，或者在审结行政案件后，行政案件的当事人就行政案件中的问题又提起刑事自诉，从而又引起刑事诉讼程序和刑事诉讼法的适用。这反映了行政诉讼法与刑事诉讼法的协调关系，对此类问题行政诉讼法尚未作出具体的处理规定。我们认为，对此类问题可以采取以下的处理：①被侵害人在行政诉讼的过程中提出刑事自诉的，行政诉讼应当中止，等待刑事诉讼审结之后，再决定是恢复行政诉讼还是终结行政诉讼；②被侵害人在行政诉讼审结之后又提起刑事自诉，而刑事案件的审理如查明侵害人确已构成犯罪须追究刑事责任的，则应由人民法院通过审判监督程序先解决行政诉讼中的问题，然后再对刑事案件作出裁判。

第二节　行政诉讼法律关系

一、行政诉讼法律关系的概念和特征

（一）行政诉讼法律关系的概念

行政诉讼法律关系，是指在行政诉讼活动中，人民法院和一切诉讼参加人为了公正及时地解决行政案件，依据行政诉讼法的规定而形成的相互之间的权利义务关系。

行政诉讼法律关系的这一概念包括以下几层含义：

1. 行政诉讼法律关系是在行政诉讼中形成的一种程序性法律关系，它是一种独立的、具有自身特点的诉讼法律关系。

2. 行政诉讼法律关系作为一种诉讼程序性的法律关系，是为解决行政实体和行政程序法关系的争议——即行政案件而产生的，它以行政实体和程序法关系的存在为前提和基础。

3. 行政诉讼法律关系是由行政诉讼法律规范规定的，是行政诉讼法律规范对行政诉讼中人民法院与一切诉讼参加人之间诉讼法律地位的确立和具体实现。

4. 行政诉讼法律关系是人民法院与一切诉讼参加人之间的诉讼权利、义务关系，它明确了人民法院与原告、被告、第三人、诉讼代理人、证人、鉴定人及翻译人等一切诉讼参加人相互之间应有的诉讼权利和义务，使他们能在行政诉讼中相互正确地行使权利和履行义务，保证行政活动的正常进行。

（二）行政诉讼法律关系的特征

行政诉讼法律关系既区别于其他诉讼法律关系，又区别于行政法律关系，具有自身的特征：

1. 行政诉讼法律关系是人民法院同一切行政诉讼参加人之间构成的关系，其中，人民法院始终是法律关系的一方，而且是处于主导核心地位的一方，各诉讼参加人则分别与人民法院发生行政诉讼法律关系。任何行政诉讼参加人参与行政诉讼都必须同人民法院发生关系，在人民法院的准许和组织指挥下进行活动，服从人民法院的裁判。

2. 行政诉讼法律关系是由多重关系共同组成的统一体，即它并非仅指某一对主体之间的关系，而是以及时正确解决行政案件为共同目的的多重关系的组合。在这个多重关系中有主要关系和次要关系之分，主要关系是人民法院与原、被告等诉讼当事人之间的关系，这是行政诉讼法律关系必不可少、贯穿始终的关系。次要关系是人民法院与证人、鉴定人、翻译人等其他诉讼参加人之间的关系，次要关系从属于主要关系，因主要关系的需要而形成。

3. 在行政诉讼法律关系中，作为行政诉讼法律关系主体的原告当事人和被告当事人的诉讼地位十分稳定，不会发生变化和转换，公民、法人或其他组织总是原告，作出具体行政行为的行政机关总是被告，被告也不能对原告反诉而导致相互诉讼地位的转换。这是行政诉讼法律关系与民事诉讼法律关系的不同之处。

4. 行政诉讼法律关系的内容即主体间的诉讼权利、义务体现了行政诉讼制度对行政机关的监督性质。行政诉讼不仅是一种解决行政纠纷的法律制度，更是一种对行政机关行政活动的司法监督制度，这是它与其他诉讼制度很不相同的地方。

二、行政诉讼法律关系的要素

行政诉讼法律关系与其他法律关系一样，由主体、内容和客体这三个要素构成。

（一）行政诉讼法律关系的主体

行政诉讼法律关系的主体，是指相互之间形成行政诉讼法律关系的各方，即在行政诉讼中依法享有诉讼权利和承担义务的组织或个人。

行政诉讼法律关系的主体包括以下几种：

1. 人民法院。人民法院是行政诉讼法律关系中必不可少并处于主导地位的主体之一，离开这一主体，任何行政诉讼法律关系都不能形成。

2. 诉讼参加人。行政诉讼参加人是指当事人即原告和被告、法定代表人、共同诉讼人、第三人和诉讼代理人。上述诉讼参加人在行政诉讼中分别与人民法院形成行政诉讼法律关系，依法享有诉讼权利和承担诉讼义务，是行政诉讼法律关系中重要的主体。

3. 其他诉讼参加人。其他诉讼参加人是指参与行政诉讼的证人、鉴定人和翻译人员等。他们参与行政诉讼不是为了自身的权益问题，同案件也没有直接的利害关系，其作用是协助人民法院和当事人查明案件的事实真相，为人民法院正确审判案件提供帮助。在这一过程中，他们也有着相应的诉讼权利和义务。

（二）行政诉讼法律关系的内容

行政诉讼法律关系的内容，是指行政诉讼法律关系主体之间、由行政诉讼法确认并保证实现的诉讼权利义务。或者说，各主体之间具有的诉讼权利和义务就是行政诉讼法律关系的内容。在行政诉讼法律关系中，各主体均具有自己特定的诉讼权利和义务。

人民法院作为核心主体，依法享有行政诉讼的审判权，具体包括：案件受理权、行政诉讼的组织指挥权、调查取证权、审理权、排除诉讼障碍的强制权、裁判权和对裁判结果的强制执行权等。同时，其也具有维护国家法律的尊严、依法公正、及时审理行政案件、保护行政诉讼参加人和其他诉讼参加人充分行使诉讼权利以及接受法律监督的义务。

诉讼参加人基于各自不同的诉讼地位各有自己的诉讼权利和义务，他们相同的权利有：申请回避的权利、使用本民族语言文字进行诉讼的权利、辩论的权利、查阅并申请补正庭审笔录的权利、上诉和申诉的权利等；他们相同的义务有：依法行使自己的诉讼权利而不得滥用的义务、遵守诉讼秩序服从审判人员指挥的义务、按规定缴纳诉讼费用的义务、自觉履行人民法院发生法律效力的判决裁定的义务等。他们各自有不同的权利义务，例如：原告有起诉和撤诉的权利，被告有在行政诉讼中改变自己原行政行为的权利，依法直接对原告强制执行人民法院生效判决的权利，有对自己的行政行为举证的义务等。

证人、鉴定人和翻译人员等其他诉讼参加人作为行政诉讼法律关系的主体，也有自己法定的诉讼权利和义务，例如，鉴定人有权了解进行鉴定所需要的材料，有义务如实作出鉴定结论，证人有义务如实作证，等等。

（三）行政诉讼法律关系的客体

行政诉讼法律关系客体，是指主体之间权利义务所指向的对象。行政诉讼法律关系的客体主要分为两种情况：

1. 人民法院同诉讼当事人之间诉讼权利和义务所指向的对象，是查明案件事实真相和解决当事人之间的行政实体和程序法律关系争议。查明行政案件的事实真相，是人民法院同诉讼当事人之间诉讼权利和义务所指向的对象之一。诉讼主体进行诉讼活动，行使或履行其诉讼权利义务首先就要查明案件事实。解决当事人之间的行政实体和程序法律关系争议，是人民法院同诉讼当事人之间诉讼权利和义务所指向的又一对象。行政诉讼当事人之间的行政实体和程序法律关系的争议集中表现为对行政机关行政行为的争议。行政诉讼当事人即行政机关与公民、法人或其他组织之间的实体和程序法律关系争议，通常是行政机关的行政行为所引起的，行政机关行政行为的作出导致行政实体和程序法律关系的产生、变更和消灭，由此引起公民等一方不服并形成争议。行政诉讼的结果若确认行政行为合法或驳回原告的诉讼请求，则确认、肯定了原行政法律关系；行政诉讼的结果若撤销、变更了行政行为，则会消灭或变更原行政法律关系。实践中人们往往直接将行政诉讼法律关系主体的权利、义务所指向的对象简单地表达为行政行为，即行政案件双方当事人所争议的行政行为就是行政诉讼法律关系的客体。当然，如果作更严谨的表述，应当说，行政诉讼法律关系的客体是当事人之间所争议的、因行政机关行政行为而导致的行政实体和程序法律关系。

2. 人民法院同证人、鉴定人员、翻译人员等其他诉讼参加人之间诉讼权利义务指向的对象，则仅为案件的事实真相。因为证人、鉴定人员、翻译人员等与诉讼当事人之间并无行政实体和程序法律关系的争议，他们参与诉讼，行使或履行其诉讼权利和义务，只是协助人民法院查明案件的事实。因此，人民法院同其他诉讼参与人构成的诉讼法律关系，其客体只是行政案件的事实真相。

三、行政诉讼法律关系的产生、变更和消灭

行政诉讼法律关系处于不断变化的状态，行政诉讼的过程就是行政诉讼法律关系产生、变化和消灭的过程。

行政诉讼法律关系的产生、变更和消灭以行政诉讼法规范为依据，但法律规范只规定了行政诉讼法律关系产生、变更和消灭的条件。只有当这些条件已具备、出现并成为客观事实时，才能使行政诉讼法律关系实际上得以产生、变更和消灭，这种客观事实被称为诉讼上的法律事实。诉讼上的法律事实分为两类：一类为法律事件；另一类为法律行为。

法律事件是不以人们的意志为转移的客观现象和情况，一旦其发生，便可能引起行政诉讼法律关系的产生、变更和消灭。如原告死亡这种客观情况出现，就可能引起原告与人民法院之间行政诉讼法律关系的变更或消灭。

法律行为是人们实施的能产生法律效果的活动。法律行为是引起行政诉讼法律关系产生、变更和消灭的主要法律事实。在绝大多数情况下，行政诉讼法律关系的产生、变更和消灭都是由法律行为导致的。例如，公民、法人或者其他组织起诉的行为和人民法院受理的行为就引起人民法院与原告之间行政诉讼法律关系的产生；原告改变诉讼请求、撤诉的行为和人民法院准许的行为，就引起行政诉讼法律关系的变更或消灭。

行政诉讼法律关系的产生，是指主体及其相互之间的诉讼权利、义务的形成。通常有两种情况：①诉讼参加人和其他诉讼参加人的诉讼行为同人民法院的诉讼行为相结合产生行政诉讼法律关系，如公民、法人和其他组织起诉的行为和人民法院受理的行为相结合而产生原告同人民法院之间的行政诉讼法律关系。②人民法院的诉讼行为产生诉讼法律关系，如人民法院将行政机关列为被告并通知其应诉，从而产生被告同人民法院之间的行政诉讼法律关系；人民法院通知某公民作为证人，则产生证人与人民法院之间的行政诉讼法律关系。在这后一种情况下，人民法院的相对一方无论同意与否都不影响人民法院与之形成行政诉讼法律关系。

行政诉讼法律关系的变更，是指行政诉讼法律关系的主体、内容和客体有所变化。例如，案件管辖法院的改变或作为原告的公民死亡后其近亲属继续作为原告进行诉讼等，此为主体的变化；人民法院根据实际情况依法减收当事人的诉讼费用就使得当事人的诉讼义务即诉讼法律关系的内容发生了变化；而原告因变更

诉讼请求致使诉讼权利义务所针对的对象的变化，则是行政诉讼法律关系客体的变化。

行政诉讼法律关系的消灭，是指主体的消失或主体之间诉讼权利义务的终止而使行政诉讼法律关系不复存在。①因主体的消失而导致行政诉讼法律关系的消灭，如作为原告的公民死亡，又无近亲属继续诉讼，从而使原告与人民法院之间的行政诉讼法律关系消灭。②因主体间的诉讼权利义务的终止而使行政诉讼法律关系的消灭，如证人已履行完毕作证的义务，从而使他们与人民法院之间的行政诉讼法律关系消灭。

基于主体在行政诉讼活动中不同的法律地位和作用，行政诉讼法律关系的消灭分为部分消灭与完全消灭两种情况。①部分消灭，是指次要行政诉讼法律关系的消灭，如人民法院与证人、鉴定人员、翻译人员等其他诉讼参与人之间诉讼法律关系的消灭。这种消灭并不影响该行政诉讼的继续存在。②完全消灭，是指主要行政诉讼法律关系的消灭，即人民法院与诉讼当事人之间法律关系的消灭。主要行政诉讼法律关系的消灭决定了该行政诉讼的终结，也使得次要行政诉讼法律关系不再具有存在的意义，因而属于行政诉讼法律关系的完全消灭。

第三节　行政诉讼法学

一、行政诉讼法学的概念和研究对象

1. 概念。行政诉讼法学是法学的一个分支，是以行政诉讼法为研究对象的一门独立的法律学科，是对行政诉讼法的理论概括和总结。行政诉讼法学和行政诉讼法是两个不同的概念，它们之间既有区别，又有联系。其区别在于行政诉讼法学是一门法律学科，是理论体系，而行政诉讼法则是一个法律部门，是法律规范本身。其联系在于行政诉讼法是行政诉讼法学的研究对象和基础；行政诉讼法学是行政诉讼法的理论概括和总结，是行政诉讼法立法和司法理论指导。没有行政诉讼法学，行政诉讼法将难以发展和完善。

2. 研究对象。行政诉讼法学以行政诉讼法作为它的研究对象，它全面研究行政诉讼法各方面的问题，包括：行政诉讼法的一般原理；行政诉讼法的立法；行政诉讼法的司法实践；行政诉讼法的未来发展趋势；等等。行政诉讼法学具有很强的实践性，一般以本国现行的行政诉讼法律规范为主要研究对象，同时为了发展、完善行政诉讼制度，也要广泛研究本国过去和外国的行政诉讼法律规范。行政诉讼法学对行政诉讼法各方面的问题进行研究，其作用是对行政诉讼法进行正确的理论说明，同时不断探索、总结其经验和规律并加以科学的理论概括，以正确地指导行政诉讼法的制定和贯彻实施，发展完善行政诉讼法律制度。

二、行政诉讼法学的内容和体系

1. 内容。行政诉讼法学的内容主要包括两个部分：一是关于行政诉讼和行政诉讼法的基础理论；二是关于行政诉讼法全部内容和具体制度的理论。

2. 体系。行政诉讼法学的体系是指行政诉讼法学的整个理论体系，也就是行政诉讼法学全部理论应有的内在逻辑结构。我国行政诉讼法学以我国现行行政诉讼法为主要研究对象，因而我国行政诉讼法的体系是行政诉讼法学理论体系的基础。但两者也不能完全等同，因为行政诉讼法学的内容大大超出行政诉讼法条文本身的内容，同时行政诉讼法的体系本身也属于行政诉讼法学研究的内容之一。

本书根据下列原则来构建我国行政诉讼法学的理论体系：①以我国行政诉讼法的体系为基础，基本按行政诉讼法的内容规定顺序来作理论阐述。②采取由浅入深、由共性问题到具体问题、由一般问题到疑难问题、由理论问题到实践问题的方式来作理论阐述。③以行政诉讼法特有的内容和规定作为重点问题进行理论阐述。在行政诉讼法与其他诉讼法的共性内容方面则适当地简略化，对行政诉讼法中有争议的问题和行政诉讼中的一些疑难问题尽可能提出来并表明作者的见解。④充分借鉴、吸收中外学者对行政诉讼法学理论中有益的观点。

据此，本书的理论体系为：第一章绪论和第二章历史发展部分，从总体上阐述行政诉讼、行政诉讼法的基础理论和中外行政诉讼制度的发展概况。第三章集中阐述对行政诉讼活动和行政诉讼法各规范具有指导意义的各项基本原则。第四章至第十七章分别从行政诉讼受案范围、管辖、参加人、证据、期间、送达、费用、对妨害诉讼的强制措施、第一审程序、第二审程序和审判监督程序、裁判决定、行政诉讼法律适用、执行程序、行政侵权赔偿诉讼以及涉外行政诉讼等各个部分阐述研究行政诉讼制度的各项具体内容。

三、行政诉讼法学的主要研究方法

我国行政诉讼法学以马克思主义法学基本原理和中国特色社会主义法治理论作为指导，同时结合行政诉讼法的自身特点采取相应的具体研究方法，主要包括以下几种：①注重理论研究与行政诉讼司法实践的紧密结合；②注重对具有行政诉讼法特性问题的研究；③注重结合行政实体法开展行政诉讼法学的理论研究；④注重立足于我国国情来认识、研究我国的行政诉讼理论，同时注意对我国与外国、历史与现实行政诉讼法的比较研究。

■ 思考题

1. 简述行政诉讼的概念和特点。
2. 简述行政诉讼法的概念和范围。

3. 试论述行政诉讼法律关系。

4. 论行政诉讼法的立法宗旨。

■参考资料

1. 何海波:《行政诉讼法》,法律出版社 2011 年版。

2. 林莉红编:《行政法治的理想与现实——〈行政诉讼法〉实施状况实证研究报告》,北京大学出版社 2014 年版。

3. 胡建淼:"中国行政诉讼法制百年变迁",载《法制与社会发展》2014 年第 1 期。

4. 胡肖华:"行政诉讼目的论",载《中国法学》2001 年第 6 期。

5. 方世荣:"论维护行政法制统一与行政诉讼制度创新",载《中国法学》2004 年第 1 期。

6. 杨建顺:"论政府职能转变的目标及其制度支撑",载《中国法学》2006 年第 6 期。

7. 谭宗泽:"行政诉讼目的新论——以行政诉讼结构转换为维度",载《现代法学》2010 年第 4 期。

8. 江必新:"完善行政诉讼制度的若干思考",载《中国法学》2013 年第 1 期。

9. 余凌云:"法院如何发展行政法",载《中国社会科学》2008 年第 1 期。

第二章　行政诉讼制度的历史发展

■ 学习目的和要求

　　重点掌握：行政诉讼制度产生的经济和政治条件；法国、德国、英国、美国和日本五国行政诉讼制度的历史；1949 年以来，祖国大陆和我国台湾地区行政诉讼制度的产生和发展。一般了解：旧中国行政诉讼制度的产生和发展；我国香港地区行政诉讼制度的产生和发展。

第一节　行政诉讼制度产生、发展的基础条件

　　现代社会的法律诉讼形式主要为刑事诉讼、民事诉讼和行政诉讼，并称为三大诉讼（也有人主张加入宪法诉讼，并称为四大诉讼）。刑事诉讼作为一种调整冲突的法律手段，其基本功能是制止、揭露和惩罚犯罪，巩固统治阶级的经济、政治地位。刑事诉讼随着国家的产生而产生，有了国家，就有了刑事诉讼。国家的产生和刑事诉讼的产生是同步的，本质也是相同的。民事诉讼作为解决私人利益冲突的调整手段，也是随着国家的产生而产生的。但是，早期的民事诉讼往往附属于刑事诉讼，通过刑事手段和程序来解决民事纠纷。刑事、民事诉讼不分，是早期国家法律制度的重要特色，但民事诉讼作为一种调整冲突的机制或方式还是存在的。而行政诉讼和宪法诉讼则是近代国家的产物。奴隶制国家和封建制国家不可能出现行政诉讼和宪法诉讼。行政诉讼和宪法诉讼只能产生于资本主义国家，商品经济（或市场经济）和民主政治是行政诉讼产生的基本条件。

　　在资本主义社会，商品是资本主义经济的细胞。资本主义生产关系的存在和发展离不开商品关系。资本主义生产关系的各个方面都是通过商品关系表现出来的。有产者和无产者、有产者之间以及无产者之间的关系都要借助于商品关系来实现。总之，商品关系是资本主义经济中最普遍和最一般的关系。人们只有财产的有无或多寡之别，没有人身依附关系。契约自由、等价有偿、公平竞争是资本

主义商品经济的一般要求。正是这种商品关系，才要求法律确认商品所有者的独立人格权、财产权及平等权，才产生了资产阶级的"天赋人权"学说——上帝赋予的生命、自由、财产等基本人权不可剥夺。由此产生了资本主义早期思想家关于政治、人民、法律的一些影响深远的理论，这就是资产阶级所谓的人权、人民主权、民主和法治原则。为了保障人权和民主，防止专制和滥用权力，资本主义国家大多实行三权分立、互相制衡的政治体制。三权分立理论的早期倡导者是洛克，孟德斯鸠继续发展，汉密尔顿集其大成。人民主权原则、保障人权原则、法治原则和三权分立又称相互制衡原则，是资产阶级民主政治的主要内容和集中体现。资产阶级的这些理论和实践当然是为资产阶级统治服务的，但比起封建专制制度，它的确是历史进步的体现。资本主义经济要求政府不得非法干预市场主体的经济活动，保障人民的人身权和财产权。政府的行为一旦侵犯了个体的权益，就要承担一定的法律责任。正是在资本主义的市场经济和由此决定的民主政治的基础上，才产生了行政诉讼制度。

可以说，行政诉讼是资本主义市场经济和民主政治的产物，也是资产阶级民主政治的组成部分和具体运作方式，这在奴隶制社会和封建社会是不可能的事。在奴隶制社会和封建制社会，占主导地位的是自给自足的自然经济，在此基础上，人们的政治、法律关系无论在形式上还是在本质上都是不平等关系。国王或皇帝集立法、行政、司法权于一身，统治者与被统治者的关系是赤裸裸的剥削与被剥削的关系，这与资本主义社会有产者对无产者的剥削关系通过"自愿、平等"的契约体现出来是截然不同的。在奴隶制社会、封建制社会的经济、政治条件下，只会有统治者对被统治者的专政，而不会有"民告官"的行政诉讼。

行政诉讼虽首先产生于资本主义国家，但其不是资本主义国家专有的制度。社会主义也有行政诉讼，但是，社会主义国家的行政诉讼和资本主义国家的行政诉讼有本质的区别。社会主义国家的行政诉讼是社会主义民主的体现，是社会主义民主政治的重要内容。社会主义国家之所以存在行政诉讼，是因为社会主义国家仍然存在相互独立的利益主体，这一现实决定了社会主义国家必须实行市场经济。同时，在社会主义社会，民主政治得到进一步发展和加强，公民的权利应当获得更大程度的保障。为了保障公民和市场主体的合法权益，建立行政诉讼制度是必要的。综观新中国成立后行政诉讼的发展史，可以十分清楚地看到，我国行政诉讼制度是在 1982 年以后才开始建立的，这正体现了行政诉讼制度是商品经济和民主政治发展的必然产物。随着改革的深化，社会主义市场经济体制的建立和民主政治的发展是 1989 年行政诉讼法出台的经济和政治基础。

行政诉讼作为一种法律制度，它的产生还受其他因素的影响和制约，例如，民族、历史文化传统，旧的法律、政治制度等。正是这些因素的影响和作用，才形成英美法系和大陆法系各具特色的行政诉讼制度。法国人对于三权分立的理解和法国明确划分公、私法，以及法国资产阶级革命时期特定的社会环境，使得法国建立了独立的行政法院系统，形成了自成体系的行政法。英美国家对于三权分立的理解，加上英美国家普通法的精神，使得英美国家的行政诉讼与刑事、民事诉讼均由普通法院管辖，原则上适用普通法。日本的法律在第二次世界大战之前受德国影响较深，第二次世界大战之后又受美国法的影响，其行政诉讼制度别具一格，兼具英美法系和大陆法系的某些特点。各国的行政诉讼制度不可能完全相同，但总可以找到相似或共同之处。这是社会、经济、政治、文化多种因素共同作用的结果，但最主要的因素是经济条件和政治条件。

第二节　外国行政诉讼制度的产生和发展

世界各国的行政诉讼制度大致可分为大陆法系和普通法系两大系。以法国为代表的大陆法系国家的行政诉讼制度的基本特点是：设立与普通法院平行的行政法院，专职审理行政案件；以英美国家为代表的普通法系国家的行政诉讼制度的主要特点是：不分民事、行政诉讼，一律由普通法院根据普通法进行审理。但近年来，随着英国加入欧盟和欧盟法的发展，英国的行政诉讼制度正在发生变化。当然，由于各国的政治、经济条件和法律文化的区别，属于同一法系的各个国家的行政诉讼制度又都有其自身的特点。本节将简要介绍法国、德国、英国、美国、日本等国的行政诉讼制度。

一、大陆法系行政诉讼制度的产生和发展

（一）法国行政诉讼制度的产生和发展

在法国，行政诉讼由行政法院管辖，而不是由普通法院管辖。行政法院和普通法院是两个相互独立的审判系统，前者受理行政诉讼，后者受理刑事、民事诉讼。当对于某一纠纷究竟应由行政法院管辖还是由普通法院管辖存有争议时，由权限争议法庭解决。独立的行政法院系统是法国行政法和行政诉讼制度的重要特点，它是法国行政诉讼制度形成时期特定历史条件的产物，也和法国资产阶级革命之后适用分权原则和对于分权原则的理解有关。法国行政诉讼制度的产生和发展过程是：从最初的行政官员受理行政案件，发展成为由相对独立的行政法官受理行政案件；从行政审判机关处于依附于行政机关的地位，发展成为行政审判机关具有独立地位的行政法院组织。

1. 行政诉讼产生的背景及法律根据。法国的行政诉讼制度深受孟德斯鸠三权分立学说的影响。孟德斯鸠认为：一切有权力的人，如果没有监督，都有滥用权力的倾向，这是亘古不变的经验。防止权力滥用的方法，就是以权力约束权

力。他把国家权力分为三种：立法权、行政权和司法权。这三种权力不能合而为一，也不能将任何两者合二为一，而要由三个机关分别行使。法国1789年《人权宣言》第16条规定，每一公共团体都须制定章程以便分权和保障各种权利。分权原则在行政权和司法权的关系上表现为：普通法院不能干涉行政机关的活动，也不能受理关于行政争议的诉讼。把行政诉讼归属于行政，是法国资产阶级革命时期对分权原则的一种特殊理解，这就为创立独立的行政审判系统提供了理论根据。法国对于分权学说的理解主要是由当时的历史背景所决定的。首先，法国大革命前，行政机关为了实施一些有利于资本主义发展的工商业政策，经常和当时被掌握在封建势力手中的普通法院发生矛盾，形成互不信任关系。法国大革命之后，资产阶级为了避免法院对行政的干扰，根据分权学说及对分权学说的理解，禁止普通法院受理行政诉讼案件。其次，法国在旧体制下，已经存在一些专门的行政法庭，特别是中央政府中的国王参事院，兼立法、行政和司法权于一身，对拿破仑设立国家参事院产生了很大影响。

行政诉讼产生的主要法律根据是资产阶级革命时期制定的两个法律：一是1790年8月16日至23日制宪会议所制定的关于司法组织的法律。该法律第13条规定："司法职能和行政职能不同，现在和将来永远分离，法官不得以任何方式干扰行政机关的活动，也不能因其职务上的原因，将行政官员传唤到庭，违者以渎职罪论。"二是1796年9月4日的一项法令规定："严格禁止法院审理任何行政活动。"

2. 行政诉讼制度的成长和发展阶段。

（1）行政官员法官时期（1790~1799年）。资产阶级革命时期的制宪会议禁止普通法院受理行政诉讼以后，在最初十年里并没有建立起行政法院来受理行政诉讼。这个时期，主要依靠行政机关解决行政争议。

（2）保留审判权时期（1799~1872年）。1799年，拿破仑设立国家参事院（最高行政法院前身）作为国家元首的咨询机关。国家参事院除起草和审查法律、法规之外，还受理公民对于行政机关申诉的案件。但它本身没有独立的裁决权，只能以国家元首的名义作出裁决，行使国家元首保留的审判权。

（3）委托审判权时期（1872~1889年）。1872年5月24日的法律在恢复国家参事院的同时，规定国家参事院以法国人民的名义行使审判权，正式取得独立地位。据此，国家参事院在法律上成为最高行政法院，它行使的审判权也不再属于国家元首保留的权力。此后，为了解决行政法院与普通法院的权限冲突，又成立了一个权限争议法庭，裁决行政法院和普通法院之间的权限争议。当时的法律还规定，当事人在向最高行政法院起诉以前，必须先向部长申诉，不服部长的决定才能向最高行政法院起诉（是为部长法官制）。

（4）取消部长法官制，取得一般权限时期（1889～1953年）。1799～1889年，法国行政诉讼和行政法院的创设已经完成。1889年12月3日，最高行政法院在卡多案件的判决中正式否定了部长法官制。据此，当事人不服行政机关的决定，可以直接向最高行政法院起诉，无须经过部长的裁决。同时，最高行政法院通过1889年的卡多案件判决取得了对行政案件的一般管辖权，一直沿用到1953年。

（5）特定权限时期（1953年以后）。1953年9月30日的《行政审判组织条例》和11月28日作为补充规则的《公共行政条例》对最高行政法院和地方行政法庭权限的划分作了重大调整。凡是法律没有规定由其他法院受理的行政诉讼案件，均由地方行政法庭管辖。地方行政法庭代替最高行政法院成为行政诉讼的一般权限法院，最高行政法院成为特定权力的法院。此后最重要的改革是：1980年7月16日的法律改进了行政法院判决的执行；1987年12月31日的法律创设了上诉行政法院，以减轻最高行政法院受理上诉案件的负担；1989年《行政法庭法典》更名为《行政法庭和行政上诉法庭法典》，2000年通过了《行政诉讼法典》，这些法典均系官方汇编。目前，法国的行政诉讼和行政法院组织仍在发展和完善中。

作为法国第一行政机构，最高行政法院拥有约300名成员。他们一部分是通过选拔考试录用的，另一部分通过外部提名录用。法国最高行政法院的普通会议由总理主持，当他缺席时，由司法部长主持。最高行政法院内设行政组和诉讼组，前者的主要任务是审查法案。

根据法官在诉讼中判决权力的大小，可以将法国的行政诉讼分为下列四类：

1. 完全管辖之诉。在完全管辖之诉中，法官行使全部审判权，有权全部或部分地撤销、变更、重新决定行政机关的决定，也可判决行政机关损害赔偿。

2. 撤销之诉。当事人请求行政法院撤销损害其利益的、违法的行政行为，法官只能撤销违法的行政行为，不能变更或重新决定行政机关的决定，也不能判决行政机关损害赔偿。撤销之诉中最重要的是越权之诉。提起越权之诉的理由是行政机关的行为：①没有权限；②有形式或程序上的缺陷；③权力滥用；④违反法律。

3. 解释和审查之诉。在这类诉讼中，法官主要是解释和审查行政决定的意义和合法性，无权作出直接产生法律效果的决定。

4. 处罚之诉。行政法官具有处罚权力，这是例外的行政诉讼，范围很小，只限于破坏公共不动产保管规则的违警行为。

（二）德国行政诉讼制度的产生和发展

早在13世纪，德国就广泛采用罗马法。罗马法区分公法和私法，"公法规定的是罗马国家状况","私法是有关个人利益的规定",相应地,诉讼也分为公诉和私诉。首先,罗马法关于公法、公诉和私法、私诉划分的理论对德国法产生了深远的影响,是导致德国后来区分公法、私法,设立行政法院的重要因素之一。其次,德国法深受法国法律制度的影响。法国早在1799年就创立了国家参事院,受理行政案件。1863年,德国巴登州最早仿效法国设立行政法院,其他州随后也设立了行政法院。

　　1871年1月18日,普王威廉一世在凡尔赛宫宣布自己为德意志帝国皇帝,德国统一基本完成。1871年,《德意志帝国宪法》没有规定设立行政法院。1875年,普鲁士德国虽然制定了关于行政法院组织及行政诉讼程序的法律,确立了普鲁士德国的行政法院和诉讼制度,但是,在1919年之前,德国没有设立全联邦统一的行政法院。其间,有一些专门的行政法庭管辖联邦某一方面的行政案件,例如,1870年设立的帝国济贫法庭,1873年设立的帝国铁路法庭,等等。1919年德国制定了《魏玛宪法》,其中第107条规定:"联邦及各邦应依据法律,成立行政法院,以保护个人免受行政官署之命令及处分的侵害。"《魏玛宪法》的规定有力地推动了德国行政诉讼制度的发展。但当时的行政法院并不是独立的,而是作为行政机关的一个组成部分设立的。1949年,《德意志联邦共和国基本法》生效。该法第96条第1款规定:"联邦设置行政法院。"以基本法为依据,联邦和州相继分别制定了一系列行政诉讼法。德国还于1960年制定了《行政法院法》,1976年制定了《联邦行政程序法》。这两部法律全面规定了德国的行政法院组织和行政诉讼制度。德国的行政法院分为三级:联邦、州、地方行政法院。与美国法院分为联邦和州两个系统不同,德国的行政法院属于一个系统。德国的行政法院和诉讼制度与法国也有区别。德国设立宪法法院处理公法中的宪法争议,行政法院受理非宪法性的公法争议。德国除设立普通行政法院外,还设劳动法院、财政法院、社会法院及专门处理有关文官和法官问题的惩戒法院,以及审理联邦国防军人案件的军事法院等。德国行政法院主要适用制定法而非判例法,除宪法法院之外,联邦普通法院,联邦普通行政法院,联邦社会、劳动、财政法院之间发生管辖争议时,由相关法院院长及有关人员组成的"共同评议委员会"来解决,而非法国常设的"权限争议法庭"。联邦之下的上述各法院之间发生管辖争议,适用法律规定的裁定和移送制度。德国之所以没有像法国那样设立常设的"权限争议法庭"来裁决冲突,是因为法律往往明确规定各法院的管辖事项,所以冲突发生较少。在19世纪中叶以后,德国行政制定法已经很发达,尤其是第二次世界大战之后,德国法院之间只需按法律规定的管辖范围受理案件,就基本上可以避免冲突。类型划分是德国行政诉讼制度的一个突出特色,其基本诉讼类型为形成之诉、给付之诉和确认之诉,不同的诉讼类型的诉讼程序有一定的差异。《联邦行政法院法》规定了行政诉讼的公共利益代表人制度。联邦最高检察官作为联邦公共利益的代表人，州高等检察官和地方检察官分别是州和地方公共利益代表人。

《联邦行政法院法》还规定了撤销之诉和承担义务之诉的声明异议程序。异议人在收到处分决定后 1 个月内，可向原处分机关的直接上级机关提出异议，该上级机关应在 3 个月内作出决定。

二、英美法系行政诉讼制度的产生和发展

（一）英国行政诉讼制度的产生和发展

英国属于普通法系国家。普通法的特点是公法和私法没有严格区别，公民与政府之间的关系以及公民相互之间的关系原则上受同一法律支配，由同一法院管辖。这也是英国行政诉讼的主要特点。

15 世纪末～17 世纪前期，英国实行君主专制制度，全国除普通法院之外，还有依国王特权设立的特别法院，其中包括星法院。星法院以严刑手段保护国王利益，压制反对意见，因此受到普通法院的反对。17 世纪英国资产阶级革命时，普通法院和议会结成联盟，共同对付国王，议会取得胜利。1641 年，除了大法官法院外，包括星法院在内的其他特权法院被废除，全国只有普通法院受理公私法律关系所发生的一切诉讼。1688 年，英国发生"光荣革命"，国会制定的《权利法案》进一步确立了议会的最高权力地位。1701 年，国王签署《王位继承法》。至此，英国资产阶级的君主立宪制政体基本确立，英国近代资本主义国家的行政诉讼制度正式形成。

在地方，1888 年《地方政府法》实行民选的郡议会之前，行政权力掌握在治安法官手中，治安法官既行使行政权，又行使司法权。斯图亚特王朝前期，中央对地方的监督权主要通过星法院来行使，星法院发出提审状、禁止状和执行状，撤销治安法官的决定，命令治安法官为一定的行为或不为一定的行为。星法院被废除之后，中央对治安法官的监督职能完全由普通法院承担。普通法院中的王座法庭利用各种特权监督治安法官的活动。1888 年以后，治安法官的权力转移于新成立的民选机构，从此，对治安法官的各种监督手段适用于地方民选政府。19 世纪中叶以后，中央政府机构扩张，新成立了一些部。19 世纪末 20 世纪初以来，特别是第二次世界大战之后，英国成立大量行政裁判所负责裁决行政争议。[1] 普通法院又将各种特权监督手段扩大适用于中央行政机关和行政裁判所。

---

〔1〕 1992 年的《行政裁判所与公开调查法》是规范现行英国行政裁判所与公开调查的基本法。该法最初是根据 1957 年福兰克斯委员会的报告制定的，1958 年首次公布，经过了 1971 年和 1992 年两次修订。

在英国，由法院提供的对行政行为的救济包括三个部分：一般救济、特权救济和上诉。

一般救济和特权救济都属于传统的普通法上的救济，区别于制定法新创制的上诉等救济方式，如王权诉讼。一般救济按普通法程序获得，包括赔偿金诉讼、宣告令、强制令、告发人之诉和履行义务之诉等。特权救济，则是起源于古老的特权令状，并经现代制定法改造后的救济类型，即基于英王特权令状而建立的司法救济，包括人身保护状、调卷令、阻止令和训令。特权救济是英国最主要的对行政行为的公法救济手段，虽然名为特权令状，但实际上与救济的特权性没有多大的实质关系，在英国这样一个尊重历史传统的国家，这样的称谓更多表现的是历史的象征性。除人身保护状以外的特权救济，包括调卷令、阻止令和训令，是严格意义上的司法审查。这三种特权令，在 1938 年以前称为特权状。1938 年《司法法》简化了几种常用的特权状的程序，称为特权令。在 1977 年修改《最高法院规则》以前，公法上的救济手段和私法上的救济手段不仅适用范围不同，而且缺乏共同的程序规则。1977 年的《最高法院规则》在程序方面作了重大修改，建立了统一的程序规则，称为司法审查程序。司法审查是英国行政诉讼的核心，特指高等法院根据它对下级法院和行政机关所具有的传统的监督权，对后两者行为的合法性进行的审查。司法审查是英国历史上一项悠久的制度。可以说，在英国，司法审查制度产生和发展的历史就是行政诉讼制度产生和发展的历史。[1]

上诉是指制定法所规定的救济手段。在制定法有规定时，对行政机关和行政裁判所的决定不服，可以向普通法院请求上诉管辖权，以便审查行政行为的法律适用是否正确。当然，有时就事实问题也可以上诉。第二次世界大战之前，此种救济手段主要针对一般行政机关的行政行为；第二次世界大战之后，主要针对行政裁判所裁决中涉及的法律问题。公民权益受到行政机关的侵害，如果构成普通法上的一般诉讼条件，也可以提起一般诉讼。例如，追究地方政府的侵权行为责任。此种诉讼方式在近时期的最大发展是《王权诉讼法》（于 1948 年施行），使得英国中央政府（英王）承担与一般成年公民同等的法律责任。公民在受到英王的侵害时，可以按照《王权诉讼法》的规定提起普通法上的一般诉讼，使英王负赔偿责任（而在 1948 年之前，英王不负法律责任或只有得到英王的同意才负法律责任），这也是第二次世界大战之后英国行政诉讼制度的重大发展之一。

另外，欧盟法与人权法对英国行政诉讼制度也产生了重要影响。

---

〔1〕 英国目前的司法审查制度，是通过 1977～1982 年的一系列改革最终完成的。

欧盟法可以说是欧洲共同体法的继续和发展。英国于 1973 年成为欧洲共同体（即现在的欧盟）成员国，由此使得欧盟法在英国取得了优先于国内法的法律地位。许多欧盟法的规则在其成员国法域内具有直接的法律效力，即成员国法院必须适用并且强制执行这些规则。欧盟法对英国行政法的影响起初比较缓慢，如今则非常强烈。欧盟法曾经有一个革命性的判例，直接挑战了英国宪法上的议会至上原则：欧盟法要求英国法院不得适用英国素来权力至上的议会制定的一项法律，如果该法律与欧盟法相抵触的话。英国的行政规章也曾经被欧洲法院的判决认定为无效。

英国法律不断吸收的另一个欧洲体系是《欧洲人权与基本自由公约》。英国早在 1950 年就成为该公约的创始成员国，但直到 2000 年，该公约才开始具有国内法效力。1998 年通过、2000 年生效的英国《人权法》规定，英国的法院应当在实施公约及本法规定的人权的过程中，遵从欧洲法院的判决和实践。英国《人权法》的付诸实施，对英国行政法产生了广泛的影响，因为该法引入了新的制定法解释规则，要求公共当局按照与公约权利相一致的方式行事，从而创立了新的司法审查的根据。威廉·韦德爵士认为，随着英国人权法的实施，法官们得以将司法审查建立在几乎没有边界的管辖权基础之上，即几乎及于所有的政府活动。[1]

（二）美国行政诉讼制度的产生和发展

美国是一个历史不算很悠久的资本主义国家，没有经历封建社会，所以美国的司法审查制度可以溯源至其建国初年。美国早期是英国的殖民地，深受英国法的影响。判例法是美国法的主要渊源。尽管近现代国会立法和行政立法大量增加，但是美国法院认为，解释宪法和法律是其天然职责。在司法活动中，法院根据它自己对有关制定法的理解，考虑社会生活的实际，创制判例规则。这些判例规则一方面改变着制定法甚至包括宪法，一方面弥补了制定法的不足。所以，从司法适用法律的角度讲，美国仍是以判例法为主的国家，其司法审查制度更具有普通法的特色。

与英国不同，美国有一部成文宪法。美国的开国元勋和宪政创立者们根据资产阶级人权理论和法治思想，绘制了美国国家的宪政蓝图和奠定了立国基石，包括"国民主权"、"有限政府"和"三权分立与制衡"等基本原则。《美国宪法》第 1 条规定，立法权属于议会；第 2 条规定，行政权属于总统；第 3 条规定，司法权属于法院。上述三权无从属关系，各司其职，同时互相牵制、平衡制约。法院通过受理行政案件，审查行政行为的合法性、合宪性是美国宪政体制的基本

---

〔1〕　转引自张越编著：《英国行政法》，中国政法大学出版社 2004 年版，第 302 页。

要求。

美国司法审查制度的基本精神和发展脉络集中体现在司法权对行政权的制约及司法权为公民提供人权保障和司法救济之中。同时，美国法院也考虑行政的实际需要，在保证行政权有效运作的同时，又有力地牵制行政权，保护个人权利和自由不受非法行政的侵害。美国行政诉讼的目的是要在二者之间寻找到一个恰如其分的结合点。

根据普通法，如果行政机关的行政行为构成普通法上的一般诉讼条件，则可以依一般诉讼（与民事诉讼相同）来进行。但普通法上的行政诉讼主要是发源于英国王权时期的令状，其形式包括提审令、禁止令、执行令、人身保护状、追查令、制止令等，其中的某些形式在今天已很少或较少适用，但仍然被保留着。在没有制定法根据的时候，它们仍然可以作为请求和实施司法审查的根据。由于美国早期沿袭普通法上的"主权豁免原则"，美国政府和州政府非经同意不能作为被告，也不能被判处赔偿损失。加上 19 世纪中期以前，美国实行自由的市场经济，国家不干涉私人的经济活动，政府的职能主要限于保障国家安全、维持社会秩序和收税等，政府与公民、法人和其他组织发生关系的领域并不广泛，发生纠纷的机会也较少，所以那时的行政诉讼制度并不发达。

需要注意的是，美国早期有一个具有里程碑意义的著名案例——"马伯利诉麦迪逊案"。最高法院通过对该案的判决，取得了违宪的司法审查权。根据该判决，最高法院有权判决联邦法律或州法律以及总统和政府的行为是否违宪。它来自三权分立理论及普通法上法院对法律的解释权。但是，最高法院并不是在有关法律制定前或公布后直接审查该法是否合乎宪法，而是在它受理的具体案件判决中宣布该法或行为是否违宪，判决宣布后随即成为先例，对一切法院都具有约束力，被宣布违宪的法律或行为从此就不能再执行了。这种判例从严格意义上说是宪法诉讼，但和行政诉讼也不无关系。它昭示人们，美国最高法院有权审查行政机关的具体和抽象行政行为的合宪性。从此，"违宪的司法审查制度"在美国确立下来，对政府活动的各个领域乃至美国社会的各个方面都产生了重大影响。

19 世纪后期，资本主义垄断形成以后，社会关系较前期更为复杂，各种社会问题、社会矛盾大量出现，国家开始对社会经济活动进行干预，从而导致政府职能扩大，行政权扩张。最主要的表现是行政机关行使委任立法权，以及"独立管制机构"的大量出现。美国第一个干预社会经济活动的独立管制机构是 1887年建立的州际贸易委员会。19 世纪末 20 世纪初，又建立了一系列具有混合权力的独立管制机构，如联邦贸易委员会、联邦通讯委员会等，这些独立机构不仅具有行政执法权，而且具有规章制定权和裁决纠纷权，集立法权、行政权、司法权于一身。委任立法和独立管制机构的出现，引起了人们的普遍关注和不安，纷纷要求加强对行政权的制约。

实际上，委任立法和独立管制机构的大量设立有其深层次的社会经济原因。20 世纪 30 年代发生的经济危机，迫使美国政府大规模介入社会经济活动。随着行政权的扩张，自然要求司法权对行政权加以制约，这也在情理之中。正是在这种情况下，20 世纪 30 年代末和 40 年代初，司法机关和行政机关的观点曾发生对立。最高法院判决"新政"的几个主要法案违宪就是重要的证明。1940 年，国会通过了"洛根法案"。该法案要求联邦行政机构采用标准行政程序，要求法院对联邦行政机构遵守标准行政程序实施监督，即加强对行政行为的司法审查，但这一法案被罗斯福总统否决了。迫于形势的需要，美国法院逐渐放宽对分权原则的解释，而更多地根据宪法修正案第 5 条和第 14 条中关于正当程序的规定，审查行政权的行使是否合法。正当程序的观念可以认为是 20 世纪 40 年代以来美国行政诉讼的理论基础。从此，美国的行政诉讼进入了一个新的发展阶段。其主要标志是：1946 年制定的《行政程序法》、《联邦侵权赔偿法》，1950 年制定的《司法审查法》，1967 年制定的《情报自由法》，1974 年制定的《私人秘密法》，1976 年制定的《阳光下的政府法》，1990 年制定的《行政争议解决法》等。总之，自 20 世纪 40 年代以来，美国通过国会制定法的授权，加上司法判例发展起来的一系列司法审查原则和规则，使得美国司法审查制度进入了一个新的发展阶段：司法审查的范围进一步扩大，司法审查的方式和渠道进一步增加，司法审查的根据更加充足，司法审查制度变得更为灵活和切合实际。

三、日本行政诉讼制度的产生和发展

日本行政诉讼制度独具特色，既非大陆法系，又非英美法系，而是二者兼而有之。人们称之为东西文化的窗口。

明治初年，对地方官和户长的违法处分，日本规定可以向司法法院起诉。其结果是对地方官的诉讼激增，招致了司法官牵制行政的弊病。因此，明治七年（1874 年）规定，对行政的裁判不能由法院专断，必须有太政官正院的指示。后来，这一制度一直延续到明治宪法的制定。

1868 年，明治维新运动是日本历史上一件划时代的大事。它是日本从封建社会进入资本主义社会的转折，在法制史上则是日本从中华法系走上西方化的开端。日本仿效德国于 1889 年制定《大日本帝国宪法》，通称为"明治宪法"。根据该宪法，日本法院分设普通法院和行政法院，行政官厅由于违法处分而损害臣民权利，应依法由行政法院审判，司法法院不得受理。1890 年，日本又制定了《行政裁判法》、《关于行政厅的违法处分的行政裁判案件》及《诉愿法》。这些法律构成了明治时代日本行政审判制度的框架。根据当时的法律，行政法院没有充分的独立性，只负责审理法律、敕令以及有关行政违法处分的行政裁判文件所规定的案件，且采诉愿前置主义。行政法院只设东京一处，是初审也是终审法院。因此，明治宪法之下的行政审判存在许多不足。在此之后，日本曾多次尝试修改，但一直没有实现，直到现行宪法的制定。

第二次世界大战之后，日本开始模仿美国法律。针对行政诉讼制度进行的改革是废除行政法院，由普通法院适用民事诉讼程序审理行政诉讼，赋予最高法院以违宪审查权。例如，《日本国宪法》第 32 条规定，任何人在法院接受审判的权利不得剥夺，第 76 条第 1 款、第 2 款规定，一切司法权属于最高法院及依照法律规定设立的下级法院，不得设立特别法院。行政机关不得行使作为终审的判决。《法院法》第 3 条规定，法院审理一切法律上的争讼。至此，日本战后的行政诉讼模式基本确立。由于行政案件与一般的民事案件存在多方面的差异，作为暂时的措施，日本制定了与《法院法》同时施行的《关于伴随日本国宪法施行民事诉讼法的应急措施的法律》（1947 年）。1948 年又以"平野事件"为转机制定了《行政案件诉讼特例法》。审理行政案件以民事诉讼法为主，然后依特例法，同时仍采取诉愿前置主义。但行政案件不适用民事诉讼程序中有关假处分的规定，采用了停止执行及内阁总理大臣异议的制度。这个特例法仍不能适应行政审判需要，还有许多缺陷。为此，日本国会于 1962 年 5 月 7 日通过了《行政案件诉讼法》。该法规定，行政案件除其他法律有特别规定的情况外，均依照本法律的规定。本法律没有规定的事项，适用民事诉讼法的有关规定。也就是说，审理行政案件主要以《行政案件诉讼法》为主，这和《行政案件诉讼特例法》要求以民事诉讼法为主正好相反。其次，《行政案件诉讼法》废止了《行政案件诉讼特例法》规定的诉愿前置主义和专属管辖制度，进一步完善了行政处分的停止执行及内阁总理大臣的异议制度，确认第三人参加诉讼的制度。根据《行政案件诉讼法》第 2 条的规定，日本行政诉讼分为抗告诉讼、当事人诉讼、民众诉讼和机关诉讼四大类型。其内容总体上比《行政案件诉讼特例法》完善得多。

2001 年起日本开始着手《行政案件诉讼法》的修改，直到 2004 年 6 月 2 日，日本参议院通过了政府提出的《行政案件诉讼法部分修正法律案》，并于 6 月 9 日公布。修正内容主要为完善救济程序，使国民权利利益获得更有效地救济，在行政诉讼程序上完善了有关当事人适格的规定、课予义务诉讼及阻止诉讼的法定化、完善本案判决前的临时救济制度。修正法律案为适应近年发生的变化，从更有效地救济国民权利利益的目的出发，试图：①扩大国民权利利益的救济范围；②充实及促进审理；③完善结构以使其更易利用、更易理解；④修正本案判决前的临时救济制度。

第二次世界大战后，日本规定和完善行政诉讼制度的法律还有 1947 年施行的《日本国家赔偿法》、1962 年 9 月 15 日施行的《日本行政不服审查法》等。

《日本国家赔偿法》条文很短，只有6条。第1条规定公共官员违法行为的赔偿责任，第2条规定公共工程管理不当的赔偿责任，其余4条主要规定赔偿的经济责任和《日本国家赔偿法》与其他法律的关系问题。《日本行政不服审查法》是日本行政复议制度的一般法，根据该法，复议制度分为三类，即审查请求、异议申诉和再审查请求。对于受案范围该法采用一般概括主义，复议的对象是行政机关违法或者不当的行为和其他行使公权力的行为（第1条第1款）。

第三节　中国行政诉讼制度的产生和发展

一、早期行政诉讼制度的产生和发展

1912年，孙中山先生领导的资产阶级民主革命取得胜利，宣布成立中华民国，建立了南京临时政府。这是资产阶级革命派领导的资产阶级共和国性质的革命政权，它宣告结束了在中国历史上持续了两千多年的封建君主专制制度，从形式上创立了资产阶级民主共和。此时，行政诉讼破天荒地在中国出现。

（一）孙中山为巩固胜利成果，按照资产阶级权力分立理论筹划宪政制度

1912年3月12日，制定和公布了具有宪法性质的《中华民国临时约法》。临时约法基本上构建了中华民国行政诉讼制度的初步模式，即人民有权依法提起行政诉讼，受理行政诉讼的组织机关为平政院。该法第2条规定："中华民国之主权属于国民全体。"第10条规定："人民对于官吏违法损害权利之行为有陈诉于平政院之权。"第49条规定："法院依法律审判民事诉讼及刑事诉讼，但关于行政诉讼及其他特别诉讼另以法律定之。"

（二）中华民国北洋军阀政府的行政诉讼制度

北洋军阀政府也承认和施行行政诉讼制度。1914年（民国3年）5月1日公布的《中华民国约法》第8条规定："人民依法律所定，有诉愿于行政官署及陈诉于平政院之权。"第45条规定："法院依法律独立审判民事诉讼、刑事诉讼。但关于行政诉讼及其他特别诉讼，各依其本法之规定行之。"此外，1923年（民国12年）的《中华民国宪法》和1925年（民国14年）的《中华民国宪法草案》均作了类似的规定。

在中华民国北洋军阀政府初期，具体规定诉愿和行政诉讼的有以下法律：

1. 1914年（民国3年）3月31日公布的《平政院编制令》。

2. 1914年5月18日公布的《行政诉讼条例》。

3. 1914年6月9日公布的《平政院裁决执行条例》。

4. 1914年7月21日公布的《诉愿法》和《行政诉讼法》。

此外，还有《纠弹条例》等。

北洋军阀政府制定的《诉愿法》是中国第一部诉愿法，未分章节，共18条。第1～6条规定诉愿的权利、诉愿管辖和审级。该《诉愿法》规定，对违法和不当的行政处分均可提起诉愿。诉愿得向原处分行政官署之直接上级行政官员提起之，不服其诉愿决定，还得向诉愿受理机关提起再诉愿。其中，对违法的行政处分的诉愿得一直诉愿至中央或地方最高的行政官署之后，才可向平政院起诉。对不当处分的诉愿也一直得诉愿至中央或地方最高级行政官署（针对地方最高级行政官署的不当处分的诉愿得诉愿至中央最高级行政官署），其决定为最终决定，不得起诉。第7～15条具体规定诉愿方式、期限等。第16条规定诉愿不影响原处分的执行，必要时，停止执行。第17条规定诉愿决定的法律效力和拘束力。第18条规定该法公布施行日。

《平政院编制令》共29条，具体规定平政院的职权、组织、人员及其制度。主要内容有：平政院直属于大总统；平政院设院长1人，置3庭；每庭由平政院评事5人组成，审理行政诉讼事件；平政院评事定额15人；平政院设置肃政庭，肃政庭肃政史定额16人，设置都肃政史1人，肃政庭由肃政史2人审理纠弹事件；意见有分歧时，由都肃政史决定，肃政庭对于平政院独立行使职权，平政院院长和肃政庭肃政史均由大总统任命。此外，《平政院编制令》还对评事、肃政史的任免、资格、惩戒、待遇、退职、转职等作了具体规定。

1914年公布的《行政诉讼法》也是中国历史上第一部行政诉讼法，分为4章和1个附则，共35条。第一章规定行政诉讼之范围；第二章规定行政诉讼之当事人；第三章规定行政诉讼之程序；第四章规定行政诉讼裁决之执行。主要内容有：对行政官署之行政处分违法且损害人民权利者方可起诉，平政院不得受理要求损害赔偿之诉；实行一审终审，也不得再审。该法还规定，个人和法人均有诉权，均可委托代理人，确认了有利害关系的第三人参加诉讼制度；肃政史可以依《诉愿法》和《行政诉讼法》为当事人的利益代为提起诉讼；诉讼不停止执行；判决可撤销违法处分，也可变更；诉讼判决的执行制度等。

《平政院裁决执行条例》共5条，其中规定：行政诉讼事件经评事审理裁决后，由平政院长呈报大总统批令主管官署按照执行。如果主管官署不按判决执行，肃政史得提起纠弹之诉，请付惩戒。纠弹事件之执行涉及刑律者，由平政院院长呈请大总统会交司法官署执行。涉及惩戒法令者，由平政院长呈请大总统以命令行之。

（三）国民党政府的行政诉讼制度（1927～1949年）

1927年，蒋介石在南京成立蒋记国民政府，沿袭北洋军阀政府的行政诉讼制度。1931年（民国20年）6月1日公布施行的《中华民国训政时期约法》，其中第21条规定"人民依法律有诉愿于法院之权"，第22条规定"人民依法律有提起诉愿及行政诉讼之权"。《中华民国宪法草案》对行政诉讼制度进行了进一步规定。1947 年（民国 36 年）1 月 1 日公布的《中华民国宪法》中对行政诉讼制度规定得更为具体。该法第 16 条规定"人民有请愿、诉愿及诉讼之权"；第 24 条规定"凡公务员违法侵害人民之自由或权利者，除依法律受惩戒外，应负刑事及民事责任；被害人民就其所受损害，并得依法律向国家请求赔偿"；第 77 条规定"司法院为国家最高司法机关，掌理民事、刑事、行政诉讼之审判及公务员之惩戒"。这一时期规定行政诉讼制度的其他法律有：1930 年（民国 19 年）3 月 24 日国民政府公布的《诉愿法》，1932 年（民国 21 年）11 月 17 日公布、1933 年（民国 22 年）6 月 23 日施行的《行政诉讼法》，1932 年（民国 21 年）11 月 17 日公布的《行政法院组织法》，1933 年（民国 22 年）6 月 24 日公布施行的《行政法院处务规程》，1933 年（民国 22 年）5 月 6 日公布、同年 6 月 23 日施行的《行政诉讼费条例》等。从总体上讲，上述法律规定的行政诉讼程序和制度较之北洋军阀政府的行政诉讼制度有一些发展和变化。国民政府的《诉愿法》共 14 条：第 1 条为诉愿权利的设定；第 2 条、第 3 条是关于诉愿管辖的规定，实行二次诉愿制，较北洋政府《诉愿法》的规定要更为明确和简洁，而且不像北洋政府规定的那样，诉愿一直至中央或地方最高级官署；第 4 条规定不当处分不可诉，只有违法处分才可诉，这点和北洋政府规定的相同，典型的"先定后审"；第 5～12 条规定诉愿具体程序和期限及效力等；第 13 条规定"官吏因违法处分或不当处分应负刑事责任或应负惩戒者，由最终决定之官署于决定后送主管机关办理"，这一条和北洋政府由平政院肃政史纠弹违法官吏不同。

国民政府的《行政法院组织法》共 12 条，具体规定：行政审判由行政法院负责，行政法院隶属于司法院，而非行政院，行政法院的性质是法院，而非行政机关。而北洋政府的平政院则隶属于大总统，是行政机关。《行政法院组织法》和《行政法院处务规程》既是组织法，又是行政法院的运作法。《行政法院处务规程》是依据《行政法院组织法》制定的细则。

国民政府的《行政诉讼法》在 1933 年（民国 22 年）6 月 23 日施行后，经过 1935 年（民国 24 年）、1937 年（民国 26 年）、1942 年（民国 31 年）共修改 3 次，由最初的 27 条增加到 30 条。以最初的为例，其主要内容如下：第 1 条关于诉权的规定，和北洋政府的一样，在起诉之前，就须确定处分违法且侵害人民权利；第 2 条规定，可附带提起行政损害赔偿诉讼，较北洋政府不得提起损害赔偿诉讼有所进步；第 3 条和第 23 条规定，行政法院之裁判不得上诉或抗诉，但可再审，较北洋政府的一审终审且不能再审要民主一些。其余条款规定的具体程序和北洋政府《行政诉讼法》的规定大同小异。

总之，国民政府的诉愿和行政诉讼制度，较北洋军阀时期的有关规定有所发展和进步，但某些方面却退步了。例如，北洋军阀的平政院肃政史可代替人民提起行政诉讼，对于有关官署不执行平政院裁决的，可依《纠弹条例》提起纠弹诉讼，而这些制度在国民政府的行政诉讼法中却找不到。

二、新中国成立后行政诉讼制度的产生和发展

1949 年 10 月 1 日，中华人民共和国成立，对人民实行民主，对敌人实行专政的真正的民主政治开始确立和发展。1949 年 9 月 29 日公布的《中国人民政治协商会议共同纲领》第 19 条规定："人民和人民团体有权向人民监察机关或人民司法机关控告任何国家机关和任何公务人员的违法失职行为。"这就十分明确地提出了要建立行政诉讼制度。1954 年《中华人民共和国宪法》第 97 条规定："中华人民共和国公民对于任何违法失职的国家机关工作人员，有向各级国家机关提出书面控告或者口头控告的权利。由于国家机关工作人员侵犯公民权利而受到损失的人，有取得赔偿的权利。"这一规定表明，中华人民共和国不仅要确立行政诉讼制度，而且要建立国家赔偿制度。1982 年《中华人民共和国宪法》第 41 条对此作了进一步规定。尽管建国之后的有关宪法性文件或宪法，原则上确认了行政诉讼制度，其中包括行政赔偿，但是缺少可操作的具体法律规定。要建立行政诉讼制度并使其良好运作，就离不开具体的法律、法规规定。1982 年《中华人民共和国民事诉讼法（试行）》开始适应这个客观需要，该法第 3 条第 2 款规定："法律规定由人民法院审理的行政案件，适用本法规定。"据此，人民有权依法向法院控告行政机关，法院有权依《民事诉讼法（试行）》和其他法律受理和审理行政案件。《民事诉讼法（试行）》的这一规定具有重大意义，它不仅使我国有关行政诉讼的宪法的原则性规定得以落实，使撤销或纠正违法的行政行为成为现实，而且标志着新中国行政诉讼制度的正式建立。1986 年《中华人民共和国民法通则》第 121 条进一步规定："国家机关或者国家机关工作人员在执行职务中，侵犯公民、法人的合法权益造成损害的，应当承担民事责任。"由此初步确立了国家赔偿制度。这是保障公民、法人和其他组织合法权益，弥补由于行政机关或行政公职人员违法造成损失的重要依据，它使得公民、法人和其他组织提起行政诉讼具有现实意义。

从 1982 年《民事诉讼法（试行）》规定人民法院可以受理法律规定的行政案件，到 1989 年颁布《行政诉讼法》，有近 130 个单行法律、法规规定个人、组织不服行政决定可以提起行政诉讼。其中最重要的是 1987 年 1 月 1 日生效的《中华人民共和国治安管理处罚条例》。[1] 由于治安管理处罚案件数量多，涉及

---

[1]　该条例已被 2005 年 8 月 28 日第十届全国人民代表大会常委会第十七次会议通过的《中华人民共和国治安管理处罚法》取代。

面广，被告又是公安机关，《治安管理处罚条例》规定对公安机关的治安处罚决定不服可以向法院起诉，在社会上引起了很大轰动。它促进和推动了《行政诉讼法》的产生，治安处罚行政诉讼的实践也为《行政诉讼法》的制定提供了实践依据。随着改革开放的进一步深入，商品经济获得较大发展，确立市场经济体制的目标进一步明确，这就必然要求加快民主和法制建设，十三大报告明确提出了制定《行政诉讼法》的任务，而后起草《行政诉讼法》的速度大大加快。

经过多次研究和修改，行政诉讼法草案被提请第七届人大常委会第四次会议审议，并由会议决定将草案全文公布，征求全国人民的意见。进一步修改之后，又经第七届全国人大常委会第六次会议审议，决定提请 1989 年 3 月召开的第七届全国人大第二次会议审议。1989 年 4 月 4 日《中华人民共和国行政诉讼法》由大会表决通过，于 1990 年 10 月 1 日起施行。第七届全国人大第二次会议通过的《行政诉讼法》是我国历史上最完备、最具有民主性的行政诉讼法，共 11 章 75 条，对行政诉讼的各项原则和具体制度作了较详细的规定，它标志着行政诉讼制度已在我国完善地建立起来。

继 1990 年《行政诉讼法》的施行，1994 年 5 月 12 日第八届全国人大常委会第七次会议又通过了《中华人民共和国国家赔偿法》，自 1995 年 1 月 1 日起施行。《国家赔偿法》共 6 章 35 条，融行政赔偿与刑事赔偿于一法，标志着国家赔偿制度在我国的全面建立。

随着我国市场经济和民主政治的迅速推进，1990 年建立的行政诉讼制度和 1995 年建立的国家赔偿制度在很多方面已经不能适应形势发展的要求，修改《行政诉讼法》和《国家赔偿法》的呼声日益高涨，修改的条件也日益成熟，终于，在 2014 年 11 月 1 日，第十二届全国人大常委会第十一次会议表决通过了修改行政诉讼法的决定，这是行政诉讼法自 1989 年制定后作出的首次修改，因而备受海内外关注，对法治国家和法治政府建设具有重要意义和积极促进作用。《国家赔偿法》则分别于 2010 年和 2012 年经过两次修改，目前最新版本的《国家赔偿法》于 2013 年 1 月 1 日起施行，我国的国家赔偿制度得到进一步完善。

三、台湾、香港和澳门地区行政诉讼制度的产生和发展

（一）台湾地区行政诉讼制度的产生和发展

我国台湾地区 1954 年公布"请愿法"，经过 1969 年修正为 12 条。第 2 条规定："人民对'国家政策'、公共利害或其权益之维护，得向职权所属之民意机关或主管行政机关请愿。"第 4 条又规定："人民对于依法应提起诉讼或诉愿之事项，不得请愿。"

台湾地区的"诉愿法"首次公布于 1930 年，历经数次修正。1998 年修正的"诉愿法"共 101 条，2000 年又修正公布了其中的第 4 条、第 9 条和第 41 条。关于"诉愿权",其中第 1 条第 1 款规定:"人民对于'中央'或地方机关之行政处分,认为违法或不当,致损害其权利或利益者,得依本法提起诉愿。但法律另有规定者,从其规定。"诉愿范围也有所扩大,除"违法或不当处分"外,又增加了"'中央'或地方机关对于人民依法声请之案件于法定期限内应作为而不作为致损害人民之权利或利益者,视同行政处分"。与以往的"诉愿法"相比,1998 年"诉愿法"废除了再诉愿程序,改以行政诉讼取代;强化行政机关的自我省察功能;扩大了诉愿的范围;增设了利害关系人参加诉愿程序的制度;加强了诉愿人在诉愿程序中的参与权利。[1] 此外,1998 年"诉愿法"还改进了诉愿审议委员会的组成,第 52 条第 2 款增加规定:"诉愿审议委员会,由本机关高级职员及选聘社会公正人士、学者、专家担任之;其中社会公正人士、学者、专家人数不得少于 1/2。"

我国台湾地区的"行政法院组织法"1932 年首次公布,经过 1936 年、1945 年、1975 年等数次修订,于 1999 年修订而成,现为 48 条。2001 年 5 月 23 日又修正了其中的第 10 条。

我国台湾地区的"行政诉讼法"是根据 1932 年公布,经 1935 年 10 月、1937 年 1 月、1942 年 7 月修改后的法律,于 1969 年 10 月、1975 年 12 月修订,1998 年再修订。1998 年"行政诉讼法"从 1975 年的 34 条增加到 308 条,增订了行政法院、当事人等章节,其他方面的内容也较以前大大充实,有关行政诉讼的具体制度也有一些重大变化。例如,改一审终审为两审终审;将撤销之诉的原告资格扩大到权利或法律上利益受侵害者;增加给付之诉、确认之诉和维护公益的诉讼;采取一级诉愿前置主义并废止再诉愿;强化暂时性权利保护制度;增设简易诉讼程序;增设重新审理制度;增设权限争议之解决方法与释宪声请权等。2000 年 6 月 7 日,台湾地区还公布了"行政诉讼法施行法",全文共 6 条。

(二)香港地区行政诉讼制度的产生和发展

由于历史政治因素,香港地区法律的特点与英国的大同小异。1844 年,香港地区制定最初的《最高法院条例》。该条例第 5 条规定,"1843 年 4 月 5 日香港成立本地之立法机构后,现行之英国法律将在香港实施,但不适合本地情况或本地居民及由上述立法机构另行立法取代者除外"。从这一年开始,英国的成文法和不成文法适用于香港。随着社会的发展,香港的立法机构渐渐地将英国国会通过的成文法转化为香港本地通过的成文法,并酌情适量修改,以适合本地环境。至于英国的案例,甚至其他普通法地区的案例,除经香港成文法明确或默示

---

〔1〕 陈清秀:《行政诉讼法》(植根法律事务所丛书〔三〕),元照出版公司 2009 年版,第 2 ~ 9、14 页。

推翻者外，一直广泛为香港各级法院引用作为判案根据。根据 1971 年修正的《适用英国法律条例规定》，英国国会制定的法律应施行于香港。1997 年香港回归中国以前，英国法律，包括普通法、衡平法及制定法，都在香港具有法律效力或原则上被适用，这使得香港的行政诉讼和英国的行政诉讼体制一脉相承。

回归中国以前，香港的行政权由港督、行政局和各政府部门首长掌握。港督和立法局共同行使立法权，主要职能是制定条例。行政机构港督会同立法局以条例形式直接授权港督会同行政局或政府主管部门首长，制定和条例不相抵触的附属规则或细则；司法机构的功能是裁判行政机关与市民或市民与市民之间的纠纷。根据英国统治香港的方式及香港的宪政体制，香港的行政诉讼制度基本上与英国的制度一致，行政案件一般由普通法院（而非专设的行政法院）管辖，并适用民事诉讼程序解决行政案件。但是，香港的专门行政诉讼也有所发展，在普通法院之外，先后设立了审裁法庭，审理专门的行政案件，如土地审裁庭、劳资审裁处、淫亵物品审裁处等，这些审裁法庭既有对行政纠纷的初审管辖权，又有上诉管辖权。当然，审裁法庭的裁决仍在普通法院的管辖权之下，对其裁决可以上诉于上诉法庭或者高等法院。

市民因行政措施受损，不仅可以运用民事诉讼程序对政府或有关公务员提起诉讼，而且可以根据普通法院所具有的对下级法院或者对有关行政机关的司法审查权，向香港高等法院申请司法审查，要求法院对该行政决定进行审查，撤销不合法的决定，并可同时要求赔偿因侵权造成的损害。香港高等法院把司法审查概括为三个要点：①受司法审查的行政决定必须是对私人的权利或义务有直接影响的；②只能是与行政机关行使职权管理香港社会的居民、法人团体以及其他社会组织有关的行政决定；③只审查行政决定是否合法。

香港的《最高法院条例》授权高等法院通过颁发人身保护令来纠正涉及人身权的违法或不当的行政行为。这是一种古老的司法程序，源于 14 世纪的英国。被拘禁人的代理人可以向任何高等法院法官申请颁发人身保护令要求警署将被扣押人带上高等法院，解释扣押原因，若解释不被法院接受，警署就必须放人。

1940 年英国制定《王权诉讼法》以后，香港地区于 1957 年根据此法通过了《政府诉讼条例》。条例第一次确定了香港政府作为英国的代表，应同一般成年香港居民一样承担民事法律责任。其中第 3 条规定，在遵守本条例的前提下，任何人均可提起对英王（香港政府）的诉讼，而不必经过总督的许可。同时，香港《政府诉讼条例》保留了英王的一些特权，例如，根据其中第 25 条的规定，本条例不适用于针对英王的有关物的诉讼，以及不得对属于英王的船舶或飞机和其他财产进行扣押、留置或出卖等。

受议会主权和法治原则的影响，香港法院必须适用香港立法机构制定的条例，无权管辖条例及对条例的合法性作出判决。但是，对行政机关的附属立法具有管辖权，可以撤销或宣告其无效。香港法院有权创制判例和解释英国法或香港的条例，但不得与其抵触。香港法院管辖行政机关的行政行为的基础仍是越权原则，香港行政诉讼的终审权不在香港高等法院，而在英国枢密院司法委员会，这就是英国管辖之下香港行政诉讼的特点。

1997 年 7 月 1 日，中华人民共和国恢复对香港行使主权。香港回归以后，香港特别行政区法院仍享有原香港法院享有的权力。香港特别行政区原有的关于行政诉讼的规定在不和《中华人民共和国香港特别行政区基本法》相抵触的情况下仍然有效。对行政行为进行管辖和诉讼的根据，香港基本法给予了制定法上的一般授权，其中第 35 条第 2 款规定："香港居民有权对行政部门和行政人员的行为向法院提起诉讼。"

按照香港基本法的规定，香港特别行政区法院除继续保持香港原有法律制度和原则对法院审判权所作的限制外，对香港特别行政区所有案件均有审判权，但对国防、外交等国家行为无管辖权。香港特别行政区法院所适用的制定法、判例规则及衡平法不得和基本法相抵触，行政案件的终审权不在中华人民共和国最高人民法院，而在香港终审法院。但是，香港基本法的解释权属于全国人民代表大会常务委员会。

全国人民代表大会常务委员会授权香港特别行政区法院在审理案件时，自行解释香港基本法关于香港特别行政区自治范围内的条款。香港特别行政区法院在审理案件时，对基本法的其他条款也可以解释，但在作出不可上诉的终局判决时，应依法提请全国人民代表大会常务委员会对有关条款作出解释。法院在引用此条款时，应以全国人民代表大会常务委员会的解释为准，但法院在此以前作出的判决不受影响。

(三) 澳门地区行政诉讼制度的产生和发展

由于和葡萄牙的历史渊源，澳门地区的法律制度体现的是大陆法系的特点。葡治时期，澳门为葡萄牙司法体制中的一个法区，只具有第一审级的司法管辖权，其中民事和刑事管辖权由普通管辖法院行使，而行政诉讼管辖权交由当时译作"评政院"（Tribunal Administrativo）的专门法院行使。而葡萄牙里斯本的中级法院和最高司法法院（Supremo Tribunal de Justiça）则分别具有第二审级[1]和终审的民事和刑事管辖权。至于行政诉讼方面，则由葡萄牙最高行政法院[2]行

---

〔1〕 同时也具有第一审级的民事和刑事管辖权，其对象只限于总督和政务司履行职务时所作的民事或刑事行为。

〔2〕 同时也具有第一审级的管辖权，但其对象只限于总督和政务司履行职务时所作的行政行为。

使。此外，葡萄牙的宪法法院对澳门也具有管辖权。

"评政院"于 1927 年在澳门设立，当时下设行政诉讼科、税务诉讼科、审计科、预先批阅科及咨询科。作为第一审法院，其权限包括审理行政诉讼、税务诉讼，审计和对澳门行政当局的某些行为作预先批阅。此外，其可就公共支出提出法律意见。审判工作由审判委员会负责，其成员有澳门普通管辖法院法官、物业登记局局长和民政局局长。当履行审计法院职责时，财政局局长亦为审判委员会成员。其后，因应行政监督司法化的要求，澳门"评政院"审判委员会的成员亦由行政官员兼任改由专业司法官员（澳门普通管辖法院法官）兼任。直至1993 年才有专职的法官，同时中文译名亦改为"行政法院"，此时开始成为独立的行政诉讼审判机关。

直至 1991 年 8 月，葡萄牙国会才通过第 112/91 号法律给予澳门司法自治，将大部分终审权下放给澳门的司法机关。根据有关法律的规定，澳门除第一审法院外，还设立审计法院和具有终审权的高等法院。澳门总督于 1992 年 3 月制定第 17/92/M 号法令以设立审计法院和高等法院，审计法院和高等法院于 1993 年4 月正式开始运作。

澳门于 1999 年 12 月 20 日回归，成为中华人民共和国的一个特别行政区，享有高度自治权和终审权。法院的架构为三级建制，即第一审法院、中级法院和终审法院。第一审法院由初级法院和行政法院组成，其以合议庭或独任庭方式审理案件。初级法院为普通管辖权法院，负责审理未由法律赋予特定法院的案件。行政法院是澳门特别行政区目前唯一的专门法院，具有解决因行政、税务及海关方面的法律关系发生争议的管辖权，与回归前相比没有实质性的改变。澳门行政诉讼制度的特点在于行政法院仅设初审一级，而没有形成一个完整独立的系统。澳门行政法院一共 15 人，其中，法官 2 人，书记官 1 人，其余的是行政人员，每年受理的行政诉讼案件大约 280 件。

澳门特别行政区行政诉讼的法律基础主要为：由 1999 年 12 月 13 日第 110/99/M 号法令通过的《行政诉讼法典》，第 9/1999 号法律——《司法组织纲要法》，由第 38/088 号命令通过之《税务执行法典》、单行法律对行政诉讼方面的规定，依据《行政诉讼法典》第 1 条补充适用《民事诉讼法典》。此外，在以行政机关作出之科处罚款及附加处罚之决定为客体而进行再审之程序中，补充适用《刑事诉讼法典》。

澳门《行政诉讼法典》订立的诉讼类型是：司法上诉、对规范提出之争议、选举上之司法争讼、行政之诉、涉及行政违法处罚之司法上诉、行政机关职权和法院间管辖权冲突之诉、执行之诉、对司法判决之上诉。此外，该《法典》确立了预防及保全程序。首先是特定程序，即"有名程序"；其次是非特定预防及保全程序，即"无名程序"。特定程序包括行政行为效力之中止、行政规范效力之中止、勒令作出某一行为、预行调查证据。

■ **思考题**

1. 行政诉讼制度产生的基本条件是什么？并结合我国行政诉讼发展史谈谈你对这个问题的认识。

2. 大陆法系和英美法系的行政诉讼制度有什么不同？

■ **参考资料**

1. 王名扬：《英国行政法》，北京大学出版社 2007 年版。

2. 王名扬：《法国行政法》，北京大学出版社 2007 年版。

3. 王名扬：《美国行政法》，中国法制出版社 2005 年版。

4. 应松年主编：《四国行政法》，中国政法大学出版社 2005 年版。

5. 王敬波：《欧盟行政法研究》法律出版社 2013 年版。

6. 姜明安主编：《外国行政法教程》，法律出版社 1993 年版。

7. 薛刚凌主编：《外国及港澳台行政诉讼制度》，北京大学出版社 2006 年版。

8. 杨建顺：《日本行政法通论》，中国法制出版社 1998 年版。

9. 张越编著：《英国行政法》，中国政法大学出版社 2004 年版。

10. 张莉：《当代法国公法：制度、学说与判例》，中国政法大学出版社 2013 年版。

11.（台）翁岳生主编：《行政法》，中国法制出版社 2002 年版。

12.（台）吴庚：《行政法之理论与实用》，中国人民大学出版社 2005 年版。

13. 朱永梅、唐小波：《行政诉讼法比较研究》，澳门基金会 1998 年版。

14.〔日〕盐野宏：《行政法》，杨建顺译，法律出版社 1999 年版。

15.〔日〕盐野宏：《行政法总论》，北京大学出版社 2008 年版。

16.〔日〕盐野宏：《行政组织法》，北京大学出版社 2008 年版。

17.〔日〕盐野宏：《行政救济法》，北京大学出版社 2008 年版。

18.〔德〕哈特穆特·毛雷尔：《行政法学总论》，高家伟译，法律出版社 2000 年版。

19.〔德〕沃尔夫等：《行政法》，高家伟译，商务印书馆 2002 年版。

20.〔德〕弗里德赫尔穆·胡芬：《行政诉讼法》，莫光华译，法律出版社 2003 年版。

21.〔英〕韦德：《行政法》，徐炳等译，中国大百科全书出版社 1997 年版。

22.〔英〕彼得·莱兰、戈登·安东尼：《英国行政法教科书》，杨伟东译，北京大学出版社 2007 年版。

第三章　行政诉讼法的基本原则

■ 学习目的和要求

　　重点掌握行政诉讼法的八大原则，尤其是合法性审查原则。学习本章的目的在于了解行政诉讼制度的价值中枢，理解基本原则对行政诉讼的普遍指导意义。

第一节　行政诉讼法基本原则概述

一、行政诉讼法基本原则的概念和特点

（一）行政诉讼法基本原则的概念

　　任何一个法律部门都有自己的基本原则。基本原则是对这个法律部门具有普遍指导意义的基本准则，也是体现该法律精神实质的具体规定。行政诉讼法的基本原则，是指由宪法和法律规定的，反映行政诉讼的基本特点，对行政诉讼具有普遍指导意义，体现并反映行政诉讼的客观规律和法律的精神实质的基本规则。我国《宪法》第41条关于公民的申诉、控告、检举权利的规定，以及公民权利被侵犯而受到损失时有权取得赔偿的规定，是我国建立行政诉讼制度的基本依据。我国行政诉讼的宗旨是确定行政诉讼法基本原则的指导思想。健全社会主义民主与法制，适应行政管理的特点和需要，考虑行政诉讼的规律和要求，保证人民法院正确及时地审理行政案件，解决行政争议，保护公民、法人和其他组织的合法权益，监督行政机关合法行使职权是确定行政诉讼法基本原则的出发点。行政诉讼中的一切诉讼活动，都必须与基本原则相符，而不能相悖。

　　（二）行政诉讼法基本原则的特点

　　1. 行政诉讼法的基本原则具有明确的法律性。基本原则以宪法和法律为依据，并由行政诉讼法加以明确规定。不能把由学者根据法学理论归纳的观点称之为行政诉讼法的基本原则。

2. 行政诉讼法的基本原则具有客观性。基本原则必须能够真实反映行政诉讼的客观规律和精神实质，概括行政诉讼的基本行为规范和行政诉讼自身的特点，体现国家行政管理和社会主义民主与法制对行政诉讼的客观要求。

3. 行政诉讼法的基本原则具有普遍指导性。基本原则能够有助于我们理解行政诉讼法律制度的精神实质，把行政诉讼法的规定准确应用于每一个具体的诉讼活动中去，保证法律的贯彻实施。行政诉讼法的基本原则在行政诉讼的各个阶段或主要阶段上发挥作用，它是行政诉讼法律规范的出发点，同时也是行政诉讼法律关系主体进行行政诉讼活动的基本准则和人民法院审判行政案件的基本依据。

4. 行政诉讼法的基本原则具有稳定性。基本原则对行政诉讼法律制度起着基本框架的作用，它一方面体现了行政诉讼法的指导思想，另一方面也是对行政诉讼法一些理论的条文化、法律化。基本原则规定的内容概括性强、稳定性大，对行政诉讼实践中的各种情况具有稳定的指导作用。

二、行政诉讼法基本原则的意义和作用

1. 基本原则为我们进行行政诉讼指明了方向，为研究行政诉讼法提出了理论纲要。掌握行政诉讼法的基本原则，有助于全面、准确地理解具体法律条文。

2. 行政诉讼法基本原则是行政诉讼法的性质和精神实质的集中表现，因而其效力高于具体的法律条文。基本原则由法律规定，统率条文、支配条文。行政诉讼法的各个具体条款，实际上是基本原则的具体化，或是在某些方面对基本原则的规定作了补充。只有根据基本原则的规定，才能够深刻地理解各种具体规范的要旨，解决、协调各具体条文之间因标准不统一等原因而形成的冲突。当基本原则有明确规定，具体条款对此亦有规定，且从该条款字义理解是对原则的限制时，不能以此否定基本原则对条文的统率和补充作用或对该原则作限制性解释。

3. 掌握行政诉讼法的基本原则，有助于灵活解决行政审判实践中出现的具体问题。当行政诉讼法的具体规范对某些问题缺乏明确规定时，可以根据基本原则体现的精神实质加以处理和解决。因此，基本原则不仅对具体条文起统率作用，也起补充作用。

三、行政诉讼法基本原则的分类和内容

在习惯上，人们往往根据不同标准把行政诉讼法的基本原则分为不同种类而冠之以不同称呼。主要有以下几种划分办法：

1. 根据规定基本原则的法律的不同，把基本原则分为宪法和组织法规定的基本原则、行政诉讼法规定的基本原则和其他法律规定的基本原则三大类。

2. 根据基本原则的性质，把基本原则分为组织原则和职能原则两大类。组织原则是指规定人民法院在行政诉讼中的组织活动，也称为组织制度。职能原则是指规定诉讼活动必须遵循的基本准则，其中有涉及当事人的，如"当事人诉讼法律地位平等原则"等；也有与人民法院行政审判活动有关的，如"合法性审查原则"等。

3. 根据基本原则的适用范围，把基本原则分为一般原则和特有原则两大类。一般原则是指适用于刑事、民事、行政三大诉讼或适用于民事、行政两大诉讼的基本准则。特有原则是指只适用于行政诉讼的，与民事、刑事诉讼相区别的基本准则。

4. 以规定和确认基本原则的法律为依据，不作分类而以该法律确认的基本准则为本法基本原则的内容。

以上各种分类办法各有所长，比较而言，第四种分法更适应行政诉讼法的规定。因为其简单明确，符合基本原则所应具备的特点，没有把基本原则复杂化、繁琐化。所以，本书采用第四种方法确定行政诉讼法的基本原则的内容。

行政诉讼法的基本原则包括以下八项：人民法院依法独立行使行政审判权原则；以事实为根据，以法律为准绳原则；对行政行为进行合法性审查原则；当事人诉讼法律地位平等原则；民族语言文字原则；辩论原则；合议、回避、公开审判、两审终审原则；人民检察院法律监督原则。

第二节　行政诉讼法的各项基本原则

一、人民法院依法独立行使行政审判权原则

《行政诉讼法》第3条第2款规定："行政机关及其工作人员不得干预、阻碍人民法院受理行政案件。"这一规定体现了宪法和人民法院组织法的立法精神，反映了行政诉讼的特点和要求，也有助于人民法院客观、公正地行使职权。人民法院依法独立行使审判权原则作为一般的诉讼原则而存在，行政诉讼自不例外。不仅如此，该原则在行政诉讼中更具有特别重要的意义。因为在行政诉讼中，被告始终是行政机关，行政诉讼始终是司法权对行政职权的合法监督，这不可避免地涉及司法权与行政权的相互关系。人民法院如果没有足够的权威和独立的地位，就难以发挥其在行政审判中应有的作用。并且，修订后的行政诉讼法将维持、变更原行政行为的复议机关列为共同被告，在一定程度上增强了被告行政机关干预司法活动的能力，立法明确强调行政机关及其工作人员"不得干预、阻碍"人民法院受理、审理行政案件，意义重大。人民法院依法独立行使行政审判权原则包括以下四个方面的内容：

1. 只有人民法院才有权对行政案件进行审判。审判权是国家权力的重要组成部分，是国家通过诉讼形式，审理各类案件，并对案件作出裁判的权力。我国

《宪法》规定人民法院依照法律规定独立行使审判权说明：①审判权由人民法院行使；②人民法院依法独立审判。人民法院依法独立审判行政案件同时意味着，无论是中国公民、组织还是外国公民、无国籍人和外国组织，只要他们在我国进行行政诉讼活动，都必须由人民法院审理，都必须服从人民法院的审判，执行人民法院发生法律效力的行政判决和裁定。各专门人民法院不受理行政案件。

2. 人民法院依法独立审判，是指人民法院作为一个整体独立行使行政审判权，而不是指审判人员个人的独立，也不是指合议庭的独立。

3. 人民法院依法独立审判行政案件，是指每一个法院在审理行政案件时是独立的。我国法院分为最高人民法院、高级人民法院、中级人民法院、基层人民法院四级。按照《宪法》和《人民法院组织法》的规定：我国的上下级人民法院之间的关系是审级监督关系而不是领导关系。这就意味着，就具体案件的审判来讲，各个人民法院的审判权是独立的，不受干预的。各个人民法院对自己所作的判决和裁定负责。上级人民法院不能就某一具体案件要求下级人民法院按照自己的意见进行审理裁决。即使下级人民法院的裁判有错误，也只能通过法定程序予以改正。

4. 人民法院依法独立行使行政审判权与接受权力机关和法律监督机关的监督并不矛盾。我国《宪法》规定，各级人民法院受同级人民代表大会及其常委会的监督，对其负责并报告工作。因此，各级人民法院必须接受同级人民代表大会及其常委会的监督和检查。根据《行政诉讼法》第11条的规定，人民法院的行政审判活动还要受人民检察院的法律监督。所以，人民法院依法独立行使行政审判权，是不受行政机关、社会团体和个人的干涉，而不是不受任何机关的监督。但必须注意的是，任何监督都不能代替人民法院行使行政审判权。最终的判决或者裁定仍然由人民法院作出。

二、以事实为根据，以法律为准绳原则

《行政诉讼法》第5条规定："人民法院审理行政案件，以事实为根据，以法律为准绳。"这一原则要求司法人员在办案过程中，要忠于事实，忠于法律，查明案件事实真相，以法律为尺度，作出正确裁判。

所谓以事实为根据，是指人民法院依照法定程序，调查认定行政机关据以作出具体行政行为的事实是否符合客观情况，证据是否充分确实，以经过合法程序收集和认定的事实作为适用法律的基础。

所谓以法律为准绳，是指人民法院以法律、法规为根据，查明行政行为适用法律是否正确，判断具体行政行为是否合法。而不能凭审判人员的主观认识来判定具体行政行为是否合法。

以事实为根据，以法律为准绳，是人民法院审理各类案件都必须遵循的原则。但行政诉讼有其自己的特点。行政诉讼的客体是行政机关的行政行为，行政行为也是根据事实和适用法律作出的，作出行政行为是行政机关的职权。因此，人民法院对行政行为的审查，实际上是对行政机关认定的事实和适用的法律的审查，是第二次审查，而不是并且也不能去代替行政机关作出行政行为。正确理解和把握行政诉讼具有的监督性、判断性和非替代性特点，将有助于我们了解行政诉讼审理和判决中的许多特殊性。还应该注意的是，以事实为根据、以法律为准绳的原则，从法律上肯定了行政审判既是事实审，也是法律审。人民法院只有在查明事实的基础上，才能正确适用法律，辨明是非，作出裁判。认为行政诉讼只是法律审的观点是错误的。在法律适用上，《行政诉讼法》第 63 条第 3 款规定："人民法院审理行政案件，参照规章。"由于规章本身不是法律，人民法院需要参照规章时，对合法的规章加以参照，对不合法的规章不予参照。《最高人民法院关于执行〈中华人民共和国行政诉讼法〉若干问题的解释》第 62 条第 2 款规定："人民法院审理行政案件，可以在裁判文书中引用合法有效的规章及其他规范性文件。"该解释符合行政诉讼法的原则。同时也表明规章及其他规范性文件仍然没有依据的效力。这与以法律为准绳的要求并不矛盾。

以事实为根据，以法律为准绳，是一个原则不可分割的两个方面。事实是适用法律的基础，只有在查清事实的基础上，才能正确适用法律。因此，对这两方面都不能偏废。同时需要注意的是，这里所称的"事实"应当理解为是"能够被有效证据证明的客观真实"，没有被证据证明的事实（即使它是一种客观存在）不能成为适用法律的根据。

三、对行政行为进行合法性审查原则

这一原则可以简称合法性审查原则或司法审查原则。由于司法制度和法律文化传统的不同，各国的司法审查原则及其制度存在许多差异。《行政诉讼法》第 6 条的规定确认了我国司法审查的含义是指人民法院通过审理行政案件对行政行为的合法性进行审查。

由上可见，我国的司法审查是有限的司法审查。该原则规定人民法院享有的司法审查权的对象是行政机关的行政行为，审查的范围原则上只是行政行为的合法性。合法性审查是原则，合理性审查是例外。值得注意的是，2014 年修正的《行政诉讼法》将行政行为是否"明显不当"也纳入了司法审查的范围，这极大地提升了司法审查的强度，更有利于通过行政审判"解决行政争议"。本原则是我国行政诉讼的重要原则，将在本章第三节加以阐述。

四、当事人诉讼法律地位平等原则

行政诉讼当事人诉讼法律地位平等是《行政诉讼法》第 8 条规定的一项基本原则。行政机关与公民、法人或者其他组织在行政法律关系中是管理者与被管理

者的关系。行政机关单方面决定着大多数行政法律关系的产生、变更和消灭。但是，当双方发生行政争议依法进入行政诉讼程序后，作为被告的行政机关和作为原告的公民、法人或者其他组织，都是行政诉讼法律关系的当事人，在行政诉讼中的法律地位是平等的。行政机关在行政诉讼中不能再以管理者、领导者自居，也不能用行政机关和公民、法人或者其他组织在行政法律关系中的管理者和被管理者地位来代替或影响他们在行政诉讼中平等的法律地位。这是当事人法律地位平等原则的必然要求。

当事人法律地位平等原则具体包含以下内容：

1. 行政诉讼双方当事人都是行政诉讼法律关系的主体。这意味着当事人的诉讼地位完全平等。也就是双方当事人在行政诉讼中没有高低之分，亦无贵贱之别，也没有领导与服从的关系，而是处于相同的法律地位，共同受人民法院裁判的约束。

2. 双方当事人的诉讼权利义务由法律规定，彼此对应，但不完全对等。行政诉讼的特点决定了当事人权利、义务的差异性。如只有公民、法人和其他组织享有起诉权，而行政机关既无起诉权，在诉讼过程中亦无反诉权，只有按期应诉并承担举证责任的义务。行政诉讼法作了这样的规定并不意味着行政机关的诉讼地位低于原告，而正是反映了行政诉讼的特殊要求。因此，行政诉讼中当事人的法律地位平等意味着当事人平等地享有法律规定的权利和承担法律规定的义务，不允许一方享有法律规定之外的特权，也不允许任何一方不履行法律规定的义务。

3. 人民法院应一视同仁地对待当事人双方，切实保障当事人能够平等地行使权利，为当事人行使诉讼权利创造必要的条件、提供方便。更为重要的是，当事人法律地位平等原则要求人民法院在适用法律上平等对待双方当事人，不能因人而异，也不能因国家行政机关在国家生活中的特殊地位而异。这也是法律面前人人平等的宪法原则的基本要求。没有适用法律上的平等，就没有公正的诉讼。

五、民族语言文字原则

我国是统一的多民族国家，各民族不分大小，一律平等。在行政诉讼中，允许当事人用本民族语言文字进行诉讼，这是各民族平等的具体表现，也是各民族平等的重要法律保证。《行政诉讼法》第9条第1款规定，各民族公民都有用本民族语言文字进行行政诉讼的权利。

民族语言文字原则包括以下三个方面的内容：

1. 用本民族语言文字进行行政诉讼，这是各民族公民法定的权利。任何一个民族的公民，无论他们在什么时间、什么地点进行行政诉讼，都有权使用本民族的语言文字。任何人都无权以任何借口和理由反对和限制他们行使这样的权利。

2. 人民法院在少数民族聚居地或者多民族共同居住地审理行政案件和发布法律文书时，应当以当地民族通用的语言文字进行审理，并用通用文字发布判决、裁定等法律文书。

3. 对不通晓当地民族通用的语言文字的诉讼参与人，人民法院有义务为他们提供翻译以保护他们的诉讼权利，保证他们顺利地进行各种诉讼活动。如果人民法院在行政诉讼中违背该原则进行审理，可能引起裁判无效的后果。上级人民法院在第二审或审判监督程序中即可以此为理由依法定程序撤销原裁判，发回原审法院重审。这也反映了基本原则至高的地位。

六、辩论原则

我国《行政诉讼法》第 10 条规定，当事人在行政诉讼中有权进行辩论。所谓辩论原则，是指在人民法院主持下，当事人为维护自己的权益，向人民法院提出诉讼请求或反驳对方的诉讼请求，并出示有关证据和对法庭出示的证据进行质证、辩论的基本制度。辩论原则既是双方当事人诉讼地位平等的体现，又是社会主义民主在行政诉讼中的体现。一方面，它表现了人民法院行政审判活动的民主性；另一方面，它又是当事人在诉讼中享有的一项重要的民主权利。

行政诉讼的辩论原则贯穿在行政诉讼的全部过程中，法庭辩论是当事人行使辩论权的主要阶段，但不能因此把辩论原则与法庭辩论简单地等同起来，不能说当事人除了法庭辩论外就不能行使辩论权了。

辩论的方式可以是言词辩论，也可以书面方式进行。在审理前的准备阶段，原告提出诉状、被告提出答辩状一般采用书面形式。在法庭辩论阶段，多采用言词辩论，也不排除书面形式，如当事人提出书面声明和要求等。

为了保证辩论原则的贯彻，确保当事人辩论权的充分行使，辩论应在人民法院的主持下有序地进行。人民法院应当保证当事人双方平等行使辩论权，并使双方围绕与本案有关的问题进行辩论。

七、合议、回避、公开审判、两审终审原则

（一）合议原则

人民法院审理行政案件实行合议制，适用简易程序审理的案件除外。合议制是合议原则的具体体现，它要求适用普通程序审理的行政案件一律组织合议庭进行审理。合议原则是人民法院在行政审判工作中实行民主集中制原则的具体体现。由于行政案件案情一般都比较复杂、审理难度大，因此在一般情况下不适用独任制审判，需要组成合议庭，依靠集体的智慧，集思广益，保证办案质量。

此外，《行政诉讼法》第 82、83 条规定，人民法院审理第一审案件时，认为事实清楚、权利义务关系明确、争议不大的，可以适用简易程序，由审判员一人独任审理。独任制作为合议制的例外，简化了审理程序，提高了行政审判的效率，减少了当事人的讼累。在合议制的基础上有条件地采用独任制审理一些简单案件，更符合行政诉讼的实际需要。

（二）回避原则

承办案件的人员，遇有法律规定的情况不再参加案件的审理及承担相关任务的，称为回避。回避制度是法律赋予当事人的一项重要的诉讼权利。实行回避的意义在于：保证人民法院公正审理案件；维护当事人的信任感；使行政诉讼具有客观公正的外在形式；使行政诉讼能够顺利进行。

回避分为自行回避和申请回避两种情况。所谓自行回避，是指审判人员、书记员、勘验人、鉴定人和翻译人员在审理案件或执行有关任务时，遇有法律规定的情况，应自行不参加该案的审理或免除相关任务，这是主动回避。所谓申请回避，是指诉讼当事人认为上列人员是本案当事人或当事人的近亲属，或与本案有利害关系或者与本案当事人有其他关系，可能影响案件的公正审理，可以申请他们回避。

当事人申请回避，应在案件开始审理时提出；回避事由在案件开始审理后知道的，也可以在法庭辩论终结前提出。

（三）公开审判原则

公开审判原则是我国宪法所确认的一项原则。公开审判，是指人民法院在行政案件的审理和宣布判决时，除法律规定的特殊情况外，一律公开进行。公开审判是原则，不公开审判是例外。

法院的审判活动既是一个公正适用法律的过程，也是一个教育人民遵守法律、进行法制宣传的过程。公开审判既包括审判过程的公开，也包括审判结论的公开。公开审判要求人民法院的审判活动对社会公开，应允许群众旁听，允许新闻报道。但涉及国家秘密、个人隐私和法律另有规定的除外。涉及商业秘密的案件，当事人申请不公开审理的，可以不公开审理。因此，公开审判原则也是保证人民法院能依法正确、公正审理案件、接受社会监督的重要原则。

（四）两审终审原则

两审终审，是指一个行政案件经过两级人民法院审理即告终结的诉讼原则。根据这一原则，案件经过第一审人民法院审理后，当事人对判决、裁定不服的，有权依法向上一级法院提出上诉。第二审人民法院对上诉案件进行审理后作出的判决、裁定是终审的判决、裁定。当事人必须执行，不得再次提起上诉。最高人民法院是国家最高审判机关，它作出的第一审行政案件的判决、裁定为终审判决、裁定。这是两审终审原则的例外。

两审终审原则并非要求每一个行政案件都必须经过两级人民法院的审理才告

终结。例如，当事人对一审判决、裁定，在法定期限内没有上诉，一审判决即发生法律效力，案件宣告终结。两审终审原则的意义在于用法律的形式肯定了当事人享有的上诉权。只要当事人在法定期限内提出上诉，上一级人民法院就必须受理，并负责在法定期限内作出判决和裁定。最高人民法院派出的巡回法庭的判决、裁定为最高人民法院的判决、裁定。

上述四项原则适用于所有的诉讼活动。

八、人民检察院法律监督原则

按照我国《宪法》和《人民检察院组织法》的规定，检察机关是我国的法律监督机关，它对人民法院的审判活动有权实施法律监督。《行政诉讼法》第11条规定，人民检察院有权对行政诉讼实行法律监督。人民检察院对行政诉讼实施法律监督，对于保障行政审判权的正确行使，保护公民、法人和其他组织的合法权益，维护和监督行政机关依法行使职权，确保社会主义法制的统一有着重大的意义。由于行政诉讼活动是以人民法院审理行政案件，确定被诉行政行为的合法性为核心的。因此，检察监督的核心和重点亦是对人民法院的行政审判活动是否合法的监督。

人民检察院有权对行政诉讼实施法律监督，意味着人民法院的行政审判活动的全部过程将受到人民检察院的法律监督，也意味着诉讼各方当事人的活动都应受到人民检察院的监督。根据《行政诉讼法》第93条的规定，人民检察院的法律监督主要体现在对人民法院已经发生法律效力的判决、裁定存在违法情形或者调解书存在损害国家利益、社会公共利益的，通过提出抗诉，启动再审程序等事后监督措施。

各级人民检察院对审判监督程序以外的其他审判程序中审判人员的违法行为，有权向同级人民法院提出检察建议。

第三节　行政诉讼的合法性审查

一、合法性审查的含义和特点

对人民法院来说，审查这一行为本身包括受理、调查、审理、判决等几个环节，缺少其中任何一个环节，都不能称为人民法院的审查。从这一角度出发，合法性审查的含义应该是：人民法院受理行政案件，对被诉行政行为是否合法进行审理并作出裁判的诉讼行为。合法性审查是对人民法院行使司法审查权的限制，即人民法院在行政审判中享有不完全的司法审查权。原则上只能对行政行为的合法性进行审查，并作出驳回原告诉讼请求的裁判，或者判决撤销、判决确认被诉行政行为违法、无效等。

合法性审查具有以下三个方面的意义：

1. 合法性审查原则明确了人民法院在行政审判中的权限范围，划清了司法权与行政权的作用领域，确立了它作为行政审判基本原则的地位。我国是社会主义国家，实行人民代表大会制。行政机关与司法机关都由人民代表大会产生，向它负责并报告工作，并在法律规定的各自的权限范围内活动，是互相配合、互相协助的平列机关。在行政诉讼中，人民法院之所以能够对行政机关的行政活动进行审查、监督，来自于法律的授权。行政诉讼法确认了司法权对行政权的制约，在法律规定的范围内，司法权的效力高于行政权，行政裁决服从司法裁判。合法性审查既是法律对司法权监督、制约行政权的授权，也是对司法权监督、制约行政权的限制，人民法院可以也只有在合法性审查的前提下对行政权进行监督和制约，超越合法性审查的范围就是超越法律授权的范围，司法权对行政权的监督和制约就不能奏效。因此，合法性审查原则是人民法院进行行政审判的基本原则。根据这一原则，人民法院在行政诉讼中，有权在法定范围内对行政机关的行政行为的合法性进行审查并作出判决，从而达到司法权监督和制约行政权的目的。

2. 合法性审查原则确认了公民、法人和其他组织因行政机关的行政行为违法而受损害时，有依法获得司法救济的权利。为了国家行政管理的目的，国家行政机关及其工作人员必然要履行职责，行使其权力，从事广泛的行政管理工作。作为被管理一方的公民、法人和其他组织，必须服从管理，自觉遵守国家法律。但是由于各种原因，行政行为存在着不可避免的违法或被相对人误认为违法的可能性。因行政行为违法而给公民、法人和其他组织造成损害时，公民、法人或者其他组织有权请求司法保护，通过行政诉讼的手段来补救自己的合法权益。合法性审查赋予了人民法院对行政行为进行司法审查的职权。公民、法人或者其他组织的诉讼权利的行使与人民法院的职权相结合，使通过司法审查途径保护公民、法人和其他组织的合法权益成为可能。

3. 合法性审查原则符合行政法对行政行为的基本要求，它使行政权的存在、运用必须依据法律，符合法律要求，不与法律相抵触。从而使行政诉讼法与行政法紧密联系起来，使客观评价行政机关的行政行为是否合法有了理论上和法律上的可能。

二、合法性审查的范围

合法性审查的范围也即人民法院在行政审判中适用司法权的范围。根据法律规定，考虑行政诉讼本身的特点，合法性审查的范围包括以下内容：

1. 合法性审查针对被诉行政行为而进行。依据《行政诉讼法》第 2 条、第 6 条、第 13 条第 2 项的规定，行政诉讼是公民、法人和其他组织认为行政机关和行政机关工作人员的行政行为侵犯其合法权益而依法向人民法院提起的诉讼。人民法院审理行政案件，只对行政行为的合法性进行审查，如果对行政法规、规章或者行政机关制定、发布的具有普遍约束力的决定和命令不服而向人民法院提起诉讼，则不属于人民法院的受案范围，人民法院不予受理。这些规定从法律上肯定了在行政诉讼中，司法审查的对象只能是行政机关的行政行为，而不是行政机关制定行政规范性文件的行为。由于《行政诉讼法》第53条规定："公民、法人或者其他组织认为行政行为所依据的国务院部门和地方人民政府及其部门制定的规范性文件不合法，在对行政行为提起诉讼时，可以一并请求对该规范性文件进行审查。"虽然相对人不能直接起诉制定规范性文件的行政行为，但是，法院在审查被诉行政行为时不可避免地要审查该行政行为所依据的规范性文件的合法性。如果人民法院发现该行政行为所依据的行政规范性文件是违法的，可以判决撤销该行政行为，但不得用判决的形式确认、宣告该抽象行政行为违法，更不能以判决的方式将其撤销。人民法院在审理行政案件中，经审查认为涉案规范性文件不合法的，不得将其作为认定行政行为合法的依据，并应向制定机关提出处理建议。

　　人民法院审理行政案件以法律为依据，"参照"规章，"参照"规范性文件。"参照"本身即意味着对依规章作出的行政行为，人民法院在审查其是否合法时，首先要根据法律、法规对规章的合法性作出鉴别和评价，合法的予以参照，不合法的则不予参照。但必须注意的是，无论人民法院对规章等抽象行政行为如何鉴别、评价，都不得以判决或裁定的形式确认鉴别、评价的结论。法院需要"参照"规范性文件作为说明理由时，也遵守上述规则。合法性审查的含义正在于此。

　　当然，人民法院虽然不能撤销抽象行政行为，但却可以在对抽象行政行为作出其违法的鉴定和评价后，撤销根据该抽象行政行为作出的违法的行政行为或者确认其违法。据此，该抽象行政行为虽然还继续存在，在形式上仍维持有效，但实际上已经很难在现实生活中产生作用。

　　其实，无论对行政行为如何分类，抽象行政行为、具体行政行为都属于执法行为，具有从属法律性。在行政诉讼中对抽象行政行为进行适度审查本无法理和法律上的障碍，妥善配置我国现行的（包括将来可行的）法律监督资源，考虑行政管理的需要，在行政诉讼中对部分抽象行政行为进行合法性审查是可行的。这一问题参见受案范围一章的内容。

　　2. 合法性审查，只就行政行为的合法性作出审查，原则上不涉及其合理性。这是因为，行政权与司法权都是从属于人民代表大会的国家职权。依照国家职能分工和法律规定，它们都有各自活动的领域和原则。因此，人民法院必须在法律规定的范围内行使行政审判权，对行政机关的法定职权予以尊重。在行政诉讼中，法院面对的在行政案件中反映出来的行政权力并不是一般意义上的权力，而是被告行政机关的行政职权，即行政权力在某一领域内的具体化。我国行政法采用法定职权原则来规范行政机关的权力，即行政机关必须严格按照法律分工拥有职权、履行职责。行政机关不得行使法律没有赋予的权力，否则即构成行政机关越权或无权限；行政机关行使行政权力如果不符合法律授予该项权力的要求或考虑了不相关因素等，即构成行政机关滥用职权；如果行政机关的行为违反法定程序的要求，即构成行政行为的程序违法；等等。无论是越权、无权限、滥用职权或是违反法定程序，都必然导致行政行为违法，进而在行政诉讼中被人民法院依法撤销。反之，行政机关在法定职权范围内依照法定程序进行的正常活动，则应该为包括人民法院在内的所有机关、团体和个人所尊重。人民法院对行政行为的合法性审查，就是指人民法院在行政审判中，原则上只对行政行为是否构成违法进行审查并作出判决，而不对行政行为是否合理作出判决。所谓合理，是指行政行为的准确性和适当性。由于行政机关在行政活动中依法享有一定的自由裁量权，法律也为行政机关规定了一定的裁量幅度和选择手段，行政机关在法定幅度内准确裁量、作出正确决定的，称为行政行为适当（合理），反之则是不适当（不合理）。行政诉讼法原则上限制了人民法院对行政行为的合理性进行审查的权力。因为对行政行为是否合理，行政机关更有条件判断，并且这也是属于行政机关职权（自由裁量权）范围内的事，人民法院应予以尊重，不能代替行政机关作出本属于行政机关法定权限的决定。

3. 以合法性审查为原则，以合理性审查为例外。合法性审查并不排除人民法院依法享有有限的司法变更权与对明显不当行政行为的撤销权。所不同的是，法院可以直接变更明显不当的行政处罚，却不能够直接变更行政处罚行为之外的其他行政行为。《行政诉讼法》第 77 条第 1 款规定："行政处罚明显不当，或者其他行政行为涉及对款额的确定、认定确有错误的，人民法院可以判决变更。"变更判决就是一种涉及自由裁量权的判决，是对形式上并不违法、但实质上违反法律公正合理原则要求的行政行为的司法审查的结果，是合法性审查的特殊例外。从行政诉讼法的上述规定可以看出，人民法院对行政行为的合理性审查有严格限制，必须是属于行政处罚的行政行为或者其他行政行为涉及对款额的确认，认定有错误的。对于存在明显不当情形的行政行为，法院有权判决撤销，并可以判令行政机关重作。

三、合法性审查的依据和内容

（一）合法性审查的依据

对行政行为的合法性审查应以行政法律规范为依据。所谓行政行为合法，是指行政行为符合我国宪法、法律、行政法规、地方性法规、自治条例、单行条例的规定，而不应仅仅理解为符合全国人大及其常委会制定的基本法律。同时，合法的含义也不仅仅表现为行政行为完全符合法律条文的规定，还应该理解为包括符合法律的原则和精神。《行政诉讼法》第63条规定："人民法院审理行政案件，以法律和行政法规、地方性法规为依据。地方性法规适用于本行政区域内发生的行政案件。人民法院审理民族自治地方的行政案件，并以该民族自治地方的自治条例、单行条例为依据。人民法院审理行政案件，参照规章。"人民法院审理行政案件，适用最高人民法院司法解释的，应当在裁判文书中援引。可以在裁判文书中引用合法有效的规章及其他规范性文件。

（二）合法性审查的内容

根据《行政诉讼法》第69条的规定，合法的行政行为，必须同时具备三个条件：①证据确实、充分；②适用法律、法规正确；③符合法定程序。证据确实、充分，要求行政机关作出具体行政行为必须以事实为根据；适用法律、法规正确，也就是要求行政机关作出行政行为必须以法律为准绳。可见，以事实为根据，以法律为准绳，不仅是对法院适用法律时的基本要求，也是对行政机关作出行政行为的基本要求。从这一点说，行政机关与司法机关在本质上并无二致。将符合法定程序作为第三个合法要件，把行政程序提高到这样重要的地位，说明法律对程序问题的重视，是符合行政管理的客观要求的，应该说这是行政诉讼法对行政法的重大贡献。

根据《行政诉讼法》第70、72、73条的规定，只要有下列情况之一，就是违法的行政行为：①主要证据不足；②适用法律、法规错误；③违反法定程序；④超越职权；⑤滥用职权；⑥明显不当；（对上述违法的行政行为，人民法院可以判决撤销或部分撤销，并可以判决被告重新作出行政行为。）⑦不履行法定职责；⑧不履行给付义务。（对上述违法的行政行为，人民法院可以作出责令其在一定期限内履行法定职责和给付义务的判决。）

此外，《行政诉讼法》第74、75条规定了确认违法判决和确认无效判决的情形。确认违法判决是撤销判决和履行法定职责判决的补充，从优先性上讲，如果对一个被诉行政行为能够作出撤销判决或者履行法定职责判决，应当优先考虑这些判决，只有在不能或者不需要作出撤销判决或者履行法定职责判决的情况下，才应作出确认违法判决。

第四节　对行政诉讼的法律监督

一、法律监督的概念和特征

对行政诉讼的法律监督，是指人民检察院对行政诉讼的当事人进行行政诉讼活动和人民法院对行政案件的审判活动实施的监督。广义上，对行政诉讼的法律监督并不仅仅是指人民检察院的监督活动，还包括其他有权机关的监督。人民检察院作为国家的法律监督机关，对行政诉讼实施法律监督的依据是我国宪法、人民检察院组织法和行政诉讼法。

人民检察院的法律监督具有以下特征：

1. 人民检察院的法律监督是一种司法监督。监督权的行使具有司法程序上的约束力并可以产生直接的法律效果。如人民检察院的抗诉，能够直接引起审判监督程序的发生。

2. 人民检察院的法律监督是一种专门监督。它是由国家专门的法律监督机关——人民检察院统一实施的，具有直接监督所必备的权力基础和组织基础。具备审查、判断行政审判活动是否合法、当事人的诉讼行为是否合法的专业知识和能力。

3. 人民检察院的法律监督活动与人民法院的行政审判活动共同受行政诉讼法的调整。人民检察院正是以行政诉讼法的规定为主要尺度对行政审判活动实施监督的，正因为监督标准与行政审判活动遵循的要求的一致性，使法律监督具有客观公正和易于为人民法院所接受的特征。

4. 人民检察院的法律监督，是一种外部监督，以行政审判工作是否合法为核心内容，同时，对当事人的诉讼活动是否合法、审判人员是否有枉法行为进行监督。

二、法律监督的范围

人民检察院对行政诉讼实施法律监督的范围由法律确定。由于我国行政诉讼制度建立时间短，人民检察院进行法律监督制度不完善，这方面的经验也显不足。因此，人民检察院尚不能在现阶段展开全部的监督活动，而须循序渐进、有重点地进行，在实践中探索、取得经验，逐步实现检察监督的任务，完善监督制度。检察机关参与行政诉讼是实施法律监督的必然要求。根据我国法律的规定，我们认为，人民检察院法律监督的范围可以考虑以下几个方面：

1. 对行政诉讼活动实施全面监督。对行政诉讼实施全面的法律监督是法律赋予人民检察院的权力。作为行政诉讼的基本原则，《行政诉讼法》第11条对人民检察院的法律监督范围未作任何限制，这体现了行政诉讼法与我国宪法的一致性。人民检察院对人民法院的审判活动是否合法实施监督，表现在审判过程的各个环节中。人民法院在诉讼的每一个阶段和环节中的行为，都有损害诉讼当事人合法权益和违反法律规定的可能。例如，依照法律规定应当受理的行政案件而不予受理；应进行证据保全而不采取保全措施，致使诉讼无法继续下去；应当参加诉讼的第三人没有参加诉讼；应该不准许撤诉而裁定准许撤诉；在案件事实不清、证据不足、适用法律错误的情况下作出判决、裁定；等等。凡此种种，都是人民法院错误行使审判权的结果。这表明，人民法院的行政审判权并不只表现在审判的最终结果上，而是贯穿在行政案件审理的全过程中。因此，对行政诉讼的法律监督也必须是针对行政审判的全过程进行。

2. 人民检察院的法律监督还可针对审判人员是否违反法纪和诉讼当事人的诉讼活动是否合法进行监督。人民检察院在对行政诉讼的全过程实行法律监督的过程中，如果发现审判过程中有枉法行为，一方面应对由此产生的错误裁判提出抗诉；另一方面，当这种枉法行为已经构成犯罪时，检察机关应当立案侦查，另行办理。检察机关对行政诉讼中的犯罪行为进行查处，从形式上看，虽超出行政法律监督的范围，但实质上是人民检察院法律监督权行使的必然结果。

3. 对于涉及国家和社会公共利益的行政案件，人民检察院应主动介入案件审理，参加到诉讼中去，加强法律监督。英国行政法对检察机关参与行政诉讼的规定，值得我们借鉴。在英国，一般的公众要想阻止公共机构的越权行为，可以请求利用检察总长的名义向法院申请阻止令，检察总长代表国王，有权阻止一切违法行为。这时，诉讼在形式上以检察总长为原告，同时指出告发人的姓名。这个诉讼，名义上由检察总长提起，实际上全由告发人负责进行。当然，检察总长有权决定是否同意提起这种诉讼。此外，检察总长为了公共利益可以主动向法院申请阻止令。阻止令，是法院要求一方诉讼当事人不为一定的行为，或为一定的行为的命令，是一种法院令状。例如，检察总长根据玫克沃特的告发，申请法院阻止独立广播局批准放映一个不正当的电视节目的诉讼形式是：检察总长诉独立广播局，告发人为玫克沃特。

三、法律监督的方式

目前，抗诉是检察机关对行政诉讼进行法律监督最主要的形式。

（一）提出抗诉的条件

1. 人民法院的行政判决、裁定已经发生法律效力。如果是未生效的判决和裁定，人民检察院不能抗诉。

2. 已经发生法律效力的判决、裁定确实违反法律、法规规定。

3. 调解书损害国家利益、社会公共利益的。

4. 按照审判监督程序提出抗诉。

（二）提起抗诉的人民检察院和抗诉程序

依据《行政诉讼法》的规定，有权提出抗诉的人民检察院是：最高人民检察院对于各级人民法院已经发生法律效力的判决和裁定、上级人民检察院对于下级人民法院已经发生法律效力的判决和裁定存在法定的违法情形，或者发现调解书损害国家利益、社会公共利益的，应当提出抗诉。地方各级人民检察院对同级人民法院已经发生法律效力的判决、裁定，发现存在法定的违法情形，或者发现调解书损害国家利益、社会公共利益的，可以向同级人民法院提出检察建议，并报上级人民检察院备案；也可以提请上级人民检察院向同级人民法院提出抗诉。

对人民检察院按照审判监督程序提出抗诉的案件，人民法院应当再审。人民检察院参加再审的基本程序是：提出抗诉后，在法庭开庭审理时，应当派员出席法庭并宣读抗诉书，参与法庭调查，参加法庭辩论，发表出庭意见，对违法诉讼行为提出纠正意见，必要时可以制作检察建议书。

按照审判监督程序决定再审的案件，人民法院应当裁定中止原判决的执行。

（三）人民检察院经审查决定抗诉的材料来源（引起人民检察院决定抗诉的途径）

1. 当事人的申诉。当事人申诉是人民检察院发现问题的重要途径。人民检察院经过对当事人申诉的审查，认为申诉有理，原判决、裁定确有错误的，按照审判监督程序提出抗诉。

2. 人民检察院在审查人民法院已经生效的行政判决和裁定时，发现其确有错误或者发现调解书损害国家利益、社会公共利益的，依法提出抗诉。所以，并非无人申诉即不能引发审判监督程序，人民检察院对人民法院已经发生法律效力的判决、裁定或者可能损害国家利益、社会公共利益的调解书作经常性的审查，同样是发现问题、引发抗诉的重要途径。这一途径要依赖于制度的建立和完善，建议人民检察院在其审查的行政案件的范围内建立行政案件判决、裁定文书、调解书备查制度。这可以为人民检察院通过对人民法院发生法律效力的判决、裁定和调解书作经常性审查，结合公民来信来访、申诉、控告、检举发现问题，及时依法提出抗诉打下良好的基础。对人民法院来讲，应该将判决书、裁定书副本送同级人民检察院备案。

3. 同级人民代表大会及其常委会和上级人民检察院交办的案件，也是引起人民检察院依法抗诉的重要方式。我国行政诉讼法除抗诉外，未对人民检察院的其他监督方式作出明确规定。这是由于行政诉讼的法律监督起步较晚，经验不足，实践中正处在探索阶段。

根据我国法律的规定和行政诉讼实践，我们认为，还可就其他方式进行探索。如支持起诉、参加行政诉讼以至提起行政诉讼（行政公诉）等。根据《行政诉讼法》第 10 条规定的精神和《宪法》、《人民检察院组织法》确定的人民检察院的职能，我们应该在这方面进行探索。

■ 思考题

1. 行政诉讼法基本原则有什么作用？

2. 为什么说合法性审查原则在行政诉讼中具有核心地位?

3. 如何认识人民检察院在行政诉讼中的法律地位?

4. 两审终审与审判监督的辩证关系。

5. 法律对行政被告权利义务所作的特别规定是否违背当事人诉讼法律地位平等原则?

■参考资料

1. 柯汉民主编:《民事行政检察概论》,中国检察出版社 1993 年版。

2. 杨解君、温晋锋:《行政救济法——基本内容及评析》,南京大学出版社 1997 年版。

3. 姜明安主编:《行政法与行政诉讼法》,北京大学出版社、高等教育出版社 1999 年版。

4. 周佑勇:《行政法基本原则研究》,武汉大学出版社 2005 年版。

第四章   行政诉讼受案范围

■ 学习目的和要求

了解行政诉讼受案范围的含义、确立方式与标准；能准确掌握并运用现行法对行政诉讼应受理的各类案件和不予受理的各类事项的规定。

第一节   受案范围概述

一、受案范围的概念

行政诉讼受案范围，也称法院的主管范围，是指人民法院受理行政案件的范围，即法律规定的、法院受理审判一定范围内行政案件的权限。

在行政管理活动中，行政机关的行政行为是多种多样的，行政机关与公民、法人或者其他组织之间发生的行政争议也是多种多样的。从世界各国的行政诉讼制度的基本情况来看，并非行政机关的全部行政行为都是可以被起诉的，也并非所有的行政案件都通过行政诉讼来处理解决。由此产生行政诉讼的受案范围问题。事实上，各国法律通常要对行政诉讼的受案范围进行某种方式的界定，那么这一部分行政案件就是行政诉讼的受案范围。

哪些行政案件属于行政诉讼的受案范围，为何把这些行政案件划归行政诉讼的受案范围而将其他一些行政案件排除在行政诉讼的范围之外，对此各国基于不同的政治、经济、文化、法律条件乃至历史的原因等，可能会有不同的规定，但受案范围却是行政诉讼制度中必不可少的核心内容之一。受案范围不仅是法院对哪些行政案件可以受理的问题，还具有以下几个方面的重要意义：①受案范围是法院对行政机关行政活动实施司法审查的权限范围。行政诉讼是法院监督、审查行政机关行政职权活动的法律制度，法院能受理哪个范围的行政案件，同时也就意味着能对行政机关哪个范围内的行政活动具有监督、审查的权限。②受案范围同时也是公民、法人或其他组织的合法权益能受到司法救济的范围以及他们诉权的范围。③受案范围决定着法院与权力机关、行政机关在处理解决行政案件上的合理分工。此外，受案范围对法院正确履行应有职责和对当事人正确有效行使诉讼权利也是一种重要的保障。明确行政诉讼的受案范围，即明确了法院在受理行政案件上的职责范围，它便于法院及时、正确地受案，防止和减少因职责范围不清而错误受案或推诿受案的现象发生。同时，明确行政诉讼的受案范围，也有利于公民、法人或者其他组织在认为自己合法权益受行政机关行政行为侵犯后，能及时、有效地行使诉讼权利。

二、受案范围的标准和确立方式

（一）受案范围的标准

一国行政诉讼制度对其受案范围的确定，取决于该国各方面的条件。在政治制度上，国家政治体制中各国家机关的地位及对国家权力的分工关系、宪政制度的发展水平等对法院拥有司法审查权的范围是有决定作用的。实行三权分立政体的国家，由于立法、司法和行政三权相互平行与制衡，司法机关对行政机关的监督、审查范围就会更大一些，例如，美国法院对行政机关活动的司法审查范围就极其广泛；而在实行议行合一体制的我国，司法机关对行政机关的监督、审查范围则有一定的限度，因为行政机关是权力机关的执行机关，只有权力机关才拥有对行政机关全面的监督、审查权。此外，各国法律制度上的法律传统、法律观念、法制发展程度和经济制度以及经济、文化发展水平等对行政诉讼受案范围的大小也有很大影响。

我国行政诉讼的受案范围同样取决于我国政治、经济、文化以及法制水平的实际状况，确立我国行政诉讼的受案范围不能依靠主观臆想，它须符合下列标准：

1. 符合我国政治制度的特点。我国是人民民主专政的国家，政体上实行人民代表大会制度，人民代表大会是国家的权力机关，行政机关由权力机关产生，受权力机关监督，对权力机关负责，是权力机关的执行机关。基于此，对于宪法和有关组织法规定的、属于权力机关职权范围内的事项，如受理并审查、撤销行政机关违宪和违法的行政立法事项，就未划归入人民法院行政诉讼的受案范围。

2. 最大限度地保护公民、法人或者其他组织的合法权益，同时要处理好与行政机关在解决行政案件上的合理分工。一般而言，行政诉讼受案范围越广泛，它所保护的公民、法人或者其他组织合法权益的范围也就越广泛，为此，在确立受案范围时，应尽可能扩展范围以充分发挥行政诉讼的作用，不仅要保护公民、法人和其他组织的人身权和财产权，也要保护政治权利和其他经济、社会权利。但是，受案范围的确定也必须考虑到我国行政诉讼制度发展的实际情况，不能任意扩大。为此，在扩大行政诉讼受案范围的同时，目前由行政机关自己处理解决的内部人事行政争议等则未列入行政诉讼的受案范围。

3. 稳定性和灵活性相结合。为了保证人民法院在受案上明确职责和充分行使职权，保障公民、法人或者其他组织能有效行使诉讼权利，行政诉讼受案范围的确定应相对稳定，即尽量对哪些行政案件属于行政诉讼受案范围，哪些行政案件不属于行政诉讼受案范围作出具体、明确和稳定的规定。但为了适应一些可能出现的特殊情况和将来会发生的新现象，在受案范围上又需要有一定的灵活性，不能作僵死的规定。为此，在确定行政诉讼受案范围时，对现行可以受案的行政案件要作出稳定明确的规定，对那些未来可能发展但目前尚不能预见的行政争议，则需采取灵活的方式，原则上规定可由今后制定的单行法律、法规确定列入行政诉讼受案范围。

（二）受案范围的确立方式

受案范围需要运用一定的方式才能得到明确的表达，这种方式越科学，受案范围的划定就越准确。世界各国的行政诉讼制度对受案范围的确立方式是不完全相同的。有些国家可以以判例来确立受案范围，即某一行政案件是否归于法院的受案范围，由是否符合由法院判例形成的一些规则来决定。如英、美、法等国主要就是采用这种方式。有些国家则主要以制定法来明确规定受案范围，大多数大陆法系国家都是如此。以制定法来明确规定受案范围又有不同的方式，主要可分为概括式、列举式和混合式等几种。概括式由统一的行政诉讼法典对受案范围作了原则性、概括性的规定，通常总体地规定为：公民等一方认为行政机关的违法或不当行政行为侵犯自己的合法权益时，有权向法院提出行政诉讼。概括式规定的优点是简单、全面、不致发生遗漏，但可能出现规定过于宽泛和不易具体掌握的问题。列举式有肯定的列举和否定的列举两种方法。肯定的列举是由行政诉讼法和其他单项法律、法规对属于行政诉讼受案范围的行政案件加以逐个列举，凡列举的都在行政诉讼的受案范围之内；否定的列举也称排除式，是对不属于行政诉讼受案范围的事项加以逐个列举，凡列举的都被排除在行政诉讼的受案范围之内，未作排除列举的则都是行政诉讼的受案范围。列举式的优点是具体、细致，受案或不受案的界限分明，易于掌握，但却有繁琐且又难以列举全面的弱点。混合式是将上述两种方式混合使用，以发挥各种方式的长处，避免各自的不足，相互弥补。因此，混合式不失为确定行政诉讼受案范围的较好方式。我国行政诉讼制度在确定受案范围上基本采取混合的方式。

1. 以概括的方式确立行政诉讼受案的基本界限，2014 年修正的《行政诉讼法》第 2 条规定："公民、法人或者其他组织认为行政机关和行政机关工作人员的行政行为侵犯其合法权益，有权依照本法向人民法院提起诉讼。"《行政诉讼法》在此所称的行政行为，广义上包括行政机关及其工作人员和法律、法规、规章授权的组织及其工作人员所实施的行政职权、职责行为（含不作为）。这就划定了行政诉讼的基本范围：原则上，凡公民、法人或者其他组织因不服行政行为而导致的行政案件都属于行政诉讼的受案范围。

2. 以否定列举的方式对不属于行政诉讼受案范围的事项作了排除的规定，这就是 2014 年修正的《行政诉讼法》第 13 条对 4 种不受理事项的规定。否定列举对于准确掌握和全面落实《行政诉讼法》第 2 条关于行政诉讼受案范围的概括性规定具有重要意义，因为否定式列举对不予受案的情况是以明确、封闭的方式加以限制，同时表明未被限制的范围则都是行政诉讼的受案范围，使受案范围具有发展、开放的性质。这有利于在最大限度内保护公民、法人或其他组织的诉讼权利。

3. 以肯定列举的方式列出了应当受案的一系列具体行政案件，2014 年修正的《行政诉讼法》第 12 条第 1 款具体列出的 12 种行政案件。但这些列举并不能穷尽行政诉讼受案范围的全部内容，为此，第 12 条第 2 款又概括性地规定："除前款规定外，人民法院受理法律、法规规定可以提起诉讼的其他行政案件。"这就将行政诉讼法本身难以列举全面且在此之外或以后还可能出现的行政案件，又以由其他法律、法规作规定的方式进行了更完整的补充。

我国行政诉讼法对受案范围采取这样的确立方式显然既明确又不失全面，而且照顾到了今后逐步扩大受案范围的问题。因此，是较为科学而且符合我国实际情况的受案范围规定。

第二节　人民法院受理的案件

2014 年修正的《行政诉讼法》第 12 条具体列出了人民法院应受理的各种由行政行为引起的行政案件，所规定的行政案件比原《行政诉讼法》规定的行政案件有所扩大。这包括：将原规定只针对具体行政行为扩展为行政行为，对可以起诉的行政行为的种类、表现形式作了更为具体、多样化的列举；将原规定主要受理侵害人身权、财产权的案件扩大为受理侵害各种合法权益的案件等。以下分别阐述。

一、对行政机关行政处罚不服的案件

行政处罚是行政机关经常运用的行政行为，指行政机关根据其职权对违反行政管理秩序但尚未构成犯罪的公民、法人或者其他组织予以的惩处。《行政诉讼法》第 12 条第 1 款规定，人民法院受理公民、法人或者其他组织对行政拘留、暂扣或者吊销许可证和执照、责令停产停业、没收违法所得、没收非法财物、罚款、警告等行政处罚不服提起的行政诉讼。行政处罚的种类较多，《行政诉

法》对此只作了主要种类的列举。根据我国《行政处罚法》及相关法律、法规和规章有关行政处罚的规定，全部行政处罚大体可以分为申诫罚、财产罚、能力罚和人身罚等四大类型，都涉及公民、法人或者其他组织的人身、财产等重大权益。在我国，许多行政机关都依法拥有行政处罚权，但行政机关设定和实施行政处罚必须严格依法进行，即只能由法定的行政机关严格按法定权限和法定程序设定处罚，严格按法定权限和法定程序在法定幅度内针对符合处罚条件的对象实施处罚，否则就会构成处罚违法或处罚失当，并侵犯公民、法人或者其他组织的合法权益。根据《行政诉讼法》的规定，公民、法人或者其他组织对行政机关的任何行政处罚不服，都可以提起行政诉讼。

二、对行政机关行政强制不服的案件

行政强制也是行政机关常见的行政行为，根据我国《行政强制法》的规定，行政强制包括行政强制措施和行政强制执行两大类型。

行政强制措施，是指行政机关在行政管理过程中，为制止违法行为、防止证据损毁、避免危害发生、控制危险扩大等情形，依法对公民的人身自由实施暂时性限制，或者对公民、法人或者其他组织的财物实施暂时性控制的作为。行政强制措施基本可以分为限制人身自由的强制措施和限制财产流通和使用的强制措施两大类，其中，限制人身自由的强制措施主要包括：扣留人身；强制戒毒或治疗；强制隔离及其他一些限制人身的强制性措施，如对醉酒的人予以约束，对闹事者强行带离现场等。限制财产流通和使用的强制措施主要包括：查封场所、设施或者财物；扣押财物；冻结存款、汇款以及其他一些对财产的强制措施。

行政强制执行，是指行政机关或者行政机关申请人民法院对不履行行政决定的公民、法人或者其他组织依法强制履行义务的行为。行政强制执行的方式包括：加处罚款或者滞纳金；划拨存款、汇款；拍卖或者依法处理查封、扣押的场所、设施或者财物；排除妨碍、恢复原状；代履行以及其他强制执行方式。

在行政管理中，行政机关依照法律规定具有采取某种行政强制措施或者行政强制执行的权力，但无论采取行政强制措施还是行政强制执行都必须严格依法进行，否则将严重侵害公民、法人或其他组织的人身权、财产权和其他合法权益。为此，《行政诉讼法》第12条第1款规定，人民法院受理公民、法人或者其他组织对限制人身自由或者对财产的查封、扣押、冻结等行政强制措施和行政强制执行不服提起的诉讼。

三、对行政机关行政许可不服的案件

行政许可是行政机关根据公民、法人和其他组织的申请，经依法审查，准予其从事特定活动的行政行为。我国《行政许可法》以及相关法律、法规对行政许可的设定和实施都作了较为系统、明确的规定，行政机关必须依法进行行政许可。2014 年修正的《行政诉讼法》第 12 条第 1 款规定，人民法院受理公民、法人或者其他组织认为符合法定条件，申请行政许可，行政机关拒绝或者在法定期限内不予答复，或者对行政机关作出的有关行政许可的其他决定不服而提起的诉讼。

行政许可作为一种法律制度，包含有丰富的内容，如依法许可或不予许可，对已作出的许可加以变更、延续、撤回、注销、撤销等。因此，《行政诉讼法》规定的不服行政许可的行政案件实际上包括以下两大类型：

1. 公民、法人或者其他组织认为自己符合法定条件而申请行政许可，但行政机关拒绝或者在法定期限内不予答复的。对符合法定条件并提出申请的公民、法人或其他组织依法予以许可，是行政机关的法定职责。如果行政机关推诿或拒绝许可，就剥夺、限制了公民、法人或者其他组织应当享有的合法权益，因此，公民、法人或者其他组织不服的，可以提起行政诉讼。这种案件的形成有其特点和条件：①行政许可对行政机关是一种依申请的行政行为，在许可程序上必须相对一方先提了申请；②行政机关对相对一方提出的申请作出了拒绝或在法定期限内不予答复的行为表示。拒绝是行政机关对公民等一方的申请明示不予同意或不予办理；在法定期限内不予答复是行政机关对公民等一方的申请在规定的期限内未理睬、推诿或拖延不办等。公民、法人或者其他组织对行政机关有两种行为之一的，都可以提起行政诉讼。但需要注意的是，行政机关的上述两种行为虽然都可以被起诉，诉讼结果却会有差别：行政机关对申请在法定期限内不予答复完全是官僚主义不负责任的表现，属于未依法履行职责的不作为，不具有合法性；而行政机关对申请的拒绝则要分不同情况：其既可能属于违法不履行职责，也可能是依法履行职责。如行政机关查明公民、法人及其他组织确实不具备法定的许可条件，因而依法拒绝予以许可则是合法的。

2. 对行政机关作出的有关行政许可的其他决定不服。除上述第一种许可案件外，公民、法人或者其他组织对行政机关作出的有关行政许可的其他决定不服也可以起诉。这里的"有关行政许可的其他决定"包括多种情形。最高人民法院 2009 年 12 月 14 日根据《行政许可法》及其他有关法律规定，结合行政审判实践，发布了《关于审理行政许可案件若干问题的规定》（以下简称《规定》），《规定》第 1～3 条和第 14 条对人民法院受理行政许可案件作出了具体细致的司法解释，其中涉及不服"有关行政许可的其他决定"的起诉主要包括：

（1）公民、法人或者其他组织认为行政机关作出的行政许可决定侵犯其合法权益的，可提起行政诉讼。行政机关作出行政许可决定后，被许可人和相关利害关系人均可因不服而起诉。如被许可人认为许可决定不符合自己申请的内容、延误了法定期限或违法收费等。相关利害关系人则可能认为许可决定有许可对象上的错误、许可内容侵犯自己的既有合法权益或平等竞争权等。

（2）公民、法人或者其他组织认为行政机关就行政许可的变更、延续、撤回、注销、撤销等事项作出的决定及其相应的不作为侵犯其合法权益，可以提起行政诉讼。就整体而言，行政许可是一个动态的过程。行政许可决定作出后，行政机关在实施和监管中还会作出变更、延续、撤回、注销、撤销等决定，或者在依法应当作出变更、延续、撤回、注销、撤销等决定时却不予作为。这些作为或不作为都可能发生侵犯公民、法人或者其他组织合法权益的情况，因而可以起诉。

（3）公民、法人或者其他组织认为行政机关未公开行政许可决定或者未提供行政许可监督检查记录侵犯其合法权益，可以提起行政诉讼。这是一种涉及公民、法人或者其他组织依法享有程序性合法权益的行政许可案件。根据《行政许可法》第40、61条的规定，公民、法人或者其他组织享有查阅行政许可决定和行政许可监督检查记录的权利，行政机关则有公开行政许可相关政务信息的法定义务。如果行政机关未履行义务而侵害当事人相关的合法权益，当事人有权提起行政诉讼。

（4）公民、法人或者其他组织对行政机关事实上终止了行政许可过程的通知行为，可以提起行政诉讼。在行政许可过程中，行政机关会作出诸如告知补正申请材料、听证等行为。一般而言，这类通知行为并不是最终的行政许可决定，因而单就这类通知行为本身起诉人民法院不予受理。但是，如果这种通知行为作出后实际上造成了行政许可程序的终止，就会直接影响到当事人合法权益的实现。例如，在行政许可申请程序中，行政机关通知当事人必须补正材料，否则不受理申请，而当事人因某种原因已无法补正材料，或者认为要求补正材料是不合法的，此时，行政机关的通知事实上会导致行政许可程序的终止，而这种事实上的终止又限制着当事人实现被许可的合法权益。对此，当事人提起的诉讼的人民法院应当受理。

（5）公民、法人或者其他组织对行政许可补偿决定不服提起的行政诉讼。行政机关变更或者撤回已经生效的行政许可，公民、法人或者其他组织有权就变更或者撤回已经生效的行政许可造成的损失提出行政补偿请求，但须经过行政机关先行处理。如果行政机关在法定期限或者合理期限内对行政补偿请求不予答复，或者行政机关作出了补偿决定但当事人仍不服，可以提起行政诉讼。

四、对行政机关确认自然资源权属的行为不服的案件

行政机关对自然资源权属的确认，是指公民、法人或其他组织之间就涉及自然资源的所有权或者使用权发生争议时，行政机关依法对权属问题作出确认决定的行为。我国是社会主义国家，土地、矿藏、水流、森林、山岭、草原、荒地、滩涂、海域等自然资源属于国家所有或者集体所有。对于这些自然资源的所有权或者使用权的确定、变更以及发生的争议，法律规定只能由法定的行政机关依其职责权限处理。例如，《土地管理法》第 11 条第 1 ~ 3 款规定："农民集体所有的土地，由县级人民政府登记造册，核发证书，确认所有权。农民集体所有的土地依法用于非农业建设的，由县级人民政府登记造册，核发证书，确认建设用地使用权。单位和个人依法使用的国有土地，由县级以上人民政府登记造册，核发证书，确认使用权；其中，中央国家机关使用的国有土地的具体登记发证机关，由国务院确定。"第 16 条第 1 款规定："土地所有权和使用权争议，由当事人协商解决；协商不成的，由人民政府处理。"此外，《渔业法》、《矿产资源法》、《森林法》、《草原法》、《水法》等有关法律也有相关规定。行政机关代表国家对这些自然资源的所有权或使用权进行的确认处理，是行使和履行行政职权、职责的行政行为，必须严格依法进行。行政机关对自然资源的确认，将直接影响公民、法人或其他组织享有和使用自然资源的合法权益。因此，公民、法人或者其他组织认为行政机关作出的有关确认决定因超越职权、滥用职权、违反法定程序等侵犯其合法权益的，根据 2014 年修正的《行政诉讼法》的规定，可以向人民法院提起行政诉讼。

五、对行政机关征收、征用决定及其补偿决定不服的案件

行政征收与行政征用都是行政机关经常运用并直接影响公民、法人或者其他组织财产所有权或使用权的行政行为。行政征收是行政机关基于公共利益的需要，依照法律规定，强制取得公民等一方财产所有权的一种行政行为。行政征用则是依照法律规定取得非国有财产的使用权或者征募劳务或紧急物资，并给予财产补偿的一种行政行为，征用的一般是使用权，在使用完毕后要将其返还给财产所有权人，造成损失的要给予赔偿。

我国目前尚没有统一的行政征收法，但《宪法》和有关法律、法规都有相关规定。如《宪法》第 10 条第 3 款规定："国家为了公共利益的需要，可以依照法律规定对土地实行征收或者征用并给予补偿。"第 13 条第 3 款规定："国家为了公共利益的需要，可以依照法律规定对公民的私有财产实行征收或者征用并给予补偿。"行政征收主要有行政征税、行政收费、土地征收、房屋征收等，除税收征收和行政收费是无偿征收以外，其他征收一般都是有偿征收。行政征用在我国主要有交通工具与通信设备的征用，对房屋、场地或设施的征用，对劳力的征用以及对其他财产的征用等。行政征用全部都是有偿的，我国《物权法》第 44 条明确规定："单位、个人的不动产或者动产被征用或者征用后毁损、灭失的，应当给予补偿。"为此，2014 年修正的《行政诉讼法》第 12 条第 1 款规定，公民、法人或者其他组织认为行政机关有关征收、征用决定及其补偿决定侵犯了自

己合法权益的，可以向人民法院提起行政诉讼。

六、认为行政机关不履行保护人身权、财产权等合法权益的法定职责的案件

根据我国宪法确立的"一切国家机关及其工作人员必须全心全意为人民服务"的宗旨和有关法律、法规的规定，我国许多行政机关都具有保护公民、法人或者其他组织人身权、财产权等合法权益的法定职责。例如，工商机关有保护生产厂家产品商标权和消费者利益的职责；教育行政机关有保护学生受教育权的职责，公安机关有保护广大人民群众生命财产安全的职责；劳动行政部门有保护劳动者劳动权和休息权的职责；民政部门有保障年老、疾病、丧失劳动能力的公民获得社会物质帮助的职责，等等。行政机关如有该法定职责不履行而导致公民、法人或者其他组织在人身、财产等合法权益方面受损害的，对行政机关来说是失职行为，对公民、法人或者其他组织来说，则是合法权益的受保护权受到侵害。2014年修正的《行政诉讼法》第12条第1款规定，人民法院受理公民、法人或者其他组织因申请行政机关履行保护人身权、财产权等合法权益的法定职责，行政机关拒绝履行或者不予答复而提起的诉讼。

这种行政案件针对的是行政机关不履行法定职责的不作为行为，形成的条件是：

1. 公民、法人或者其他组织在面临人身权、财产权等合法权益的侵害时向行政机关申请保护。申请的作用在于使行政机关知晓情况，以便及时履行保护职责，由此相对人向行政机关提出申请应是一个前提条件。但我们认为有一种情况可以例外，即行政机关在已知情况时，当事人提出申请的作用已经具备，此时，当事人提出请求保护的申请无需成为该种案件形成的前提条件。如当某公民遭到歹徒抢劫、伤害时已被治安巡逻的民警发现，此时即使该公民未提出申请或因条件所限不能呼救，民警也必须积极主动地及时履行保护职责，如果民警躲避离去，该公民事后仍有权对民警所在的行政机关提起行政诉讼。

2. 行政机关对公民、法人或者其他组织的申请拒绝或者不予答复。在公民、法人或者其他组织面临人身权、财产权等合法权益侵害申请保护的情况下，行政机关无论是予以拒绝或者不予答复都是不履行职责的行为，行政机关不仅可以被起诉，而且将在诉讼中败诉。

3. 这种案件中行政机关应当是具有相应法定职责的行政机关。我国各行政机关依法都有各自的职责分工，如果公民、法人或者其他组织出现了选择保护机关的错误，而该行政机关并无相应职责的，公民、法人或者其他组织不应向该行政机关提起行政诉讼。

七、认为行政机关侵犯法定经营自主权或者农村土地承包经营权、农村土地经营权的案件

经营自主权是指各种企业和经济组织依照宪法、法律、法规和规章的规定，对自身的机构、人员、财产、原材料供应、生产、销售等各方面事务自主管理经营的权利。这些企业和经济组织包括国有企业、集体企业、合资企业、外资企业、私营企业和各种个体经营户等。从对企业财产的占有、使用、收益和处分看，企业一方的经营自主权基本属于财产权。如根据《中华人民共和国企业所有制工业企业性》的规定，全民所有制工业企业的经营自主权就是指国有企业对国家授予其经营管理的财产享有占有、使用和依法处分的权利，但从国有企业经营自主权的具体内容来看，也不仅仅是财产权所能包容的，事实上它还进一步延伸到国有企业为了更好地经营财产所必需的、在自身机构设置、内部人事管理和劳动用工等方面的自主管理权利，而这些则应属于国有企业人身权的范围。至于其他企业，由于其财产非国家所有，其经营权的财产权、人身权性质更未被明确规定。经营自主权有着广泛的内容，仅就国有企业的经营自主权来看，就具体包括：生产经营决策权；产品、劳务定价权；产品销售权；物资采购权；进出口权；投资决策权；留用资金支配权；资产处置权；联营、兼并权；劳动用工权；内部人事管理权；工资、奖金分配权；内部机构设置权；拒绝摊派权等 14 项。其他非国有的企业因所有制方面的原因，其法定经营自主权的范围更为广泛，如私营企业对其财产就有完全的处分权和收益权。总之，各种企业、经济组织和个体经营者凡认为行政机关违法行使职权侵犯自己法定经营自主权范围内各种权利的，都可以提起行政诉讼。

农村土地承包经营权和农村土地经营权特指对农村土地承包和经营方面的合法权益。农村土地承包经营权是农村土地承包人在法律规定和承包合同约定的范围内，对于集体所有的土地或国家所有但由集体长期使用的土地所享有的土地承包资格及其经营土地并获得收益的权利。土地承包经营权的内容包括：承包权、承包期内享有的占有权、使用权、收益权、出租权、转让权、转包权、入股权、互换权、抵押权和物上请求权等。农村土地经营权是农村土地承包经营权中的一部分，主要指农村土地承包经营人将农村土地承包经营权中的土地经营权依法转让他人后，由被转让人根据法律或合同经营土地并取得收益的权利。2014 年修正的《行政诉讼法》第 12 条第 1 款规定，公民、法人或者其他组织认为行政机关侵犯其农村土地承包经营权、农村土地经营权的，有权向人民法院提起行政诉讼。

八、认为行政机关滥用行政权力排除或者限制竞争的案件

随着我国社会主义民主和市场经济的不断发展完善，社会成员和市场主体在政治、经济和社会活动等领域依法普遍享有公平竞争的权利，而且这一权利还将直接或间接影响到人身权、财产权和其他社会权利的实现。行政机关滥用行政权力排除或者限制竞争，是指行政机关对依法应由社会和市场公平竞争决定的事项，违反法律的目的和限度，以行政权力来排除竞争或者限制竞争。排除竞争一般表现为，行政机关运用行政权力不通过公平竞争方式或否定公平竞争的结果而强行作出决定；限制竞争则通常是行政机关运用行政权力干预，制约竞争活动的正常、公正开展，导致发生不公平的结果。我国《反垄断法》第32～37条对行政机关滥用行政权力排除、限制竞争作出了禁止性规定，如"不得滥用行政权力，限定或者变相限定单位或者个人经营、购买、使用其指定的经营者提供的商品"；"不得滥用行政权力，以设定歧视性资质要求、评审标准或者不依法发布信息等方式，排斥或者限制外地经营者参加本地的招标投标活动"；"不得滥用行政权力，采取与本地经营者不平等待遇等方式，排斥或者限制外地经营者在本地投资或者设立分支机构"等。行政机关滥用行政权力排除或者限制竞争是违法破坏市场公平竞争秩序的行政垄断行为，将会侵害公民、法人或者其他组织的公平竞争权及相关合法权益。为此，2014年修正的《行政诉讼法》第12条第1款专门规定，人民法院受理公民、法人或者其他组织认为行政机关滥用行政权力排除或者限制竞争而提起的诉讼。

九、认为行政机关违法集资、摊派费用或者违法要求履行其他义务的案件

在行政管理中要求公民、法人或者其他组织履行某种法定义务，是行政机关运用行政职权所作出的行政行为，但行政机关必须严格依法进行，即必须是法律、法规规定的义务，而且需按法律、法规规定的程序进行，否则就构成违法要求履行义务。2014年修正的《行政诉讼法》第12条第1款规定，人民法院受理公民、法人或者其他组织认为行政机关违法集资、摊派费用或者违法要求履行其他义务而提起的诉讼。

违法集资，是指行政机关违反法律、法规规定强制当事人以各种形式投入资金或实物等参与兴建某种工程或开展某种活动，如违法强制要求公民投资修建道路、学校或建立基金会等。违法摊派费用，是指行政机关违反法律、法规规定强制当事人无偿承担有关费用，如违法要求公民分摊行政活动的费用开支等。违法要求履行其他义务，是指行政机关违反法律、法规规定强制当事人履行除上述财产义务以外的其他行为义务，包括作出或不作出一定的行为，如要求服劳役、服兵役，禁止作出某种行为或不得进入某地域等。以上这些违法要求的义务都会侵害公民、法人或者其他组织的人身权、财产权和其他合法权益。

行政机关违法要求公民、法人或者其他组织履行义务的表现主要有：①法律、法规未规定相关义务，但行政机关无法律依据却随意设定并要求履行义务；

②公民、法人或者其他组织已依法履行了应有的义务，但行政机关仍重复要求履行义务或增加、扩大义务的内容；③行政机关在要求履行义务时违反法定程序，如收费不出具法定的收据、任意改变履行义务的期限等。

这种案件的认定有一个重要的界限，即必须是行政机关在行政管理中以行政行为要求行政相对人履行行政法上的义务。如果行政机关是在民事活动中以民事主体的身份要求对方履行民事义务，所引起的只是民事纠纷案件，不能提起行政诉讼。

十、认为行政机关没有依法支付抚恤金、最低生活保障待遇或者社会保险待遇的案件

对公民支付抚恤金、最低生活保障待遇或者社会保险待遇抚恤金是行政机关实施民生建设的法定行政职责，如果行政机关未依法进行，是不履行法定职责的不作为行为，并会侵害公民一方的财产权和社会保障权。2014 年修正的《行政诉讼法》第 12 条第 1 款规定，人民法院受理公民、法人或者其他组织认为行政机关没有依法支付抚恤金、最低生活保障待遇或者社会保险待遇而提起的诉讼。

抚恤金是公民因公或因病致残、死亡时，由国家发给本人或者其家属用以维持生活的费用。主要有两种：一种是伤残抚恤金，发放对象是革命残废军人、因公致残的职工及其他人员；另一种是遗属抚恤金，发放对象是革命烈士、牺牲人员或其他死亡人员的遗属。最低生活保障待遇是指国家保障城镇居民享有维持其基本生活需要的各种社会救济待遇，如最低生活保障费。社会保险待遇是公民在失业、年老、疾病、生育、工伤等情况发生时，有权获得社会保障机构发放的各种社会救济待遇，如社会保险金。我国有些行政机关依法具有支付抚恤金、最低生活保障待遇或者社会保险待遇的专门职责，如民政部门等。有关行政机关必须依法切实履行这项职责。行政机关未依法发给抚恤金的行为表现通常是：①依照有关法律、法规的规定，应向公民发放的，行政机关未予发放；②行政机关违法扣减了相关费用的数额；③行政机关在支付抚恤金或给予有关待遇时，发生了法定对象上的错误；④依法应按期限发放的，行政机关无故拖欠等。

十一、认为行政机关不依法履行、未按照约定履行或者违法变更、解除政府特许经营协议、土地房屋征收补偿协议等协议的案件

随着我国社会、经济发展和行政管理体制改革的要求，行政机关已大量运用行政协议等非单方强制命令的新型方式来实施行政活动。行政协议也称行政合同、行政契约，是指行政机关为实现行政管理目标、维护公共利益与相对人之间经过协商一致所达成的有关权利义务的协议。在行政协议中，行政机关并非民事主体而是行政主体，协议的目的是实现行政管理目标，行政机关具有一定的行政优益权。对于行政机关一方来讲，签订和执行这种协议是其行政职权和职责的运用，因而属于一种行政行为。行政协议的常见类型包括政府特许经营协议、土地房屋征收补偿协议等。

政府特许经营协议，是指行政机关与行政相对人就行政特许经营关系的建立、实施和监管等内容，经协商一致而达成的双方权利义务的协议。政府特许经营协议具有特定的适用范围，即法律规定的公共公用事业领域，如供电、供气、供水、供热、公共交通、垃圾处理、污水处理等。土地房屋征收补偿协议，是指房屋征收部门与被征收人依照相关法律法规的规定，就补偿方式、补偿金额和支付期限、用于产权调换房屋的地点和面积、搬迁费、临时安置费或者周转用房、停产停业损失、搬迁期限、过渡方式和过渡期限等事项经协商一致订立双方权利义务的协议。它们都是行政机关采用协议方式管理公共公用事业、征收补偿事务等的行政措施。除政府特许经营协议、土地房屋征收补偿协议外，行政协议还有城镇国有土地使用权出让协议、节能减排自愿协议、科研管理协议、计划生育协议等。《最高人民法院关于适用〈中华人民共和国行政诉讼法〉若干问题的解释》第 11 条第 1 款规定："行政机关为实现公共利益或者行政管理目标，在法定职责范围内，公民、法人或者其他组织协商订立的具有行政法上权利义务内容的协议，属于行政诉讼法第 12 条第 1 款第 11 项规定的行政协议。"

行政协议在内容中确立了行政机关一方的权利义务，如果行政机关不依法履行义务、未按照约定履行义务，或者未经对方当事人同意违法变更协议内容、任意解除协议，就会侵害对方当事人的合法权益。为此，2014 年修正的《行政诉讼法》第 12 条第 1 款规定，人民法院受理公民、法人或者其他组织认为行政机关不依法履行、未按照约定履行或者违法变更、解除政府特许经营协议、土地房屋征收补偿协议等协议的案件。

十二、认为行政机关侵犯其他人身权、财产权等合法权益的案件

这类案件是《行政诉讼法》对除上述行政案件之外的其他涉及人身权、财产权等合法权益的行政案件所作出的概括性补充规定。《行政诉讼法》前述所列的 11 种行政案件，都是因行政机关行政行为影响公民等一方人身权、财产权等合法权益的行政案件，但逐一列举难以做到全面完整，为了能将涉及公民、法人或其他组织合法权益的其他行政案件都归入行政诉讼的受案范围，《行政诉讼法》进而概括规定，人民法院受理公民、法人或者其他组织认为行政机关侵犯其他人身权、财产权等合法权益而提起的诉讼。

对这类案件应从以下三个方面来理解掌握：

1. 这类案件不属于上述各种案件中的任何一种，即它是上述各种行政案件之外涉及人身权、财产权等合法权益的案件。由于是概括性的规定，在内容和形式上它将比上述各种案件中的任何一种都更丰富、广泛。

2. 这类案件仍应由行政机关的行政行为所引起，但通常是上述行政案件所针对的各种行政行为之外的其他行政行为或不作为行为。行政机关对公民、法人或者其他组织作出的行政行为多种多样，除上述案件所针对的行政处罚、行政强制、行政许可、不予发放抚恤金、不履行保护职责等行为之外，还有各种行政命令、行政决定、行政奖励、行政裁决、行政确认、行政检查等。不论何种行政行为，只要公民、法人或者其他组织认为侵犯其合法权益，都可以提起行政诉讼。

3. 这种案件所涉及的公民、法人或者其他组织的合法权益，是上述 11 种行政案件中所未能涵盖的其他各种人身权、财产权等合法权益。公民、法人或者其他组织的人身权、财产权有着广泛、丰富的权利内容，人身权是与人身不可分离而又没有直接经济内容的权益，其可以分为人格权和身份权两大类：人格权具体包括人身自由、生命健康权、荣誉权、名誉权、名称权、姓名权、肖像权等；身份权具体包括亲权、监护权、著作权、发明权、发现权等。财产权是具有一定物质内容、直接体现为经济利益的权益，包括物权、债权、知识产权等，而每一种财产权又包括占有权、使用权、收益权和处分权。除人身权、财产权之外，公民、法人或者其他组织还依法享有政治权利和自由以及受教育权、劳动权、休息权、社会保障权等各种经济权利和社会权利。对这些合法权益受到行政机关行政行为侵犯但又不属于以上所列行政案件范围的，《行政诉讼法》专门加以集中归类而概括性地补充规定了这一类行政案件，公民、法人或者其他组织可以据此提起行政诉讼。

十三、法律、法规规定可以起诉的其他行政案件

2014 年修正的《行政诉讼法》第 12 条第 1 款对属于人民法院受案范围的各类案件作了列举，但这并不等于我国行政诉讼受案范围只限于行政诉讼法本身所规定的范围，《行政诉讼法》第 12 条第 2 款进而又规定："除前款规定外，人民法院受理法律、法规规定可以提起诉讼的其他行政案件。"这就是说，对于超出《行政诉讼法》之外的其他法律、法规规定可以起诉的行政案件，也都属于人民法院的受案范围。这是对我国行政诉讼受案范围更进一步的补充。对于这一规定，需从以下两个方面来理解。

1. 这里的法律、法规是指除《行政诉讼法》之外的其他各种法律、行政法规、地方性法规、自治条例和单行条例等，它们既包括《行政诉讼法》制定施行以前就颁布并仍然有效的，也包括《行政诉讼法》制定实施以后所颁布的，还包括将来可能会颁布的有关法律文件。

2. 这些法律、法规所规定的可以起诉的其他行政案件，都是《行政诉讼法》第 12 条第 1 款列举之外的行政案件。

《行政诉讼法》的这项规定具有重要的意义，它能弥补现行立法在列举方式上的不足，使我国行政诉讼的受案范围尽可能适应社会的需要，做到不断扩大和更为全面。

第三节　人民法院不受理的事项

我国《行政诉讼法》第12条第1款列举了属于行政诉讼受案范围的各种行政案件，但这种列举并不意味着未被法律列举出来的都不在受案范围之中，也未完全明晰行政诉讼的受案范围。为了使行政诉讼所针对的行政行为具有最大范围的张力，并准确划定行政诉讼受案范围的边界，还需要从反面对行政诉讼不受理的事项加以明确限定，这样就可以使不在限定之中的各种行政行为都进入行政诉讼的受案范围，同时也便于人民法院准确受理行政案件和最大限度保护公民、法人或者其他组织的诉权。

2014年修正的《行政诉讼法》第13条明确列举了人民法院不予受理的四类情形：

一、国防、外交等国家行为

《行政诉讼法》第13条第1项规定，国防、外交等国家行为不属于行政诉讼的受案范围。此处所称的国家行为，是指国务院、中央军事委员会、国防部、外交部等根据宪法和法律的授权，以国家的名义实施的有关国防和外交事务的行为，以及经宪法和法律授权的国家机关宣布紧急状态、实施戒严和总动员等行为。由此，国家行为实际上是指有权代表整个国家的特定国家机关，根据宪法和法律授予的权限，以国家的名义所实施的全局性、重大性行为。我国最高行政机关国务院、最高军事机关中央军事委员会、国防部、外交部以及其他有关国家机关在宪法和法律授权的情况下，有权代表国家实施国家行为。

到目前为止，"国家行为"一词在行政法学意义上并无一个统一、确切的含义，我国也有学者称其为"统治行为"、"政府行为"，[1]在国外其被解释为"与国家的重要政策有联系的行为"、"关系到国家存亡及国家统治之根本的、具有高度政治性的、国家最高机关（国会、内阁等）的行为"[2]等。这都说明了国家行为具有特殊性质。

我们认为，对国家行为可以有对外、对内两种意义的理解：

1. 对外意义的国家行为（或称对外国家行为）是指经宪法和法律授权的专门国家机关，在国际事务中，代表整个国家行使国际法上的权利和履行国际法上

---

〔1〕 罗豪才、应松年主编：《行政诉讼法学》，中国政法大学出版社1990年版，第114页。
〔2〕 胡建淼：《十国行政法比较研究》，中国政法大学出版社1993年版，第38、208页。

的义务的行为。这种国家行为以国际法意义上的主权国家作为法律实体，其应该是国际法上的概念，是用于处理国家间关系的对外国家行为。

对外国家行为与具体行政行为的主要区别在于：

（1）对外国家行为的主体是整体意义的国家，通常是以中华人民共和国的名义实施。而具体行政行为的主体只能是某行政机关，不以整个国家的名义实施。

（2）对外国家行为的对象是另一方国家、国际组织等国际法主体，所涉及的都直接是国际关系事项。具体行政行为的对象则是特定的公民、法人和其他组织，所涉及的只是一国领域内具体行政管理事务。

（3）由于对外国家行为的国际性和重大性，其行为依据都具有特殊性，一般是以国家宪法、某些专项法律以及规范国际关系的国际惯例、国际条约等为行为依据。而具体行政行为是针对特定公民、法人或者其他组织并处理国内常规行政事项的，它通常都是以国内法中次于宪法的各种行政法律、行政法规、地方性法规乃至行政规章作为其直接依据。

对外国家行为主要包括国防、外交两大类。国防是为保卫国家安全、领土完整和全民族利益而抵御外来侵略、颠覆所进行的活动，如进行军事演习、调集军队、实施战争动员令、宣战等。外交是为实现国家的对外政策而进行的国家间交往活动。如国家间的建交、断交、宣战、媾和、签订国际条约和协定、国家间的对等措施等。

2. 对内意义的国家行为（也可称对内国家行为）是指经宪法和法律授权的有关国家机关，在对国内全局性、重大性的国家事务中，代表整个国家对内实施的统治行为。这种国家行为则是以公共权力意义上的国家作为法律实体，是用于处理国家与公民、法人和其他组织间重大关系的对内国家行为。

对内国家行为与具体行政行为的主要区别在于：

（1）从本质讲，对内国家行为是代表国家整体而不是仅代表某一行政机关的行为，它体现着国家的统一性和整体性。因此，行为主体在身份和名义上是代表整体意义的国家还是某个单一的行政机关是它们的区别之一。

（2）对内国家行为具有全局性、危急性特点，在行为内容上所处理的是直接关系国家全局，关系国家和全民族整体利益，直接涉及国家统一、领土完整、政权存亡、最基本政局能否稳定的危急问题；而具体行政行为所处理的通常都是日常一般性的行政管理事项，不具有涉及国家整体利益的危急性。

（3）对内国家行为具有政治性特点，这里所称的政治性是指国家要即时根据国际、国内政治、社会形势而实施。通常表现为是针对突发性政治、社会状况而采取的紧急措施，往往不同于法律、法规的一般规定。对于这类问题，仅针对日常行政事务的具体行政行为往往是无法处置的。

对内统治的国家行为主要包括：为保卫国家政权生存，控制政局，防止国家、民族分裂、抗救巨大自然灾害等而采取的总动员、宣布戒严以及其他紧急性措施等。

国防、外交等国家行为不能被提起行政诉讼，这一般是各国行政诉讼制度的通例。我国行政诉讼将其排除在行政诉讼的受案范围之外，其主要原因在于：

1. 国家行为不是具体行政行为，即它不是行政机关以自己的名义对单个、特定对象实施的行政管理行为，而是宪法、法律授权的特定主体，代表整个国家以国家的名义实施的行为。

2. 由于以国家的名义实施，因而体现国家主权的行为，其权力具有国家的整体性和统一性，因而不属于人民法院的司法审查范围。

3. 国防、外交等国家行为关系到国家和民族的整体利益，即使这种行为会影响某些公民、法人或者其他组织的利益，但在此种情况下，公民、法人或者其他组织的个别利益要服从国家的整体利益。

二、行政法规、规章或者行政机关制定、发布的具有普遍约束力的决定、命令

《行政诉讼法》第 13 条第 2 项规定，行政法规、规章或者行政机关制定、发布的具有普遍约束力的决定、命令不属于行政诉讼的受案范围。国务院制定、发布的行政法规，国务院各部委制定、发布的部门行政规章，地方省级人民政府、省政府所在地的市的人民政府和国务院批准的较大的市的人民政府制定、发布的地方行政规章，都属于行政立法活动；各级行政机关制定、发布的"具有普遍约束力的决定、命令"，是行政机关针对不特定对象能反复适用的行政规范性文件。在行政管理中，它们都是行政机关作出行政行为的依据，在学理上也被学术界统称为"抽象行政行为"。

在我国，对这些作为行政行为依据的行政法规、规章或者规范性文件目前不能被提起诉讼的原因在于：依照宪法和立法法等法律的规定以及我国人民代表大会的政治制度，国家权力机关或上级行政机关具有审查这些行政行为的依据是否正确合法并予以撤销、改变的职权。对于国务院与宪法、法律相抵触的行政法规，最高国家权力机关有权撤销；对国务院部委违法和不适当的规章、决定等，国务院有权撤销或改变；对地方各级人民政府违法和不适当的规章、决定等，同级权力机关或上级人民政府有权撤销或改变；对各级人民政府工作部门违法和不适当的决定、命令等，本级政府有权撤销或改变。因而已建立了相应的违法审查机制，公民、法人或者其他组织依法可通过向权力机关和上级行政机关申诉或提出意见的渠道，解决这些行政行为依据的违法或不适当问题。为此，行政诉讼不再受理公民、法人或者其他组织直接就行政法规、规章或者行政机关制定、发布的具有普遍约束力的决定、命令提起的行政诉讼。

但是，在行政管理实践中，行政法规和规章效力等级以下的一些行政规范性文件时常发生越权设定权利义务、内容违反上位法、程序违法等现象，并成为行政机关行政行为的依据直接实施到行政案件的个案中，造成行政行为违法和侵害公民、法人或其他组织合法权益的结果。为了发挥司法对纠正和防范这种现象的积极作用，2014 年修正的《行政诉讼法》第 53 条规定，公民、法人或者其他组织认为行政行为所依据的国务院部门和地方人民政府及其部门制定的规范性文件不合法，在对行政行为提起诉讼时，可以一并请求对该规范性文件进行审查。人民法院在审理行政案件中发现上述规范性文件不合法的，不作为认定行政行为合法的依据，并应当向制定机关提出处理的司法建议。

三、行政机关对其工作人员的奖惩、任免等决定

《行政诉讼法》第 13 条第 3 项规定，行政机关对行政机关工作人员的奖惩、任免等决定不属于行政诉讼受案范围。行政机关对其工作人员的奖惩、任免等决定并不仅指奖惩、任免这两类决定，而是统称行政机关作出的涉及该行政机关公务员权利义务的各类决定。这些决定涉及的是行政机关的内部人事管理关系，属于内部人事管理活动，因而也被称为"内部行政行为"。

奖惩是行政机关依法定职权对其工作人员实施的奖励和惩戒；任免是行政机关依法定职权任命或解除其工作人员职务的活动。属于行政机关内部人事管理决定的还包括行政机关对其工作人员有关培训、考核、离退休、工资、休假等方面的决定。这都涉及行政机关内部公务人员的权利义务，由此导致的行政纠纷可由行政机关自己处理解决，人民法院不予干预。同时，由于这类行政行为不涉及社会上公民、法人或者其他组织的合法权益问题，公民、法人或者其他组织当然无权就此提起行政诉讼。

但是，对此类不予受案不应作扩展解释，即并不是行政机关对其工作人员所作的各种人事管理处理决定都不属于行政诉讼受案范围，其中关键问题应当看其所涉及的权利义务的性质。如果这类决定所涉及的权利义务是国家公务员的权利义务，可以不通过行政诉讼的方式解决；但如果所涉及的权利义务是行政机关工作人员作为普通公民所具有的权利义务，则仍可以提起行政诉讼。

四、法律规定由行政机关最终裁决的行政行为

《行政诉讼法》第 13 条第 4 项规定，法律规定由行政机关最终裁决的行政行为不属于行政诉讼的受案范围。这里所称的"法律"，仅限于全国人民代表大会及其常务委员会制定、通过的规范性文件。也就是说，这是由国家最高权力机关以法律特别授予行政机关对某些行政案件的终局裁决权。对此，行政诉讼不再受理行政机关的终局裁决行为。但行政法规、地方性法规和规章等都无权作出这种

规定，对《行政诉讼法》生效前的法规、规定等已作出的这类规定，自《行政诉讼法》生效之日起便一律不再有效。这项规定所体现的基本精神是：对行政案件原则上要由司法机关作出最终裁判，在个别情况下，行政机关只有经国家最高权力机关根据需要以法律专门授权后才能作终局裁决。

我国目前只有极少几部法律根据实际需要作出规定，对某些行政机关具体行政行为引起的行政案件，行政机关所作的裁决是最终的裁决。对于这些国家最高权力机关已通过法律授予行政机关最终裁决权的行政案件，人民法院将不再受理。全国人大及其常委会已通过的这类法律如《中华人民共和国行政复议法》第 14、30 条规定，对国务院部门或省级人民政府就自身具体行政行为作出的行政复议决定不服的，可以向人民法院提起行政诉讼，也可以向国务院申请裁决，国务院的决定为最终裁决；根据国务院或者省、自治区、直辖市人民政府对行政区划的勘定、调整或者征用土地的决定，省、自治区、直辖市人民政府确认土地、矿藏等自然资源所有权或者使用权的行政复议决定为最终决定。从根本上讲，由行政机关自己来对行政案件作出最后裁决，是违背案件应当由司法机关作出最终裁决的自然公正原则的，因此，必须对其作严格地控制，其范围应当逐步缩小直至最后取消。

以上就是 2014 年修正的《行政诉讼法》规定的不属于行政诉讼受案范围的四种情形。在这四类情形中，第一类的国防、外交等国家行为不属于行政行为，应当排除在受案范围之外；第二类的抽象行政行为、第三类的内部行政行为和第四类的行政终局裁决行为虽属于行政行为，但因各种原因被作为特殊情况排除在受案范围之外。除此之外，根据 2014 年修正的《行政诉讼法》第 2 条规定的精神，其他各种行政行为均归于行政诉讼应受案的范围之中，这就从划定几类情形不予受案的反向角度使得行政诉讼的受案范围更为明确。

对于了解掌握不属于行政诉讼受案范围的事项，目前尚有一个需要注意的问题。原《行政诉讼法》颁布施行之后，最高人民法院于 1999 年 11 月 24 日发布了《最高人民法院关于执行〈中华人民共和国行政诉讼法〉若干问题的解释》，该司法解释第 1 条对原《行政诉讼法》第 12 条规定的不属于行政诉讼受案范围的四类情形（与 2014 年修正的《行政诉讼法》第 13 条的规定基本相同）曾作了具体解释，同时还增列了五种人民法院不予受案的事项：①公安、国家安全等机关依照刑事诉讼法的明确授权实施的行为；②行政机关的调解行为以及法律规定的仲裁行为；③不具有强制力的行政指导行为；④驳回当事人对行政行为提起申诉的重复处理行为；⑤行政机关对公民、法人或者其他组织权利、义务不产生实际影响的行为。2014 年修正的《行政诉讼法》生效后，原司法解释当然要废止，原司法解释增列规定的五种不受案事项也不应具有法律效力。从实质内容上分析，在原司法解释增列的五种不予受案的事项中，若不属于行政行为的，按照2014年修正的《行政诉讼法》第2条的概括性规定，则仍可排除在行政诉讼的受案范围之外，如上述所列"公安、国家安全等机关依照刑事诉讼法的明确授权实施的行为"、"行政机关的调解行为以及法律规定的仲裁行为"。若属于行政行为的，根据2014年修正的《行政诉讼法》第13条严格的限定性种类列举，则不可排除在行政诉讼的受案范围之外，如"不具有强制力的行政指导行为"等。行政指导行为虽不具有强制力，但仍是行政机关行使或履行职权职责的行政行为，且《行政诉讼法》规定的行政行为并未限为具有强制力的行政行为。此外，违法错误的行政指导将会因误导当事人的行为而造成其合法权益的损害，未履行行政指导法定职责的则还可能构成行政不作为。对此问题，还有待最高人民法院对2014年修正的《行政诉讼法》重新作出司法解释。

■ **思考题**

1. 简答行政诉讼受案范围的确立方式。
2. 试述我国行政诉讼受理的各类行政案件。
3. 试述我国行政诉讼不予受理的各类事项。
4. 论2014年修正的《行政诉讼法》对行政诉讼受案范围的扩展。

■ **参考资料**

1. 孔祥俊：《行政行为可诉性、原告资格与司法审查——受案范围·原告资格标准·新类型行政案件》，人民法院出版社2005年版。
2. 刘俊祥主编：《抽象行政行为的司法审查研究》，中国检察出版社2005年版。
3. 杨小君："正确认识我国行政诉讼受案范围的基本模式"，载《中国法学》1999年第6期。
4. 刘德兴、黄基泉："抽象行政行为应纳入行政诉讼受案范围"，载《现代法学》2000年第3期。
5. 恽汉明："该'会议纪要'是否具有可诉性——兼评最高人民法院对行政诉讼受案范围的解释"，载《法学》2001年第4期。
6. 陈宏光、尚华："行政诉讼受案范围动态分析与现实思考"，载《政法论坛》2002年第1期。
7. 喜子："反思与重构：完善行政诉讼受案范围的诉权视角"，载《中国法学》2004年第1期。
8. 薛刚凌："行政诉讼法修订基本问题之思考"，载《中国法学》2014年第3期。
9. 方世荣："对行政诉讼受案范围中设定排除事项的反思"，载《法商研究》2014年第6期。

第五章　行政诉讼管辖

■ 学习目的和要求

　　重点掌握行政诉讼级别管辖、地域管辖和裁定管辖的各种情形。正确理解行政诉讼管辖的概念、特征、种类和原则以及管辖权异议与处理。

第一节　行政诉讼管辖概述

一、行政诉讼管辖的概念

　　行政诉讼的管辖，是关于人民法院之间受理第一审行政案件的权限分工。《行政诉讼法》第三章共计 11 个条文，是行政诉讼管辖内容的规定。对法院来说，它具体明确法院之间对行政案件的管辖权，规定哪一个案件应当由哪一个法院受理与审判，法院彼此间对行政案件应如何分工；对公民、法人或者其他组织来讲，它解决应向哪一个法院起诉的问题；对于被告来讲，则意味着被诉行政行为应当接受哪一个法院的司法审查和裁判。

　　行政诉讼的管辖是法院之间审理与裁判权限的划分，是法律权限性质的问题，有严格的法律标准和严肃的法律权威。因此，无论是法院还是当事人，都应当遵守诉讼管辖的规定与制度。违反诉讼管辖的行为，就是违反诉讼程序的行为。不仅如此，关于诉讼管辖的规定，还应由全国人民代表大会及其常务委员会以法律形式规定和最高人民法院以司法解释形式具体化。参照有关司法解释《最高人民法院关于在经济审判工作中严格执行〈中华人民共和国民事诉讼法〉的若干规定》（最高人民法院法发〔1994〕29 号），各高级人民法院就本区域内级别管辖的补充规定，也是有效的，应当执行。

　　（一）行政诉讼管辖的特征

　　1. 它是对法院之间审理行政案件的权限分工。行政诉讼管辖仅仅是指法院之间对行政争议、行政案件的管辖权限的划分，而不包括整个国家机构体系对此问题的职能权限划分。另外，我国法院体系中除（普通）人民法院外，还有一些专门法院，如海事法院、军事法院等，基层人民法院还设有相应的人民法庭。按照有关司法解释，专门法院和人民法庭不受理行政案件，行政案件概属普通的人民法院管辖。

2. 它是上下级法院、同级法院彼此之间受理与审判行政案件的权限分工。也就是说，管辖所要解决的，既有不同审级法院之间的权限划分问题，也有同级而不同区域法院之间的权限划分问题。它从"横"与"纵"两个方面来确定行政案件的管辖"坐标"。

3. 它是关于受理第一审行政案件的权限分工。管辖不包括第二审及再审的内容。虽然我们实行四级两审制，就法律规定而言，第一审结束后，还有第二审程序发生的可能，但这不属于管辖的范畴。因为第二审是第一审在程序上的继续与延伸。行政诉讼法关于管辖一章的内容，本身也不包含第二审程序事宜。

在执行程序上也有由哪一个法院负责执行的问题，理论上称之为执行管辖。但是，执行管辖的标准是按照第一审案件的管辖标准而定的，而行政诉讼管辖所要解决的正是第一审行政案件的分工与权限。

（二）与相关概念的区别

与管辖相关的一些概念，如主管、主审等，是我们应该分析比较的。

1. 管辖权与审判权。行政审判权是法律赋予法院的审理与裁判行政案件的权力。它的主要特征就是最终确定争议的权利义务关系。它包括主管权、管辖权、裁判权、诉讼指挥权、强制执行权等内容。管辖权则是关于特定法院负责审理特定案件并排斥其他法院受理的一种特定权力。所以，凡不在行政审判权范围内的事项，法院就无管辖权；行政审判权首先必须通过管辖权来体现，管辖权是审判权实现形式之一，审判权又是管辖权的基础与前提。

2. 管辖与主管。行政诉讼的主管，是指法院有权审理行政案件的范围。它所要解决的是法院与其他国家机关之间关于处理行政争议的权限划分问题；而管辖所要解决的是在法院主管前提下和范围内，在法院系统内彼此之间审理案件的权限分工。可见，其逻辑顺序应当是：首先确定行政争议是否属于法院主管范围，然后才能确定该特定行政案件应由哪一个法院管辖。

3. 管辖与主审。主审是指在法院内部应由哪一个审判机构具体负责审理行政案件，而管辖所要解决的则是此法院或彼法院审理的问题。因此，可以说管辖是前提，而主审则多少有内部分工性质。法律规定，法院设行政审判庭，审理行政案件。但是，除此之外，有些法院还设立专业的法庭，也负责审理专门的行政案件等，如土地法庭、税务法庭等（专业法庭制度是否合适值得探讨，尤其是当它具有明显的行政色彩时候，司法的公正存疑）。

二、行政诉讼管辖的种类

研究管辖的分类，是由于确定管辖的标准本身就存在着客观差异，而分析这些差异有助于我们进一步认识案件的性质、程度及状态。另外，这些不同种类管辖之间，构成不同的关系、逻辑、顺序，这是将管辖运用于审判实践所应该注意的。行政诉讼的管辖分为：级别管辖与区域管辖；法定管辖与裁定管辖；共同管辖与单一管辖。

（一）级别管辖与区域管辖

划分这类管辖的标准在于：确定管辖法院是在上下级之间的权限分工还是同级而不同区域法院之间的权限分工。任何一个案件的管辖最终都需要从"纵"与"横"两个方面来确定，所以，这类划分的实用性很强。

1. 级别管辖。它所要解决的问题，是不同审级法院之间管辖的划分。级别管辖在规定方式上采用了"列举式"与"概括式"两种。对中级人民法院管辖的其中一部分用了"列举式"，如海关案件等；而对其他级别管辖及中级人民法院部分管辖又采用了"概括式"方式，即大多采用案件是否"重大、复杂"标准，从性质与程度方面表达。因此，就形成了由于案件复杂、重大的不同而分别由不同级别法院管辖的基本模式。

级别管辖的另一个值得注意的问题是：法律关于级别管辖的规定，充分体现了原则性与灵活性相结合的原则。使案件在上下级法院之间调整与确定，除了它的法律确定或恒定性以外，还有工作性质的分担与均衡。此外，还可以通过裁定管辖的形式予以调整与补充，这在其他管辖形式中是不多见的。

2. 区域管辖。它要确定的是，一个行政案件应当由哪一个地区的法院受理的问题。其标准是诉讼当事人或诉讼标的物与法院辖区的关系。地域管辖标准的立法规定方式都是"概括式"的，如被告所在地标准。但由于所概括的内容不同，就会出现逻辑上的交叉与冲突。鉴于此，一般地域管辖与特殊地域管辖也就应运而生，以及由此发展形成混合形式的共同管辖。

（二）法定管辖与裁定管辖

法定管辖，是指由法律规定的标准直接确定的诉讼管辖；而裁定管辖，则是指在特殊情况下，由法院根据诉讼法的有关规定，以移送、指定等行为确定的诉讼管辖。这种管辖划分的标准在于：直接确定管辖的标准是法律规定还是法院的行为。法定管辖与裁定管辖，应当说都是法律规定的标准，如被告所在地标准。法院及当事人只能不折不扣地执行这一标准，这就是法定管辖。而作为裁定管辖，是要凭借或通过法院的行为，诸如移送行为、指定行为等来确定管辖法院。裁定管辖包括指定管辖、管辖权转移和移送管辖三种。

研究这种分类的意义是：①法定管辖是管辖的一般原则与主要形式，而裁定管辖是特殊情况下的一种例外或补充形式。②法定管辖可以被法院的行为（移送、转移、指定）所改变，而裁定管辖则不可以被法定管辖所调整。所以，裁定管辖中的法院行为具有最终确定、不能再予转换、调整的性质。

（三）共同管辖与单一管辖

这种划分是按照有管辖权的法院的数量确定的。共同管辖，是指两个以上法院同时对一个案件有管辖权。由于两个以上法院均有管辖权，所以就给原告留下了自由选择的权利，他有权对有管辖权的法院进行选择，他的选择最终确定了该行政案件的管辖法院。而单一管辖则是只有一个法院有管辖权，当事人没有自由选择余地。

三、确定管辖的原则

确定行政诉讼管辖的原则，就是贯穿于行政诉讼管辖制度中的基本思想与主要考虑因素。它是关于管辖的立法精神所在，也体现了立法者制定行政诉讼管辖规定时的基本意图。它指导着管辖的众多条文规定，同样也应当成为司法审判实践的原则，指导管辖的运用与实践，尤其是在有关条文规定不甚具体、明确的情形下，或者发生不一致与冲突的时候。否则，就不可能称其为一种原则。

（一）便于当事人诉讼的原则

所谓便于当事人诉讼的原则，是指行政诉讼的管辖确定要方便原告、被告进行诉讼，方便当事人参加诉讼活动。

便于当事人，就是要便于原告起诉，便于被告应诉，便于原、被告双方当事人进行诉讼活动。方便，既有空间因素，也有时间考虑；既有经济因素，也有行为因素；既有事实因素，也有法律、权利因素，等等。便于当事人，不能仅仅简单地理解是"距离"或"经济"的问题，而是一个综合的概念。其实质是便于当事人依法行使其诉讼权利，以保护其合法权益。例如，《行政诉讼法》第14条规定，基层人民法院管辖第一审行政案件。一般来讲，基层人民法院辖区是原、被告双方的共同所在区域，无论原告起诉还是被告应诉都很方便。

（二）便于人民法院正确、公正、有效地行使审判权原则

便于法院行使审判权，是行政诉讼管辖中的一个有特别意义的原则。法院是审判权的执掌者、裁判者，在诉讼中处于特别重要的地位，起着决定性作用。从审判权角度看，行政诉讼就是一个行使国家审判权的过程。所以，便于法院行使审判权是诉讼管辖的基础与前提，也是我们确定管辖时应当遵循的原则。便于法院正确地行使审判权，包括对案件事实的正确查证、认定，以及对法律规范的正确运用。行政诉讼法规定，基层人民法院管辖第一审行政案件，这里面就包含了就地、就近审判，便于查证认定事实的因素。相对来说，海关、专利权案件，专业性、技术性较强，要让整体素质、水平与条件更好、更高的中级人民法院去管

辖，以确保正确地行使审判权。

便于法院公正地行使审判权也是一个很重要的方面。这对于行政诉讼这一"民"告"官"的诉讼来讲，是有针对性和特殊意义的。这一原则至少应包括两点：①在确定管辖的标准方面，要根据当事人、诉讼标的物与法院辖区的关系这个一般标准确定，否则，就很难使法院在管辖运用及审判上保持权威。所以，行政诉讼法关于级别管辖的标准，关于区域管辖一般标准的规定，关于对不动产案件的管辖标准，以及关于共同管辖、裁定管辖的标准，都一视同仁地沿袭了民事诉讼管辖的规定，这是保证法院能够公正地处理案件、行使审判权的基础与条件。②鉴于被告是行政机关，行政诉讼管辖的公正性不能不考虑"抗干扰"因素。这些因素与审理案件法院的级别和区域是有一定的关系的。所以，在人民法院"认为需要"和"有权审判"的情形下，应把那些"不适宜"下级法院审理的案件交由上级法院审理，甚至可以实行区域上的"交叉管辖"。

有效行使审判权是管辖原则的又一要求。没有有效性，则正确、合法的审判就会成为一句空话。这一点，必须贯彻于诉讼管辖之中。行政诉讼法规定，因不动产提起的行政诉讼，要由不动产所在地人民法院管辖。这样，既便于法院就地调查取证，又便于执行。

（三）法院负担适当的原则

这个原则是指行政诉讼的管辖，要考虑到各级法院之间，在诉讼负担上应合理分工、适当负担，不能使某一级法院的负担过重过繁，否则就会不利于法院对行政案件的及时审理与判决。另外，由于各级法院的主要任务、职权范围不尽相同，所以行政诉讼法对级别管辖的一般性规定（即哪些案件由基层人民法院管辖，哪些案件由中级人民法院、高级人民法院、最高人民法院管辖等），都作了明确的划分。所以，负担适当原则不能仅仅从案件受理上着眼，还必须看到中级人民法院、高级人民法院和最高人民法院的其他职能与任务。尽管如此，本原则毕竟是个诉讼负担上的原则，它必然要求考虑行政案件受理与审判的能力与可行性。这方面，既有案件数量问题，也有能力与水平相适应的问题。例如，行政诉讼法规定，上级法院有权审判下级法院管辖的第一审行政案件，也可以把管辖的第一审行政案件移交下级法院审判。这条规定，就体现了原则性与灵活性相结合的调整模式。

第二节　级别管辖

一、基层人民法院的管辖

根据《行政诉讼法》的规定，我国行政诉讼的级别管辖分为：基层人民法院的管辖、中级人民法院的管辖、高级人民法院的管辖、最高人民法院的管辖。

《行政诉讼法》关于基层人民法院的管辖规定为：基层人民法院管辖第一审行政案件。这条概括规定的含义是，除法律规定应由上级法院管辖的行政案件这一特殊情形以外，行政案件都应由基层人民法院负责管辖。换言之，在一般情况下，都要由基层人民法院受理。在这里，有两点需要说明：①此处所称的特殊情况，应是法律规定的，不可随意扩大。例如，《行政诉讼法》第 15 条规定，中级人民法院管辖对国务院部门或者县级以上地方人民政府所作的行政行为提起诉讼的案件；海关处理的案件；本辖区内重大、复杂的案件；其他法律规定由中级人民法院管辖的案件。②此特殊与一般的关系是，除列举的特殊情况以外，其他行政案件应当由基层人民法院管辖。当然，这一规定在具体运用时还应考虑与确定管辖的原则相一致的问题。如排除干扰、独立行使审判权原则的要求、法院之间的诉讼负担适当的原则等。

我国法律关于级别管辖规定的基本精神，是要把主要的行政案件交由基层人民法院管辖，基层人民法院是审判的第一道"防线"。这样规定的主要依据在于：①基层人民法院是审判机关的基层单位，它的主要任务就是直接审判案件，解决法律纠纷；②基层人民法院在基层，一般情况下，它是案件的发生地，也与原、被告当事人较接近，便于进行诉讼、节省费用开支，便于调查取证、执行以及进行法制教育宣传；③我国的司法体制是四级两审终审制，刑事、民事诉讼的管辖如此，行政诉讼的管辖也符合这一固定体制。

需要特别指出的是，除非属于法律明确划分给其他法院管辖，否则，行政案件概属基层人民法院管辖，基层人民法院没有随意决定受理或不受理的自由。

二、中级人民法院的管辖

根据《行政诉讼法》第 15 条的规定，中级人民法院管辖的第一审行政案件有以下几类：①对国务院部门或者县级以上地方人民政府所作的行政行为提起诉讼的案件；②海关处理的案件；③本辖区内重大、复杂的案件；④其他法律规定由中级人民法院管辖的案件。

1. 对国务院各部门或者县级以上地方人民政府所作行政行为提起诉讼的案件，由中级人民法院管辖。规定这类案件由中级人民法院管辖，是由于这些机关、部门所作的行政行为，往往影响广泛、牵涉面广，有较强的政策性，因而必须慎重对待。另外，从审判实践来看，这样规定在现实条件下更符合实际、更可行。一般来说，这样更有助于管辖法院排除干扰，公正审理。

2. 海关处理的案件，主要有海关处理的纳税案件和有关因违反海关法被海关处罚的行政案件。规定这类案件由中级人民法院管辖的主要理由是：①海关的设置与分布，大多在全国各大中城市，其职权范围大多与中级人民法院的辖区相吻合；②海关的业务与政策要求较高，并且需要实行高度的统一性，由中级人民法院管辖更易掌握，以切实保障办案的水平与质量。

专利和海关行政案件如果不属于上述范围的案件，或者并没有以国务院工作部门为被告的，则不属于中级人民法院管辖，如摊派案件等。

3. 中级人民法院管辖的另一种案件，是本辖区的重大、复杂的行政案件。这种规定是在前面两类"列举式"规定以外的一种特殊规定，它本身就意味着一定的灵活性。所谓复杂、重大案件，总是相对而言的，它要受到特定区域、时期、政策、社会热点、案件性质及所涉及的范围、后果等诸多因素的制约，应当说它并没有一个绝对量化的尺码。另外，它是由中级人民法院的认定与承认作为操作标准的。换言之，具有一定的主观因素。尽管如此，重大、复杂案件仍然主要是由客观条件或标准所决定的。这些客观条件就是：案件所涉及的人数众多；案件发生后，在本辖区内影响较大；案件本身比较复杂；案件在查处方面有相当的困难与干扰；以及案件在本辖区内有示范作用等。

4. 其他法律规定由中级人民法院管辖的案件。这主要是指除《行政诉讼法》以外的其他单行法及其有关司法解释明确规定由中级人民法院管辖的行政诉讼案件。

为了便于统一掌握标准，根据行政审判实践的经验，《最高人民法院关于执行〈中华人民共和国行政诉讼法〉若干问题的解释》第8条又进一步补充规定，明确了中级人民法院管辖本辖区内重大、复杂案件的四种情形。但《行政诉讼法》修改以后，原来该司法解释规定的四类案件中的被告为县级以上人民政府的案件已经被法律"升格"为中级人民法院管辖了。

1. 《行政诉讼法》和《最高人民法院关于执行〈中华人民共和国行政诉讼法〉若干问题的解释》实施以来，仅限于县级和县级以上人民政府而不包括政府职能部门的规定是否过于绝对？如果从案件性质重大影响上看，无论是政府还是其职能机关作被告的案件，都可能有性质复杂和影响重大的案件；如果从"抗干扰"因素上看，职能机关的"干扰"能力也未必都是不需要排除的。所以，从完善管辖制度方面，司法解释限定的县级以上"人民政府"，可以改为县级以上"行政机关"，将县级以上的政府和政府职能机关作被告的案件一并纳入中级人民法院管辖。

2. 社会影响重大的共同诉讼、集团诉讼案件。集团诉讼是共同诉讼的一种特殊形式，其当事人一方或双方至少为5人。在这类诉讼案件中，有些是涉及人数众多、影响重大公共或公众利益，甚至影响当地的社会安定秩序的案件，对这类案件，应明确由中级人民法院管辖。

3. 重大涉外或者涉及香港、澳门、台湾地区的案件。此处所谓涉外、涉及香港和澳门、台湾地区行政案件，是指原告、第三人是外国人、无国籍人、外国组织、香港和澳门、台湾地区公民或组织的行政案件。这类案件一般也应由基层人民法院管辖，以体现法律平等和同等原则。但是，对其中的重大案件，则明确规定应由中级人民法院管辖。理论上认为，所谓重大案件，应当是有重大影响或涉及重大事项、重大利益的案件。由中级人民法院管辖，既有更为慎重之意，又有确保审判质量的考虑。

4. 其他重大、复杂案件。

三、高级人民法院的管辖

根据《行政诉讼法》第 16 条的规定，高级人民法院管辖本辖区内重大、复杂的第一审行政案件。由此可见，高级人民法院只直接管辖行政案件里的极少数，大多数是被放置于基层人民法院和中级人民法院。这是因为，高级人民法院的主要任务，是对辖区内的基层人民法院、中级人民法院的审判工作进行监督与指导，并负责审理不服各中级人民法院裁判而上诉的案件，以及管辖本省、自治区、直辖市范围内的属于重大、复杂的行政案件。所以，它的管辖任务只是其总任务中的一小部分。

四、最高人民法院的管辖

《行政诉讼法》第 17 条规定，最高人民法院管辖全国范围内重大、复杂的第一审行政案件。最高人民法院是全国最高的审判机关，主要任务是对全国各级各类的法院的审判工作进行监督与指导，运用司法解释权对审判工作中所涉及的法律具体应用问题进行司法解释，以及审理不服各高级人民法院裁判而提起的上诉案件。因此，它所管辖的必须是全国范围内的确属重大、复杂的行政案件。迄今为止，最高人民法院尚未管辖过第一审行政案件。

第三节 地域管辖

一、一般地域管辖

地域管辖就是确定不同区域法院管辖权限与分工的方法，在理论上，我们把它分为一般地域管辖、特殊地域管辖和共同管辖。

一般地域管辖，是指除法律特别列举以外的其他所有行政案件的地域管辖制度。《行政诉讼法》第 18 条对一般地域管辖作出了如下规定：行政案件由最初作出行政行为的行政机关所在地法院管辖；经复议的案件，也可以由复议机关所在地人民法院管辖。由此可见，一般地域管辖与特殊地域管辖的区别在于：①在内容方面，一般地域管辖所针对的行政案件都不属于法律规定的特殊性质案件，即没有人身强制措施、不动产等原因。它属于这些特别列举以外的所有行政案件，或称一般内容的行政案件。②在法律适用方面，一般地域管辖要让位于特殊地域管辖。也就是说，如果一个案件兼具两种性质，就应当优先适用特殊地域管辖的规定。例如，一个案件，既是因不动产提起的诉讼，同时又经复议机关改变了原行政行为，在管辖上应适用因不动产而起诉的特殊管辖，而不应适用一般地域管辖规定。

　　一般地域管辖的主要内容之一，是在"原告就被告"原则基础上作出的由最初作出行政行为的行政机关所在地法院管辖的规定。这样规定的主要原因是：①遵循了便利当事人进行诉讼的基本原则。在多数情况下，原、被告居住地均在同一个辖区，由该辖区的人民法院管辖，对双方当事人都方便有利。②基于上述情况，当然也就便于法院通知、调查取证与执行。③适应了法规、规章及其他规范性文件的区域性特点。法律文件中的一些地方性法规、规章及众多的规范性文件，均有区域有效的特点，无论这些文件是依据还是参照，它们都是行政机关执法的依据与标准。由被告行政机关所在地法院管辖，就能保证执行机关的依据与审判机关审查的依据的一致性，避免出现因区域不同而产生的规范或依据冲突。④"原告就被告"，能使原告严肃认真地行使自己的诉权，起到防止滥诉的积极作用。

　　经过行政复议的案件在管辖上有两种结果：①由作出原行政行为的行政机关所在地法院管辖；②由复议机关所在地的法院管辖，即出现共同管辖。在这种共同管辖情形下，究竟由哪一个法院管辖，由原告选择起诉确定。原告既可以向作出行政行为的行政机关所在地的法院起诉，也可以向复议机关所在地的法院起诉。这个规定是《行政诉讼法》年修正后的新规定，与原《行政诉讼法》规定有所不同。按照原《行政诉讼法》的规定，经过行政复议的案件，复议维持的，由作出原行政行为的行政机关所在地的法院管辖；复议改变的，则由作出原行政行为所在地法院管辖或者复议机关所在地的法院管辖。

　　尽管2014年修正的《行政诉讼法》不再区分复议维持还是复议改变，但在法律上仍然有必要厘清什么是复议改变。复议决定改变原行政行为的情形有以下三种：

　　1. 复议决定改变原行政行为所认定的主要事实和证据的。所谓主要事实，是指行政行为的法定构成要件事实，复议决定如果改变了原行政行为的法定构成要件事实，则属于改变原行政行为所认定的主要事实。主要证据则是上述法律构成要件事实的证据。复议决定改变原行政行为认定的主要事实、主要证据都属于此"改变"范畴。所以，改变主要事实和证据主要有：复议决定所认定的主要事实与原行政行为所认定的主要事实全部或部分不同；复议决定所认定的事实与原行政行为所认定的事实相同，但认定事实的证据不同；复议决定采纳了原行政行为所没有收集或没有采纳的其他证据；复议决定没有采纳原行政行为已经采纳的主要证据；等等。

2. 改变原行政行为所适用的规范依据且对定性产生影响的。原行政行为所适用的规范依据有法律、法规、规章和其他规范性文件等。①必须是原行政行为已经适用的依据，而且该已经适用的依据可能是规范性文件，也可能是规范性文件以外的其他形式。②复议决定改变了该已经适用的依据。改变依据既可以是改变原行政行为所适用的法律文件，也可以是改变原行政行为所适用的条款；既可以表现为增加新的依据，也可以表现为减少原行政行为的依据。③复议决定对依据的改变必须同时伴随着对定性产生影响的结果，即对公民、法人或者其他组织行为定性产生影响，如偷税行为与漏税行为定性的改变，殴打他人与寻衅滋事定性的改变等。

3. 撤销、部分撤销或者变更原行政行为处理结果的。复议决定无论是否改变原行政行为所认定的事实和所适用的依据，只要最终在处理结果上改变了原行政行为处理结果的，就应当适用该条款规定的诉讼管辖。这种处理结果的改变有三种形式：①撤销原行政行为；②部分撤销原行政行为；③直接变更原行政行为的处理结果。

另外，法律条文所规定的所谓行政机关所在地，是指行政机关的整个或主要机构所在的法院辖区区域，具体到一定区、县、不设区的市、自治县以及部分的开发区（如果确有开发区法院的话）。

二、特殊地域管辖

行政诉讼的特殊地域管辖，是指法律针对特别案件所列举规定的特别地域管辖。该管辖优先适用于所针对的行政案件。特别管辖总是相对于一般管辖而言的，两者之比较与区分已如前述，此不赘论。我们要分析特殊地域管辖的两种形式：

1. 对限制人身自由的行政强制措施不服而提起的诉讼，由被告所在地或者原告所在地法院管辖。这对所有因限制人身自由而起诉的案件都适用，而不管是否兼具一般管辖所规定的性质或内容。《最高人民法院关于执行〈中华人民共和国行政诉讼法〉若干问题的解释》第9条规定，原告所在地为原告的户籍所在地、经常居住地和被限制人身自由地。所谓经常居住地，是指公民离开住所地连续居住满1年以上的地方。所谓被限制人身自由所在地，是指公民被羁押、限制人身自由的场所的所在地。

《行政诉讼法》第19条规定，对限制人身自由的行政强制措施不服提起的诉讼，由被告所在地或原告所在地法院管辖（即共同管辖）。这一特殊管辖规定，表现出的立法意图就是对人身自由权保护的高度重视，为了便于公民参加诉讼，保护其人身自由权，法律设定了更为充分、方便的管辖制度。所以，凡涉及限制公民人身自由的行政强制措施，无论它的表现形式或存在状态怎样（如强制措施、行政处罚等），一律适用该特殊管辖。

限制人身自由的行政强制措施，它的表现形式可以多种多样。关键有以下两点：一是限制了公民的人身自由，而不论在名称上的变化；二是确属行政行为而非其他性质的行为。基于此，我们认为，以限制人身自由为内容的行政拘留处罚行为，也应当适用该特殊管辖而不是一般管辖。

限制人身自由的行政强制措施，它的存在状态也不尽相同。它可以以独立形式存在，也可以与其他具体行政行为共同存在。无论其存在状态是独立还是共存，只要有限制人身自由的行政强制措施存在，就应当一并适用特殊管辖。所以，行政机关基于同一事实，既对人身又对财产实施行政处罚或者采取行政强制措施的，被限制人身自由的公民、被扣押或者没收财产的公民、法人或者其他组织对上述行为均不服的，既可以向被告所在地人民法院提起诉讼，也可以向原告所在地人民法院提起诉讼，受诉法院一并管辖。当然，这样规定还有另外的理由，就是简化诉讼程序，提高办案效率，防止法院在同一问题上作出相互矛盾的认定与判决。

2. 因不动产提起行政诉讼的案件，这也是特殊地域管辖之一种。它排斥适用一般地域管辖的标准，而由该不动产所在地法院负责管辖。所谓不动产，是指形体上不可移动或者移动就会损失其经济价值的财产，如土地、建筑物、水流、山林、草原等。法律之所以规定不动产的诉讼要由不动产所在地法院管辖，可以说是诉讼管辖制度中的一个经常性制度。其根本原因在于便于就地就近调查、勘验、测量，便于法院就地执行。另外，行政诉讼法规定的是因不动产提起的行政诉讼，什么是"因不动产"呢？笔者认为，是纠纷或争议的内容包含了主体所拥有的不动产的物权，不仅仅是不动产物。因此，它主要有以下几种形式的案件：①因不动产所有权、使用权发生纠纷而起诉的行政案件；②因建筑物的拆除、改建等而起诉的行政案件；③因污染不动产提起诉讼的行政案件；等等。总之，作为争议的内容必须包含不动产的物权。

三、共同管辖

行政诉讼的共同管辖，是指两个以上的法院对同一个诉讼案件都有合法的管辖权。共同管辖可以发生在两种不同的条件下：①法律所规定的管辖标准各异，因而导致几个法院都有管辖权。如经复议的案件，由原行政机关所在地法院和复议机关所在地法院管辖。②法律规定的管辖标准是同一的，但由于当事人的复合因素而导致的共同管辖。例如，法律规定由原行政机关所在地法院管辖，但由于该行政行为是由两个行政机关联合作出的，而这两个行政机关又不在同一区域，这也会产生共同管辖。共同管辖是在一般管辖和特殊管辖基础上派生的一种管辖形态，无论是一般管辖还是特殊管辖，都可以产生共同管辖的局面，或者更进一步说，无论是单一管辖标准还是复合管辖标准，都有共同管辖出现的可能。反过来，即便是复合管辖标准，也可能由于这些标准所指向的均在同一辖区而不产生共同管辖。如限制人身自由的行政强制措施，其原告所在地与被告所在地均属同一辖区。

依照法律规定，出现共同管辖局面时，各管辖法院在法律上都有对本案的管辖权。因为：①这是由法律规定的标准而客观地产生形成的，不是以当事人的主观意志为转移的，当然也不可能被其他法院或主体所取代、取消；②尽管两个以上的法院都有管辖权，但是实际上只能由一个法院来行使这种管辖权，行使管辖权的法院须属于有管辖权法院中的法院；③最终确定由哪个法院管辖本案，只能根据原告当事人的意志而定，即原告可以选择其中一个法院提起诉讼，而这种选择起诉行为就确定了管辖法院；④如果原告向两个以上有管辖权的法院同时起诉的，则依客观标准确定管辖法院，即由最先收到起诉状的法院管辖。这种情况也同样适用于共同原告分别诉诸法院的时候（如果属必要共同诉讼的话）。

第四节　裁定管辖

一、移送管辖

行政诉讼的移送管辖，是指法院已经受理了行政案件以后，发现所受理的行政案件确实不属于自己管辖而应由其他法院管辖，将案件移送给有管辖权的法院审理的一种管辖形式。它的特征是：①移送案件的法院已经立案受理了行政案件，即诉讼程序已经开始，但案件并未审结，仍在第一审程序之中。如果只是原告起诉，收到起诉状的法院还在审查，未决定是否受理，不发生移送管辖；如果该案件已经作出判决，也不发生移送管辖，而由其他程序或方法来予以纠正。②移送案件的法院认为自己对本案确无管辖权。换言之，虽然已经受理，但在审理过程中发现是错误受理，自己对已受理的案件根本就没有管辖权，移送管辖属于无管辖权的错误。③案件必须实行移送。法律规定"应当移送"而不是"可以移送"。可见，受理案件的法院在法律上承担了移送案件的义务，这里，受理案件的法院在是否移送上没有自由决定权。

移送管辖一般发生在同级异地法院之间，属于地域管辖的一种补充形式。但从法律上来讲，也可以发生在不同审级法院之间，主要有以下两种情况：①不同区域的不同审级法院之间，如甲市中级人民法院与乙市某基层人民法院之间。这实际上仍然是地域关系，但其中也同时包含有不同级别管辖的列举式规定。②发生在级别管辖的内容上。如海关处理的案件，已经被基层人民法院受理，然后移送中级人民法院管辖。移送的程序一般是：首先由受理的法院即具体负责案件的合议庭提出移送意见，然后报经法院院长批准并移送。

移送虽然是法院的单方行为，但却是一种程序上的法律行为，要产生程序上的效力。这种效力就是，受移送的法院不得拒收、退回或再自行移送。一经法院移送即生效，管辖被确定。这样规定，主要是为了防止法院之间互相推诿，以保证当事人诉权。如果移送确有错误，受移送的法院并无管辖权，或者是移送法院本身就是管辖法院，或者是第三法院有管辖权，只能由受移送的法院提出意见，报请与移送法院共同的上一级法院决定，由上一级法院通过指定管辖重新确定。当然，上一级法院在未作出决定以前，该行政案件仍系属于受移送的法院。

二、指定管辖

行政诉讼的指定管辖，是指上级法院以指定行为将行政案件交由下级法院管辖的制度，即《行政诉讼法》第23条规定的两种情况：

（一）由于特殊原因，致使有管辖权的法院不能行使管辖权的

在这种情况下，管辖权的归属并没有疑问与纠纷，只是这种明确的管辖权由于以下特殊原因不能行使：①事实原因。由于自然灾害、战争、意外事故等不可抗拒的客观事实，使该法院实际不能行使职权。②法律原因。由于某些事实的出现符合法律规定，从而使有管辖权的法院在法律上不能审理或继续审理本案。如当事人申请回避，或法院订立规则，属本院工作人员为当事人的案件，本院不宜审理等。

（二）由于法院之间对管辖权发生争议

下级法院之间如果就特定行政案件的管辖权发生争议，应当互相协商，如果协商不成，可报请它们共同的上一级法院，由该上一级法院以指定形式解决管辖冲突或争议。从实践来看，主要有这样一些情况：一是积极冲突，即两个以上法院都以为自己拥有对本案的管辖权；二是消极冲突，即两个以上法院均以为自己对本案无管辖权，应由对方法院受理。

法律规定，法院间发生管辖权冲突或争议时，其处理程序是：先由争议法院互相协商，如果协商不成，则由争议的法院各自上报它们共同的上一级法院，也可由争议法院单一上报。上报应各自行文，陈述自己的理由。如果是涉及跨省、区的两个法院之间的争议，且协商不成的，则各自上报所在省高级人民法院，由高级人民法院上报最高人民法院予以指定。上级法院接到报告呈文后，应进行审查，并及时地作出指定管辖的决定，并以法院公函形式下达。

通过以上程序分析，笔者认为有两个方面的问题值得注意：①指定管辖，法律规定是由发生争议的法院上报它们的共同上级法院。但在实践中，有时法院之

间相互推诿，发生了争议，但均不行文上报上级法院，致使起诉无门。对这一问题，建议对于发生争议的法院，法律应规定得更确定，由起诉人在一定条件具备后，直接诉于上级法院，由该上级法院对案件予以指定。②法院对于发生争议要求指定，以及上级法院的指定下达等，都没有时间期限的规定，作为操作性的程序规定是不完善的，有时会导致长期拖延，不利于及时审结行政案件，保护当事人的合法权益。

指定管辖，就是通过指定行为而确定的管辖。因此，这种指定行为具有以下特点：①指定的对象须是特定的，即具体、明确地指定，该行政案件应由哪一个法院管辖，不可以含糊不清，或进行类别指定，没有诸如再行协商之类的间接过程。②指定行为的内容为特定的行政案件。一般都是下级法院所呈报的那个案件。在实践中，有时有上级法院将某类案件规定由下级法院受理审判，甚至文字也称之为"指定"。如1985年3月27日，最高人民法院行文，指定重庆市中级人民法院办理部分专利权纠纷案件即是。但是，笔者认为，这并不属于《行政诉讼法》第23条所规定的指定管辖。③指定行为在法律上有确定无疑的效力。即无论上级法院是以肯定方式还是以否定方式行文批复下级法院的请示，一经指定，管辖法院即被确定，而被指定法院无权另行指定，或转移案件。总之，指而不定，有悖于法律关于指定管辖规定的立法意图，构成程序上的严重违法。

三、管辖权转移

管辖权转移，是裁定管辖的又一种形式，是指基于上级法院的同意与决定，将下级法院有管辖权的行政案件转交上级法院审理，或者上级法院将自己有管辖权的行政案件，交由下级法院审理的管辖形式。这种管辖形式，实质是管辖权在明确无纠纷的前提下发生转移，体现了在原则基础上的一定灵活性。

管辖权转移的条件有：首先，必须是该行政案件的管辖权没有发生争议且明确无疑。其次，转移的法院与接受的法院之间，无论是一级或几级，相互间有上下隶属关系，否则也不发生相互之间管辖权的转移。关于管辖权转移的理由，立法没有作具体限定，只规定上级法院"有权"、"可以"移交，而下级法院"认为需要"时，则要由上级法院"决定"。可见，这里就是法律赋予上级法院的一种决定职权，有一定的自由度。但不能认为它是一种可以随意滥用的绝对权力，它的行使同样不得违背立法关于管辖的精神与规则。从实践来看，管辖权转移主要发生在以下事由基础之上：由于案件本身的情况特殊，如下级法院受理案件以后，发现案情复杂、业务性强、难度大，自己力所不及等。此外还有案外因素的干扰使下级法院审理有实际困难，以及法院诉讼负担过重等其他因素。

上级法院提审下级法院管辖的案件，或者上级法院移交自己管辖的案件给下级法院，该提审、移交行为，在法律上都有拘束力，下级法院不得拒绝。而且，对案件的管辖权随之转移,下级法院已经取得了对上级移交案件的管辖权。在由下级法院报请上级法院审理案件的时候,情形则不相同。从法律上看,报请行为必须经由上级法院的同意,在上级法院未作出决定以前,管辖权仍在下级法院,该案件仍然系属于该下级法院。只有在上级法院同意之后,该案件的管辖权才能发生转移。由此可见,管辖权转移虽然有由上级法院转向下级法院的,也有由下级法院转移到上级法院的,但都要由上级法院的行为来决定生效,所以,管辖权转移只能发生在有隶属关系的上下级法院之间。

第五节　管辖权异议与处理

一、管辖权异议

所谓行政诉讼的管辖权异议,是指行政诉讼的当事人,对已经受理案件的法院提出的异议,申明管辖有误。因此:①管辖权异议的主体,是行政诉讼案件的当事人,即原告、被告、第三人,其他诉讼的主体或诉讼外主体即便有不同意见,仍不构成法律上的管辖权异议主体。②管辖权异议须由当事人以书面形式正式向受理案件的法院提出,而且须向受理该案件的法院提出。向其他法院提出的,不属于此处所指之异议。③异议的内容是对受理法院管辖权有不同意见,认为应由其他法院管辖,或者虽然对管辖权没有异议,但是认为应当依法转移管辖权。④须在法定期间内提出,即接到法院应诉通知之日起 10 日内。

二、对管辖权异议的处理

对于上述构成管辖权异议的情形,法院的处理程序基本上是:

1. 受理案件的法院对于当事人提出的异议,应当进行审议,不能置之不理。因为这种异议在程序上是一种法律行为,是当事人的一项诉讼权利。

2. 这种审议,应当在案件实体审理之前进行,即先解决管辖权问题,再进行案件的实体审理。

3. 法院审议之后,对于是否有管辖权,要作出书面裁定,并送达各方当事人。

4. 当事人接到裁定后,如果对裁定不服,有权在裁定送达后 5 日内向上一级法院提起上诉。

5. 上诉审法院应在法定期限以内,对上诉进行审查,并作出最终裁定。当事人在接到该最终裁定后,必须按上诉裁书中所确定的管辖法院参加诉讼。否则,即视为自动撤诉或不应诉。

■思考题

1. 简述行政诉讼管辖的概念和特征。
2. 确定行政诉讼管辖的原则是什么？
3. 哪些案件属于中级人民法院管辖？
4. 经过行政复议的案件，如何确定其管辖？
5. 试论述裁定管辖的几种类型。
6. 简述管辖权异议与处理。

■参考资料

1. 应松年主编：《行政法学新论》，中国方正出版社 2004 年版。
2. 姜明安主编：《行政法与行政诉讼法》，北京大学出版社、高等教育出版社 2005 年版。
3. 马怀德主编：《司法改革与行政诉讼制度的完善》，中国政法大学出版社 2004 年版。
4. 胡建淼主编：《行政诉讼法学》，法律出版社 2004 年版。
5. 李红枫："行政诉讼管辖制度现状及对策分析"，载《行政法学研究》2003 年第 1 期。

第六章　行政诉讼参加人

■ 学习目的和要求

　　重点掌握行政诉讼原告和被告的确定，共同诉讼人、第三人和诉讼代理人的种类；一般掌握行政诉讼原告、被告资格的转移和承受；正确理解行政诉讼当事人的概念、特征、诉讼权利能力和诉讼行为能力。

第一节　行政诉讼参加人概述

一、行政诉讼参加人的概念

　　行政诉讼的参加人，是指起诉、应诉或与行政行为有利害关系，在整个或部分诉讼过程中参加行政诉讼活动的人。简言之，就是当事人和类似当事人地位的诉讼代理人。《行政诉讼法》第四章就是关于诉讼参加人的规定，据此法律规定，行政诉讼参加人的范围包括原告、被告、第三人和诉讼代理人四种。

　　行政诉讼参加人与行政诉讼的参与人是不同的，后者比前者的范围要宽。参与人包括参加人和证人、鉴定人、翻译人、勘验人等。后一类参与人与前一类参加人不同，他们在法律上与本案没有利害关系，他们也参与行政诉讼活动，并在诉讼中享有相应的诉讼权利、承担诉讼义务。当然，诉讼参加人更是如此。

　　行政诉讼参加人与本案有着直接的联系，但各参加人也不尽相同。所以，研究参加人的意义在于：认识与了解参加人在诉讼上的法律地位，以及权利义务的状况，把握参加人法律地位的重要性与差异性，以便于在审判实践中正确、有效地适用法律，开展诉讼活动。

二、行政诉讼的当事人

　　行政诉讼的当事人是参加人中的核心主体，也是整个诉讼活动的核心主体。

（一）行政诉讼当事人的概念

　　行政诉讼的当事人，是指因行政行为发生争议，以自己名义进行诉讼，并受人民法院裁判拘束的主体。他们在第一审程序中的称谓是：原告、被告、第三人；在第二审程序中则称为上诉人和被上诉人；在执行程序中名曰申请执行人与被申请执行人。当事人的这些不同称谓，表明在不同诉讼阶段，他们相应地享有不同的权利并承担不同的义务，在各诉讼阶段具有不同的主要任务。在一般情况下，人们都惯于用第一审程序中原告、被告、第三人来概括当事人的范围。

（二）行政诉讼当事人的基本特征

1. 当事人是发生争议的行政法律关系的主体。任何行政法律关系都是由以行政机关或授权组织为一方，与被管理的公民、法人或者其他组织为另一方共同构成的。当行政机关或授权组织作出行政行为侵犯公民、法人或者其他组织合法权益时，该公民、法人或者其他组织不服而诉诸法院，就发生了行政诉讼。在此情况中，首先发生了行政法律关系的争议，然后才有了为解决这一争议而引起的行政诉讼。原争议双方主体就转化成为诉讼当事人。反过来说，行政诉讼的当事人就是原行政争议的双方主体。行政诉讼正是因该争议而引起的，也正是为了解决这种争议而运作。所以，作为诉讼当事人的基本特征，他必须而且只能是行政法律关系争议的主体，我们说当事人与本案有直接利害关系，也正是基于此点，因为对争议的裁判，就是确定争议各方的权利、义务与责任。

2. 当事人以自己的名义进行诉讼，这是当事人的另一特征。原告以自己的名义起诉，被告以自己的名义应诉，第三人以自己的名义参加诉讼。他们要通过诉讼来解决自己的而不是他人的权利义务争议。同样，也就是要由自己来承担诉讼裁判的后果责任。因此，在诉讼中不是以自己的名义而是以他人名义进行诉讼的，就是诉讼代理人而不是当事人了。

3. 当事人是受人民法院裁判拘束的人。由于当事人是诉讼的争议主体，而法院的裁判是针对争议而作出的，所以，当事人是直接受到裁判法律效力拘束的人。而其他人（如证人、鉴定人等），由于与争议无涉或无利害关系，自然不会受裁判拘束。作为当事人就意味着必须承担诉讼裁判的法律后果，法院在裁判中所确定的权利义务，就是当事人享有与承担的权利义务。所以法律规定，如果当事人负有履行判决义务而拒不履行的，法院有强制执行的职权。

4. 行政诉讼当事人有公民、法人、其他组织、行政机关和授权组织。与民事诉讼当事人相比，行政诉讼当事人中的被告只能是行政机关或授权组织，而作为原告方的当事人则是被管理的公民、法人和其他组织。另外，行政诉讼当事人与民事诉讼当事人还有不同，就是它不可能发生在自然人之间，被告必须是一定形式的组织，要么是行政机关，要么是法律、法规或规章授权的组织。这表明了行政诉讼的"民"告"官"的特征。

（三）行政诉讼当事人的诉讼权利能力与诉讼行为能力

1. 诉讼权利能力。诉讼权利能力是指能够以自己名义进行诉讼活动，并享有诉讼权利、承担诉讼义务的资格与能力。诉讼权利能力是法律直接赋予、设定的，它是为了切实保障实体权利实现的一种诉讼资格。诉讼权利能力是一种程序上的资格，它存在的基础是权利能力。权利能力是指以自己的名义享有权利和承担义务的资格与能力。二者的关系可以概括为：

（1）具有权利能力的人必然具有诉讼权利能力。权利主体仅有权利能力是不完全的，它需要依靠程序手段来实现与保护。所以，法律必然赋予权利主体以诉讼权利能力，使之能够在自己权利受到侵犯时，凭借诉讼形式，进入诉讼关系，保护自己的合法权益。但是，如果具体到特定的权利、行为的规定，情况则各有差异。表现为：①权利能力的实现范围与诉讼权利能力的实现范围和形式，有的时候并不完全一致，可能有部分实体权利得不到诉讼或行政诉讼的保障。关于这一点，行政诉讼的受案范围已有明确的规定与限制。②行政诉讼权利能力的实现范围，会因为侵权行政行为属性的不同而受到限制。如对抽象行政行为违法的处理等。

（2）不具有权利能力的人也就不享有诉讼权利能力。笔者认为，没有权利能力，就是没有权利享有者的法律资格，当然也就没有权利的内容，更谈不上权利被侵犯而要求诉讼保护。所以，法律没有也不可能为他们设定诉讼权利能力。有的观点认为，不具有实体权利能力的人，在某些情况下却有诉讼权利能力，例如，行政诉讼法上承认的除法人以外的其他组织。对此，笔者的观点是：行政诉讼法上规定的可作原告的其他组织，虽然的确不具备法人资格，不是民法通则中所承认的实体权利法人主体，不具有法人那样完全的权利，但是，确有行政法上一定的权利与义务。换言之，他也是行政法上获得权利能力的主体。因此，诉讼法上才能承认其作原告的资格。我们没有必要一定要用民法标准、完全权利主体标准来硬套行政法标准和不完全权利主体标准。

2. 诉讼行为能力。所谓诉讼行为能力，是指能够以自己的行为实现诉讼权利、履行诉讼义务的资格。简言之，就是亲自进行诉讼活动的资格。如法人能够以自己名义起诉、参加诉讼活动、申请强制执行等。

诉讼行为能力虽由法律规定，但从根本上讲，它要取决于人的辨识与控制能力，要受到人的年龄、精神状态等因素的制约。就公民而言，公民的行政诉讼行为能力是从年满18周岁或16周岁以上不满18周岁但以自己的劳动收入为生活来源时开始取得，至其死亡时止；精神病人被法律视为丧失诉讼行为能力。对于间歇性精神病人，在精神病发作期间也不具有诉讼行为能力。对于这些无诉讼行为能力的人，他们的诉讼由各自的法定代理人、指定代理人代为进行。就行政机关、法人和其他组织的诉讼行为能力来讲，始于组织成立之时，终于组织撤销、终了时。由此分析可见，就公民而言，诉讼行为能力与诉讼权利能力的关系是：有诉讼行为能力的人，就一定有诉讼权利能力；而有诉讼权利能力的人则不一定都有诉讼行为能力。

第二节 原 告

一、原告的概念

《行政诉讼法》第25条第1款规定，行政行为的相对人以及其他与行政行为有利害关系的公民、法人或者其他组织，有权提起诉讼。根据这一实质性规定来看，所谓行政诉讼的原告，是指对行政机关或授权组织的行政行为不服，依照行政诉讼法，以自己的名义向人民法院提起诉讼的行政行为的相对人以及其他与行政行为有利害关系的公民、法人或者其他组织。根据这一定义，原告具有以下特征：

1. 原告须是公民、法人或者其他组织。公民、法人或者其他组织在法律上都有一定的地位与权利，在行政关系中都是被管理的一方。而行政行为作为一种职权行为，有不可否认的效力。作为被管理一方的公民、法人或者其他组织，他首先必须服从行政行为，受其效力拘束；但是，另一方面，法律也为这些必须首先服从行政行为的公民、法人或者其他组织提供了保护自身权益的救济手段即行政诉讼。所以，公民、法人或者其他组织的起诉权是一项基本的权利。

公民（公民这个称谓在此应改为自然人，但由于行政诉讼法上已使用了公民这个称谓，在此不妨沿用）的范围包括我国公民、外国公民、无国籍人和国籍不明人等。我国公民是指具有中华人民共和国国籍的自然人。法人这类原告主体是指具有民事权利能力和民事行为能力，依法独立享有民事权利和承担民事义务的组织。根据我国《民法通则》的规定，法人有企业法人、事业法人、机关法人和社会团体法人。行政机关是兼具双重身份的法律主体，从法人角度看，他完全可以成为行政诉讼的原告，因为任何一个行政机关都不总是管理者，有时他也可能是被管理者。至于法律规定的另一种原告主体即其他组织，笔者认为，是指除法人以外的其他组织，也就是不具备法人资格的社会组织。其特征主要有：一定形式的组织；不具备法人资格与身份；经由主管机关批准成立、认可或者在行政管理中被当作一个组织主体对待、管理，从事一定的生产、经营或其他活动，如筹备处、工商个体摊位、药品经营柜台等。

2. 原告是与被诉行政行为有法律上利害关系的人。《行政诉讼法》在许多条文中明确规定，原告是被行政行为侵犯权益的人，而并非任何一个公民、法人或者其他组织的权益都会被特定的行政行为所侵犯。所以，不是任何人都能充当行政诉讼的原告，而是必须具备一定的条件，这就是原告资格。笔者认为，行政诉讼原告资格，是指当公民、法人或者其他组织与被诉的行政行为有法律上的利害关系时，原告就是这种法律上的利害关系人，具有这种利害关系的人所具有的资格。不具有这种利害关系的人，就不具有原告资格。这种法律上的利害关系，就是作为诉讼标的的具体行政行为在法律效力上或者在实际上影响公民、法人或者其他组织的权利义务的关系，就是客观上承受行政行为法律后果的关系。所以其有以下特征：①这种利害关系是客观存在的而非主观期望的，是实质性的而非形式上的。被诉行政行为可能是原行政行为，也可能是复议行政行为，无论是原行政行为还是复议行政行为，作为被诉行政行为的相对人，即行政程序的当事人与被诉行政行为之间具有这种利害关系，当然具有原告资格。此外，除相对人以外的其他利害关系人，如果也与被诉行政行为之间有这种利害关系，也同样具有原告资格。所以，利害关系或原告资格不是以行政行为主体在主观上是否将谁视为相对人为标准的，而是以行政行为客观上是否实际影响有关人的权利义务为根据的。②这种利害关系当然有权利义务及资格内容的增、减、限等方面的形式，但不仅限于这一种形式，它还应当包括法律关系方方面面的实际影响。也就是说，承受法律后果的利害关系就包括有承受法律关系方方面面的后果，而不仅限于法律关系的内容。例如，行政行为变更一房屋拆迁安置协议的拆迁安置人，协议的权利义务内容不变，而协议的当事人一方被行政行为变更。对于被拆迁安置人来讲，他与这一行政行为仍然有法律上的利害关系。③这种利害关系是实际影响的利害关系，包括直接联系和部分间接联系的实际影响关系。所谓直接联系，是指被诉行政行为与被影响的权利义务之间没有其他行政行为作为中介环节而发生的法律联系，行政行为涉及了公民、法人或者其他组织的权益。如果不是这样，而是通过其他行政行为相联系而最终导致不利后果，受到这些不利后果影响的人不能作为合格原告。例如，行政机关的会议纪要，在大多数情况下，都不对外发生效力，而是责令相关的职能机关按照会议纪要的要求依法作出行政行为。这样的会议纪要，虽然也是一个涉及公民、法人、其他组织权利义务内容的行政决定，虽然相关职能机关也应当服从会议纪要的要求，但该会议纪要并不直接对外发生效力，其内容是通过相关职能机关的行政行为对外发生效力和作用的。这里，法律上和实际上影响公民、法人或者其他组织权利义务的行为不是会议纪要而是相关职能机关根据会议纪要对外作出的行政行为。在公民、法人或者其他组织权利义务与会议纪要行为之间，以职能机关根据会议纪要作出的行政行为作为中介。从直接与间接关系上看，这就是间接联系了。《最高人民法院关于执行〈中华人民共和国行政诉讼法〉若干问题的解释》放宽了对原告资格的严格限制，将直接影响的利害关系和部分实际影响的间接利害关系都纳入了原告资格范畴。

被诉行政行为是怎样从法律上和实际上影响原告利益的呢？主要有以下几种形式：①因行政行为指向（主体）而存在的利害关系。这是最典型和简单的情形。在这种情形下，被行政行为指向的主体，我们一般称之为相对人。相对人的权利、利益也就在名义上和事实上被行政行为所调整、所涉及。作为权利、利益被调整、被涉及的主体，当然具有充当原告的利害关系。②因行政行为触及的权利、利益而发生的利害关系。行政主体的行政行为并没有（在主观上）指向某个主体，但是该行政行为（在客观上）却触及或者指向了一定的权利、利益，作为该权利、利益的主体，虽然该行政行为在名义上与他无关，但在实际上却与他有关，这就是有实无名的情形。就此有实无名的情形而言，权利、利益的主体与该行政行为是有利害关系的，也应该具有原告资格。③因法律上的牵连而存在的利害关系。所谓法律上的牵连，是指有效行政行为的效力虽然没有直接约束原告，但是通过约束相对人而与原告的权利、利益发生联系。既然行政行为的约束力是法律上的效力，因此，相对人在法律上必须服从该行政行为的内容。因为服从该行政行为而对原告的利益造成了损害。④因事实上的牵连而存在的利害关系。所谓事实上的牵连，是指被诉行政行为涉及有关事实，而这个事实与起诉人有关系，或者由于被诉行政行为涉及的权利、利益与起诉人有事实上的联系，从而形成事实上的牵连，影响到起诉人的权利、利益。事实上，与行政行为的牵连，使得起诉人与行政行为的关系有了与众不同的特殊利益，这是他能够作为原告而其他人不能作为原告的原因。

3. 原告须是认为行政行为侵犯了自己合法权益的人。"原告认为"具有主观性质，但仍是通过起诉这种客观行为来表现和认定的。行政诉讼实行严格的诉讼保护主义，原告必须是因为自己的权益被侵害才能起诉，如果不是为了保护自己的权益而是为了他人的权益，则不能作为原告而起诉。关于合法权益的问题，我国行政诉讼从根本上讲是权利之诉。在法律上，但凡能够称之为权利的，当然都是法律设定并要保护实现的，即权利本身就是法定的权利。而因享有与行使这些权利获得或实现的利益，是权利的必然结果与延续，同样也是法律承认的，要受到法律保护。所以，诉讼法上的合法权益是指公民、法人或者其他组织依法享有的权利以及因此而获得的利益与资格。

从实质上讲，权益必须是合法的，如果不合法则不予保护。但是，就行政诉讼起诉阶段的原告资格而言，还只是个形式的问题，实质问题要在诉讼判决时才能确定。因此，作为原告资格的所谓合法权益，就必须采用形式标准而不是实质标准。这种形式标准主要体现在三个方面：①"合法的"权益；②"自己的"权益；③原告"认为"侵犯其合法权益。但这三个方面的条件并不决定原告资格，要具备原告资格还必须有客观的、法律上的利害关系。所以，那种认为只要起诉人主观"认为"即够原告资格的说法显然是不正确的。

二、若干特殊情况下的原告

原告的一般特征与资格已如上述，现在我们将讨论在一些特殊情况下的原告资格。

1. 关于受害人能否作原告的问题。这里所说的受害人，就是受到其他主体违法行为侵害的人。由于受到行政机关处罚，加害人也称为受罚人。在发生侵害时可以有以下两种情况：一是行政机关不予处理，这里没有受罚人；二是行政机关进行了处理，处罚了加害人，但受害人仍然不服。这都涉及受害人是否有原告资格的问题。笔者认为，受害人在上述两种情况下，都有原告的资格，只要其他条件具备，就有权提起行政复议或行政诉讼。主要理由是：①有的法律已明确规定受害人有权起诉，如《治安管理处罚法》。《最高人民法院关于执行〈中华人民共和国行政诉讼法〉若干问题的解释》也明确规定了要求主管行政机关依法追究加害人法律责任的公民、法人或者其他组织可以依法提起行政诉讼。②行政诉讼法承认权利主体在其合法权益受到侵犯时向主管行政机关要求保护是一种合法的权利，即受保护权。例如，《行政诉讼法》第 12 条第 6 项就规定，申请行政机关履行保护人身权、财产权的法定职责，如果行政机关拒绝履行或者不予答复的，申请人有权向法院起诉。这样的规定实际上就是全面承认受害人原告资格而不是仅限于个别领域。

2. 对民事纠纷进行行政处理后的行政诉讼原告问题。《最高人民法院关于执行〈中华人民共和国行政诉讼法〉若干问题的解释》第 1 条虽然只规定了"调解行为"和"法律规定的仲裁行为"不属于行政诉讼的受案范围，而没有区分强制与否等。但是，笔者认为，对民事纠纷进行的行政"裁决"、"强制性决定"、"处理决定"不服的纠纷当事人，均可以原告身份提起行政诉讼，而对民事纠纷进行的"调解"、"仲裁"不服的纠纷当事人，则只能以民事诉讼原告身份向法院起诉。由此可见，行政机关对民事纠纷进行行政裁决、决定是具体行政行为，原民事纠纷双方主体如有不服，均有资格作为原告而起诉。当然，在一个案件中可考虑一方作原告，另一方为诉讼第三人。

3. 关于社会团体能否因其成员的权益受到行政行为侵犯而以原告身份起诉的问题。任何形式的社会团体与组织，无论其内部联系有多么紧密，在其成员（组织或个人）的权益受到具体行政行为侵犯时，该团体或组织是不能充当原告或代为起诉的。因为，法律上认为，社会团体或组织的权益与其成员个人的权益属于两个完全不同的范畴，他们都是法律上的独立主体。所以，谁的权益受侵犯就由谁提起诉讼，与其他主体的权益无关。另外，除了起诉权完全交由本人行使外，法律还承认"不告不理"的原则，只要受害人不起诉，无论是基于何种原因，都不能由其他组织或团体代而为之。法律尊重个人的合法权益，当然包括尊重个人不起诉的权利。所以，成员所在组织尽管可以协助，但毕竟在法律上不具有原告资格。

4. 关于被诉行政行为涉及其相邻权，相邻权人能否作原告的问题。相邻权是指不动产的占有人在行使其物权时，对与其相邻的他人的不动产所享有的特定的支配权。根据《民法通则》对相邻关系的规定，相邻权主要包括土地相邻权、水流相邻权、建筑物相邻权等，涉及截水、排水、通行、通风、采光、噪音、绿地等方方面面。由于社会的发展，生产生活区域的相对集中和人们的相互依赖性增强，相邻权越来越成为一项受到人们重视的权利，而且相邻权的内容也在不断地发展变化。如果被诉行政行为侵害了有关公民、法人或者其他组织的相邻权，该公民、法人、其他组织就有了利害关系，即具有了原告资格。例如，规划部门许可某公司修建30层大楼，影响了与之相邻的其他房主的采光权、通风权等相邻权，这些房主均具有原告资格对规划部门的许可行为提起行政诉讼（我们也可称之为一种地位、资格）。

5. 关于被诉行政行为涉及公平竞争权的人能否作原告的问题。公平竞争是市场经济的基本法则，其作为一种法律权利并受到行政诉讼的救济与保护还是第一次。《最高人民法院关于执行〈中华人民共和国行政诉讼法〉若干问题的解释》明确承认被行政行为涉及公平竞争权的公民、法人或者其他组织，可以依法提起行政诉讼。也就是说，因为公平竞争权而受到侵害的人是具有原告资格的。这里需要特别指出的是，公平竞争权本身就是一项独立的法律权利，虽然它与其他权利往往有依附关系，但是，仅仅是公平竞争权受侵害也足以具备利害关系的原告资格，而不要求所依附的权利也受到侵害。例如，若干企业竞投出租车营运权，政府以行政决定形式将出租车营运权批给一企业，其他参投企业均可以公平竞争权受到侵害为由提起行政诉讼，而不能因为其他参投企业未获得营运权就认为他们的权利没有受到侵害。类似例子还有，政府招投标机构给本地企业加分，政府主管机关审批出租车牌照时对本地机动车宽松而对外地机动车禁止或严格限制等。当然，公平竞争权不是虚无缥缈的，而是具体存在的。从一般程序上讲，只有进入竞争程序中的主体，才会有公平竞争权的发生。如果主体自己就没有进入或者参与竞争程序，自然谈不上公平还是不公平竞争的权利。

6. 关于企业投资人的原告资格问题。在有两个以上投资人组成的各式各样的企业中，投资各方的权益与所投资组成的企业的权益，一般情况下都是混同一致的。但是在个别情况下，二者的权益也可能不一致。这就有必要探讨作为投资者的企业内部权利人的原告资格。《最高人民法院关于执行〈中华人民共和国行政诉讼法〉若干问题的解释》关于这个问题有两个方面的规定：一是规定联营企业、中外合资企业、中外合作企业的联营、合资、合作各方，认为联营、合资、合作企业权益或者自己一方合法权益受到具体行政行为侵害的，均可以以自己的名义提起诉讼。二是规定股份制企业的股东大会、股东代表大会、董事会等认为行政机关作出的具体行政行为侵犯企业经营自主权的，可以以企业名义提起诉讼。从以上两个方面的规定中我们可以看出，司法解释对于联营、合资、合作企业内部的权利人赋予了独立的诉讼主体地位，承认无论是企业权益受损还是内部权利人的合法权益受损，该内部权利人均具有法律上的利害关系，可以充当原告，而且都可以以内部权利人自己的名义提起诉讼。对于股份制企业则有所不同。由于在股份制企业中，股东的权益被认为是被企业完全吸收的，所以，涉及企业权益的时候，它的利害关系人就成了企业而不包含企业的投资人。至于股东大会、股东代表大会、董事会等是作为企业的权力机构代表企业权益的，他们以企业名义起诉仍然是企业的原告资格问题。但是，我们也应当看到，股东大会、股东代表大会等，一方面它是企业的内部权利人，另一方面它也是投资人即股东行使权利的组织形式。所以，笔者认为，司法解释的这条规定，同样可以推导出投资人也是利害关系人的结论。只不过在股份制企业中，投资人行使其权利仍然要通过股东大会、股东代表大会等形式。另外，这里面也有一个值得探讨的问题，就是股东的权益是否完全被企业吸收？股东的权益与股东大会等所代表的权益是否完全是同一权益？大股东的权益在行政决定中如果被保护了，而成千上万小股东的权益在行政决定中则被侵害了。在这种情况下，企业投资人的原告资格能否也适用于股份制企业，目前的司法解释并未解决这些问题。我们认为投资人的权益应当得到全面承认与诉讼保护，而不能以企业权益或企业权力机构来抹杀投资人的独立权益与主体地位，也不应当人为地以企业性质来限制投资人的原告资格。

7. 关于企业被终止或改变形态与隶属关系情况下的原告资格问题。《最高人民法院关于执行〈中华人民共和国行政诉讼法〉若干问题的解释》没有规定国有企业被行政行为终止或改变形态与隶属关系的，国有企业是否具有原告资格。这是不是意味着在这种情况下，国有企业不具有原告资格呢？笔者认为不是。无论是国有企业还是非国有企业，都有一定程度的企业权益，行政诉讼法也明确承认行政行为侵犯法律规定的经营自主权的案件属于行政诉讼受案范围。所以，国有企业被侵犯经营自主权的，该国有企业或者其法定代表人是可以以原告资格提起行政诉讼的。只不过在实践中，改变国有企业形态与隶属关系的行为往往是由该企业国有资产代表人作出的，国有企业的经营自主权与非国有企业经营自主权的内容也有很大的不同。所以，应当依照相关的法律、法规的规定来具体处理其原告资格问题。

对于非国有企业，《最高人民法院关于执行〈中华人民共和国行政诉讼法〉若干问题的解释》规定则更明确、统一，凡行政机关注销、撤销、合并、强令兼并、出售、分立或者改变企业隶属关系的，该企业或者其法定代表人可以以原告身份提起行政诉讼。所以，①行政机关的注销、撤销、合并、强令兼并、出售、分立、改变隶属关系这些行为形式，只是示范性质的列举规定，不是也不应该是侵犯企业经营自主权的全部形式或限定范围；②涉及侵犯企业经营自主权的行政行为，企业本身自然具有原告资格。虽然企业可能已经被行政机关注销，但必须赋予其司法救济的权利与资格。原企业与注销行为有利害关系，具有起诉的原告资格，能够代表企业提起诉讼的，既有企业的权力机构，也有法定代表人。

8. 关于农村土地使用权人的原告资格问题。《最高人民法院关于执行〈中华人民共和国行政诉讼法〉若干问题的解释》专条明确农村土地承包人等土地使用权人，对行政机关处分其使用的农村集体所有土地的行为不服，可以自己的名义提起行政诉讼。该条解释专门针对农村集体所有土地的所有权与使用权分离的状况，承认使用权人也是处分行政行为的利害关系人。另外，土地承包也只是土地所有权与使用权分离的一种形式，其他如租赁、以土地使用权作价入股、宅基地使用等也都是所有权与使用权的分离形式，有关的使用权人同样具有原告资格。其实从理论上分析，不仅是农村的土地，国有土地也同样有所有权与使用权分离的情形。进而言之，不仅是土地方面，其他物权也同样有所有权与使用权分离的情形，如房屋租赁，如果行政行为是处分该房屋的，房屋的所有权和使用权人均与该处分行为有利害关系，具有原告资格。

9. 与原告资格相关的诉讼代表人的问题，《最高人民法院关于执行〈中华人民共和国行政诉讼法〉若干问题的解释》针对实践中存在的一些问题，作了明确的补充：①合伙企业提起行政诉讼的，应当以核准登记的字号为原告，由执行合伙事务的合伙人作为诉讼代表人；其他合伙组织提起诉讼的，合伙人为共同原告。②不具备法人资格的其他组织提起诉讼的，由该组织的主要负责人作诉讼代表人；如果没有主要负责人的，可以由推选的负责人作诉讼代表人。③关于集团诉讼的诉讼代表人，一案原告为5人以上的，应推选1~5名诉讼代表人参加诉讼；如果在法院指定的期限内没有选定诉讼代表人的，则由法院依职权指定诉讼代表人。

三、原告资格的转移与承受

行政诉讼原告资格在一般意义上是不能转移的，因为它是法律赋予的特定人的资格。但是，在法律所承认的特定情况下，原告资格就可能转移，这种转移对承受方来说就是承受资格。

（一）原告资格的转移

行政诉讼中的原告资格转移，是指有权起诉的公民、法人或者其他组织死亡或终止，他的原告资格依法自然转移给有利害关系的特定公民、法人或者其他组织。一是转移的条件：①有原告资格的主体在法律上已不复存在。这是前提，否则断无转移一事发生。对自然人而言就是死亡，或者经人民法院法定程序宣告死亡。对法人而言就是该法人组织在法律上被终止，如撤销、兼并、解散或破产等。②有原告资格的人死亡或终止时，未逾诉讼保护期限，即仍在法定的起诉期限以内。否则仍不能发生转移，而是起诉权消灭。这是个消极条件。③原告资格转移发生于与原告有特定利害关系的主体之间，没有这种关系也不发生资格转移。根据《行政诉讼法》的规定，这个特定利害关系，对自然人来说，是彼此间有近亲属法律关系或具有扶养、赡养关系的亲属关系；根据《国家赔偿法》的规定，是彼此之间有继承关系或者其他抚养关系的亲属。应该说，《国家赔偿法》的规定更为宽泛、准确。对法人组织来说就是权利承受关系，即被转移主体与承受者之间在实体权利义务上存在着承受与被承受关系。除上述关系以外，立法上不承认其他任何关系作为原告资格转移的条件。二是转移的内容：很明确，所转移的内容就是作为诉讼原告的一种资格，而不是其他。这种资格既然发生了转移，当然就不复存在于死亡公民或终止法人组织身上，如果有的公民"死而复生"，如宣告死亡的人重新出现，则撤销其宣告并回归其原告资格。法律上既然采用了资格转移制度，就不允许两个主体均有原告资格，应当是非此即彼。

行政诉讼法为什么要规定原告资格转移呢？作为一种制度，究竟是保护已死亡或终止人的权益呢？还是为了维护承受方的权益呢？笔者认为，主要还是为了保护承受资格一方的权益。

因为在大多数情况下，这类行政行为都或多或少涉及死亡公民或终止组织的财产权，或者行政行为虽然并不涉及他们的财产内容，如仅涉及人身权等，但诉讼引起的法律责任往往要通过财产来实现或赔偿。作为死亡公民的近亲属或终止组织的权利承受者，当然就是这些财产权的新的享有人，是有此利害关系的。所以，法律上关于原告资格转移的规定，是考虑到承受者要凭借诉讼手段来维护自己的合法权益。

（二）原告资格的承受

原告资格发生转移，由新的特定主体来充任原告。这种由于发生转移而获得原告资格的过程，就是原告资格的承受。承受原告资格的主体，就公民而言，是已死亡公民的继承人，或者是其他有抚养关系的亲属。在2014年修正《行政诉讼法》的过程中，人们建议将这种承受主体的范围作出明确的规定，也就是说，近亲属的范围应当限定为配偶、父母、子女、兄弟姐妹、祖父母、外祖父母、孙子女、外孙子女和其他具有抚养、赡养关系的亲属。而就法人或组织而言，其承受者就是承受其权利义务的法人或组织。只有这些主体能够作为原告资格的承受者。另外，转移与承受的内容均是原告资格。作为承受者既然承受的是一种资格，那么，他有权利按照自己的意志而不是被承受者的意志行事。他可以提起诉讼，当然也可以不提起诉讼，还可以撤回起诉即申请撤诉。他不是必须行使这种起诉的权利。当然，如果以前已经进行了诉讼，前原告的行为对承受人是有拘束力的。因此，在2014年修正《行政诉讼法》时，人们建议增加承受者"可以作为原告"提起诉讼的规定。从法律规定上看，承受者的法律身份和地位就更不易产生疑义了。此外，我们知道，原告资格的转移与承受都是法律规定的，只要法定条件发生，转移与承受均自然发生，它不是以当事人的主观意志为转移的，不受原主体与新承受人意志的支配。

在实践中，如果承受资格者要行使其作为原告的权利，向法院起诉或参加诉讼，他应当向人民法院提供其近亲属的证明或者作为被终止的组织的权利承受者的证明文件，以及提供作为原告起诉或参加诉讼的必要证据材料。关于期限，在下列情况出现时，法院要中止诉讼：原告死亡，需要等待其近亲属表明是否参加诉讼；作为原告的法人、组织终止，尚未确定权利义务承受人的。中止诉讼期限满3个月以后，如仍无人要求继续诉讼的，法院要依法终结诉讼。

四、公益行政诉讼原告资格问题

我国的法律和司法解释，至今还没有关于公益诉讼的规定，当然也就没有公益诉讼原告。但是，这并不等于人们没有提出过公益诉讼，更不等于在实践中不会发生这样的事情。在司法实践中发生的一些案件，虽然个人利益也在其中，但很明显，公共利益是主流、是根本。

公益诉讼的原告资格，有人建议法律监督机关代表，由检察院提起公益行政诉讼；也有人反对这种观点，认为可以让行业组织、协会等起诉；还有人认为让有关的公民、法人或者其他组织以个人名义提起诉讼，等等。我们在这里需要讨论的是公益行政诉讼的原告资格及其原理应当是什么。

笔者认为，当公共利益中包含个人利益的时候，个人以传统的利害关系为根据充当原告，提起行政诉讼。这个做法在理论上是可以接受的，因为纠纷当中毕竟包含个人的利益或者利害关系。但是，这个理论受到严格限制。如果只有公共利益而没有个人利益，或者说个人利益在其中太普遍、不特殊等，个人就难以作原告。这导致实践中，一些侵害公共利益案件，长期处在无人有权过问的尴尬境地。其实，在环境保护类公益案件中，很多国家都放松了对传统或者普遍原告资格的要求，使更多的人具备特殊的原告资格。我们应该用新的、更为适用的理论和制度来取代传统的观念和制度，既需要制度创新，也需要理论创新。有关公共利益行政案件的原告资格，应当包含如下内容：

1. 作为一般原则，公共利益行政案件的原告资格应当不完全等同于个人利益行政案件的原告资格，不可能永远和普遍地使用传统的个人利益原告资格于公共利益案件之中，因为二者在本质上就是不同的。公益案件中的被诉行政行为，往往具有对象不特定的普遍性和散发性，其原告资格自然不可能按照现行的个人利害关系或者个人利益标准那样，具有（主体）特定性、（利益影响）特别性、（已经发生损害）现实性等这些特征，而应该在结合普遍性、共同性、有效性等基础上考虑。区分公共利益案件与个人利益案件的原告资格，实行"双轨制"标准。一方面，对于个人利益行政案件，仍适用个人利益或者个人利害关系标准；对于公共利益行政案件，则适用反映公共利益特点和能够解决这类案件起诉资格的利害关系标准。

2. 如果允许个人作为原告起诉维护公共利益（而不是或者不仅仅是类似于检察院这样的公共利益代表者起诉），那么首先应当明确的是，在公共利益与个人利益相互交织包含的情况下，赋予该个人公共利益行政案件的原告资格。在这种情形下，个人利益多少与公共利益能够"沾点边"。既然有关系或者"沾点边"，就可以借此关系而获得原告资格。因为这种"沾边"关系，使得该个人有了不同于其他普通大众的特殊之处。

3. 在行政行为普遍适用的情形下，可以赋予该行政行为所适用的对象（普遍的对象）行政诉讼的原告资格。在很多情况下，抽象行政行为适用的对象都是类别主体，即某个区域的主体、某种特征的主体、某类或者某几类主体等，而不是所有的公民、法人或其他组织。我们没有必要按照个人利益资格标准，要求起诉人必须具备他个人利益受到特别影响的事实。即便该行政行为还没有实际实施，但这个行政行为一旦生效或者在本地区实施，必然会影响到他的利益和同类人的利益。从法律效力上讲，这种情况下，这类主体的利益已经受到影响了，只不过是法律上的影响，事实上的还没有到来。

4. 行业协会、成员组成的共同组织应当具有原告资格（不是代表个人原告），对涉及其行业或者成员利益的行政行为提起诉讼。行业协会、共同组织本身就是为了维护其共同利益和成员利益而组建起来的。一旦行政行为影响到了其成员的利益，或者该行业的利益，就应该允许其提起行政诉讼。我们迄今为止仍然是不认可协会、组织有权起诉的，这是不合理的限制。

5. 在要求行政主体履行职责的公共利益案件中，原告资格也是可以放松限制的。传统的受害人标准、利害关系标准或者不利影响标准等，都是起诉人本身已经受到了切身的影响或者不利。对于要求行政主体履行职责的公共利益行政案件来说，其原告资格完全可以是这种普遍性的生活环境利益，而不必非是与众不同的特殊利益。

6. 在公共利益和国家利益受到损害或者影响的情况下，我们还有一个可以适用的原告资格标准，那就是在任何人都不具备原告资格的情况下，应当赋予任何一个人具有原告资格，谁来起诉就承认谁有利害关系。表面上看，这个观点有些不合逻辑，其实不然。因为，既然没有任何一个人符合个人利益的原告资格，那么就是说，这个行政行为涉及每一个人的利益，是普遍的公共利益，而不仅仅是个人利益或者类别主体或者行业的利益。逻辑上讲，既然没有特殊只有普遍，那么普遍本身就足够了。从现实的角度看，如果起诉人与其他任何人一样，都没有原告资格，那么行政诉讼的监督功能又怎样得以发挥呢？公共利益也好，国家利益也好，行政诉讼应该起到它一定的维护作用。

由此可见，有关公共利益行政案件的原告资格问题，其实并不复杂。主要的问题是两点：①我们是否要建立公益行政诉讼制度。目前，有关公益行政诉讼原告资格的争论，仔细分析起来，其实大多是关于是否应当建立公益行政诉讼制度的争论。如果这个前提问题解决了，其中的原告资格问题相对来说更为容易。②对公益行政诉讼起诉人设置，是交给国家机关还是交给个人。从外国的实践经验来看，公的角色和私的角色完全可以并存，可以相互补充、相互弥补。

当然，公益诉讼原告资格毕竟是不同于传统制度和理论的一个例外。既然是例外，就有其特殊性。这种诉讼原告资格的标准，应当允许它不同于传统诉讼的原告资格，用新的根据、新的理论、新的标准等来奠定其基础并丰富其内涵。在制度实践方面，可以采用逐步放松限制的办法，对于那些清楚的、明显的且问题比较突出的公益行政诉讼案件，建立一套不同于传统个人利益或者利害关系的原告资格标准。例如，环境保护的公益行政诉讼，税收减免的公益行政诉讼，要求行政主体履行职责的公益行政诉讼，价格调整的公益行政诉讼，等等。这些种类的行政案件，是比较明确的公益行政诉讼案件；就各国经验来看，也是比较集中的公益行政诉讼案件领域。

在 2014 年修正《行政诉讼法》的建议中，有关公益诉讼的内容主要有这样几点：①建议检察机关作为公益诉讼的代表，赋予其原告身份提起诉讼。当检察机关认为行政行为侵害国家利益或者公共利益的时候，可以作为这类案件的原告提起诉讼。②依法成立的公益性组织认为行政行为侵害国家利益或者公共利益的时候，可以依照法律规定作为原告提起诉讼。对公益组织来讲，这些建议还作了适当的限制，必须是"依照法律规定"作为原告起诉，对检察机关就没有这方面的限制。③公民、法人或者其他组织认为行政行为侵害国家利益或者公共利益时，可以向检察机关或者公益组织提出公益诉讼的建议。这些建议，其出发点显然是试图解决国家利益和公共利益的公益诉讼原告资格问题。从实质上分析，关键还是检察机关的原告资格得到了认可，也便于操作，迄今为止还没有哪部法律规定公益组织可以作为行政诉讼的原告起诉的。公益诉讼原告资格，仍然是一个值得研究和进一步完善的问题。

第三节　被　告

一、被告的概念

行政诉讼的被告，是指由原告指控其行政行为违法侵犯原告的合法权益，并经由人民法院通知应诉的行政机关或法律、法规、规章授权的组织。其特征有：

1. 被告须是行政机关或者法律、法规、规章授权的组织。这里所说的行政机关是指行使国家行政职能，依法独立享有与行使行政职权的国家机关。其基本特征是：①执掌国家行政职能，管理国家的行政事务；②依法享有国家行政职权，有规范人们行为的权力；③能够以自己的名义独立行使行政职权；④有一定的独立的组织形式，而不是一个机关的内部机构；⑤属于国务院编制序列和有行政经费。所以，行政机关在行政诉讼中，都有行政诉讼的权利能力和行为能力，能够作为行政诉讼的被告。

行政诉讼的被告除行政机关以外，还有一类主体，就是法律、法规、规章授权的组织。这类组织其身份不是行政机关，而是除行政机关以外的其他机构或组织；这些组织取得某一方面行政职权是由法律、法规或规章授予的，如卫生防疫站等。

2014年修正的《行政诉讼法》在第2条中增加了1款规定，即前款所称行政行为，包括法律、法规、规章授权的组织作出的行政行为。这就把原《行政诉讼法》限定的法律法规授权扩大到了法律、法规、规章授权。对此增加的"规章授权"，我们认为：规章授权在实践中较为普遍，行政审判承认规章授权的组织具有行政诉讼的被告资格；行政机关的不少具体行政职权的赋予都是在法律法规基础上用规章的形式规定的。所以，承认规章授权更加符合行政的实际。

2. 被告须是被诉行政行为的主体。作为行政诉讼被告，仅有行政机关、法律、法规授权的组织这一身份是不够的，说到底这仅仅是个形式或范围问题，实质在于这些主体是行政职权的享有与行使者。一方面，当行政机关和授权组织行使行政职权时，他们可以因此而成为行政诉讼的被告；另一方面，并不是所有的行政机关或授权组织随时都可以成为被告，只有他们所实施的行政行为给公民、法人或其他组织的合法权益造成违法侵害，并被公民、法人或其他组织诉诸人民法院时才能成为被告。也就是说，主体与行为之间必须有行为人与行为的关系。一般来讲，凡是以自己名义独立作出行政行为的主体就是该诉讼的被告。

　　按照理论通说和司法实践的做法，行政诉讼被告资格实际上是三主体合一标准。①被告是行政主体。被告必须具有行政主体的身份和地位，才会成为行政诉讼的被告，否则，即便他作出了一个行为，要么此行为不是行政行为，要么他就不是被告。②被告是行为主体。被告必须有作为或者怠于履行职责的不作为行为。这个行为被人所告，成为了诉讼标的，该行政行为主体才应当是被告。如果一个行政主体没有作出行政行为或者没有怠于履行职责的不作为行为，那么他不会也不应该因为这个行为而成为被告。③被告是责任主体。被告必须有责任能力，其作为或者不作为的行为法律后果归属于他，他能够以自己名义对外承担责任。否则，即便是他作出了一个行政行为，也不能成为合格的被告。因为他在法律上不能承担责任，在程序上就不能作为被告。可以想象，让一个无力承担责任的机构来当被告，实际上不能实现诉讼责任的承担和问题的解决，这无异于玩弄原告和藐视法律的严肃性。所以，这个结论似乎也是顺理成章的。

　　3. 被告须是被指控并经由人民法院通知应诉的人。被告是被原告所控告的人，而且是经过法院审查确认正当，并由法院通知应诉的人。这是程序上一个很重要的标准与特征。从程序上讲，原告人指控与法院通知应诉这两个方面必须结合一致，缺少任何一方面都不能成立。没有原告人指控，法院不能确定被告；没有法院的审查确定，仅有原告人指控也不能构成诉讼及被告。所以，法律规定在第一审程序中，法院征得原告的同意后，可以依职权追加或者变更被告。如果法院认为应当变更被告而原告不同意的，则由法院裁定驳回起诉。但从实体标准来讲，原告人的指控是根本性的，即便法院认为要追加或变更，也需征得原告的同意，仍可视为是原告所指控的对象，这与法院通知应诉，实质上并不具有完全相同的性质。

　　由此可见，我们奉行的是严格的行政诉讼被告资格理论和制度，必须同时符合行政主体、行为主体和责任主体三个标准，才能确定正确的行政诉讼被告。这样的理论和制度标准，与行政诉讼解决纠纷和监督行政行为目的之间究竟有多大的关联性？人们提出了怀疑。理论上有两种新观点：①认为行政机关、机构所作的行政行为，不以该机关、机构为被告，而统统以同级政府为被告。因为这些机关和机构都是同级政府的职能机关，或者是其下属机构、内设机构等，在法律上都是同级政府的构成部分。由同级政府作被告，既符合行政管理体制的现实，也能解决行政行为效力和后果责任之类问题，对原告和法院来说也更方便、简单明了。②提出了行为者作被告的理论，即谁行为谁是被告。这种观点认为，财产因素和权力因素对于行政诉讼被告资格没有实质意义。与被告承担诉讼法律后果有关的因素，就是被告的行为。因此，被告本身就是程序性问题，不是也不应当是实体性问题。被告资格不是要解决被告是否有权作出这样的行政行为，而是要解决谁作出了这个行政行为,是"名"而不是"实"的问题。而且,被告资格本身就具有代表性质。这种代表性首先是因为各个行政机关、机构等拥有的都是国家的行政职权,是代表国家在行使权力,也就是具体的机关、机构代表着抽象的国家。所以,虽然任何一个行政行为都是由特定的主体作出或者实施的,没有也不可能由一个抽象的主体作出一个行政行为。但是,行政行为的效力是统一的,行政行为所产生的是法律上的约束力,而不是某一个机关、机构自身的效力。在这种背景下的被告,也具有了代表性质,代表国家行政职权行使者来承担行政职权行使的法律后果和法律责任,行政诉讼被告具有代表性是不可否认的。让行为者代表行政方出庭应诉,而不去探求行为者与其他机关的关系,符合行政诉讼的这种代表性本质。由行为者作被告有很实际的意义,无论对原告来说还是对法院来说,确定行为者的标准是容易的、方便的,易于操作。把复杂问题简单化,便于起诉人起诉,也便于法院启动行政诉讼。行为者作被告不会影响当事人诉讼权利义务的实现,也不会影响法院裁判的履行。

二、确定被告的若干特殊情况

行政诉讼被告的一般确定标准与特征已如前述。据此关于被告的形式要件也就很清楚,即只要作出具体行政行为,未经复议、批准等而被直接诉诸法院的行政机关,该行政机关就是被告。但也有些复杂形式或特殊情况,在这些情况下的被告资格问题则表现较为复杂。

(一)经过行政复议程序再起诉的被告问题

根据《行政诉讼法》的规定,经复议程序而再起诉的案件,其被告资格的确定分两种情况:①如果机关维持原行政行为的,作出原行政行为的行政机关和复议机关是共同被告;②如果复议机关改变原行政行为的,则复议机关是被告。这个修改后的规定与原行政诉讼法的规定有一个明显的不同,就是把原来复议维持仍然有原行政机关为被告改为了复议维持情形下,由复议机关和原行为机关为共同被告。

由于复议机关维持行政行为时,仍然是以原行为机关作为被告,只有改变行政行为时才是复议机关作为被告。这样,从"趋利避害"规则出发,有些复议机关就更多地愿意选择维持这个"利"而不愿意选择改变这个"害",从而影响复议的纠错和监督功能的发挥。因此,在 2014 年修正《行政诉讼法》的过程中,人们建议适当改变这个规则,规定为:复议维持时,原行政机关为被告;复议改变时,复议机关和原行政机关是共同被告。2014 年修正的《行政诉讼法》最终采纳了这个意见,把复议维持情形下的被告规定为复议机关和原行为机关。其目的就是想让行政复议发挥其积极作用,而不是当"维持会长"。《最高人民法院关于适用〈中华人民共和国行政诉讼法〉若干问题的解释》第 7 条进一步规定

"复议机关决定维持原具体行政行为的……原告只起诉作出原行政行为与行政机关或者复议机关的，人民法院应当告知原告追加被告。原告不同意追加的，人民法院应当将另一机关列为共同被告"，"复议机关决定维持原行政行为的，人民法院应当在审查原行政行为合法性的同时，一并审查复议程序的合法性。"虽然这样修改的意图是好的，但是这样修改是否能够达到其目的，真正让行政复议发挥其纠错和监督功能，还需要研究。

（二）行政复议不作为的被告问题

《行政诉讼法》第 26 条第 3 款规定，复议机关在法定期限内未作出复议决定，公民、法人或者其他组织起诉原行政行为的，作出原行政行为的行政机关是被告；起诉复议机关不作为的，复议机关是被告。因此，在复议不作为情形下谁为被告的问题，取决于原告所告的行为是什么。如果原告所告行为是原行政行为，当然应当以作出原行政行为的行政机关为被告。如果原告所告的是复议机关的复议不作为行为，那就应当以复议机关为被告。

（三）委托行政情况下的被告确定问题

《行政诉讼法》及《最高人民法院关于执行〈中华人民共和国行政诉讼法〉若干问题的解释》规定，由法律、法规、规章授权的组织所作的行政行为，该组织是被告，即使该组织超越授权范围行使职权的也是如此。由行政机关委托的组织所作的行政行为，委托的行政机关是被告。很明确，法律、法规、规章的授权具有行政主体资格直接赋予与确定的性质，使之成为一个独立的行政主体，当然也就是独立承担责任的主体，自然是被告。而除此授权以外（授权的形式是复杂多样的）其他均属委托行政，即行政机关将自己合法行政职权委托交由其他组织去行使，由此行为而引起的行政诉讼，其被告当然不能是仅仅受委托行使职权而不拥有该职权的组织。受委托组织不具有独立承担法律责任的主体资格。

理论上关于委托行政有些不同的观点，笔者认为，委托行政至少有以下特征：①委托与授权不同，它至少在形式上是一种双方合意的行为或过程，是委托机关与受委托组织双方意思表示一致的结果。②委托者有行政机关也有法律、法规、规章授权的组织。受委托者既有行政机关（是对无权的行政机关的委托，对有权的行政机关没有委托可言）也有其他组织。如公安机关委托乡（镇）人民政府行使处罚权，税收机关委托出版社代征个人所得税等。③委托的内容是行使一部分行政职权，当然前提须是属于委托者自己的合法职权，而且必须只是自己享有职权的其中一部分。那种将全部职权交他人行使的"委托"是有悖于委托的这种有限性的。在实践中，有些"开发区"的管理机构，受当地政府职能部门的委托，享有与行使几乎是各职能部门的全部行政权。这种所谓的委托，从法理上分析，是有悖于委托制度的性质特征的。另外，受委托方必须本身不具有该项职权，否则就不构成权力委托行政，要么是自己行为，要么是一种执行上的协助。行政诉讼的委托始终针对行政决定或处理权而言。但另外一个非常重要的方面，就是我们所说的被告须是被诉行政行为的主体，是指被告必须是该行政行为法律上的行为主体，即该行政行为在法律上归属于该主体。

（四）经上级机关批准而作出行政行为情况下的被告

有些法律、法规或者行政机关自我约束性规定，对一定程度的行政行为，规定须报经上级机关批准才能作出或生效。我们认为在这种情况下，被告应是在行政处理决定书上署名盖章的机关。因为批准程序仅是内部程序，对公民、法人或者其他组织来说，作为直接对他作出处理决定的机关才是被告。

（五）派出机构作出行政行为情况下的被告问题

首先应当明确，在法律上，派出机关是根据宪法和地方组织法而由人民政府设立的，如行政公署、区公所和街道办事处。而派出机构则是人民政府的工作部门根据法律与需要而设立的。派出机构能否成为被告，取决于是否有法律、法规、规章授权。有法律、法规、规章授权的，具有被告资格，否则一律视为委托。

关于派出机构的被告资格问题，是以是否有法律、法规、规章授权作为区分标准的。如果法律、法规、规章对派出机构有一定的授权，该派出机构就取得了诉讼主体的地位，无论它作出的行政行为是否超越了授权范围，它仍然是该行政行为的法律上的主体和法律后果的承担者，即应以该派出机构为被告。但是，如果法律、法规、规章没有给派出机构授权，无论该派出机构事实上是否以自己名义作出行政行为，它在法律上仍然不是该行政行为的主体和责任者。即不能以该派出机构为被告，而应以所派出的行政机关为被告。因为，原则上法律不承认派出机构有独立的主体资格，除非有特别的授权。

（六）若干行政机关作出同一行政行为情况下的被告问题

《行政诉讼法》第26条第4款规定，两个以上行政机关作出同一行政行为的，共同作出行政行为的行政机关是共同被告。这里需要注意两点：①无论行为主体情况如何，作为客观行为只有一个。即是一个共同的行政行为，是一个行政决定，同一个文号，若干主体共同署名盖章在同一个决定书上面。②这一个行为的主体为两个以上行政机关，而且各行政机关均有独立的行政主体资格。

（七）不作为行政行为情况下的被告问题

行政行为有作为与不作为之分，在不作为时，由于行为主体是消极地不履行法定职责，当然并没有什么行政决定文书，此时被告适格问题显得更为复杂。科学的标准应该是：把公民、法人、其他组织的申请对象与该被告申请机关是否有不作为的行为结合起来确定。因此：①原告是否曾经要求行政机关作为过。例如，申请履行保护职责，要求颁发有关证照，要求行政复议，等等。②被告是否针对原告的要求有不作为的行政行为。只有在被告确有不作为行政行为情况下，才会有确定不作为行政行为的被告资格问题。当然，这种不作为有两种形式：①不予答复，即被申请机关没有作出任何作为的行政行为；②拒绝，即被申请机关虽然有作出行政决定，但其内容则是否定了申请的要求。其可以是全部拒绝，如申请复议却作出不予受理复议的决定；也可以是部分拒绝，如申请复议行政行为并要求行政赔偿，复议机关撤销了原具体行政行为，但对行政赔偿部分却不予处理，或者干脆不予答复。法理上也有把拒绝行为当作作为行政行为看待的，认为拒绝本身是一种作为行为形态。因此，对拒绝行为如有不服应按作为行为提起诉讼。其实，拒绝行为具有形式与内容的分离性质，形式上是作为行为，内容却是不作为行为。以作为行为诉讼还是以不作为行为诉讼，应根据具体情形而定。如工商局拒绝给某人核发执照，宜以拒绝作为行为为诉讼标的，就此审查拒绝理由是否成立。如果申请人有三个不符合核发执照的条件，工商局只以其中之一拒绝，在这种情况下，法院当然不能判令工商局给申请人核发执照。但是，如果公民报案被公安机关拒绝了，则可以以公安局不作为为诉讼标的，法院可以判令公安机关立案查处，保护申请人的权益。如果法院再以拒绝立案的作为行为为诉讼标的，撤销公安机关的拒绝行为，对申请人实际上起不到保护权益的作用，这样的诉讼实在没有什么实质意义。

（八）内设机构的被告资格问题

在我国行政管理实践中，较为普遍地存在许多临时性机构或临时性综合机构，这些机构或者是一个行政职能机关设立的，或者是由几个行政职能机关共同组建的，或者是由同级政府牵头由几个职能部门组建的。我们认为，这些机构都属于政府或职能机关体系内的内设机构。在实践中，这种内设机构比较复杂、形式多样，有些属于事业性质，有些属于行政机构性质；有些有一定的行政经费，有些没有行政经费；有些不能以已名义对外，有些则以已名义对外，等等。例如，"拆迁安置管理办公室"、"城市建设综合开发管理办公室"、"民用煤市场整顿领导小组"等。这些内设机构有这样一些特征：①它不是政府的常设职能部门，而是职能部门以外的临时性质的管理机构；②它是行政机关自己设立的机构或者是政府牵头由若干行政机关共同设立的机构，属于内设机构；③它被赋予了一定的行政管理职能，或者是专司部分行政管理职能，或者是行政民事职能兼具。

对于这种内设机构能不能作被告，人们的认识不完全一致。笔者认为，如果法律、法规、规章对内设机构有行政授权，他能在法律上以自己的名义作出行政行为，该内设机构实际上已经外化，取得了独立主体的资格，应以该机构为被告。如果没有法律、法规、规章的明确授权，无论事实上内设机构是否以自己名义作出行政行为，他仍不具有独立承担法律责任的能力，他的行为则应当由组建或设立他的政府或行政机关负责，即被告应当是设立或组建他的政府或行政机关。因为，《最高人民法院关于执行〈中华人民共和国行政诉讼法〉若干问题的解释》明确规定，行政机关在没有法律、法规、规章规定的情况下，"授权"其内设机构、派出机构或者其他组织实施行政行为应当视为委托。依委托的原理，当然是委托机关而不是被委托机构作被告。

三、被告资格的转移与承受

(一) 被告资格的转移

行政诉讼中有时会发生被告资格转移。它是指有被告资格的主体被撤销，其被告资格自然转移给其他特定主体。这是为了保护当事人合法权益，使法律责任得以不受干扰地实现的制度。发生转移的条件是：①有被告资格的行政机关或授权组织被撤销，在法律上该主体已被消灭，这是前提；②被撤销的行政机关或授权组织，其行政职权仍然继续由其他主体行使。在实践中，有的机关被撤销，其职权归属于原有其他相近或相关的行政机关；有的机关被撤销，其职权被归入新组建的综合或专门行政机关；有的机关被撤销，另外成立两个或更多的机关，其原有职权分别由这些机关行使；有的机关被撤销，其职权被收归人民政府；有的机关被撤销，其职权随政府职能转变而不复存在，其事务转由企业或社会组织自我管理；等等。无论哪种情况，都会发生被告资格的转移。

(二) 被告资格的承受

所谓被告资格的承受，是指没有作出行政行为的主体，由于继续行使作出行政行为但被撤销的行政机关的职权，而自然承受该诉讼被告的资格。这种承受乃是法律规定的，与承受者的主观愿望无关。所谓继续行使职权，无非两大类：一是原行政职权仍然存在，现由其他行政机关行使；二是原行政职权已被取消或转变，不再属于行政机关管辖范围，这时的承受者应视为撤销该行政机关的行政机关，如同级人民政府等。

第四节　共同诉讼

一、共同诉讼人的概念

行政诉讼法规定了共同诉讼，当然就有共同诉讼人。它是指原告或被告至少一方为两个以上的共同诉讼当事人，既有共同被告人，也有共同原告人。共同诉讼人这个概念反映的是诉讼的主体合并这一事实。构成共同诉讼必须具备以下条件：①当事人双方至少有一方是两个以上，且各为独立的诉讼主体。②客观方面，诉讼标的须为共同。要么是标的同一，要么是标的同样。如果没有这些客观上的联系，彼此分割的主体又怎么能成为共同诉讼人呢？③属同一人民法院辖区，若分别由不同辖区法院管辖，同样失去共同诉讼的基础。④在程序上，人民法院进行合并审理。

二、必要的共同诉讼人

必要的共同诉讼人，是指当事人一方或双方为两人以上，诉讼标的是同一行政行为的诉讼。在这种共同诉讼中的当事人即为必要共同诉讼人。

必要共同诉讼的标准是诉讼标的同一，即因同一行政行为发生的行政案件。同一行政行为，是指一个或几个行政机关，针对一个或几个公民、法人或其他组织，以一个意思表示为目的，实施了一个行政行为。可见，正确的标准是行政行为本身，即必须是一个独立、完整的具体行政行为。该行为或者是由两个以上行政机关共同作出，或者是一个具体行政行为针对两个以上公民、法人或者其他组织。

在实践中，主要有以下几种具体情形：①两个以上的当事人，因共同违法而被一个行政机关在一个处罚决定书中分别予以处罚；②法人或组织因违法而被处罚，该法人或组织的负责人或直接行为人同时被一个处罚决定处罚；③两个以上共同受害人，对行政机关的同一行政行为均表示不服而诉诸法院，这些起诉的共同受害人就成为共同原告人；④两个以上行政机关以一个共同行政决定的形式处理或处罚了一个或若干个当事人。

必要共同诉讼人，他们因同一行政行为而在权利义务上发生不可分割的联系，这既有事实上的也有法律上的。所以，凡属共同被告人，必须共同参加诉讼，如果原告人起诉中有遗漏，人民法院有权在征得原告人同意的基础上追加被告，通知应诉，被追加的被告无权拒绝参加。而对共同原告资格来讲，法院有义务通知未起诉的其他共同原告人参加诉讼；如果这些人仍然不愿参加诉讼，法院则不能强行追加，应尊重原告人的意志与选择。另外，共同诉讼人都是独立的法律主体，有独立的诉讼法律地位，一个人的行为对其他共同诉讼人没有法律上的约束力。他们各自以自己的名义参加诉讼，并对各自的行为负责，各自可以提出自己的诉讼请求。

三、普通的共同诉讼人

普通共同诉讼，是指当事人一方或双方为两人以上，其诉讼标的是同样的行政行为，并由法院进行合并审理的诉讼。这种共同诉讼的当事人即是普通共同诉讼人。

法律规定，普通共同诉讼必须是因同样的行政行为发生的行政案件。何谓同样行政行为？首先，在行政法关系中，存在两个或两个以上行政行为，实质上这是几个案件而非一个案件。其次，共同诉讼人之间在事实上或法律上并无当然的不可分割的联系，仅仅因为诉讼标的属于同一种类，即被诉行政行为有相同、相类似的性质，所以在程序上被统一起来。这种行政行为的同种类主要有：行政行为的基本事实同类，如均因偷税案件被处罚；或者是处理的法律依据同类，如因在一条拆迁道路上拒不搬迁或违章建筑，均根据同样的拆迁条例而被处罚或强制；或者是行政行为的种类、处理手段同类，如均被吊销执照；等等。最后，法院认为宜于合并审理并实行合并审理。普通共同诉讼并不是必须要合并，除上述条件以外，关键在于能否达到并案审理的目的：简化诉讼，节省与方便，以免矛盾与差异悬殊。如果不能达此目的，甚至使诉讼更复杂化或拖而不决，则不能并审而要分案审理。

普通共同诉讼，须由共同诉讼的当事人向法院提出申请，要求并案审理，然后由法院审查，认为可以合并的才能实行合并，从而构成共同诉讼。当然也可以由法院主动审查，认为宜于并案的，则依职权进行并案审理。从理论上讲，提起诉讼与申请并案，属于两个诉讼请求，要在不同诉讼文书中提出，或者在一个诉讼文书中分项明确提出。但是在具体操作上，则不可以机械、绝对，有的行政诉讼正在进行期间，作为被告或被告的上一级行政机关，又以调整的形式再一次作出行政行为，原告人对此行为直接向法院提出并案审理要求，应视为既有起诉请求也有并案申请，因为，并案申请始终在逻辑上与法律上都是以起诉为必然前提与内容的。

四、集团诉讼

行政诉讼中的集团诉讼，是指由人数众多的原告推选诉讼代表人参加的，且法院的判决及于全体利害关系人的行政诉讼。它是共同行政诉讼的一种特殊形式，在《最高人民法院关于执行〈中华人民共和国行政诉讼法〉若干问题的解释》的规定第 14 条当中已有明确的规定。集团诉讼具有以下特点：①原告方人数众多。按《最高人民法院关于执行〈中华人民共和国行政诉讼法〉若干问题的解释》，同案原告人数须为 5 人以上，这是集团诉讼的根本特点，即诉讼主体的集体性特征。当然，原告方的这个"集团"并非一个组织机构，而是为了诉讼方便将众多人群拟制为集团。②原告方实行诉讼代表制。由于原告人数众多，集团诉讼不是让每一个原告都亲自参加诉讼，而是推选诉讼代表人代表大家参加诉讼。③法院的裁判效力不仅及于诉讼代表人，也及于其他未亲身参加诉讼的当事人（原告），甚至及于未参加诉讼的利害关系人，此为法院裁判的扩张性。

集团诉讼的原告为 5 人以上，可以是十几人、几十人，也可以是成百上千甚至上万人等，人数不限。当然，人数为 5 人以上是指具有独立原告资格的主体为 5 人以上，不包括一原告内部的构成人数。而且，须是向法院提起了行政诉讼的原告，没有起诉但有利害关系的人，不是集团诉讼的当事人（原告）。

集团诉讼的代表人，是指代表集团成员进行行政诉讼的当事人，是诉讼代表人。代表人首先是原告当事人，具有当事人的一切特征；其次，它还具有诉讼代理人的一些特征，例如，须有原告推选产生的委托授权，行使处分权须经被代表当事人的同意，等等。诉讼代表人的产生途径有两个：①由原告推选产生；②如果原告方在法院限定的期限内未能选定，则由法院依职权从原告中指定产生。诉讼代表人无论是推选还是指定，其人数限为 1 ~ 5 人。此外，诉讼代表人的诉讼行为对其所代表的原告方发生效力，即效力及于诉讼集团的每一个成员，但处分权利的行为应取得被代表成员的同意。

第五节　第三人

一、第三人的概念

行政诉讼法肯定了第三人制度，并规定，公民、法人或者其他组织同被诉行政行为有利害关系但没有提起诉讼，或者同案件处理结果有利害关系的，可以作为第三人申请参加诉讼，或者由人民法院通知参加诉讼。据此，笔者认为，所谓行政诉讼的第三人，是指因与被提起行政诉讼的行政行为有利害关系，或者同案件处理结果有利害关系，通过申请或法院通知形式，参加到诉讼中来的除原告、被告以外的其他公民、法人或者其他组织。理论上把原告与被告之间的诉讼称之为本诉，把第三人参与的诉讼称之为参加诉讼。

行政诉讼第三人的基本特征是：

1. 第三人须是与本诉所争议的诉讼标的——行政行为或者案件处理结果有利害关系。第三人本来的含义就是除原告、被告以外的第三人，他参加到原告与被告的诉讼中来，必定与本诉有密切的联系。这种联系就是他与被诉的行政行为有利害关系，或者是与案件处理结果有利害关系。

根据《行政诉讼法》第 29 条的规定，第三人"同提起诉讼的行政行为有利害关系，或者同案件处理结果有利害关系"。过去的司法解释称这种利害关系为"与被诉具体行政行为有法律上的权利义务关系"。而《最高人民法院关于执行〈中华人民共和国行政诉讼法〉若干问题的解释》在解释利害关系时，也同样解释为"与具体行政行为有法律上利害关系"。此外，这些司法解释把第三人的利害关系作了严格的理解。实际上，司法实践从未有按如此严格的标准界定第三人。笔者认为，第三人参加诉讼的目的，既有维护第三人自身合法权益的根本，也有全面查明案件事实和全面正确解决纠纷的考虑。基于这一出发点，参考其他诉讼的第三人制度，所谓利害关系，就应当包括与被诉行政行为的利害关系，也包括与诉讼结果的利害关系。理论上，有些学者也称之为直接和间接利害关系。总之，第三人的根本特征是他与被诉行政行为有利害关系，或者与本诉结果有利害关系，这也是他参加诉讼的根据。试想，如果有一场诉讼会决定某一个人或组织的权利义务，我们不让他参加这场诉讼会怎样？结果显然是不公正的。

2. 第三人须是参加到他人诉讼中来的公民、法人或者其他组织。行政诉讼第三人并非原来就不可能成为原告，但是他毕竟没有作为原告而起诉。所以，他所参加的诉讼只能是别的主体之间的诉讼，即本诉。既然如此，那么，他就是在本诉程序已经开始但尚未终审判决以前加入的。他在这段期间内均有权申请参加。

3. 第三人在法律上有独立的诉讼地位。第三人与原告或被告均不一样，他参加诉讼是为了维护自己的合法权益，他既不必然地依附于原告也不依附于被告，他有自己独立的诉讼地位。他可以提出自己的请求，也可以发言、辩论，对第一审判决不服有权提出上诉，等等。

二、第三人的种类

从行政诉讼的实践来看，第三人主要有以下几种形式：

1. 行政处罚案件中的受害人或被处罚相对一方。在行政处罚案件中，有受害人、被处罚人。如果被处罚人不服处罚作为原告起诉，另一方受害人则可以作为第三人参加诉讼；如果是受害人对处罚不服而以原告身份向法院起诉，相应地，被处罚人也可以第三人名义参加诉讼。

2. 行政处罚案件中的共同被处罚人。在一个行政处罚案件中，行政机关处罚了两个以上的违法行为人，其中一部分人向法院起诉，而另一部分没有起诉的被处罚人，可以作为第三人参加诉讼。当然这也应适用于其他非处罚的案件。

3. 行政确权案件中的被确权人。公民、法人或者其他组织之间发生民事权益纠纷，依照法律有些须由行政机关进行确权裁决，如土地确权案件。这些纠纷当事人中，如一部分人不服向法院起诉，另一部分当事人（无论属于哪一方）都可作为第三人参加诉讼。与此性质类似的纠纷裁决，如强制性补偿、赔偿裁决等也同样适用第三人。

4. 在征用土地或房屋拆迁行政案件中的建设单位。在征用土地或房屋拆迁行政案件中，因征地或拆迁这一具体行政行为引起纠纷，当事人不服这一行政行为而诉诸法院，有关建设单位可以作为第三人参加诉讼。因为，这一具体行政行为是在实现建设单位已经取得的合法权益，它与建设单位的权益有法律上的权利义务关系。

5. 两个以上行政机关作出相互矛盾的行政行为，非被告的行政机关可以是第三人。例如，甲机关批准公民可为一定行为，而乙机关则作出决定撤销该公民的这一资格或因此而处罚该公民等。

6. 与行政机关共同署名作出处理决定的非行政机关组织。该组织既不是行政机关，也不是授权组织，即它不是行政主体，但它却与行政主体共同署名作出行政行为。依照法律规定，不是行政主体自然不能作行政诉讼的被告。但是，如果诉讼涉及赔偿事项，则不能免其赔偿利害关系人的责任，在这种条件下，该非行政主体的组织应作为第三人参加诉讼，以承担相应的法律责任。例如，党的机构与行政机关共同署名作出行政行为。

7. 应当追加被告而原告不同意追加的，法院应通知其作为第三人参加诉讼。如果只有一个被告而原告指控又不正确的，法院应要求原告变更为正确的被告；原告如不同意变更的，则驳回起诉。但是，如果应当有两个和两个以上的正确被告，而原告只诉其中部分被告，不同意诉其他具有被告资格的行政机关的，这些行政机关应作为第三人参加诉讼。

8. 其他利害关系人。

三、第三人参加诉讼的程序

第三人参加行政诉讼，须在原、被告的诉讼程序已开始、判决未作出以前进行。依照法律规定，第三人参加行政诉讼有两种形式：一是第三人自己主动向法院提出正式申请，经法院准许而参加诉讼。如果法院准许，则以书面形式通知第三人；如果未获准许，法院则以裁定形式予以驳回。申请人不服裁定可在 5 日以内向上一级法院提出上诉。另一种形式是第三人并未主动申请，而是法院依职权通知第三人参加诉讼。从上述第三人种类看，都与被诉标的有权利义务关系，因此，法院不是可以而是应当通知第三人参加诉讼。如果第三人拒不参加，法院不能强求，必须尊重该第三人的权利与选择。

四、第三人参加诉讼的法律意义

1. 维护第三人自身的合法权益，这是根本意义所在。

2. 便于法院全面了解案情、查明事实，并能够全面、正确地解决纠纷，确定当事人、第三人的权利与义务。

3. 便于法院及时审理案件，有节省、简化审理的功能，也方便于各利害关系人。

第六节　诉讼代理人

一、诉讼代理人的概念

行政诉讼代理人是代理人的一种，是指以当事人名义，在代理权限内，代理当事人进行诉讼活动的人。其特征是：

1. 行政诉讼代理人是以行政诉讼当事人、第三人的名义进入诉讼程序。他不能以自己的名义进行诉讼，否则他就不是代理人而是当事人、第三人了。其他诉讼参与人，如证人、鉴定人、勘验人等均非诉讼代理人；而且，此种代理人是代理进行行政诉讼，这与其他代理制度有所不同。

2. 代理人在代理权限以内的诉讼行为，其法律后果归属于被代理人。由于代理诉讼基于代理权而产生，因此，它只有在代理权限以内的行为才产生法律后果，越权代理则属于无效行为。另一方面，只要代理人的诉讼行为在代理权限以内，就要产生法律后果，这一有效代理的法律后果归属于被代理人。

3. 代理人参加行政诉讼的目的在于维护被代理人的合法权益。由于他不是在维护自己的权益，而是代理他人诉讼，自然要以维护被代理人合法权益为目的。鉴于此，诉讼代理人只能参加一个案件，代理一方当事人。要么是原告的代理人，要么是被告的代理人，要么是第三人的代理人，他不能在同一案件中把有利益冲突与权利纠纷的当事人一并代理。

4. 代理人的另一个必要特征是他须有诉讼行为能力。被代理人有权利能力，但并非都有诉讼行为能力，如未成年人。作为代理人的本质就是要进行诉讼行为活动，故他必须是有诉讼行为能力之人。

行政诉讼代理人制度是我国代理人制度的一种，其意义主要在于：①使无诉讼行为能力的当事人能参加诉讼，以保护自己的合法权益；②为当事人提供法律上的帮助，使他们能够更有效地行使权利、提出主张；③有助于法院依法正确及时地审判案件，接受监督，防止与减少违法与错误，提高审判质量。

二、诉讼代理人的种类

由于代理人是依据代理权进行诉讼代理的，而代理权产生的根据各有不同，据此，我们将代理人分为三类：法定代理人、指定代理人和委托代理人。

（一）法定代理人

根据法律规定而直接享有代理权限，代替无诉讼行为能力的公民进行行政诉讼的人，就是行政诉讼的法定代理人。这种代理权直接根据法律设定而产生，它不以任何人包括被代理人的意志为转移。当然法律规定是有一定条件的，这就是：①被代理人须为公民，而且被代理公民是属于无行为能力人，即未成年人、精神病人等。②代理人与被代理人之间业已存在亲权或监护关系，如父母、配偶、子女、兄弟姐妹等。如果被代理人没有作为监护人的亲属，则由其所在单位或者住所地居委会、村委会作为其监护人，即法定代理人。

由于法定代理人的代理地位是直接根据法律规定而产生的，他的代理权限实际上与被代理人的权限内容与范围相同。在诉讼地位上类似于被代理人，代理人能够行使被代理人拥有的全部权利，包括对实体与程序权利的处分。当然，如果代理人故意损害被代理人权益，则属非法、恶意，应属无效。

法定代理人代理权限是基于亲权或监护关系而产生的，它的消灭也是在一定法律事实出现后消灭的，主要有：被代理的未成年人达到成年，有行政诉讼行为能力；精神病人恢复正常，重新具有行为能力；代理人本人死亡或丧失行为能力；被代理人与代理人之间的收养关系被合法解除；等等。

（二）指定代理人

即由人民法院指定代理无诉讼行为能力的当事人进行行政诉讼的人。其要点在于：被代理人属于无诉讼行为能力的公民；在诉讼上无法定代理人，或者是被代理人事实上确已无法定代理人，或者是虽有法定代理人，但法定代理人互相推诿代理责任，或者是法定代理人不能行使代理权，如丧失行为能力等。鉴于上述情况，则由法院依职权指定诉讼代理人。这种指定从法律效力上看，无须被指定人同意而直接生效，但从实际效果考虑，则须征得被指定人的同意，以便代理人能够更好地维护被代理人的权益。

行政诉讼法中明文规定的指定代理人是：有法定代理人而相互推诿代理责任的，由法院在原法定代理人范围内指定，这叫法定代理人的指定代理。那么，该诉讼法条文没有具体规定出来的其他指定代理是否也存在呢？没有法定代理的未成年人，或虽有法定代理人但确不能行使代理权时又该如何呢？笔者认为，在这两种情况下的指定诉讼代理人是存在的，也是有必要的。因为：①司法解释规定，在行政诉讼法未尽事宜部分，可参照民事诉讼法，而民事诉讼代理制度是有此规定的。②未成年人或丧失行为能力人在事实上确实存在，而被代理的未成年人权益又不能不予保护。所以，我们不能因为该条文未作此明细规定就视为法律无此规定。

作为指定代理人的代理权限，需要考虑两点：①指定代理人如属法定代理人中的指定，则其权限实际就是原法定代理人的权限。②如属于法定代理人以外的指定代理人，则在法院指定时应予明确。指定代理人代理权限消灭的情形主要有：案件终结；当事人产生或恢复行为能力；当事人的法定代理人可以行使代理权等。

（三）委托代理人

受当事人、法定代理人委托，代为进行行政诉讼的人就是委托代理人。这是在实践中运用最广泛的诉讼代理制度。其特征是：①被代理人可以是公民即自然人，也可以是法人、组织或者行政机关。②代理权是在委托人与受托人双方意思表示一致的基础上并由委托人授权委托而产生的，既非源于法律，也非单方指定行为。当然，律师作为委托代理人，依据法律也享有一些特殊权限：可以查阅本案材料，包括庭审和庭外材料，有权依法向有关单位或个人调查取证。为完成委托代理，委托人须向法院提交自己授权的授权委托书。有关代理权限的事宜，应在委托书中载明。

根据《行政诉讼法》第 31 条的规定，委托代理人的范围是广泛的：①律师、基层法律服务工作者；②被告机关的工作人员；③原告或第三人的亲属、所在单位、社区以及有关社会团体推荐的公民。但是，无论是上述哪一种人，每个当事人、法定代理人都可以委托 1 人～2 人为委托代理人。

委托代理权消灭的主要根据有：诉讼终结；委托人解除委托；受委托人辞却委托；当事人、第三人更换或死亡；受委托人死亡或丧失行为能力等。

■思考题

1. 简述行政诉讼当事人的诉讼权利能力和诉讼行为能力。
2. 如何确定行政诉讼的原告？
3. 如何确定行政诉讼的被告？
4. 简述行政诉讼原告和被告资格的转移与承受。
5. 简述公益行政诉讼的原告资格。
6. 试比较必要的共同诉讼人与普通的共同诉讼人。
7. 行政诉讼第三人有哪些种类？
8. 简述行政诉讼诉讼代理人的种类。

■参考资料

1. 应松年主编：《行政法学新论》，中国方正出版社 2004 年版。
2. 姜明安主编：《行政法与行政诉讼法》，北京大学出版社、高等教育出版社 2005 年版。
3. 张树义主编：《寻求行政诉讼制度发展的良性循环》，中国政法大学出版社 2000 年版。
4. 马怀德主编：《司法改革与行政诉讼制度的完善——〈行政诉讼法〉修改建议稿及理由说明书》，中国政法大学出版社 2004 年版。
5. 沈岿："行政诉讼原告资格：司法裁量的空间与限度"，载《中外法学》2004 年第 2 期。
6. 章剑生："论行政诉讼原告资格的认定及相关问题"，载《杭州大学学报》1998 年第 7 期。
7. 杨海坤、马生安："中外行政诉讼第三人制度比较研究"，载《比较法研究》2004 年第 3 期。
8. 方世荣、梁洪霞："论行政诉讼中公民死亡后的原告资格转移问题"，载《法律科学》2004 年第 3 期。
9. 马怀德、解志勇："行政诉讼第三人研究"，载《法律科学》2000 年第 3 期。
10. 杨小军："行政诉讼原告资格：影响与利害关系"，载《法治论丛》2006 年第 4 期。
11. 杨小军："行政被告资格辨析"，载《法商研究》2003 年第 6 期。

第七章　行政诉讼的证据

■ 学习目的和要求

　　通过本章学习，应当全面掌握行政诉讼的特有证据形式，理解举证责任的分配及其原因，掌握当事人的举证规则以及法院对证据的收集、认证制度。学习中应当力求理论联系实际，结合具体案件理解行政诉讼中的证据制度，还应当注意运用比较的方法，加深理解行政诉讼中的举证责任分配、证据的收集、提交、质证以及法院的认证规则等。

第一节　行政诉讼证据概述

一、行政诉讼证据的概念

　　所谓证据，是指一切用来证明案件事实情况的材料，而行政诉讼证据则是指在行政诉讼中一切用来证明行政案件事实情况的材料。

　　在诉讼活动中，当事人为了支持自己的主张，使自己处于有利地位，就必须运用多种材料来证明自己主张的正确性，最终达到胜诉的目的。在我国，法院在必要时也应当主动地收集、调取各种材料，以便查明案件的事实真相，判明当事人主张的真实与否、合法与否。即使是法院的主动收集，也不应当有方向性和针对性。只要与案件有关的材料均应当收集，因为证据是静态的，是一种服务于当事人和法院的工具。

　　有人认为证据是案件事实的真实反映，是案件事实本身留下来的客观痕迹，或者是当事人或证人对案件事实的准确描述，因而有的将证据定义为准确反映案件真实情况的材料或事实。我们认为应当将当事人主观上期望的作为证明案件真实情况的材料与最终经法院审查属实能够作为定案根据的材料区别开来，不能认为只有能反映案件真实情况的材料才能作为证据，而把那些由当事人提供或由法院收集的、最终定案时未被认定的材料不作为证据。正是基于此，有些学者将证据划分为一般证据和可定案证据，这是很有见地的。但持这些观点的一些学者认为行政诉讼应当只研究可定案证据，而对一般证据则无需研究，这又值得商榷。我们认为，行政诉讼法学应当研究可定案证据，同时也应当研究一般证据。因为：①可定案证据是包含在一般证据之中的，离开一般证据根本就谈不上可定案证据，可定案证据正是法院运用一系列审查判断证据的方法从一般证据中认定的；②在诉讼活动中，由于参加人的地位不同，他们运用证据的目的也不同。当事人总是希望通过运用自己收集到的证据来证明行政行为是合法适当还是违法不当的。在法院的判决结果尚未作出之前，哪一种证据能够被法院认定，事先并不明了。因而此时当事人收集证据以及向法院提供证据的指导思想是尽量准确、全面、客观，而不会只限于他自己所认为的可定案证据。因此，只要当事人主观上认为能够证明案件的事实的材料均应收集并提交法院。当然，当事人明确了可定案证据的标准，可以帮助他们有目的、有方向地收集、提供证据从而尽量避免盲目性。

这个定义，包含了以下几个要素：

1. 证据是一种材料，这种材料由当事人收集并提交给法院，或者由法院依照职权在必要的情况下调取。这种材料可有多种表现形式，如物证、书证、视听资料、证人证言、现场笔录等。

2. 证据的用途是用来证明案件事实，至于它是否能够正确地反映案件事实，起到证明作用，应当由法院依法认定，也就是说，只要是在诉讼程序中向法院提交，希望证明当事人主张的材料都是证据。

3. 证据中包括了可定案证据和一般证据。可定案证据是能准确、充分、客观地反映案件真实情况，由法院依法认定的证据；一般证据是指所有用来证明案件情况的材料。证据有真伪之分，某一材料能否成为行政诉讼的证据取决于当事人的主观愿望和是否在诉讼程序中提交法院，而不取决于它是否准确、客观地反映了案件的真实情况。

二、行政诉讼证据的特征

研究行政诉讼证据的特征，既要看到行政诉讼证据与其他诉讼证据的区别，同时，也要看到其与其他证据的区别，还应当看到一般证据与可定案证据的区别。

（一）行政诉讼证据与其他诉讼证据相比所具备的特征

1. 行政诉讼证据范围的广泛性。根据《行政诉讼法》第33条的规定，行政诉讼证据包括书证、物证、视听资料、电子数据、证人证言、当事人陈述、鉴定意见、勘验笔录和现场笔录。这里的现场笔录就是其他诉讼中所未包括的；另外，《行政诉讼法》还规定行政机关必须向法院提供作出行政行为的事实依据和规范性文件。尽管立法并未将规范性文件明确作为法定证据，但从上述规定来看，行政行为所依据的规范性文件同样起着一定的证明作用。如证明行政行为的动机、证明行政行为的幅度的合理性等。也就是说，行政诉讼的法定证据中包括了其他诉讼证据中所不具备的现场笔录，并且，在一些特定情况下，规范性文件还起着一定的证明作用。其范围要大于其他诉讼的证据范围，这是由行政诉讼的特点决定的。行政诉讼所要解决的是行政行为是否合法的问题，作为承担举证责任的行政机关，就应当赋予其更多的手段，包括更为广泛的证据来证明其行为的客观真实性。

2. 行政诉讼证据来源的特定性。行政诉讼的证据主要来自于行政程序中，并且主要由作为被告的行政机关提供给法院。行政机关在实施行政行为的过程中，应当在充分、全面地掌握证据、弄清事实真相之后，才能对照法律、法规的规定，作出行政裁决。也就是说，行政机关必须遵循先取证、后裁决的规则。这就决定了行政机关向法院提交的证据应当在作出裁决之前就应当获得，一旦引起诉讼，应当向法院提供。诚然，原告也有权向法院举证来反驳行政机关的证据，但由于在行政法律关系中，被告行政机关处于主导地位，使得原告无法或难以获取证据，因此，我们可以说，行政诉讼的证据主要是由被告向法院提供，而其所提供的证据还必须是在行政程序中取得的。尽管法院在诉讼过程中也可以向有关行政机关以及其他组织、公民调取证据，但那只是在法院认为有必要时才调取。总之，由于先取证、后裁决的规则以及举证责任的特定性，决定了行政诉讼证据来源的特定性，不同于民事诉讼和刑事诉讼的证据。

3. 举证责任承担主体的相对确定性。诉讼中由谁承担举证责任，是一个极为重要的问题。民事诉讼中遵循谁主张、谁举证的原则，即民事诉讼举证责任的承担者，是由哪一方提出主张决定的；行政诉讼中，对行政行为合法性的举证责任是由被告来承担的，行政机关在诉讼中应当举出证据证明其行政行为是正确的，否则将承担败诉的后果，即法律将不能举出证据证明自己主张而要败诉的风险确定由作为被告的行政机关来承担，这不同于民诉中的举证责任的承担。

(二) 与行政证据相比所具备的特征

所谓行政证据，是指行政机关在行政程序中收集或由当事人向行政机关提供，行政机关据以作出行政行为的事实和材料。

1. 运用证据的目的不同。行政机关在行政程序中运用证据的目的在于保证其正确合法而适当地作出行政行为，公民、法人或其他组织运用证据的目的是为了在行政程序中取得有利地位，例如，获得的是某种权利的许可，免除义务的申请得以批准及其他事项得以实现，不被处罚或减轻处罚等。而在行政诉讼中，行政机关作为被告运用诉讼证据的目的在于证明被诉讼的行政行为合法，公民、法人或其他组织作为原告运用证据的目的正相反。诉讼中，法院也应当运用证据，目的在于查明事实真相，准确地裁判行政行为是否合法，从而实现监督行政机关依法行政的目的。

2. 举证的性质不同。在行政程序中，行政机关在作出裁决之前，应当广泛收集证据，并且应当向公民、法人或其他组织出示证据，或者说明据以作出行政行为的事实和理由，给公民、法人或其他组织以据证反驳的机会。这是行政机关在实施行政管理过程中应当承担的义务。公民、法人或其他组织提出免除义务的申请和赋予权利的许可的申请时，应当运用证据证明自己的主张合法、合理，否则申请将被驳回。同样，在反驳行政机关主张时也应举出证据。总之，公民、法人或其他组织有主张就应当举证。否则其主张可能得不到支持和认可。在行政诉讼中，被告承担举证责任，实际是被告承担了当不能举证证明被诉行政行为合法时，就将导致败诉的风险，既非义务又非权利，如果要认为是义务的话，那也是一种特殊的风险义务。而原告向法院举出证据则主要是一项诉讼权利。

（三）可定案证据的特征

当事人将行政证据提交给法院，但这些证据在法律上均无预决力，所有这些证据都必须经法院审查和当事人质证，才能作为定案的根据。能够被法院认定、最终作为定案根据的证据必须有以下特征：

1. 合法性和可采用性。所谓合法性，即可定案证据必须是经合法程序、运用合法手段取得的，而且符合法定形式。行政证据在未被法院采纳和认定时，不能作为定案的根据。如果证据取得的方式违法或其本身不符合法定形式，不得作为定案依据。例如，行政机关认定公民、法人或其他组织违法并予以处罚的证据是通过逼供或者诱骗的方式取得的，行政机关向法院提交的证据是在诉讼过程中向原告和证人取得的，等等。所谓可采用性，是指证据只有在按规定可以采纳的情况下，才能作为定案的依据。例如，不能正确表达意思的儿童以及不具备辨认资格和控制能力的精神病人，没有充当证人的资格，其证言不具可采用性。可定案证据的合法性，要求审判人员不仅要审查证据是否客观真实、与案件是否有关联，还应当注意审查证据取得的途径是否合法，形式是否合法，切不可将违法证据作为定案证据。可定案证据的可采用性，则要求法院审判人员在审理行政案件时，对证人资格要进行严格审查，必要时应对证人资格进行鉴定，对不具有证人资格的人所提供的证言，不得采用作为定案证据。

2. 客观性。即指作为定案证据，必须是不依赖于人们的意志为转移的真实的事实。行政诉讼证据的证明对象是行政案件的真实情况，这种真实情况包括行政机关作出行政行为这一事实本身以及这种行为所依据的事实。这些都是在一定时间、空间和条件下发生的，无论当事人及法院审判人员的意志如何，均不改变。这就要求审判人员不能根据当事人和其他诉讼参与人的虚构、想象和猜测，也不能根据自己的主观臆断，来确定定案证据，而应当尽一切可能去发现和收集客观存在的事实，找到可定案证据。

3. 相关性。所谓相关，是指作为可定案证据，必须同案件的事实，也就是同有争议的行政行为以及与这一行为所依据的事实存在一定的联系。与案件事实有联系表现在两个方面：①与有争议的行政行为有联系。如公安机关对某公民因违法而实施治安处罚所制作和送达裁决书便成为与行政处罚行为有联系的证据。②同作出行政行为所依据的事实有联系。行政行为应当依据一定的事实作出，行政机关在裁决时有无事实依据，这种事实是否正确等，直接关系到行政行为是否合法。如在上例中，该公民是否确有应受处罚的行为，该行为是否违法，都必须有相应的证据证明，与案件没有任何联系的证据，即使再真实、合法，也不得作为定案证据。

可定案证据是法院作出判决的依据，认定的准确与否，直接关系到法院裁判的客观性和准确性。因此，全面领会和理解可定案证据的特征，将使审判人员从繁杂琐碎的事实与材料中找到可定案证据，从而为正确适用法律、法规打下良好基础。

三、行政诉讼证据的种类

（一）学理上对证据的分类

1. 本证和反证。根据提出证据主体的不同及其证明的事实不同，可以把证据分为本证和反证。

所谓本证，是指由负有举证义务的当事人提出的、用以证明他所主张的事实的证据。凡是当事人提出一种事实，就必须有相应的证据。而本证所要证明的事实必须不是为了反对他人所主张的事实，而是为了确立自己的主张。比如，原告在起诉时为了证明自己的诉讼请求而提出的证据、被告在证明自己的行政行为的合法性时所提出的证据都属于本证。

所谓反证，是当事人为反驳对方所主张的事实从而推翻对方观点而举出的证据。例如，原告提出证明其打他人并未造成伤害的医院报告是本证，而如果被告提出法定机构作出的被害人被打后致使轻微伤害的鉴定结论，从而证明自己行政行为的合法性，这就是反证。反证的目的是为了推翻对方的观点，这是反证最重要的特征。

两者最基本的区别在于：本证是为证明从未有人提出的新的事实和主张，而反证并不证明新的事实和主张，而是用相反的事实来反驳对方主张的事实和观点。

2. 直接证据和间接证据。根据证据与待证事实之间的关系，证据可以划分为直接证据和间接证据。

所谓直接证据，是指能够直接证明待证事实、不需要其他证据加以辅助的证据。例如，某甲诉工商行政管理部门违法不发给其个体营业执照，工商局则答辩称不发给甲营业执照是因为某甲身体不健康，不具备开业条件，因而并不构成违法。工商行政管理部门举出医院诊断其患有传染病的诊断书，此时诊断书便成为直接证据。由于直接证据对待证事实的证明具有直接、简明的特征，因而有极强的证明力。

所谓间接证据，是指与待定事实之间只有间接关系，不能单独、直接证明待证事实的证据。运用间接证据必须注意：①间接证据不能单独证明待证事实，需要有其他证据以辅助、配合；②各个间接证据之间不能相互抵触而应当互相协调；③间接证据之间应当有内在的紧密的联系，应环环相扣；④间接证据构成的证明锁链能得出的结论应具有唯一性，即只能得出一种结论。例如，公安机关向法院举证在甲家中搜查到乙的失窃物品就是间接证据。因为该物品可能是甲买来的、借来的、拣来的，不能直接证明是甲偷来的。如果公安机关能举证甲留在失窃现场的指纹，证人目击他在现场的证言，以及在甲家中搜到的甲撬窃乙家的作案工具，则可证明甲实施了盗窃行为。

3. 原始证据和传来证据。根据证据来源的不同，可把证据分为原始证据和传来证据。

所谓原始证据，是指直接来源于案件事实或者在案件事实直接作用下形成的证据。书证的原件、当事人的陈述、证人对于目击情况的证言等都是原始证据。如甲写给乙的恐吓信原件，税务部门查获的个体户的偷漏税行为就是原始证据。

所谓传来证据，是由原始证据派生出来或者在信息传递的中间环节中形成的证据，又称派生证据。书证的副本、物证复制品、证人就其听别人转述的情况所作的证言等，都是传来证据。由于传来证据是由原始证据派生出来的，应当经过严格的审查核实，确认确实无误时才能作为定案证据。

4. 言词证据和实物证据。根据证据的表现形式不同，可以把证据分为言词证据和实物证据。

所谓言词证据，是指以言词形式反映出来的证实案件情况的材料。证人证言、当事人的陈述、鉴定意见等便属于言词证据。言词证据不但受到陈述人和鉴定人的主观因素的影响，还受到陈述人的感受力、记忆力、判断力、表达能力的影响，在审查定案时应当充分注意。

所谓实物证据，是指以物品的外部特征或记载的内容作为某种客观事实的表现形式的证据。物证、视听资料、电子数据、勘验笔录和现场笔录是实物证据。对于以外部特征来证明案件事实的证据，应审查、鉴别其外部特征，以确定能否作为定案的依据。对以记载内容来反映案件事实的证据，既要审查其外部特征，也要审查其内容，例如，以照片作为证据，既要审查照片有无加工、修改的痕迹，也要审查其反映的事实的性质。

（二）法律上对证据的分类

我国《行政诉讼法》第33条，对行政诉讼的证据作了以下规定：

1. 书证。书证是指用文字或图画、符号等记载的、表达人的思想和行为，并用来证明案件情况的材料，其基本特征是用它记载或反映的内容来反映案件事实。

2. 物证。指用来证明案件事实的物品或痕迹。物证是以其存在的外形、性状、质量特征、规格等证明案件事实的证明材料。物证较为客观、真实，但通常情况下是间接证据。当物证有可能灭失或变质时，应注意保存。

3. 视听资料。指利用录音、录像的方法录制的音响和图像或者用电子计算机储存的资料来证明案件事实的证明材料。由于技术的进步，视听资料可以用剪接、拼凑的方法进行伪造或加工，因而应注意应用专门技术进行审查。

4. 电子数据。2014年修正《行政诉讼法》时新增加的一种证据形式。电子数据，是指基于计算机应用、通信和现代管理技术等电子化技术手段形成的包括文字、图形符号、数字、字母等的客观资料。随着计算机的广泛运用，一方面，公民、法人或者其他组织的活动往往会在计算机上留下痕迹。对公民、法人或者其他组织在使用计算机时所留下的电子数据进行提取和收集，是行政机关收集、保全证据的重要方面；另一方面，随着电子政务和网上政府的运行，行政机关也有大量的信息和文件等也是通过计算机在互联网上完成，这种情况下所形成的电子数据也是一种重要的证据形式。

5. 证人证言。指证人就其所了解的有关案件事实的情况依法所作出的陈述。了解案件情况的公民作证是法律规定的义务，但精神病患者或没有独立思考能力的儿童等一般不能作证。

6. 当事人的陈述。当事人的陈述是指当事人所作的关于案件事实情况的叙述。由于当事人与案件有直接的利害关系，其所陈述的真实性应经严格审查方可确信，并且应有其他证据作为旁证，才能作为定案根据。

7. 鉴定意见。指由鉴定人运用自己的专门知识，利用专门的设备和材料，对案件中出现的专门问题所作的结论性意见。鉴定意见包括两大类：①当事人向法院提供的鉴定意见，但必须是法定部门作出的，否则没有证明效力；②法院在认为需要时，对专门问题交由法定鉴定部门进行鉴定。无法定鉴定部门的，法院可指定其他鉴定部门进行鉴定。

8. 勘验笔录和现场笔录。勘验笔录是指行政机关工作人员或法院审判人员对能够证明案件事实的现场或者对不能、不便拿到法院的物证就地进行分析、检验、测量、勘查后作出的记录；现场笔录是指行政机关工作人员在实施行政行为的现场对现场情况所作的书面记录。

勘验笔录和现场笔录是有区别的：①制作主体不同。勘验笔录是由行政机关工作人员或法院审判人员所制作的；现场笔录是由行政机关工作人员所制作的。②所反映的事实不同。勘验笔录是对一些专门的物品和场所进行勘测后所作的记录，所反映多是静态的客观情况，且一般是案件发生以后进行的；现场笔录则是对执行现场当时的情况所作的记录，一般为动态的事实，而且往往反映的是制作笔录的当时的情况。③勘验笔录是间接证据，现场笔录则是直接证据。

现场笔录是行政诉讼中特有的法定证据，是为了适应行政审判的特殊性而设置的。行政机关在制作、运用现场笔录时应遵循下列规则：

（1）现场笔录只有在以下情况下才能适用：①在证据难以保全的情况下，如对变质食品、数量较大的伪劣药品等；②在事后难以取证的情况下，如对不洁餐具等；③不可能取得其他证据或者其他证据难以证明案件事实时。

（2）现场笔录应当严格遵循有关程序：①现场笔录应当是在"现场"制作的，而不能事后补作；②现场笔录应当由当事人签名或盖章，在可能的情况下还应当由在场证人签名盖章。没有当事人或其他证人签名盖章的现场笔录不能起到证明作用。法院也应对现场笔录进行严格审查，只有符合上述规则的现场笔录才能作为定案根据。

第二节　行政诉讼中的举证责任

一、举证责任的概念与特征

（一）概念

举证责任是法律设定的一种风险，即承担举证责任的当事人应当提出自己的主张、证明自己的主张，否则将承担败诉后果的风险。

举证责任在诉讼法中举足轻重。早在罗马法时代，人们就已经开始了对举证责任的研究。当时，人们主要从民事诉讼中当事人举证活动的角度来观察和表述举证活动，认为举证责任是当事人提出主张后，应当向法院提供证据证明自己的主张的责任承担方式。这种举证责任的表述被认为是主观的举证责任，也叫行为意义上的举证责任。后来，法国学者尤里乌斯·格尔查在其《刑事诉讼导论》中认为，举证责任是指在案件审理终结后，对争议事实的真伪仍然无法判断，而法院又不能拒绝裁判时，由哪一方承担不利后果的问题。这被称为客观的举证责任，也叫结果意义上的举证责任。

我国《行政诉讼法》第 34 条规定："被告对作出的行政行为负有举证责任，应当提供作出该行政行为的证据和所依据的规范性文件。被告不提供或者无正当理由逾期提供证据，视为没有相应证据……"第 67 条规定："人民法院应当在立案之日起 5 日内，将起诉状副本发送被告。被告应当在收到起诉状副本之日起 15 日内向人民法院提交作出行政行为的证据和所依据的规范性文件，并提出答辩状……"

从这两条规定来看，我国行政诉讼法采用的是结果意义上的举证责任。因为，它没有规定原告在起诉时应当向法院提交证据证明自己主张以推进诉讼的进程，而是规定由被告证明其被诉行为合法。

（二）我国《行政诉讼法》所规定的举证责任的特征

1. 举证责任是一种风险，即一种不利后果出现的可能性，这个不利的后果只在一定的条件成就时出现，而后果就是败诉，即主张得不到法院的支持。

2. 出现败诉后果的条件是承担该风险的当事人不能举出证据证明自己的诉讼主张。当然，有人认为还必须加上法院也不能查明案件事实的，才败诉。我们认为，这一观点起码在行政诉讼中是不能成立的，在行政诉讼中法院没有、也不应当有为当事人特别是为被告查明事实的义务，只要被告不能证明自己的行政行为合法，无须原告证明其行政行为违法，法院就可以判决撤销被告的行政行为，或者确认被告的行政行为违法。

3. 举证责任这种不利的风险是由法律规定的，而不是当事人选择的结果，即根据法律规定不承担该风险的人，可能会因为其他原因败诉，但不会因为举不出证据而败诉。相反，由法律规定承担举证责任的当事人却可能因此而败诉。因此，法律将这一风险设定在哪一方当事人身上，有一个公正与否的问题。从我国《行政诉讼法》的规定来看，这种风险显然被设定在被告身上。

二、举证责任的分担

关于行政诉讼中的举证责任分担，并不是恒定地由被告承担，原告不负任何举证责任。2014 年修正《行政诉讼法》时，在总结了行政诉讼司法实践的情况后，对行政诉讼中举证责任的分担作了明确的规定：

（一）被告对被诉的行政行为的合法性承担举证责任

《行政诉讼法》第 34 条规定："被告对作出的行政行为负有举证责任……"这就从立法上明确了被告应当举出证据证明行政行为的合法性，否则，无论原告是否能证明行政行为违法，被告将败诉。而原告并不因为举不出证据证明行政行为违法而败诉。《最高人民法院关于行政诉讼证据若干问题的规定》（2002 年 10 月 1 日起施行，以下简称《证据问题的规定》）第 6 条明确："原告可以提供证明被诉具体行政行为违法的证据。原告提供的证据不成立的，不免除被告对被诉具体行政行为合法性的举证责任。"之所以这样规定，是由以下原因决定的：

1. 行政行为符合法定程序的一个最基本的顺序规则是"先取证、后裁决"，即行政机关在作出裁决前，应当充分收集证据，然后根据事实，对照法律作出行政行为。因此，当行政机关作出行政行为被诉至法院时，应当能够有充分的事实材料证明其行政行为的合法性。这是被告承担举证责任的基础。

2. 在行政法律关系中，行政机关居于支配地位，其实施行为时无须征得公民、法人或其他组织的同意，而公民、法人或其他组织则处于被动地位，因而为了体现在诉讼中双方当事人地位的平等性，就应当要求被告证明其行为的合法性，否则应当承担败诉的后果，而不能要求处于被动地位的原告承担举证责任，否则将对原告不利。事实上，由于行政法律关系中双方当事人的这种不平等地位，原告将无法或者很难收集到证据。即使收集到，也可能难以保全。而如果当原告不能举证证明自己主张时由原告承担败诉后果，是有失公允的。

行政诉讼法要求被告对被诉的行政行为承担举证责任，充分体现了行政诉讼的目的：①有利于促进行政机关依法行政，严格遵守先取证、后裁决的程序规则，从而防止其实施违法行为和滥用职权；②有利于保护原告的合法权益，当被告不能证明其行政行为合法时，法院不能放弃审判，应当作出有利于原告的判决，防止公民、法人或者其他组织的合法权益遭受不法行政行为的伤害。

（二）原告对下列事项承担举证责任

行政诉讼的核心问题是审查行政行为是否合法，但是，除此以外行政诉讼中还有其他问题，为此，《行政诉讼法》第38条对原告应当承担的举证责任也作了明确规定：

1. 在起诉被告不履行法定职责的案件中，原告应当提供其向被告提出申请的证据。但被告应当依职权主动履行法定职责的，或者原告因正当理由不能提供证据的可以免除原告的举证责任。

2. 在行政赔偿和行政机关依法给予补偿的案件中，原告应当对行政行为造成的损害提供证据。因被告的原因导致原告无法举证的，由被告承担举证责任。对其他问题的举证问题仍然是"谁主张、谁举证"。

三、举证规则

（一）举证期限

《行政诉讼法》第67条对被告提交证据的期限做了明确规定："……被告应当在收到起诉状副本之日起15日内向人民法院提交作出行政行为的证据和所依据的规范性文件，并提出答辩状……被告不提出答辩状的，不影响人民法院审理。"

《行政诉讼法》只对被告举证的期限作了规定，没有对原告和第三人举证的期限作出规定。我们认为，为了维护正常的诉讼秩序，对原告和第三人举证的期限作出规定是理所应当的，最高人民法院为执行 1989 年《行政诉讼法》制定的《关于行政诉讼证据若干问题的规定》（以下简称《证据问题的规定》）中关于原告和第三人举证的期限应当仍然适用。该规定第 7 条第 1 款明确规定："原告或者第三人应当在开庭审理前或者法院指定的交换证据之日提供证据。因正当事由申请延期提供证据的，经人民法院准许，可以在法庭调查中提供。逾期提供证据的，视为放弃举证权利。"同时，该条第 2 款规定："原告或者第三人在第一审程序中无正当事由未提供而在第二审程序中提供的证据，人民法院不予接纳。"

非常明显，被告的举证期限比原告或第三人的举证期限要短得多，这是合理的。因为，"先取证、后裁决"的程序规则决定着，被告向法院提交的证据应当是早在行政程序中获取的，在诉讼中所要做的就是将其提交给法院。这一规定的法律意义，在很大程度上就是为了强化"先取证、后裁决"的程序规则。

（二）对被告举证的要求

1. 被告举证的范围。《行政诉讼法》第 34 条规定，被告"应当提供作出该行政行为的证据和所依据的规范性文件"。可见，被告举证的范围应当包括一般意义上的证据，即反映案件事实的材料，也包括被告作出行政行为所依据的规范性文件，即法律、法规、规章以及规章以下的规范性文件。显然，立法者和法律解释者均将规范性文件作为证据对待。对此，有学者提出了质疑。我们认为，将规范性文件作为证据确有可商榷之处。

2. 被告提交的证据应当是在行政程序中收集的证据。行政诉讼的功能之一，是监督行政机关依法行政，而依法行政原则对行政机关的要求是行政机关应当查清全部事实，根据法律规定、按照法定程序作出行政行为，因此，在行政程序中必须获取相关的证据，才能作出行政行为，如果在行政诉讼开始后才去收集证据，则会放任行政机关无视事实实施行政行为。为此，《行政诉讼法》明确规定，被告在行政诉讼中不得自行向原告和证人收集证据。基于这样的原理，《最高人民法院〈中华人民共和国行政诉讼法〉若干问题的解释》和《证据问题的规定》中对于被告提交的证据出现下列情形的，不能作为认定被诉行政行为合法的证据：

（1）被告及其诉讼代理人在作出行政行为后（当然包括在诉讼过程中）自行收集的证据。

（2）被告在行政程序中非法剥夺公民、法人或者其他组织依法享有的陈述、申辩或者听证权利所采用的证据。

（3）原告或者第三人在诉讼程序中提供的、被告在行政程序中未作为行政行为依据的证据。

（4）复议机关在复议程序中收集和补充的证据，或者作出原行政行为的行政机关在复议程序中未向复议机关提交的证据，不能作为法院认定原行政行为合法的依据。

（5）被告在二审过程中向法庭提交在一审过程中没有提交的证据，不能作为二审法院撤销或者变更一审裁判的根据。

（三）当事人补充证据的规定

行政诉讼与其他诉讼一样，必须在查明事实的基础上，依据法律作出裁判。因此，查明案件所涉及的事实，是行政诉讼中的重要环节。而为了查明事实，除当事人主动提供证据外，法院有权要求当事人提供和补充证据。《行政诉讼法》第 39 条规定，法院有权要求当事人提供或者补充证据。但是，行政诉讼证据的某些特殊规则决定了法院在责令当事人提交和补充证据时，必须受一定的规则限制，否则将很可能动摇被告对行政行为承担举证责任、被告应当在法定时间里提交证据等特殊规则。为此，《最高人民法院关于执行〈中华人民共和国行政诉讼法〉若干问题的解释》、《证据问题的规定》中明确规定的当事人补充证据的规则仍然应当有效：①被告在作出行政行为时已经收集证据，但因不可抗力等正当理由不能提供的；②原告或者第三人在诉讼过程中，提出了其在被告实施行政行为过程中没有提出的反驳理由或者证据的；③对当事人无争议，但涉及国家利益、公共利益或者他人合法权益的事实，法院可以责令当事人提供或者补充有关证据。

第三节　行政诉讼中证据的提交、调取与保全

一、证据的提交

行政诉讼中被告对作出的行政行为承担举证责任，应当提交证据证明被诉的行政行为合法；原告和第三人提交证据证明自己的诉讼主张是其基本的诉讼权利，而且在特定的情况下，原告也承担着举证责任，因此，在行政诉讼中，向法院提交证据是当事人的一项最基本的诉讼活动。为了保证诉讼活动正常进行，提高审判效率，向法院提交证据必须遵守一定的规则。准确地说，本章第二节中关于被告和原告举证时间和范围的规定，也属于举证的要求，但那是基于行政诉讼的特点、遵循行政诉讼规律分别对被告或原告及第三人提交证据的特殊规定。除了这些规定外，《证据问题的规定》还针对不同形式的证据，对当事人举证的行为，提出了统一要求，无论是原告，还是被告或者第三人，都必须按照这些要求提交证据。违反这些要求所提交的证据，是不会被法院采信的。

1. 提交书证、当事人陈述等的要求。当事人向法院提供书证，应当符合下

列要求：

（1）应当提供书证的原件，原本、正本和副本均属于书证的原件。提供原件确有困难的，可以提供与原件核对无误的复印件、照片、节录本。

（2）如果提供的是由有关部门保管的书证原件的复制件、影印件或者抄录件的，应当注明出处，并有经该部门核对无异后加盖的印章。

（3）如果提供报表、图纸、会计账册、专业技术资料、科技文献等书证，应当附有说明材料。

（4）被告提供的被诉行政行为所依据的询问、陈述、谈话类笔录，应当有行政执法人员、被询问人、陈述人、谈话人签名或者盖章。

除此之外，如果法律、法规、司法解释和规章对书证的制作形式另有规定的，还应当符合其规定。

2. 提交物证的要求。当事人向法院提供物证的，应当符合下列要求：

（1）应当提供原物。提供原物确有困难的，可以提供与原物核对无误的复制件或者证明该物证的照片、录像等其他证据。

（2）原物为数量较多的种类物的，提供其中的一部分。

3. 提交计算机数据或者录音、录像等视听资料的要求。当事人向法院提供计算机数据或者录音、录像等视听资料的，应当符合下列要求：

（1）应当提供有关资料的原始载体。提供原始载体确有困难的，可以提供复制件。

（2）应当注明制作方法、制作时间、制作人和证明对象等。

（3）声音资料应当附有该声音内容的文字记录。

4. 提交证人证言的要求。当事人向法院提供证人证言的，应当符合下列要求：①写明证人的姓名、年龄、性别、职业、住址等基本情况；②有证人的签名，不能签名的，应当以盖章等方式证明；③注明出具日期；④附有居民身份证复印件等证明证人身份的文件。

5. 提交鉴定结论的要求。被告向法院提供的在行政程序中采用的鉴定结论，应当载明委托人和委托鉴定的事项、向鉴定部门提交的相关材料、鉴定的依据和使用的科学技术手段、鉴定部门和鉴定人鉴定资格的说明，并应有鉴定人的签名和鉴定部门的盖章。通过分析获得的鉴定结论，应当说明分析过程。

实际上，在行政诉讼中，原告或者第三人也完全可能向法院提交鉴定结论证明自己诉讼主张。我们认为，原告或者第三人向法院提交鉴定结论，也应当符合上述要求。

6. 被告提交现场笔录的要求。被告向法院提供的现场笔录，应当载明时间、地点和事件等内容，并由执法人员和当事人签名。当事人拒绝签名或者不能签名的，应当注明原因。有其他人在现场的，可由其他人签名。

另外，法律、法规和规章对现场笔录的制作形式另有规定的，从其规定。

7. 提交在中华人民共和国领域外或在特别行政区和台湾地区形成的证据的要求。当事人向法院提供的在中华人民共和国领域外形成的证据，应当说明来源，经所在国公证机关证明，并经中华人民共和国驻该国使领馆认证，或者履行中华人民共和国与证据所在国订立的有关条约中规定的证明手续。

当事人提供的在中华人民共和国香港特别行政区、澳门特别行政区和台湾地区内形成的证据，应当具有按照有关规定办理的证明手续。

8. 提交由外国语言形成的证据的要求。当事人向法院提供外文书证或者外国语视听资料的，应当附有由具有翻译资质的机构翻译的或者其他翻译准确的中文译本，由翻译机构盖章或者翻译人员签名。

9. 其他要求。①证据涉及国家秘密、商业秘密或者个人隐私的，提供人应当作出明确标注，并向法庭说明，由法庭予以审查确认；②当事人应当对其提交的证据材料分类编号，对证据材料的来源、证明对象和内容作简要说明，签名或者盖章，注明提交日期。

《证据问题的规定》除了对当事人提交证据提出了上述明确的要求外，同时也对法院接受证据的行为作了一定规定：法院收到当事人提交的证据材料，应当出具收据，注明证据的名称、份数、页数、件数、种类等以及收到的时间，由经办人员签名或者盖章。

二、法院对证据的调取

行政诉讼除了具有保护公民、法人或其他组织合法利益的功能外，还有一个重要的功能就是通过对行政行为是否合法进行审查，监督行政机关依法行使职权。因此，在行政诉讼中，当事人举证，特别是被告举证应当是证据的主要来源。既然法律明确规定应当由作为被告的行政机关证明被诉的行政行为的合法性，那么法院就不应当过多地涉足事实的调查或者证据的收集，否则，法院的监督作用就将会大为降低。但是，在某些情况下，完全由当事人举证又不能保证法院查明事实，特别是对于处于弱势地位的原告，在某些情况下是不可能获得有关证据的，因此，法院在某些情况下应当有调取证据的职权。从更广泛的意义上说，法院责令当事人补充证据实际也是其调取证据的一种方式，但本节主要阐述法院向当事人以外的其他公民、法人或组织等调取证据的情形。这一情形又可以分为法院依职权主动调取证据和依当事人的申请调取证据两种。

（一）法院依职权主动调取证据

《行政诉讼法》第 40 条规定："人民法院有权向有关行政机关以及其他组织、公民调取证据。但是，不得为证明行政行为的合法性调取被告作出行政行为时未收集的证据。"《行政诉讼法》未就法院主动调取证据的情况作出明确的规定。一般认为，基于行政诉讼是法院对行政机关的行政行为进行审查，法院主动收集证据应当有所节制。《证据问题的规定》第22条对法院主动收集证据的情况作了明确规定：①涉及国家利益、公共利益或者他人合法权益的事实认定的；②涉及依职权追加当事人、中止诉讼、终结诉讼、回避等程序性事项的。

在把握法院依职权调取证据的问题时，应当特别注意《行政诉讼法》第40条中的但书规定："……不得为证明行政行为的合法性调取被告作出行政行为时未收集的证据。"

（二）法院依申请调取证据

1. 法院依申请调取证据的必要性。在行政诉讼中，原告或者第三人处于相对较弱的地位，虽然法律规定行政机关承担举证责任，但原告或第三人为了证明自己的诉讼主张，或者为了反驳被告行政机关的观点或主张的事实，而且，在某些情况下，原告也承担着举证责任，因此，原告向法院举证也是行政诉讼中的重要问题，有时还直接影响到诉讼结果。但相对于被告而言，原告收集、保全和提交证据的能力和条件，远不能相提并论，有些证据是原告无法收集、保全或提交的，因此，有必要为原告或者第三人收集或提交证据提供一定的帮助，为此，《行政诉讼法》规定，在一定的条件下，法院可以依据原告和第三人的申请，调取相关证据。值得注意的是，《行政诉讼法》将申请法院调取证据仅限于原告和第三人，将被告排除在外。

2. 申请法院调取证据的条件和范围。根据《行政诉讼法》第41条规定的精神，原告或者第三人申请法院调取证据是有条件的。这些条件是：①原告或者第三人不能自行收集。这里的"不能"应当理解为：首先，原告或者第三人客观上没有收集某些方面证据的能力；其次，原告或者第三人及其委托人收集证据得不到有关部门、单位、组织或者人员的配合；最后，由于各种原因，不宜由原告知悉或掌握的材料。从这一规定看，在行政诉讼中，即使对于原告而言，还是应当立足于当事人举证，法院对于证据的收集是一种特殊的情况。②原告或者第三人应当能够提供确切线索。行政诉讼中法院的职能毕竟不是发现事实，然后对照法律对行政事务作出处理，法院收集证据实际是为了弥补原告举证能力不足，因此，只有当原告或第三人能够提出确切的线索时，法院才能调取证据。

关于申请法院调取证据的范围，《行政诉讼法》第41条明确规定，只有对以下三种类型的证据，才可以申请法院调取证据：①由国家机关保存而须由人民法院调取的证据；②涉及国家秘密、商业秘密和个人隐私的证据；③确因客观原因不能自行收集的其他证据。

可见，法院依申请调取证据并不能够代替原告或第三人收集或提交证据。

3. 申请法院调取证据的程序。

（1）申请的期限。当事人申请法院调取证据的，应当在举证期限内提交调取证据申请书。

（2）申请的方式。当事人申请法院调取证据，应当以书面的方式提出。申请书应当写明证据持有人的姓名或者名称、住址等基本情况以及拟调取证据的内容、申请调取证据的原因及其要证明的案件事实。

4. 法院对调取证据申请的处理。

（1）审查。由于申请法院调取证据是有条件的，因此，法院收到申请，应当审查是否符合条件。

（2）调取或拒绝调取。法院对当事人调取证据的申请，经审查符合调取证据条件的，应当及时决定调取；不符合调取证据条件的，应当向当事人或者其诉讼代理人送达通知书，说明不准许调取的理由。

（3）对拒绝调取的异议处理。对法院不予调取证据的决定，当事人及其诉讼代理人可以在收到通知书之日起3日内向受理申请的法院书面申请复议一次。法院应当在收到复议申请之日起5日内作出答复。

（4）对调取结果的告知。法院根据当事人申请，经调取未能取得相应证据的，应当告知申请人并说明原因。

（5）法院的委托调取。法院需要调取的证据在异地的，可以书面委托证据所在地法院调取。受托法院应当在收到委托书后，按照委托要求及时完成调取证据工作，送交委托法院。受托法院不能完成委托内容的，应当告知委托的法院并说明原因。

三、行政诉讼中对证据的保全

（一）行政诉讼中证据保全的含义

行政诉讼中证据的保全是指：在证据可能灭失或者以后难以取得的情况下，法院依诉讼参加人的申请或者依职权主动采取措施，对证据加以确定和保护的制度。

行政诉讼中证据保全的主体是法院。在行政程序中，行政机关在对相应的行政事务进行调查和处理的过程中，也有可能出现证据灭失或者事后难以取得的情况，也有必要对相关证据进行保全，某些法律也对行政机关保全证据做了明确规定。比如，《行政处罚法》第37条第2款规定："行政机关在收集证据时，可以采取抽样取证的方法；在证据可能灭失或者以后难以取得的情况下，经行政机关负责人批准，可以先行登记保存，并应当在7日内及时作出处理决定，在此期间，当事人或者有关人员不得销毁或者转移证据。"这里的"先行登记保存"实际就是一个证据措施。但这种情况下的证据保全不是行政诉讼法应当规范的，而应当通过单行行为法或者行政程序法加以规定。这里所阐述的是在行政诉讼中法院的证据保全制度。另外，《公证法》第 11 条第 9 项明确将"保全证据"作为公证的一项业务。这也不属于这里所阐述的证据保全制度。

行政诉讼证据保全的条件是证据可能灭失或者以后难以取得。前者是指证据有灭失的客观可能性，如果不及时采取措施，将会永远失去的情况。例如，具有证明作用的物品即将腐烂、变质或者消失。后者是指如果不立即提取，事后不可能或者难以调查收集的情况。例如，对被殴打致伤的伤情，如果不及时进行鉴定，随着伤情的好转或恢复，以后将难以证明受伤程度。在这种情况下，就有采取证据保全措施的必要。

关于行政诉讼中证据保全的种类，可以从两个角度划分：①根据法院是否主动采取保全措施为标准，可以划分为依申请保全和主动保全。《行政诉讼法》第42 条规定："在证据可能灭失或者以后难以取得的情况下，诉讼参加人可以向人民法院申请保全证据，人民法院也可以主动采取保全措施。"②根据诉讼程序是否正式受理，在法院正式受理之前采取保全措施的，是诉前保全，而在受理之后采取保全措施的，则是诉讼中的保全。我们认为，在行政诉讼中似乎不宜出现依职权作出诉前保全的情况，

（二）证据保全的程序

1. 提出的期限和方式。当事人向法院申请保全证据的，应当在举证期限届满前以书面形式提出，并说明证据的名称和地点、保全的内容和范围、申请保全的理由等事项。

2. 担保。当事人申请保全证据的，法院可以要求其提供相应的担保。我们注意到，最高法院在这里使用了"可以"一词，即对是否要求当事人提供担保，法院有裁量权，法院应当根据所申请保全证据的实际情况决定是否要求提供担保。证据保全不同于财产保全，财产保全的标的物是财产，因此应当要求申请人提供担保，以解决一旦违法保全后的赔偿问题。但是，在证据保全的情况下，虽然在很多情况下证据也是以财产的形式存在的，但其作为财产的价值并不大，比如某个书证、证人证言、视听资料、现场笔录等，对这些证据的保全并不会对相关人员的财产造成多大损失，因此没有必要要求当事人对所有的证据保全申请都提供担保。当然，有些证据可能有较大的财产价值，法院可以依职权要求当事人提供担保。关于担保的数额，法律和相关司法解释均未予以明确，我们认为，担保数额应当以被保全的证据作为财产的实际价值为限。

3. 证据保全的方法。法院进行证据保全，可以根据具体情况，采取查封、扣押、拍照、录音、录像、复制、鉴定、勘验、制作询问笔录等保全措施。法院保全证据时，可以要求当事人或者其诉讼代理人到场。

在通过鉴定的方法进行证据保全时，法院既可以应当事人的申请，也可以依职权主动实施。如果依当事人的申请，法院可以要求申请人提交申请、提供相关材料并预交鉴定费用。而对法院主动依职权委托鉴定的，是否应当要求当事人预交鉴定费用，法律和司法解释并没有明确规定。实践中，法院往往也是要求相关当事人预交鉴定费用的。法院在委托鉴定时，应当委托专门的鉴定机构或鉴定人员进行。法院对鉴定部门出具的鉴定书，应当从鉴定的内容、鉴定时提交的相关材料、鉴定的依据和使用的科学技术手段、鉴定的过程、鉴定结论、鉴定部门和鉴定人鉴定资格的说明、鉴定人及鉴定部门签名盖章等方面进行审查。法院认为有必要的，可以要求鉴定部门予以说明、补充鉴定或者重新鉴定。当事人对法院委托的鉴定部门作出的鉴定结论有权提出异议并申请重新鉴定，如果有证据证明有鉴定部门或者鉴定人不具有相应的鉴定资格的、鉴定程序严重违法的、鉴定结论明显依据不足的等情形之一的，应当通过补充鉴定、重新质证或者补充质证等方式解决。

在通过勘验现场进行证据保全时，勘验人必须出示法院的证件，并邀请当地基层组织或者当事人所在单位派人参加。当事人或其成年亲属应当到场，拒不到场的，不影响勘验的进行，但应当在勘验笔录中说明情况。审判人员应当制作勘验笔录，记载勘验的时间、地点、勘验人、在场人、勘验的经过和结果，由勘验人、当事人、在场人签名。勘验现场时绘制的现场图，应当注明绘制的时间、方位、绘制人姓名和身份等内容。当事人对勘验结论有异议的，可以在举证期限内申请重新勘验，是否准许由法院决定。

第四节　行政诉讼中的质证与认证

一、质证

（一）质证的概念、特点

1. 概念。诉讼活动中的质证，是指在审判人员的主持下，诉讼参与人按照法定程序，针对证据材料的证据资格和证明力进行展示、说明、质疑和反驳的证明行为。

应当说，就对证据材料的展示、说明、质疑和反驳的行为，可以存在于一切执法活动中。在刑事侦查或诉讼中，侦查机关、公诉机关以及刑事审判机关对嫌疑人是否构成犯罪、构成何罪、罪重罪轻等，与嫌疑人或被告人有较复杂甚至激烈的质证活动。在行政程序中，行政机关与相对人之间也有质证活动，比如，在听证程序中，质证是听证的主要环节。但在诉讼法学上所研究的质证是在法院的主导下进行的。

2. 特点。质证作为一种专门的诉讼活动，具有明显的特点。

（1）质证的主体是诉讼参加人和证人、专家辅助人等。我国理论界对质证的主体有不同的认识，有人认为法官也是质证主体。我们认为，法官不应当是质证的主体，理由是：①质证是当事人最基本的权利之一，当事人在质证活动中享有对诉讼结果的直接利益，关系到证据能否被法院采纳并是否支持其诉请，而法官在诉讼中不可能有、也不应当有任何利益诉求，赋予法官质证权与法理不符；②质证有强烈的对抗性，当事人在质证中往往要针对证据的合法性、真实性、证明力等进行激烈的抗辩和相互质疑，而法官在诉讼中的根本立场应当是中立的，不应当与任何一方当事人处于对抗状态。

（2）质证的客体是当事人提交的所有证据材料的证据资格和证明力。当事人所提交的证据材料能否作为证据在诉讼中发挥作用以及发挥什么证明作用，都应当进行质证。除非法律规定不需要质证的材料，比如由司法认知的事项等。

（3）质证是在审判法官的主持下按照法定程序进行的。法官是质证活动的主导者，负责组织、控制质证活动，质证主体应当服从法官对质证活动的指挥、安排。质证活动应当按照法定步骤和顺序，公开地通过言词进行。

（4）质证的方法可以多种多样，但原则上应当坚持一证一质，即对每一个证据材料都应当进行质证，未经质证的材料不能作为认定事实的证据。

（二）质证的法律意义

质证是诉讼中的重要环节，具有极为重要的法律意义。

1. 质证是查明案件事实真相的关键步骤。"以事实为根据，以法律为准绳"是我国最基本的诉讼制度，法院审理案件，必须查明案件事实，而要查明案件事实，则必须通过证据才能实现。在诉讼实践中，当事人往往会收集、提交大量的证据材料，并且法院在一定条件下也可以调取证据。由于当事人参加诉讼的目的都是为了争取自己的利益，因而在向法院提交证据时，往往"趋利避害"，只提交对自己有利的证据，不提交对自己不利的证据，甚至提交虚假证据。因而仅仅凭当事人提交的证据是不足以确定证据的可采性和证明力的，必须通过一定的方法判断证据材料的真伪、是否合法以及与本案的联系等，从而确定其证明力。可以说，没有科学、合理、有序的质证活动，就不可能查明案件事实。质证是法院审查、认定证据的重要方式和必要途径。

2. 质证是保证审判活动公正、公开的重要环节。公平、公正是法院审判活动的生命，而要保证公平、公正，就必须依法尊重和维护当事人的诉讼权利。质证是当事人一项最基本的诉讼权利，是当事人达到诉讼目的的重要手段。质证可以有效地防止法官凭个人好恶或者从某种利益观念出发对案件涉及的问题进行判断，促使法官能够依某种特定化的、能够体现公正的准则来解决纠纷。

（三）质证的规则

行政诉讼是诉讼的一种，应当遵循诉讼活动的基本规律，同时作为国家审判活动的一种，宪法规定的诉讼基本制度，对行政诉讼当然也有约束力。因此，行政诉讼应当遵守诉讼活动中一般的质证规则，符合质证的基本规律。但行政诉讼毕竟是一种特定的诉讼活动，法院的审判职能、审判原则又有其特定的要求，因而行政诉讼中的质证有着特定的规则。

1. 关于质证的法律效力。质证是证据得以作为定案依据的必要条件，没有经过质证的证据材料，不得作为法院认定事实的依据。对此，法律有明确规定。《行政诉讼法》第33条在列举了行政诉讼法定证据形式后，明确规定"以上证据经法庭审查属实，才能作为认定案件事实的根据"。《最高人民法院关于执行〈中华人民共和国行政诉讼法〉若干问题的解释》第31条第1款规定："未经法庭质证的证据不能作为人民法院裁判的根据。"《证据问题的规定》第35条第1款规定："证据应当在法庭上出示，并经庭审质证。未经庭审质证的证据，不能作为定案的依据。"

为了强化质证环节的法律效力，《证据问题的规定》还进一步明确了在被告拒不到庭、不参加质证情况下所提交证据的效力。第36条规定："经合法传唤，因被告无正当理由拒不到庭而需要依法缺席判决的，被告提供的证据不能作为定案的依据，但当事人在庭前交换证据中没有争议的证据除外。"但应当注意的是，这种情况仅限于因"被告经合法传唤无正当理由拒不到庭"的情况下，不可以作扩大理解。如果一方当事人出示证据并对证据进行了相关说明后，另一方当事人拒绝质证，则该证据只要"经法庭审查属实"，应当作为定案的根据，这时可以将另一方当事人的拒绝质证理解为放弃质证权，或者对该证据的认同。根据这一理解，在被告缺席的情况下，原告所提交的证据如果经法庭审查属实，则可以作为定案的根据，而不得以未经法庭质证为由拒绝采信。

2. 可以不经质证的证据及其要求。一般而言，任何用来证明案件事实的材料都应当经过质证。但是，从诉讼经济和效率考虑，对某些证据是可以不进行质证的。当然，可以不经过质证的证据应当以法律的明确规定为限。《证据问题的规定》第35条第2款规定："当事人在庭前证据交换过程中没有争议并记录在卷的证据，经审判人员在庭审中说明后，可以作为认定案件事实的依据。"这是行政诉讼中关于可以不经质证的证据的唯一规定。

3. 关于质证的内容。对证据的哪些方面进行质疑、辩论，是质证的核心问题。质证的目的是确定证据能否被采用来认定案件事实，因而，质证实际就是主要围绕证据是否符合法定要求、符合证据自身的特点，包括证据资格和证明力两个方面。《证据问题的规定》第39条第1款对质证的内容作了明确规定："当事人应当围绕证据的关联性、合法性和真实性，针对证据有无证明效力以及证明效力大小，进行质证。"第 49 条第 1 款规定："法庭在质证过程中，对与案件没有关联的证据材料，应予排除并说明理由。"

4. 质证的方式。质证是在审判人员的主持下，当事人对证据进行对质、辩论、说明、解释、反驳的活动，主要以言词的形式进行。即当事人及其代理人按照一定的规则，相互之间或者与其他参与人之间进行发问、回答、质疑、答辩等。

（四）质证的程序

1. 证据的出示与说明。《证据问题的规定》第 35 条第 1 款规定："证据应当在法庭上出示……"质证的前提是要有明确的质证对象，因此，质证的第一个环节就是证据的出示，即当事人将自己提交给法院并用来证明自己的主张的证据在法庭上向审判人员和其他诉讼参与人进行公开展示。同时，《证据问题的规定》第 38 条对来源特殊的证据的出示作出了明确的规定："当事人申请人民法院调取的证据，由申请调取证据的当事人在庭审中出示，并由当事人质证。人民法院依职权调取的证据，由法庭出示，并可就调取该证据的情况进行说明，听取当事人意见。"

证据的说明，是指当事人向法庭和其他参与人说明所出示的证据的来源、内容以及意图证明的事实或主张。当事人要使证据被法庭采信或被对方当事人、其他诉讼参与人认同，就必须对证据进行准确的说明。司法实践中，证据的出示与说明往往是合并进行的，即当事人应当一边出示证据，一边对证据进行说明。

2. 发问。在一方当事人或者其他诉讼参与人对证据出示、说明完毕后，另一方当事人可以就证据及对证据的说明情况提出问题。《证据问题的规定》对发问的规则作了一定的规定：

（1）发问必须经法庭准许。这是为了保证质证的秩序而规定的，强调了法庭在质证活动中的组织、主导地位。

（2）发问的主体是当事人及其诉讼代理人。证人、鉴定人、勘验人等其他诉讼参与人一般无权发问。

（3）发问的对象，即向谁发问的问题，包括两类，一类是自己有发言权的当事人及其代理人，还有一类是自己没有发言权的证人、鉴定人、勘验人。

（4）发问的内容，即问什么的问题。发问的内容应当只能围绕证据本身进行，不能涉及其他问题，甚至法律问题在质证阶段也不能涉及。

（5）发问中不得采用引诱、威胁、侮辱等语言或者方式。

在质证中针对发问，当事人或其他诉讼参与人应当回答。

3. 质疑。质疑是指当事人对另一方当事人出示的证据及其说明提出疑问，对证据本身或者其证明力进行否认的行为。

4. 答辩。答辩是当事人针对质疑进行澄清、辩驳的行为，其目的在于否定质疑，确立证据的效力、强化证明力。

除涉及国家秘密、商业秘密和个人隐私或者法律规定的其他应当保密的证据不得在开庭时公开质证外，其他证据的质证均应当公开进行。关于质证的轮次等，我国法律和司法解释均未作明确的规定，实践中，往往由法庭控制。

（五）对不同形式证据的具体质证要求

我国法律规定了不同的证据形式，而每一种证据的外在形式不同、证明方式也不同，因此，对这些证据的质证要求当然也就不同。《证据问题的规定》对此作了具体规定。

1. 对书证、物证和视听资料进行质证时，当事人应当出示证据的原件或者原物。但出示原件或者原物确有困难，经法庭准许可以出示复制件或者复制品；如果原件或者原物已不存在，可以出示证明与原件、原物一致的其他证据。视听资料应当当庭播放或者显示，并由当事人进行质证。

2. 对证人证言进行质证时，应当遵循对证人进行当庭对质的原则。我们认为，《证据问题的规定》已经确立了对证人证言应当进行当庭对质的原则。理由是：①其第41条明确规定："凡是知道案件事实的人，都有出庭作证的义务……"很明显，这里已经将证人出庭作证作为证人的义务；②第41条将提交证人证言作为例外情况规定："有下列情形之一的，经人民法院准许，当事人可以提交书面证言……"也就是说，根据第41条的规定，提交证人证言必须具备法定条件，不具备这些条件的，证人均应出庭作证。这些条件是：当事人在行政程序或者庭前证据交换中对证人证言无异议的；证人因年迈体弱或者行动不便无法出庭的；证人因路途遥远、交通不便无法出庭的；证人因自然灾害等不可抗力或者其他意外事件无法出庭的；证人因其他特殊原因确实无法出庭的。

关于证人出庭作证的程序，可以由当事人申请。当事人申请证人出庭作证的，应当在举证期限届满前提出，并经法院许可。法院准许证人出庭作证的，应当在开庭审理前通知证人出庭作证。当事人在庭审过程中要求证人出庭作证的，法庭可以根据审理案件的具体情况，决定是否准许以及是否延期审理。对于法院是否可以依职权要求有关人员出庭作证，司法解释未作明确规定。我们认为，基于行政诉讼的功能和法院在行政诉讼中的定位，法院确定证人并要求其出庭作证，不应超越《证据问题的规定》第22条规定的条件和范围。

对证人出庭作证时的质证应当：①对证人的资格进行审查，不能正确表达意志的人不能作证。当事人对证人能否正确表达意志有异议的，可以申请法院进行审查或者交由有关部门鉴定。必要时，法院也可以依职权交由有关部门鉴定。

②证人出庭作证时，应当出示证明其身份的证件。法庭应当告知其诚实作证的法律义务和作伪证的法律责任。③出庭作证的证人不得旁听案件的审理。法庭询问证人时，其他证人不得在场，但组织证人对质的除外。④证人应当陈述其亲历的具体事实。证人根据其经历所作的判断、推测或者评论，不能作为定案的依据。

3. 对鉴定意见的质证。《证据问题的规定》明确了鉴定人有出庭接受询问的义务，当事人要求鉴定人出庭接受询问的，鉴定人应当出庭。只有在符合该规定第41条列举的条件时，经法庭准许，可以不出庭，由当事人对其书面鉴定结论进行质证。

鉴定人出庭作证时，法庭应当核实其身份、与当事人及案件的关系，并告知鉴定人如实说明鉴定情况的法律义务和故意作虚假说明的法律责任。

4. 二审及审判监督程序中的质证。原则上，在二审及审判监督程序中，对已经过质证的证据，不再进行质证。但当事人对第一审认定的证据仍有争议的，法庭也应当进行质证，对原判决、裁定认定事实的证据不足而提起再审所涉及的主要证据，法庭也应当进行质证。另外，无论在二审还是审判监督程序中，如果出现新的证据，对新的证据，法庭也应当进行质证。所谓新的证据，是指以下几种情况下出现的证据：①在一审程序中应当准予延期提供而未获准许的证据；②当事人在一审程序中依法申请调取而未获准许或者未取得，法院在第二审程序中调取的证据；③原告或者第三人提供的在举证期限届满后发现的证据。

二、专家辅助人

（一）专家辅助人的概念

专家辅助人是指在科学、技术以及其他专业领域具有专门的、特殊的知识或经验，根据当事人的委托或法庭指定，向法庭就案件审理中的专业性问题出具意见或进行说明的人员。也有学者称其为诉讼辅助人。

行政诉讼审查的是行政机关在行政管理的过程中所实施的行政行为，由于行政管理涉及的范围和领域极为广泛，几乎任何一个社会领域都会涉及行政机关的管理，而某些领域往往专业性和技术性较强，要求行政机关具有在这些领域的良好的专业修养和知识。如果对行政机关作出的涉及某些专门知识的行政行为进行审查，势必要求审判人员也应当具备这些领域的专门知识甚至经验，而要求法官具备所有领域的专业知识，是一个不切实际的要求，因此，一方面，应当对法官行使这类案件的审判权时提供专业技术上的帮助；另一方面，某些行政争议可能就是由于当事人之间就专业技术问题的理解不同而直接引起的，这些案件中的法律问题可能并不复杂，争议主要是围绕技术问题而形成的，技术问题争议的解决，对于整个案件的审理起着至关重要的、决定性的作用。因此，对当事人进行专业性的说服，是案件审理的关键。这样，就必须解决案件审理中的专业问题。

在这方面，国外有很多制度设计，比如专家证人制度、专业技术合议庭等。

随着我国行政诉讼制度的深入发展，案件类型逐步增加，行政诉讼中也经常出现专业性问题，有些案件就是因为相对人与行政机关在专业问题上的认识不一致而形成。而我国传统的诉讼法学、证据理论中缺乏这方面的深入研究，法律上也没有作出规定，这就给法院的实际审判工作带来困难。近年来，各级法院在这方面做了一些探索，但由于没有法律予以支撑，这样的探索显得步履维艰。对此，《证据问题的规定》第 48 条第 1 款作了尝试性的规定："对被诉具体行政行为涉及的专门性问题，当事人可以向法庭申请由专业人员出庭进行说明，法庭也可以通知专业人员出庭说明。必要时，法庭可以组织专业人员进行对质。"

理解专家辅助人的概念，应当注意与几个相关概念的界限。

1. 专家辅助人与专家证人。专家证人是英美证据法上的一个概念。《美国联邦证据规则》第 702 条规定，当科学、技术或其他专业知识有助于案件事实审理或者理解证据，或者确立系争事实时，具有本行业知识、技术、经验以及受过专门训练和教育的专家可以充当证人，以意见或其他方式作证。专家证人属于证人的范畴。在英美证据法上，作为一般原则，证人只应就其亲身感知的事实提供证言，而不得就这些事实进行推论；而专家证人是例外，他可以通过对一般科学原理的阐述，结合案件相关的数据或事实，运用自己的专业知识，进行推论，形成自己的意见，而这些意见可以被法庭采纳。专家辅助人不属于证人的范畴，他所陈述的意见，主要是说明和阐释案件中所涉及的专门性问题，帮助当事人或者法官对有关专业问题的把握和理解。专家证人不得就案件事实进行推论，其阐释和说明不得作为认定事实的依据。

2. 专家辅助人与鉴定人。首先有必要对鉴定人的概念予以澄清。凡是在某一个学科或专业、行业领域中具有专门知识和经验的人员都可以就有关专门问题进行鉴别、认定。最广义地说，凡是对有关专门问题进行鉴别、认定的人员，都可以是鉴定人。但是，我国实行鉴定人资格制度，要求鉴定人必须取得主管部门的许可，而且应当在有鉴定资质的机构实施鉴定活动。无论是当事人还是法院，都只能委托这些机构中的人员进行鉴定。因此，鉴定人只能从鉴定机构中产生。而就一个具体的案件而言，只有接受委托进行鉴定并作出鉴定结论的人员才是鉴定人。基于对鉴定人这样的认识，可以很清楚地看出专家辅助人与鉴定人的关系：①有某些方面专业知识的人员，包括拥有鉴定人资格的人员，可以成为专家辅助人，但专家辅助人却未必一定要在有鉴定人资格的人员中产生；鉴定结论却只能委托有鉴定人资格的人员作出；②接受委托或指派作出鉴定结论的鉴定人，在一定的条件下，也可以出庭参加质证，但他的任务是说明鉴定的方法、过程以及作出结论的科学依据，其陈述与说明受其作出的鉴定结论拘束，其目的是说明鉴定结论的真实性、正确性；专家辅助人是就案件所涉及的专业问题进行阐释和说明，凡是与案件有关的专业问题均可涉及，不受某种既定结论的拘束，其目的是帮助法庭和当事人对专业问题的理解；③两者有一个共同特点，即都不从属于任何一方当事人，具有独立的地位，只对科学负责。

3. 专家辅助人与诉讼代理人。两者的区别非常明确：①参加诉讼的原因不同，专家证人既可以基于当事人一方的委托参加诉讼，也可以基于法庭的指派参加诉讼，而诉讼代理人只能基于当事人的委托参加诉讼（行政诉讼中不存在指定代理人）；②所提供的服务内容不同，专家证人可以提供任意专业领域的专业服务与帮助（只要他具备），而诉讼代理人所提供的只是法律服务；③参加诉讼的立场不同，专家证人的立场应当是独立的、中立的，不服从于任何人的意志，而诉讼参加人必须代表当事人的意志，在委托范围和权限内实施代理行为。

（二）专家辅助人的作用

根据《证据问题的规定》，专家辅助人的作用主要表现在：

1. 对案件中的专门性问题进行说明、对质、接受询问。当出现专门性问题影响诉讼时，当事人可以委托专家代为说明或陈述，法院认为有必要的，也可以指派专业人员在法庭上说明和陈述有关专业问题。这样做的最终目的，就是帮助当事人或者法院理解专业性问题，认定与专业性有关的事实。当专家的意见不一致时，法庭应当组织专家进行对质。

2. 对鉴定人员进行询问。鉴定结论是鉴定人员运用专门的知识、专门的仪器设备、特定的材料等，根据科学的方法对特定的专门问题作出的结论，而某些结论的得出，与设备的性能、材料的选择是否科学、方法的运用是否得当等，具有密切的关系。当事人对这些应当具有知情的权利，但鉴定过程是一个技术性极强的过程，当事人或者法院往往难以把握，这就需要向专业人员进行询问和了解，对其认为不科学的方法等提出质疑，鉴定人应当予以回答。

（三）专家辅助人的资格确定

《证据问题的规定》未对专家证人的资格条件进行规定。我们认为，当事人和法庭之所以需要专家，就是因为缺乏某些方面的专门知识，只要具备某些方面的知识和经验，有能力提供专业帮助的人，都应当可以作为专家辅助人，不应当在形式和外在资格上作过多的限制，比如规定学历、职称、学术头衔等。当然，作为专家辅助人也还是应当具备一定的条件，聘请专家的一方当事人，应当向法院说明专家所专长的领域与案件所涉专业性问题的关联性，专家所具有的学识与经验等的水准。如果当事人对出庭的专业人员是否具备相应专业知识、学历、资历等专业资格等有异议的，可以进行询问。由法庭决定其是否可以作为专业人员出庭。

三、认证

行政诉讼中的认证是审判人员依法确认证据材料的证据资格和证明力，并在此基础上认定案件事实的行为。证据材料均应经过质证，而经过质证的证据材料就应当对其证据资格和证明力作出认定。证据的认定是认定案件事实的依据，只有经过认证的证据材料才能作为适用法律的基础。认证是所有诉讼活动中都必须实施的，有其共同的规则，而作为行政诉讼又有其特殊的认证规则。

（一）认证的原则

认证的原则是指审判人员认定证据材料的证据资格和证明力所要遵循的准则。《证据问题的规定》第54条参照《最高人民法院关于民事诉讼证据的若干规定》对在行政诉讼中的认证原则作了规定："法庭应当对经过庭审质证的证据和无需质证的证据进行逐一审查和对全部证据综合审查，遵循法官职业道德，运用逻辑推理和生活经验，进行全面、客观和公正地分析判断，确定证据材料与案件事实之间的证明关系，排除不具有关联性的证据材料，准确认定案件事实。"这一规定包含了以下几层含义：

1. 全面、客观地审核证据。全面应当包含两个方面的要求：①凡在庭审中出示、质证的证据都应当审核，不能随意取舍，无论是哪一方当事人提交的证据，都应当按照规则进行审核；②要对照被诉行政行为所认定的全部事实要素进行证据审核，凡是行政行为涉及的事实，都应当进行审核。所谓客观，意味着要求法官在证据审核时应当持中立立场，不能带主观倾向，更不应当先入为主形成看法，然后在证据中寻找支撑自己看法的材料。

2. 遵循法官职业道德。法官拥有良好的职业道德是司法权威的重要保障，只有具有良好职业道德的法官，才能具有科学的理性，公正地对待案件事实和法律问题。法官良好道德的具体内容包括：独立公正、司法效率、清正廉洁、遵守司法礼仪、约束法官职务外行为等。严格遵守这些职业道德规范，对于公正、科学地进行证据的认定，具有重要意义。

3. 运用逻辑推理和生活经验。在质证中，由于双方当事人的诉讼立场不同，对案件诉求利益往往针锋相对，因此，在证据的提交及对证据的主张上，往往各执己见，呈现纷扰复杂的局面。法官认证的过程实际是对证据去伪存真的过程，而要达到这一目的，就必须借助于理性的力量，而理性的来源离不开逻辑的思辨和生活经验的积累与运用。加强逻辑思维的训练和修养，在生活中积累对社会的观察与思考，是一个成功法官应当具备的优良品质。

（二）证据资格认证规则

证据资格的认证是指对当事人或其他诉讼参与人提交的证据材料是否可以作为定案证据的认定。某一证据材料能否被采纳，不取决于当事人的愿望，也不取决法官出于主观的随意取舍，而是要在一定规则约束下，进行鉴别、认定，而证据资格的认定主要围绕着证据的合法性、真实性、关联性进行。《证据问题的规定》与《最高人民法院关于民事诉讼证据的若干规定》一样，对证据的合法性、真实性的认定规则作了明确规定，其中第 55~58、62 条的规定可以看作通用规则。除此之外，《证据问题的规定》还针对行政诉讼的特有问题，作了特别规定，这些特别规定是：

1. 被告及其诉讼代理人在作出行政行为后或者在诉讼程序中自行收集的证据，不能作为认定被诉行政行为合法的依据。

2. 被告在行政程序中非法剥夺公民、法人或者其他组织依法享有的陈述、申辩或者听证权利所采用的证据，不能作为认定被诉行政行为合法的依据。

3. 原告或者第三人在诉讼程序中提供的、被告在行政程序中未作为行政行为依据的证据，不能作为认定被诉行政行为合法的依据。

4. 复议机关在复议程序中收集和补充的证据，或者作出原行政行为的行政机关在复议程序中未向复议机关提交的证据，不能作为法院认定原行政行为合法的依据。

5. 被告在行政程序中依照法定程序要求原告提供证据，原告依法应当提供而拒不提供，在诉讼程序中提供的证据，法院一般不予采纳。

（三）证明力认证规则

证明力认证是指对依法被确立为证据的材料对待证事实的证明强弱程度的认定。证据资格认证解决的是证据的门槛问题，而证明力认证解决的是证据的证明能力的问题，特别是对同一个待证事实出现数个证据，而数个证据在内容上又有冲突时，就必须依靠一定的规则对各种证据的证明力进行认定，依据证明力较强的证据，对事实进行认定。同样的，对证据证明力的认定，也应当遵循一定的规则。《证据问题的规定》对此作出了规定：

1. 证明同一事实的不同种类证据证明力的认定。证明同一事实的数个证据，其证明效力一般可以按照下列情形分别认定：①国家机关以及其他职能部门依职权制作的公文文书优于其他书证；②鉴定结论、现场笔录、勘验笔录、档案材料以及经过公证或者登记的书证优于其他书证、视听资料和证人证言；③原件、原物优于复制件、复制品；④法定鉴定部门的鉴定结论优于其他鉴定部门的鉴定结论；⑤法庭主持勘验所制作的勘验笔录优于其他部门主持勘验所制作的勘验笔录；⑥原始证据优于传来证据；⑦其他证人证言优于与当事人有亲属关系或者其他密切关系的证人提供的对该当事人有利的证言；⑧出庭作证的证人证言优于未出庭作证的证人证言；⑨数个种类不同、内容一致的证据优于一个孤立的证据。

除以上具体规则外，还应当充分注意在这一问题上的理论通说：直接证据的证明力一般优于间接证据。对此，《最高人民法院关于民事诉讼证据的若干规定》中作出了明确规定，可以参照执行。

2. 电子邮件等数据资料的证明力认定。随着信息时代的到来，人们越来越多地借助于计算机、网络等技术手段和方式进行社会活动，而通过这些手段和方式进行活动时所留下的记录、痕迹等，不可避免地要被作为证据提交到法庭，而在传统证据学理论中，缺乏对这类问题的研究，法律上也没有作出规定，为了解决实际出现的问题，《证据问题的规定》对有关问题进行了明确规定。第64条规定："以有形载体固定或者显示的电子数据交换、电子邮件以及其他数据资料，其制作情况和真实性经对方当事人确认，或者以公证等其他有效方式予以证明的，与原件具有同等的证明效力。"当然，相对于这一领域复杂的问题，目前的规定显得较为简单。

3. 自认证据的证明力认定。《证据问题的规定》第65条规定："在庭审中一方当事人或者其代理人在代理权限范围内对另一方当事人陈述的案件事实明确表示认可的，人民法院可以对该事实予以认定。但有相反证据足以推翻的除外。"另外，第67条还规定："在不受外力影响的情况下，一方当事人提供的证据，对方当事人明确表示认可的，可以认定该证据的证明效力；对方当事人予以否认，但不能提供充分的证据进行反驳的，可以综合全案情况审查认定该证据的证明效力。"但是，第66条规定："在行政赔偿诉讼中，人民法院主持调解时当事人为达成调解协议而对案件事实的认可，不得在其后的诉讼中作为对其不利的证据。"

4. 法庭可以直接认定的事实。这种情况被称之为司法认知，是各国证据学者的共识。《证据问题的规定》第68条对此作了规定，凡众所周知的事实、自然规律及定理、按照法律规定推定的事实、已经依法证明的事实、根据日常生活经验法则推定的事实，可以由法庭直接认定，当事人有相反证据足以推翻的除外。此外，还有两个问题值得注意：①原告确有证据证明被告持有的证据对原告有利，被告无正当事由拒不提供的，法庭可以推定原告的主张成立；②生效的法院裁判文书或者仲裁机构裁决文书确认的事实，可以作为定案依据，但是如果发现裁判文书或者裁决文书认定的事实有重大问题的，应当中止诉讼，通过法定程序予以纠正后恢复诉讼。

5. 不能单独作为定案依据的证据。某些证据，虽然在合法性及关联性上不存在问题，但是由于出现特殊情况，其证明力减弱，不能单独作为定案证据，需要有其他证据加以佐证，才能作为定案的依据。这些情况是：①未成年人所作的与其年龄和智力状况不相适应的证言；②与一方当事人有亲属关系或者其他密切关系的证人所作的对该当事人有利的证言，或者与一方当事人有不利关系的证人所作的对该当事人不利的证言；③应当出庭作证而无正当理由不出庭作证的证人证言；④难以识别是否经过修改的视听资料；⑤无法与原件、原物核对的复制件或者复制品；⑥经一方当事人或者他人改动，对方当事人不予认可的证据材料；⑦其他不能单独作为定案依据的证据材料。

（四）认证的程序

《证据问题的规定》除了对认证的规则作了规定外，对法庭认证的程序也作了规定。

1. 庭审中经过质证的证据，能够当庭认定的，应当当庭认定；不能当庭认定的，应当在合议庭合议时认定，在裁判文书中阐明证据是否采纳的理由。

2. 法庭发现当庭认定的证据有误，可以按照下列方式纠正：①庭审结束前发现错误的，应当重新进行认定；②庭审结束后、宣判前发现错误的，在裁判文书中予以更正并说明理由，也可以再次开庭予以认定；③有新的证据材料可能推翻已认定的证据的，应当再次开庭予以认定。

■ 思考题

1. 与民事诉讼、刑事诉讼相比较，行政诉讼证据在形式上有什么区别？
2. 行政诉讼中举证责任是怎样分配的？为什么这样分配？
3. 行政诉讼中当事人收集、提交证据有什么特殊要求？
4. 鉴定结论、专家辅助人意见有什么区别？

■ 参考资料

1. ［德］莱奥·罗森贝克：《证明责任论》，庄敬华译，中国法制出版社 2002 年版。
2. 孔祥俊：《行政诉讼证据规则与法律适用》，人民法院出版社 2005 年版。
3. 张树义主编：《行政诉讼证据判例与理论分析》，法律出版社 2002 年版。
4. 蔡虹：《行政诉讼证据问题研究》，武汉水利电力大学出版社 1998 年版。
5. 高家伟：《行政诉讼证据的理论与实践》，工商出版社 1998 年版。
6. 袁杰主编：《中华人民共和国行政诉讼法解读》，中国法制出版社 2014 年版。

第八章　行政诉讼的期间、送达和费用

■ 学习目的和要求

　　了解掌握行政诉讼的期间的概念、意义和计算方法，行政诉讼送达的程序、方式以及行政诉讼费用的种类、征收标准、计算和负担方式。

第一节　行政诉讼的期间

一、期间的概念和意义

　　行政诉讼的期间，是指人民法院、当事人及其他诉讼参与人进行诉讼活动必须遵守的期限和期日。由此，期间包括期限和期日两个内容。

　　期限，是指人民法院、当事人或其他诉讼参与人单方面进行或完成某种诉讼行为的时间。如人民法院对行政案件的审理期限、原告的起诉期限、被告提交答辩状的期限等。期限通常也被称之为期间，但此时属于狭义上的期间。

　　期日，是指人民法院、当事人和其他诉讼参与人会合在一起进行某种诉讼行为的时或日。如由人民法院、当事人、其他诉讼参与人共同参加的行政案件开庭审理的日期等。

　　期间关系到人民法院和诉讼参加人的诉讼行为是否有效，凡在规定的期间内所作的诉讼行为，就产生诉讼法上的效力，如不遵守期间，所为的诉讼行为就不具有效力。由此，期间对于人民法院和当事人都具有十分重要的意义：

　　1. 对于人民法院来讲，期间有利于人民法院及时、有效地处理解决行政案件。它表现为：①期间为法院的审判活动提出了必须遵守的时间，法院据此进行诉讼活动，就能及时处理解决案件，按期执行并完成审判工作任务；②《行政诉讼法》对期间的规定，充分考虑了人民法院任务的负荷和审判工作的规律性，既不能把期间规定得过短而影响办案质量，也不能把期间规定得过长而影响及时审结案件，人民法院按照科学设定的时间审理解决案件，就能充分保证效率；③期间能促使法院审判工作人员增强工作责任心，防止和避免拖拉作风和不负责任的现象发生。

2. 对于当事人来讲，期间有利于保护其合法权利，增强法制观念。它表现为：①期间的规定同样考虑了如何方便当事人行使诉讼权利，当事人按规定的时间进行诉讼活动，就能正确、充分、有效地行使诉讼权利；②期间能保证行政案件得到及时的审理解决，从而能尽快稳定行政法律关系，及时保护当事人的合法权益；③期间要求当事人严格按规定的时间作出相应的诉讼行为，不遵守期间所作的行为不具有诉讼法上的效力并要承担相应的法律后果，这就能促使当事人增强法制观念，以严肃认真的态度参加诉讼活动，积极配合人民法院及时顺利地处理解决行政案件。

二、期限

（一）期限的种类

以期限是由法律直接规定，还是由人民法院指定，可以分为法定期限与指定期限两种。

1. 法定期限。法定期限是《行政诉讼法》和其他法律、法规直接规定的期限，法定期限除法律另有规定的情况外，人民法院不能依职权或当事人的要求任意改变，因而也被称为不变期限。如2014年修正的《行政诉讼法》第46条规定的，公民、法人或者其他组织应在从知道自知道或者应当知道作出行政行为之日起6个月内提起行政诉讼，这就是法定的起诉期限。对于这种法定期限，人民法院、当事人和其他诉讼参与人都是不得变更的。

法定期限主要包括起诉期限、立案受理期限、答辩期限、审理期限、执行期限等。

（1）起诉期限。包括：经复议的案件，申请人不服复议决定的，可以在收到复议决定书之日起15日内向人民法院提起诉讼。复议机关逾期不作决定的，申请人可以在复议期满之日起15日内向人民法院提起诉讼。法律另有规定的除外。公民、法人或者其他组织直接向人民法院提起诉讼的，应在知道或者应当知道作出行政行为之日起6个月内提出。法律另有规定的除外。

行政机关作出行政行为或者复议决定时，未告知公民、法人或者其他组织诉权或者起诉期限的，起诉期限从公民、法人或者其他组织知道或者应当知道诉权或者起诉期限之日起计算，但从知道或者应当知道行政行为内容之日起最长不得超过2年。公民、法人或者其他组织不知道行政机关作出的行政行为内容的，其起诉期限从知道或者应当知道该行政行为内容之日起计算。

因不动产提起诉讼的案件自行政行为作出之日起超过20年、其他案件自行政行为作出之日起超过5年提起诉讼的，人民法院不予受理。

（2）立案受理期限。对当事人依法提起的诉讼，人民法院应当根据《行政诉讼法》第 51 条的规定，一律接收起诉状。能够判断符合起诉条件的，应当当场登记立案；当场不能判断是否符合起诉条件的，应当在接收起诉状后 7 日内决定是否立案；7 日内仍不能作出判断的，应当先予立案。

改变管辖的行政案件，应当在收到案卷材料后的 3 日内立案。第二审人民法院应当在收到第一审人民法院移送的上（抗）诉材料及案卷材料后的 5 日内立案。发回重审或指令再审的案件，应当在收到发回重审或指令再审裁定及案卷材料后的次日内立案。按照审判监督程序重新审判的案件，应当在作出提审、再审裁定（决定）的次日立案。立案机构应当在决定立案的 3 日内将案卷材料移送审判庭。立案庭承担有关法律文书送达、对管辖权异议的审查、诉讼保全、庭前证据交换等庭前程序性工作的，向审判庭移送案卷材料的期限可不受"立案机构应当在决定立案的 3 日内将案卷材料移送审判庭"规定的限制，但第一审案件移送案卷材料的期限最长不得超过 20 日，第二审案件最长不得超过 15 日。立案庭未承担上述程序性工作的，仍应执行 3 日移送案卷材料的规定。[1]

（3）答辩期限。人民法院应当在立案之日起 5 日内，将起诉状副本发送被告。被告应当在收到起诉状副本之日起 15 日内向人民法院提交作出行政行为的证据和所依据的规范性文件，并提出答辩状。人民法院应当在收到答辩状之日起 5 日内，将答辩状副本发送原告。

（4）审理期限。适用简易程序审理的行政案件，应当在立案之日起 45 日内审结。审理第一审行政案件的期限为 6 个月；有特殊情况需要延长的，经高级人民法院批准可以延长 3 个月。高级人民法院审理第一审案件需要延长期限的，由最高人民法院批准，可以延长 3 个月。审理行政上诉案件的期限为 3 个月；有特殊情况需要延长的，由高级人民法院批准，可以延长 2 个月。高级人民法院审理的第二审案件需要延长期限的，由最高人民法院批准，可以延长 2 个月。裁定再审的行政案件，根据再审适用的不同程序，分别执行第一审或第二审审理期限的规定。关于案件延长审理期限的报批，行政案件应当在审理期限届满 10 日前向高级人民法院或者最高人民法院提出申请。对于下级人民法院申请延长办案期限的报告，上级人民法院应当在审理期限届满 3 日前作出决定，并通知提出申请延长审理期限的人民法院。[2]

---

〔1〕 《最高人民法院关于执行〈最高人民法院关于严格执行案件审理期限制度的若干规定〉中有关问题的复函》（法函〔2001〕46 号，2001 年 8 月 20 日）。

〔2〕 最高人民法院十分重视审理期限规定的严格执行，相关规定可参见 2000 年 9 月 22 日公布、2000 年 9 月 28 日施行的《关于严格执行案件审理期限制度的若干规定》。

（5）执行期限。申请人是公民的，申请执行生效的行政判决书、行政裁定书、行政赔偿判决书和行政赔偿调解书的期限为 1 年；申请人是行政机关、法人或者其他组织的为 180 日。执行案件应当在立案之日起 6 个月内执行完毕，非诉执行案件应当在立案之日起 3 个月内执行完毕；有特殊情况需要延长的，经本院院长批准，可以延长 3 个月，还需延长的，层报高级人民法院备案。委托执行的案件，委托的人民法院应当在立案后 1 个月内办理完委托执行手续，受委托的人民法院应当在收到委托函件后 30 日内执行完毕。未执行完毕，应当在期限届满后 15 日内将执行情况函告委托人民法院。

（6）上诉、抗诉二审案件的移送期限。当事人提出上诉的二审行政案件，第一审人民法院收到上诉状，应当在 5 日内将上诉状副本送达对方当事人。人民法院收到答辩状，应当在 5 日内将副本送达上诉人。人民法院受理人民检察院抗诉的行政案件的移送期限，比照该规定办理。第二审人民法院立案时发现上诉案件材料不齐全的，应当在 2 日内通知第一审人民法院。第一审人民法院应当在接到第二审人民法院的通知后 5 日内补齐。下级人民法院接到上级人民法院调卷通知后，应当在 5 日内将全部案卷和证据移送，至迟不超过 10 日。

2. 指定期限。指定期限是人民法院根据案件的具体情况，依职权对各种具体事项所指定的期限。如法院指定当事人补正起诉状欠缺之处的时间等。对于指定期限，人民法院可以按照需要灵活地决定其长短，也可以因情况的变化取消原指定的期限而另行指定期限，由此，指定期限也称为可变期限。但是，人民法院指定期限必须根据实际情况做到合理、恰当、明确，既不能过长而影响案件的及时处理解决，也不能过短而使当事人在指定的期限内难以完成诉讼行为。并且，人民法院一旦指定期限，如不是确因需要，也不应随便改动。

（二）期限的计算

行政诉讼期限以时、日、月、年计算。至于哪种诉讼行为以时或日、月、年为计算标准，应按《行政诉讼法》规定或人民法院指定的事项来具体确定。

期限以时、日计算的，其开始的时和日不计算在期限内，而应从开始时、日的次时、日起算，经过期限的实际时数或日数，即为期限届满；期限以月、年计算的，其起算以日为标准，经过期限的实际月数或年数，以与始期对应的那一日为期限届满。

例如，案件的审理期限从立案次日起计算。申请执行的期限从法律文书规定的履行期限最后一日起计算；法律文书中没有规定履行期限的，从该法律文书送达当事人之日起计算。

期限届满日是节假日的，应以节假日后的第一个工作日为期限届满日期，但节假日在期限中间的，则不予扣除。

期限不包括诉讼文书的在途时间，即计算期限应扣除诉讼文书在寄送时路途上所花费的时间。诉讼文书在期限届满前交邮而在期限届满后才收到的，不算过期，确定是在期限届满前交邮的，以邮寄的邮戳为准。

由于不属于起诉人自身的原因超过起诉期限的，被耽误的时间不计算在起诉期限内。因人身自由受到限制而不能提起诉讼的，被限制人身自由的时间不计算在起诉期限内。

下列期限不计入行政诉讼案件的审理、执行期限：①案件公告、鉴定的期限；②审理当事人提出的管辖权异议和处理法院之间的管辖争议的期限；③由有关专业机构进行审计、评估、资产清理的期限；④中止诉讼（审理）或执行至恢复诉讼（审理）或执行的期限；⑤执行中拍卖、变卖被查封、扣押财产的期限；等等。

（三）期限的耽误及处理

期限的耽误，是指当事人在法定期限或指定期限内没有进行和完成本应进行的诉讼行为。期限的耽误可能由主、客观两种原因造成。因当事人故意或过失导致的期限耽误是主观方面的原因，对此，由当事人承担因耽误期限而产生的对其不利的法律后果，如丧失进行某种诉讼活动的权利等。例如，逾期申请执行生效的行政判决书的，除有正当理由外，人民法院不予受理。因当事人意志以外的情况导致的期限耽误是客观方面的原因，对此，根据《行政诉讼法》的规定，当事人在障碍消除后的法定时间内，可以申请顺延期限，由人民法院决定是否予以顺延；或者由人民法院依职权直接决定顺延期限或重新指定期限。对因客观原因耽误法定期限的，顺延只补足被耽误的期限，耽误了几天就延展几天。对因客观原因耽误指定期限的，可以由法院酌情顺延或重新指定期限。

三、期日

（一）期日的种类

期日是人民法院、当事人和其他诉讼参与人会合在一起进行诉讼行为的时间，按其诉讼行为种类的不同，期日可以分为准备程序期日、调查证据期日、开庭审理期日、宣判期日和结案期日等。

例如，人民法院判决书宣判、裁定书宣告或者调解书送达最后一名当事人的日期为结案期日。人民法院判决书宣判、裁定书宣告或者调解书送达有下列情形之一的，结案期日应遵守以下规定：

1. 留置送达的，以裁判文书留在受送达人的住所日为结案期日。

2. 公告送达的，以公告刊登之日为结案期日。

3. 邮寄送达的，以交邮日期为结案期日。

4. 通过有关单位转交送达的，以送达回证上当事人签收的日期为结案期日。

期日与期限的不同在于：

第一，期限是人民法院、当事人或其他诉讼参与人单方面进行或完成某种诉讼行为的时间，而期日是人民法院、当事人和其他诉讼参与人会合在一起进行诉讼行为的时间。

第二，期限有明确的始期和终期，期日则只能确定开始的时日，无法确定终止的时间，终了需人民法院根据诉讼行为的具体进行情况而定。

第三，期限有法定期限和指定期限之分，法定期限为不变期限，不能变更，指定期限为可变期限，可以变更；而期日都是人民法院指定的，都可以变更。

（二）期日的变更

期日的变更，是指在期日开始前改变原来的日期，另定日期进行诉讼行为。期日确定后，如遇到特殊情况的发生使诉讼行为不能在该时间进行，人民法院可以根据具体情况决定变更期日。变更期日后，人民法院应及时通知当事人和其他诉讼参与人。

（三）期日的耽误及处理

期日的耽误，是指当事人和其他诉讼参与人未按人民法院指定的时间到确定的地点进行应当进行的诉讼行为。当事人等有正当理由耽误期日的，可以申请人民法院变更期日，如无正当理由而耽误诉讼期日的，则要承担相应的法律后果。例如，《行政诉讼法》第 58 条规定："经人民法院传票传唤，原告无正当理由拒不到庭，或者未经法庭许可中途退庭的，可以按照撤诉处理；被告无正当理由拒不到庭，或者未经法庭许可中途退庭的，可以缺席判决"。

第二节　送　达

一、送达的概念和意义

行政诉讼中的送达，是指人民法院将诉讼文书和法律文书，依照法定程序和方式送交当事人和其他诉讼参加人的行为。行政诉讼中的送达多参照民事诉讼法的规定执行。

送达具有下列特点：

1. 送达是人民法院对当事人和其他诉讼参加人进行的一种诉讼活动。这一特点包括以下内容：①送达的主体只能是人民法院，而不能是当事人和其他诉讼参加人。在行政诉讼法律关系中，送达是人民法院对当事人和其他诉讼参加人的一种诉讼权利和诉讼义务，当事人和其他诉讼参加人对法院递交诉讼文书和其他文书的行为，不称为送达。②送达是一种诉讼活动，人民法院在诉讼之外因公务需要对其他国家机关、公民、法人或者其他组织等送交有关文书和材料的行为也不称为送达，不能适用行政诉讼法关于送达的规定。

2. 人民法院送达的文书主要是法律文书和诉讼文书，如判决书、裁定书、决定书、起诉状或答辩状副本、传票、通知书等。

3. 人民法院送达诉讼文书和法律文书必须按法定的程序和方式进行，否则不能产生法律效力，达不到预期的法律后果。

送达是诉讼上的一项重要制度，其重要意义在于：

第一，送达将诉讼文书和法律文书按需要及时送交受送达人，可以使他们了解文书的内容，并根据其内容确定自己的诉讼行为，按法定程序参加诉讼活动，有效行使自己的诉讼权利和切实履行自己的诉讼义务，以保护自己的合法权益。

第二，送达是人民法院行使诉讼权利、履行诉讼义务的表现，它有利于行政诉讼的顺利进行和行政案件的及时正确审理解决。

第三，送达能产生诉讼法或实体法上的法律后果，这对于人民法院和当事人等都是极为重要的。如原告申请撤诉，人民法院批准并将准予撤诉的裁定书送达当事人后，行政诉讼法律关系即告消灭。

二、送达的方式

送达的方式有直接送达、留置送达、邮寄送达、委托送达、转交送达和公告送达等。送达应以直接送达为主要方式。

（一）直接送达

直接送达也称送达人送达，即由人民法院的工作人员直接将应送达的诉讼文书和法律文书交给受送达人本人，或其诉讼代理人、成年家属和其指定的代收人。

直接送达的送达人必须是法院的工作人员，托他人代送的不是直接送达。直接送达以将应送达的文书交给受送达人本人为原则，本人不在时，交与其同住的成年家属签收，如果受送达人已向法院指定了代收人的，交代收人签收。

交受送达人的成年家属或代收人签收的，与受送达人本人签收具有同等效力。

（二）留置送达

留置送达是在应接受送达文书的人无法律上的理由而拒绝接受对其送达的文书时，由送达人将应送达的文书留置于送达场所的送达方式。运用这种送达方式，必须以应接受送达文书的人无法律上的理由而拒绝接受对其送达的文书为前提。留置送达由送达人邀请受送达人所在的基层组织的代表或其他证人到场，说明情况，将应送达的文书留在受送达人的处所，并在送达回证上写明拒收事由、见证人姓名、送达日期，由送达人、见证人签名或盖章，至此即为送达完毕。留置送达与直接送达具有同样的效力。

（三）委托送达

委托送达是受诉人民法院在直接送达有困难时，将应由自己送达的诉讼文书委托有关人民法院代为送达的送达方式。委托送达是一种补充的送达方式，其前提条件是受诉人民法院直接送达有困难，它一般发生于受送达人在外地，受诉人民法院派工作人员直接送达确有困难的情况下，因此，可委托受送达人所在地的人民法院代为送达，受委托的法院应协助、配合做好送达工作。委托送达与直接送达具有同等效力。

（四）邮寄送达

邮寄送达是人民法院将所送达的文书通过邮局挂号寄给受送达人的一种送达方式。这也是人民法院在直接送达有困难时采用的送达方式。邮寄送达应由人民法院工作人员直接交寄邮局，自邮寄之日起满 3 个月，送达回证没有退回，但根据各种情况足以认定已经送达的，期间届满之日视为送达。

（五）由受送达人所在单位转交送达

在一般情况下，送达文书应交受送达人，但在有些情况下，需通过受送达人所在单位代为转交，其主要包括：

1. 受送达人是军人的，要通过其所在部队团以上单位的政治机关转交。

2. 受送达人是被监禁或被劳动教养的，要通过其所在监所、劳动改造单位或劳动教养单位转交。

代为转交的单位收到送达文书后，有义务立即交受送达人签收。转交送达，以受送达人签收的日期为送达日期，而不以人民法院交付转交单位的日期为送达日期。

（六）公告送达

公告送达是人民法院以公告的方式，将应送达的诉讼文书和法律文书告知受送达人。公告发出后经一定的时间即发生送达的法律效力。公告送达是无法采取其他送达方式时所运用的一种补救的送达方式。公告送达的前提条件是受送达人因下落不明，或者有无法联系的其他情况而不能采取其他送达方式。

公告送达可以运用登报、张贴告示等方法进行，自公告发出之日起满 60 日即视为送达，其与其他的送达方式具有同等的效力。

公告送达起诉状或者上诉状副本的，应说明起诉或上诉要点，受送达人答辩期限及逾期不答辩的法律后果；公告送达传票，应说明出庭地点、时间及逾期不出庭的法律后果；公告送达判决书、裁定书的，应说明裁判主要内容，属于一审的，还应说明上诉权利、上诉期限和上诉的人民法院。

除公告送达以外，人民法院无论采取哪种送达方式，都应当有送达回证。送达回证是人民法院按照法定格式制作的，用以证明人民法院完成送达行为的书面凭证。它能证明人民法院与受送达人之间已发生送达法律关系这一事实。送达回证的主要内容包括：被送达文书的名称，送达的处所及时间，送达人和被送达人的签名或盖章等。送达回证上的签收日期就是送达日期。

送达回证是诉讼过程中的诉讼资料，应带回法院附卷存查。

第三节　行政诉讼费用

一、行政诉讼费用的概念和意义

行政诉讼费用，是指当事人进行行政诉讼，依法应向人民法院交纳和支付的费用。2014 年修正的《行政诉讼法》第 102 条规定，人民法院审理行政案件，应当收取诉讼费用。诉讼费用由败诉方负担，双方都有责任的由双方负担。2006 年 12 月 8 日通过的《诉讼费用交纳办法》则对行政诉讼的收费范围、标准、费用的交纳、负担等作了具体规定。由此，收取诉讼费用是行政诉讼制度的一个组成部分。

行政诉讼费用包括案件受理费和其他诉讼费用两类。案件受理费是当事人向法院交纳的国家"规费"，带有税收性质，须上缴国库；其他诉讼费用则是当事人支付给法院的、用于诉讼活动实际需要的费用。行政诉讼费用一般由败诉一方当事人和在诉讼中有不正当行为的人承担，因此，它又具有制裁的性质。

人民法院审理行政案件依法收取诉讼费用的意义在于：

1. 减少国家财政开支，减轻广大人民群众的负担。人民法院审理行政案件需要耗费一定的费用，而这些费用则是用于解决一部分行政案件当事人之间的纠纷，如果都由国库开支，必然增加国家财政的负担，也加重了全体人民群众的负担，这显然是不合理的。因此，由当事人自己负担自己的诉讼费用是适宜的。

2. 促使行政机关依法行使职权和在进行行政复议时认真、负责地解决行政纠纷。行政案件都是因行政机关行使行政职权的行为所引起的，如果行政机关因未依法行使职权而在诉讼中败诉，除了应承担相应的法律责任外，还要按诉讼费用的负担原则负担诉讼费用。就行政诉讼而言，收取诉讼费用可以从一个方面促使行政机关依法行政，同时，对那些行政诉讼之前可以进行行政复议的案件，也能促使行政复议机关在复议时认真、负责地进行处理，加强对自身的监督。

3. 增强公民、法人或者其他组织的法治观念，防止滥用诉讼权利，无理缠讼和在诉讼中作出不正当的行为导致浪费物力、人力的现象发生，也减少那些完全不必要的诉讼。行政诉讼费用由败诉人和在诉讼中有不正当行为的人负担，这对于那些诉讼行为的目的不正当、无理取闹的人是一种经济上的约束，可以促使他们增强法治观念，以严肃的态度对待自己的诉讼权利。

4. 有利于维护国家主权和经济利益。随着我国对外开放的发展进程，外国人和外国组织在我国进行行政诉讼的情况会越来越多，涉外行政诉讼中对外方当事人依照我国法律收取诉讼费用或按国家间的对等原则收取诉讼费用，有利于维护国家主权和国家的经济利益。

二、行政诉讼费用的种类和征收标准

（一）行政诉讼费用的种类

1. 案件受理费。案件受理费是人民法院决定受理行政案件后，由原告按规定向法院预交的费用，是要上缴国库的国家"规费"。除法律另有规定的情况，原则上所有的行政案件的原告都应向法院预交案件受理费。但原告预交案件受理费并非是由原告负担这一费用，具体这种费用由谁负担，需根据案件审理的结果来确定，一般由败诉人负担。

案件受理费又分为财产案件受理费和非财产案件受理费，在行政诉讼中，对被诉具体行政行为有争议价额或金额的，按财产案件处理。

2. 其他的诉讼费用。其他的诉讼费用是指除案件受理费之外，人民法院在审理行政案件中实际耗费的、需当事人支付的费用。主要包括：

（1）勘验、鉴定、公告、翻译（当地通用的民族语言、文字除外）费。

（2）证人、鉴定人、翻译人员在人民法院决定日期出庭的交通费、住宿费、生活费和误工补贴费。

（3）采取诉讼保全措施的申请费和实际支出的费用。

（4）执行判决、裁定或者调解协议所实际支出的费用。

（5）当事人复制庭审材料和法律文书所需的费用。

（6）人民法院认为应当由当事人负担的其他诉讼费用。这种费用是除上述几种费用之外还需当事人负担的费用，由人民法院根据案件的情况从严掌握和决定。

（二）行政诉讼费用的征收标准

1. 案件受理费的征收标准。案件受理费对财产案件和非财产案件有不同的标准。对于非财产案件是确定一个幅度，按件计征案件受理费，具体包括：商标、专利、海事行政案件每件交纳 100 元，其他行政案件每件交纳 50 元。

财产案件根据诉讼请求的金额或者价额，按照下列比例分段累计交纳：

（1）不超过 1 万元的，每件交纳 50 元；

（2）超过 1 万元至 10 万元的部分，按照 2.5% 交纳；

（3）超过 10 万元至 20 万元的部分，按照 2% 交纳；

（4）超过 20 万元至 50 万元的部分，按照 1.5% 交纳；

（5）超过 50 万元至 100 万元的部分，按照 1% 交纳；

（6）超过 100 万元至 200 万元的部分，按照 0.9% 交纳；

（7）超过 200 万元至 500 万元的部分，按照 0.8% 交纳；

（8）超过 500 万元至 1000 万元的部分，按照 0.7% 交纳；

（9）超过 1000 万元至 2000 万元的部分，按照 0.6% 交纳。

以上依率分段计算，然后将总和相加即为应交纳的案件受理费数额。

在实践中，对于行政案件的收费标准各地法院并不统一。在有些行政案件中，行政机关只是对有关民事争议作出裁决，自身并无利益关系，导致行政机关对败诉后要按财产争议承担诉讼费用意见很大，如山林土地确权行政案件。因此，应当区分各类行政行为的性质来确定收费标准，行政诉讼案件的收费标准有待进一步完善。

2. 其他诉讼费用的征收标准。其他诉讼费用的征收标准分别为：

（1）证人、鉴定人、翻译人员、理算人员在人民法院指定日期出庭发生的交通费、住宿费、生活费和误工补贴，由人民法院按照国家规定标准代为收取。

（2）诉讼过程中因鉴定、公告、勘验、翻译、评估、拍卖、变卖、仓储、保管、运输、船舶监管等发生的依法应当由当事人负担的费用，人民法院根据谁主张、谁负担的原则，决定由当事人直接支付给有关机构或者单位，人民法院不得代收代付。

（3）申请保全措施的，根据实际保全的财产数额按照下列标准交纳：财产数额不超过 1000 元或者不涉及财产数额的，每件交纳 30 元；超过 1000 元至 10 万元的部分，按照 1% 交纳；超过 10 万元的部分，按照 0.5% 交纳。但是，当事人申请保全措施交纳的费用最多不超过 5000 元。

（4）依法向人民法院申请执行人民法院发生法律效力的判决、裁定、调解书，仲裁机构依法作出的裁决和调解书，公证机关依法赋予强制执行效力的债权文书，申请承认和执行外国法院判决、裁定以及国外仲裁机构裁决的，按照下列标准交纳：没有执行金额或者价额的，每件交纳 50 元至 500 元。执行金额或者价额不超过 1 万元的，每件交纳 50 元；超过 1 万元至 50 万元的部分，按照 1.5% 交纳；超过 50 万元至 500 万元的部分，按照 1% 交纳；超过 500 万元至 1000 万元的部分，按照 0.5% 交纳；超过 1000 万元的部分，按照 0.1% 交纳。

（5）当事人复制案件卷宗材料和法律文书应当按实际成本向人民法院交纳工本费。

三、行政诉讼费用的预交和负担

（一）行政诉讼费用的预交

1. 第一审行政案件的诉讼费由原告向法院预交。原告应自接到人民法院预交诉讼费用通知的次日起 7 日内预交，预交确有困难的，可以在预交期内向人民法院提出缓交的申请，否则要按自动撤回起诉处理。同一案件有两个以上原告的，由最先提起诉讼的原告预交，同时提起诉讼的，预交诉讼费用由原告协商解决，协商不成的，由法院决定。

行政赔偿案件无须交纳诉讼费用。我国《国家赔偿法》第41条第1款规定："赔偿请求人要求国家赔偿的，赔偿义务机关、复议机关和人民法院不得向赔偿请求人收取任何费用。"根据这一规定，人民法院受理行政赔偿案件，不得向当事人收取诉讼费用。

2. 上诉案件的诉讼费用，由上诉人预交，双方当事人都上诉的，由他们分别预交。上诉人应在向法院提交上诉状时预交，如在上诉期内未预交诉讼费用的，人民法院应通知其预交，上诉人在接到人民法院的通知后7日内仍未预交诉讼费又不提出缓交申请的，按自动撤回起诉处理。

3. 申请执行或申请诉讼保全的费用等，由申请人在提出申请时预交。

（二）行政诉讼费用的负担

行政诉讼费用的负担，是指行政案件审理终结后，确定由谁承担诉讼费用。

诉讼费用的负担主要包括下列几种：

1. 由败诉一方负担。诉讼费用原则上是由败诉人负担，如果是共同诉讼的当事人败诉，由人民法院根据他们各自对诉讼标的的利害关系，决定各自应负担的金额。人民法院的二审判决一并撤销一审判决和被诉具体行政行为的，一、二审诉讼费用均由败诉的行政机关负担。

在实践中，如果原告胜诉、被告败诉，大多数法院在作出裁判时，往往并不直接将预交诉讼费退给原告，而是要求被告将诉讼费径付原告。在目前"执行难"现象比较普遍的情况下，不少原告胜诉后，不但在实际上得不到法院裁判确定的利益，甚至连预交的诉讼费也收不回来。因此，有必要明确规定，如果原告胜诉，法院应当将其预交的诉讼费退回，再责令败诉方向法院缴纳诉讼费用。

2. 双方分担。对于行政案件人民法院判决部分维持部分撤销具体行政行为，诉讼费用由原、被告双方按责任大小分担，无责任的不负担。

3. 驳回起诉的案件，案件受理费由起诉的当事人负担。

4. 驳回上诉的案件，上诉案受理费由上诉人负担，双方都上诉的，由双方负担。

5. 撤诉的案件，案件受理费由原告负担，减半收取，但因被告改变具体行政行为，原告撤诉的，案件受理费由被告负担，减半收取；其他诉讼费用按实际支出收取。

6. 申请执行费和执行中实际支出的费用，由被申请人负担。

7. 申请保全措施的申请费，由败诉人负担。

8. 由于当事人不正当的诉讼行为所支出的费用，由该当事人自己负担。

9. 当事人复制庭审材料、法律文书的费用，由要求复制的当事人自己负担。

当事人交纳诉讼费用确有困难的，可以向人民法院申请缓交、减交或者免交，是否缓交、减交或者免交由人民法院审查决定。

■ 思考题

1. 简述行政诉讼的期间。

2. 简述行政诉讼的送达。

3. 简述行政诉讼费用及其征收标准。

■ 参考资料

1. 何其生：《域外送达制度研究》，北京大学出版社 2006 年版。

2. 胡建淼主编：《行政诉讼法学》，高等教育出版社 2003 年版。

3. 杨解君主编：《行政诉讼法学》，中国方正出版社 2002 年版。

4. 张弘："行政诉讼起诉期限研究"，载《法学》2004 年第 2 期。

5. 焦玉珍："对行政诉讼起诉期限有关问题的探讨——兼谈行政诉权之保护"，载《人民司法》2000 年第 8 期。

6. 李轩："试析行政诉讼时效及其适用"，载《行政法学研究》2000 年第 1 期。

7. 王学栋："论我国行政诉讼举证时限制度的完善"，载《行政法学研究》2002 年第 1 期。

8. 沈小平："论我国行政诉讼费用制度之新发展"，载《中共贵州省委党校学报》2009 年第 5 期。

9. 熊时升、徐岚："关于我国行政诉讼费用承担制度的反思"，载《江西师范大学学报（哲学社会科学版）》2007 年第 3 期。

第九章　对妨害行政诉讼的强制措施

了解和掌握行政诉讼强制措施的概念、特点和种类，正确理解妨害行政诉讼行为的构成以及行政诉讼强制措施的具体适用。

第一节　强制措施概述

一、强制措施的概念和特点

（一）强制措施的概念

行政诉讼中的强制措施，是指人民法院为了保证行政诉讼活动的正常进行，依法对有故意妨害诉讼秩序行为的人所采取的强制手段。

行政诉讼强制措施就其性质而言，是一种排除诉讼障碍的强制手段，因为其基本目的是制止妨害行政诉讼的行为，保证行政诉讼活动依法正常进行。但它也具有一定的制裁性，妨害行政诉讼的行为本身就是一种违法行为，即违反程序法，而且有些妨害诉讼行为同时还违反实体法，如侮辱、诽谤、诬陷、殴打当事人、诉讼参与人的行为在妨害行政诉讼的同时又侵犯他人的人身权，而在行政诉讼过程中对发生这类行为的（除构成犯罪须追究刑事责任外）只予以行政诉讼强制措施而并不再予以治安管理处罚，可见，行政诉讼强制措施也是违法行为所应承担的一种法律后果，特别是强制措施中的罚款和拘留方式，则显然具有一定制裁性。当然，从它的目的而言，其强制措施的性质还是主要的，制裁不是它的根本属性，这也是行政诉讼强制措施与行政处罚的重大区别之一。

强制措施本身并不是行政诉讼程序，更不是行政诉讼必须经过的一个阶段，有的行政诉讼活动在正常进行未发生妨害诉讼行为的情况下，就不存在实施强制措施的问题，但是，一旦出现妨害行政诉讼的行为，便需要采取强制性的措施来排除妨害，因而，强制措施对整个行政诉讼活动的正常进行具有重要的保障作用，由此可知，它是行政诉讼法一个不可缺少的内容。行政诉讼强制措施既不同于行政处罚和行政强制措施，也不同于刑事诉讼、民事诉讼等其他程序法中的强制措施。

（二）强制措施的特点

1. 行政诉讼强制措施所针对的是有妨害行政诉讼行为的人，这是行政诉讼强制措施在所针对的对象上的特点，也是行政诉讼强制措施与民事诉讼强制措施、刑事诉讼强制措施、行政处罚和行政强制措施等的一个重要区别。

民事诉讼强制措施针对的对象是妨害民事诉讼的人，刑事诉讼强制措施针对的对象是刑事被告人和有现行、重大犯罪嫌疑的人。行政处罚和行政强制措施针对的对象则分别是在行政法律关系中有违反行政法的行为和未自觉履行行政法义务（包括行政行为所确定的义务以及紧急状况下要遵守的特别义务）的公民、法人或者其他组织。而行政诉讼强制措施只针对那些妨害行政诉讼活动正常进行、违反行政诉讼秩序的人。显然，行政强制措施针对的对象是有其特定性的。

2. 行政诉讼强制措施由人民法院在行政诉讼过程中依法决定并实施，其目的是排除妨害，以保障行政诉讼活动的正常进行。这是行政诉讼强制措施在实施主体和目的上的特点，也是它与其他行政强制措施或行政处罚不相同的一个特点。

行政强制措施和行政处罚均由行政机关在行政管理活动中决定采取。其目的是促使公民、法人或者其他组织履行行政法上的义务或惩处并预防违反行政法的行为，维护正常的行政管理程序。行政强制措施虽然也是由人民法院决定并采取的，目的与行政强制措施有所不同，行政诉讼强制措施的目的是排除妨害，保障行政诉讼活动的正常进行。而刑事诉讼强制措施则是由人民法院、人民检察院和公安机关在打击刑事犯罪的过程中采取的，其目的是防止刑事被告人、现行犯罪分子和有重大犯罪嫌疑的人逃匿、毁灭证据或继续犯罪，保证刑事诉讼的顺利进行。

3. 行政诉讼强制措施的法律依据是行政诉讼法，须依行政诉讼法规定的方式实施进行。这是行政诉讼强制措施在法律依据和实施方式上的特点。行政诉讼与其他诉讼以及行政管理活动分属于不同的法律活动，因而要分别依据不同的法律规定；同时，行政诉讼与其他诉讼以及行政管理活动相比，又有其特殊之处，因而应当有适应于这种诉讼特点的强制措施。根据 2014 年修正的《行政诉讼法》第 59 条的规定，行政诉讼强制措施包括训诫、责令具结悔过、处 1 万元以下的罚款和处 15 日以下的拘留等种类，这些行政诉讼强制措施与民事诉讼、刑事诉讼和行政管理中的行政诉讼强制措施不同。例如，民事诉讼强制措施中对那些必须到庭而无正当理由又拒不到庭的被告人可实施拘传的强制措施，其对象是离婚案件以及追索赡养费、抚养费、抚育费等案件的被告人，这类民事案件的被告人如不到庭则难以查清案件事实，也难以进行调解和裁判，因而在需要和符合法定条件下要采取拘传的强制措施。而行政诉讼的被告是国家行政机关，其法定代表人或相应的工作人员应当出庭应诉，对于行政案件，作为被告的行政机关如不提供其作出行政行为的证据和规范性文件，要承担败诉的风险。被诉行政机关负责人应当出庭应诉。不能出庭的，应当委托行政机关相应的工作人员出庭。根据《最高人民法院关于适用〈中华人民共和国行政诉讼法〉若干问题的解释》第5条："行政诉讼法第3条第3款规定的'行政机关负责人'包括行政机关的正职和副职负责人……"行政机关无正当理由拒不到庭的，法院可以将拒不到庭的情况予以公告，并可以向监察机关或被告上级机关提出依法给予其处分的司法建议。因而无须也不宜采取拘传的行政诉讼强制措施。再如，刑事诉讼的强制措施，其对象具有特殊性，且其目的是为了防止刑事被告人、现行犯罪分子和有重大犯罪嫌疑的人逃匿、毁灭证据或继续犯罪，因而在方式上均为限制人身自由的刑事诉讼强制措施，它们包括拘传、取保候审、监视居住、刑事拘留和逮捕。至于行政强制措施中对人身的强制扣留、强制隔离以及对财产的查封、冻结、扣押等措施，都不适用于针对有妨害行政诉讼行为的人。

二、强制措施的作用

行政诉讼强制措施具有下列几个方面的重要作用：

1. 维护正常的行政诉讼秩序，维护法律的尊严。行政诉讼法是国家法律体系的重要组成部分，行政诉讼秩序是法律秩序的一种，它是受国家强制力保障的。为此，对那些违反行政诉讼法规定、破坏行政诉讼秩序、妨害行政诉讼活动正常进行的人，规定并采取行政诉讼强制措施是十分必要的，其重要作用之一就是做到违法必究，维护法治的尊严，维护正常的诉讼秩序。

2. 保障当事人和诉讼参与人的合法实体权益、诉讼权利和生命、财产安全。当事人和其他诉讼参与人参加行政诉讼活动，旨在充分行使行政诉讼法规定的诉讼权利，保护自己的合法实体权益或协助人民法院查清案情以使行政纠纷及时得到正确的解决。而妨害行政诉讼的行为由于破坏了行政诉讼活动的正常进行，妨害了人民法院对案件的正常审理，因而影响了当事人、其他诉讼参与人合法实体权益和诉讼权利的实现，有的甚至威胁着他们的生命、财产安全。为此，对妨害行政诉讼的行为规定并采取强制措施，是保护诉讼当事人和其他诉讼参与人的重要手段，其作用就是要在诉讼中通过排除妨害来保护他们的合法实体权益、诉讼权利和生命、财产安全。

3. 保证人民法院工作人员正常执行职务，有利于行政审判工作的顺利进行。行政诉讼审判活动是人民法院行使国家审判职能所进行的一项严肃的司法活动，妨害行政诉讼的行为是对人民法院及其工作人员正常执行职务的严重干扰，也破坏了行政审判工作的顺利进行，因而需要以相应的法律手段来排除妨害，为此，对妨害行政诉讼的行为采取行政诉讼强制措施，对于保证人民法院工作人员正常执行职务，对行政审判工作的顺利进行具有重要的作用。

4. 教育行政机关工作人员和广大人民群众遵守法律，遵守诉讼秩序。对妨害行政诉讼的行为采取必要的行政诉讼强制措施，也是在行政诉讼活动中对广大行政机关工作人员和人民群众进行法制教育的一种有效方式——不仅能排除妨害，保障行政诉讼活动的正常进行，而且通过行政诉讼强制措施的实施及其法律后果还能教育被强制人深刻理解行政诉讼法的有关规定，懂得什么是违反行政诉讼法和行政诉讼秩序的行为，这类行为的危害性及必然承担的法律后果，并能以此为鉴，增强他们在行政诉讼活动中遵守法律规定的自觉性，以免今后再发生这类违法现象。

第二节   妨害行政诉讼行为的构成和种类

一、妨害行政诉讼行为的构成

行政诉讼强制措施是针对妨害行政诉讼行为而适用的，为此，分析说明行政诉讼强制措施的适用首先需要了解妨害行政诉讼的行为。

妨害行政诉讼的行为，是指在行政诉讼过程中，诉讼参与人或其他人故意实施的、阻挠行政诉讼活动依法正常进行的各种行为。这类行为在行为主体上可以是多种多样的，如可以是诉讼参加人，或是其他诉讼参与人，还可以是诉讼之外的其他人；在行为方式上也有多种多样的表现，但构成这类行为必须同时具备三个要件。

（一）必须是行为人故意实施的妨害诉讼行为

行为人故意实施是该行为的主观要件，即行为人明知自己的行为会导致妨害行政诉讼活动正常进行的结果而故意实施该行为。因过失而发生的影响行政诉讼活动正常进行的行为不属于妨害诉讼的行为，因为行为人没有要达到妨害诉讼正常进行的主观动机。

（二）必须是已实际实施的、对行政诉讼活动正常进行有妨害的行为

行为人已实际实施妨害诉讼的行为是该行为的客观要件，即行为人的行为已客观存在。只有想法而未实施的不属于妨害诉讼的行为，因为未实施就未产生行为，也不发生对诉讼活动的妨害。同时，这种行为应对行政诉讼活动造成妨害，例如，当事人在诉讼过程中实施了违法行为，但该行为并不对诉讼造成妨害，那么，该行为虽是违法行为但不属于妨害行政诉讼活动的行为，对其不应采取行政诉讼强制措施，而应由有关的国家机关予以相应的处理。

（三）必须是在行政诉讼过程中实施的行为

在行政诉讼过程中实施是该行为在发生范围上的要件，即该行为发生于自起

诉到执行完毕的这一行政诉讼的全部过程之中，不在这一过程中发生的行为也不属于妨害诉讼的行为，因为不在这一过程中的行为就不构成对诉讼的妨害。在行政诉讼过程中实施的行为包括在法庭上实施的妨害诉讼行为，也包括在法庭外实施的妨害诉讼行为。

二、妨害行政诉讼行为的种类

2014 年修正的《行政诉讼法》第 59 条规定了妨害行政诉讼行为的种类，包括以下七种：

（一）有义务协助调查、执行的人，对人民法院的协助调查决定、协助执行通知书，无故推拖、拒绝或者妨碍调查、执行的

这是妨害人民法院正常进行行政诉讼工作的行为。人民法院对诉讼中的行政行为进行调查或者执行已发生法律效力的判决、裁定等是实现当事人合法权益的重要措施，是行政诉讼程序的重要阶段。人民法院对于诉讼调查、执行工作如需要有关单位和个人协助的，要对其发出协助调查决定通知书、协助执行通知书，告之有关的调查与执行事项。协助人民法院进行调查与执行工作是有关单位和公民的法定义务，他们应切实履行这些义务。如果有关单位和个人对人民法院的协助调查决定通知书、协助执行通知书无故推拖、拒绝或者妨碍执行，就是妨害行政诉讼的行为。无故推拖是对协助调查决定通知书、协助执行通知书无正当理由而予以推诿或对协助调查决定通知书、协助执行通知书上要求的事项拖延不办；拒绝是拒不接受协助调查决定通知书、协助执行通知书，或者对协助调查决定通知书、协助执行通知书上要求的事项拒绝办理；而妨碍调查、执行则是直接实施一些阻挠调查与执行工作进行的行为。这类妨害行政诉讼行为的行为主体只限于有协助调查、执行义务的人而不包括其他的人。

（二）伪造、隐藏、毁灭证据或者提供虚假证明材料，妨碍人民法院审理案件的

这是妨害人民法院进行调查取证和审理工作的行为。证据是人民法院查明案件事实、准确定性和正确作出裁判的重要依据，伪造、隐藏、毁灭证据或者提供虚假证明材料，妨碍人民法院审理案件的行为对行政诉讼活动的正常进行无疑是严重的妨害。伪造证据是无中生有、以假代真的制造假证据，以欺骗人民法院和其他诉讼参与人；隐藏证据是将行政诉讼证据隐藏起来，妨碍人民法院的取证工作；毁灭证据则是将行政诉讼证据销毁，使人民法院难以取得；虚假证明材料是指那些能够影响对行政案件的正确审理，内容不符合事实、不真实，或杜撰、编造、虚构了事实，或隐瞒了事实真相的有关材料与文件。虚假既可以是全部内容虚假，也可以是其中部分内容虚假，这都会影响到人民法院对行政案件的正确、合法审理。

（三）指使、贿买、胁迫他人作伪证或者威胁、阻止证人作证的

这是妨害人民法院正常进行调查取证和审理工作的行为。指使他人作伪证，是示意并授予方法让本无作伪证意图的人作伪证；贿买他人作伪证，是以金钱、财物或其他利益为条件，收买他人作伪证；胁迫他人作伪证，是使用恐吓等各种威胁手段强迫他人作伪证；威胁、阻止证人作证，则是对依法履行作证义务的知情人实施威胁手段或以其他方式予以阻止。上述这些都是妨害行政诉讼的行为表现。

（四）隐藏、转移、变卖、毁损已被查封、扣押、冻结的财产的

这是妨害人民法院正常进行诉讼保全和执行工作的行为。人民法院在审判和执行程序中，需要依法对某些财产予以查封、扣押和冻结，一旦人民法院作出了对财产查封、扣押、冻结的决定，任何人都不得擅自对该财产予以处置，如果抗拒人民法院的决定，对已被人民法院查封、扣押、冻结的财产予以隐藏、转移、变卖或损毁，就构成妨害行政诉讼的行为。

（五）以欺骗、胁迫等非法手段使原告撤诉的

这是妨害行政相对人依法行使诉权的行为。原告认为行政行为违法，有权依照法律规定向法院起诉，这是法律明确赋予并加以保护的诉讼权利。一旦行政相对人向法院起诉并经法院立案审理，非原告真实、主动的意愿，任何组织或个人不得以欺骗、胁迫等非法手段使其撤诉。欺骗是以虚假的理由、事实和信息等诱使原告违背本意撤诉；胁迫是以对人身或者财产安全加以损害为要挟，迫使原告违背本意撤诉。采用欺骗、胁迫等非法手段使得原告撤诉，将会严重侵害原告的诉讼权利，是严重妨害行政诉讼的行为。

（六）以暴力、威胁或者其他方法阻碍人民法院工作人员执行职务，或者以哄闹、冲击法庭等方法扰乱人民法院工作秩序的

这是妨害人民法院正常进行各项行政审判工作的行为。暴力、威胁等方法是以打砸办公场地、堵截执法车辆、损毁办公设施、威逼胁迫工作人员等方法来阻碍人民法院工作人员正常执行职务。哄闹是故意在法庭内外起哄喧闹，冲击法庭则是未被法庭允许强行进入庭审现场、强占法庭场地、堵截通道等，以此来干扰行政审判活动的正常进行或扰乱人民法院的工作秩序。

（七）对人民法院审判人员或者其他工作人员、诉讼参与人、协助调查和执行的人员恐吓、侮辱、诽谤、诬陷、殴打、围攻或者打击报复的

这是以侵害人民法院审判人员、其他工作人员、诉讼参与人、协助调查人和协助执行人人身的方式来妨害他们正常进行行政诉讼活动的行为。主要表现为：对人民法院审判人员、其他工作人员、诉讼参与人、协助调查人、协助执行人实施恐吓、侮辱、诽谤、诬陷、殴打、围攻或者打击报复，以阻挠行政诉讼的审

理、裁判和执行工作的正常进行。恐吓是以人身、财产等损害相威胁；侮辱是用暴力或其他方法公然贬低人格，破坏名誉；诽谤是捏造并散布某种事实以损害人格和名誉；诬陷是捏造违法犯罪事实并向有关的国家机关告发，图谋陷害；殴打是采用拳打脚踢或使用器械直接损害身体健康的打人行为；围攻是多人聚众包围、指责正常进行行政诉讼活动的人员；打击报复是运用职权或其他便利条件实施报复。

由于恐吓、侮辱、诽谤、诬陷、殴打、围攻或者打击报复行为同时也是侵犯人民法院审判人员、其他工作人员、诉讼参与人、协助调查人、协助执行人的人身权利的违法行为，为此，需要注意该类行为是发生在行政诉讼之中，还是发生在行政诉讼尚未提起或行政诉讼已经结束之后。如果发生在行政诉讼之中，则该类行为足以妨害行政诉讼活动，属于行政诉讼强制措施的对象；如果发生在行政诉讼尚未提起或行政诉讼活动已经结束之后，则该类行为不构成对行政诉讼的妨害，作为违法行为，应由有关的国家机关追究其相应的法律责任，而不能实施行政诉讼强制措施。

对上述妨害行政诉讼的行为，但未构成犯罪的，人民法院要视其情节轻重依法予以相应的强制措施；如情节严重构成犯罪的，则要追究刑事责任。

第三节　强制措施的种类和适用

一、强制措施的种类

根据 2014 年修正的《行政诉讼法》第 59 条的规定，行政诉讼强制措施有训诫、责令具结悔过、罚款和拘留共四种。

（一）训诫

训诫是人民法院对有妨害行政诉讼行为的人，采取严厉批评教育并警告其不得再犯的一种措施，训诫是最轻的一种强制措施，针对有轻微妨害行政诉讼行为的人。

（二）责令具结悔过

责令具结悔过是人民法院对有妨害行政诉讼行为的人，责令其承认错误，写出悔过书，保证不再重犯的一种措施，责令具结悔过也属于一种较轻的强制措施，针对妨害行政诉讼行为情节、后果较轻微的人。

（三）罚款

罚款是人民法院对有妨害行政诉讼行为的人，强制其交纳一定数额款项的一种强制措施。罚款金额为 1 万元以下。罚款的强制措施针对妨害行政诉讼行为情节、后果比较严重的人。

（四）拘留

拘留也称司法拘留，是由人民法院对有妨害行政诉讼行为的人，短期内限制其人身自由的一种强制措施。拘留期限为 15 日以下。拘留是最严厉的一种行政诉讼强制措施，针对妨害行政诉讼行为情节、后果严重的人。

除上述行政诉讼强制措施外，对妨害行政诉讼行为情节严重已达到触犯刑法，构成犯罪行为时，则要由公安机关、检察机关依刑事诉讼法规定的程序追究其相应的刑事责任。

二、强制措施的适用

（一）训诫的适用

训诫适用于有轻微妨害行为且能听从教育、及时认错的人。训诫经合议庭决定，由审判长口头对有妨害行为的人进行，训诫的内容要批评对方的错误做法，指出其违法性及危害后果，教育对方认识错误，并告诫对方不得再犯。训诫的内容应记入笔录，交由被训诫人阅读或念给本人听，然后由本人签字，存入案卷。

（二）责令具结悔过的适用

责令具结悔过适用于有轻微妨害行为的人。责令具结悔过经合议庭决定，由审判长责令对方悔过，写出悔过书，并将悔过书当庭宣读。悔过书的内容应包括其作出妨害行为的经过、自己对该错误行为的认识和不得再犯的保证等。责令具结悔过的过程应记入笔录，连同悔过书一起存入案卷。

（三）罚款的适用

罚款适用于妨害行为比较严重的人。罚款由合议庭根据对方妨害行为的严重程度、认识改错态度和经济情况等因素综合考虑，在 1 万元以内确定一个合理的数额，作出罚款决定，并且该决定需报请人民法院院长批准。罚款要制作决定书送交被罚款人。

对于有妨害行政诉讼行为的单位，人民法院可以对其主要负责人或者直接责任人员予以罚款。被罚款人对罚款决定不服的，可以向上一级人民法院申请复议一次，但在复议期间不停止对罚款的执行。

（四）拘留的适用

拘留适用于妨害行为严重的人，或者认错态度不好、有可能继续作出妨害诉讼行为造成更严重后果的人。拘留由合议庭根据对方妨害行为的危害程度和其他相关情况等，在 15 日以下决定一个合理的期限。拘留决定需经人民法院院长批准并制作决定书送交被拘留人。拘留由人民法院司法警察执行，送拘留场所交公安机关看管。

对于有妨害行政诉讼行为的单位，人民法院可以对其主要负责人或者直接责任人员予以拘留。被拘留人对拘留决定不服的，可以向上一级人民法院申请复议一次，但在复议期间不停止对拘留的执行。

■思考题

1. 简述什么是妨害行政诉讼行为。
2. 简述妨害行政诉讼强制措施。
3. 试述行政诉讼强制措施的种类及其适用。

■参考资料

1. 张树义：《行政法与行政诉讼法学》，高等教育出版社 2004 年版。
2. 袁明圣、罗文燕主编：《行政救济法原理》，中国政法大学出版社 2004 年版。
3. 毕可志：《论行政救济》，北京大学出版社 2005 年版。
4. 王文彬："行政诉讼应设立强制被告到庭制度"，载《政治与法律》2000 年第 6 期。

第十章　起诉与受理

■ 学习目的和要求

　　学习本章的目的在于对起诉和受理条件的掌握，明白诉权保障的意义。

第一节　诉和诉权概述

一、诉的概述

（一）诉的概念和特征

我国行政诉讼中的诉，是指认为自己的合法权益受到行政机关的行政行为侵犯的公民、法人或者其他组织，要求人民法院予以司法保护的请求。行政诉讼中的诉具有以下特点：

1. 诉的当事人的特定性。即行政诉讼的原告，只能是认为自己的合法权益受到行政机关行政行为侵犯或者影响的公民、法人或者其他组织一方；被告只能是作出行政行为的行政机关或法律、法规、规章授权的组织一方。

2. 诉的当事人的诉讼地位的特定性。即行政诉讼的当事人地位不能互移，行政诉讼的被告不享有反诉权。

3. 诉的请求对象的特定性。即原告只能向特定的人民法院要求司法保护。所谓特定的人民法院，是指对该诉讼享有管辖权的人民法院。诉一旦成立，就意味着人民法院对该诉讼享有管辖权，产生一系列的诉讼法律后果。

4. 诉讼标的的特定性。行政诉讼的标的只能是行政行为。虽然在行政诉讼过程中，行政机关在一定条件下有权改变行政行为，使行为内容发生一定变化，但行政诉讼的标的始终是被诉行政行为。诉讼中，人民法院对行政事实行为是否违法的确认是一种特殊的情况。

5. 诉讼理由具有特定性。《行政诉讼法》规定，人民法院审理行政案件，对行政行为是否合法进行审查，行政诉讼所要解决的中心问题是行政行为的合法性问题。因此，行政诉讼的诉讼理由，原则上只以该行政行为违法以及侵犯公民、法人或者其他组织合法权益的事实为理由。

（二）诉的要素

诉的要素，是指诉的构成元素或称诉的组成部分。行政诉讼中的诉具有三要素，即当事人、诉讼标的、诉讼理由。

1. 当事人。当事人是诉的要素之一，没有当事人或当事人不合格、不明确，诉即不能成立。因此，行政诉讼法规定了原告的资格、被告的资格，也要求原告起诉必须有明确的被告。

2. 诉讼标的。诉讼客体就是诉讼标的，诉讼标的一般由原告的请求决定。由于行政诉讼的当事人所争执的核心问题是行政行为的合法性问题。行政行为的合法性问题集中反映了当事人所争执的行政法律关系即权利义务关系。因此，行政诉讼的客体就是被诉行政行为。

3. 诉讼理由。是原告为支持自己的诉讼请求所提出的事实及法律上的依据。诉讼理由是诉实现（成立）的条件之一，是任何具体的诉讼都不可缺少的因素。因此，行政诉讼法把诉讼请求和事实根据作为起诉的必备的法定条件。但是，作为诉的要素，诉讼理由不一定是客观存在或真实的事实，也不以能够证明争议的权利义务关系合法或不合法为要求。诉的要素，是使诉特定化的根据，是区分各种诉的唯一标准体系，是判断同一事件是否重复起诉的标准。

（三）诉的成立要件

诉的成立要件，又称诉讼要件或诉讼成立要件，是行政诉讼法上规定的诉的成立所必须具备的条件。其具体内容将在"起诉"与"受理"两节中详细讲述，此不赘述。

诉的成立要件与诉的要素是有区别的，诉的要素是对诉的构成的要求，而诉的成立要件则要求既具备诉的要素，同时又依赖于一定的外部条件，如起诉这种法律行为。

二、诉的种类

诉的种类是以诉的请求内容为标准进行的划分。诉和请求并不是同一概念，诉是请求的形式，请求是诉的内容，两者是形式与内容的关系，由于诉的请求内容不同，才有了不同的诉讼种类的划分。根据我国行政诉讼法的规定，我国行政诉讼中诉的种类有确认之诉、撤销之诉、变更之诉、赔偿之诉、履行之诉等几类。

（一）确认之诉

确认之诉是原告要求人民法院确认被诉行政机关与原告之间存在或不存在某

种行政法律关系的诉讼。任何一种法律关系的成立都有一定的事实和条件，有些是法律规定的条件，有些是法律认可的事实，公民、法人或者其他组织与行政机关对某种行政法律关系是否已经成立，现在是否存在或不存在的具体状况发生争议，诉诸人民法院并要求作出确认，就是确认之诉；要求确认某种行政法律关系存在的为积极的确认之诉；要求确认某种行政法律关系不存在的为消极的确认之诉。例如，公民、法人或者其他组织认为某行政机关要求其履行某种义务是违法的，他们之间并不存在履行这种义务的行政法律关系，诉诸人民法院要求否认这种行政机关要求履行义务的行政法律关系的，就是消极的确认之诉。公民、法人或者其他组织要求确认某种法律关系不存在，旨在肯定某种义务不应由自己承担。公民、法人或者其他组织要求行政机关履行保护人身权、财产权的法定职责，行政机关拒不履行时，公民、法人或者其他组织诉诸人民法院确认行政机关具有履行该项职责的行政法律关系的，就是积极的确认之诉。公民、法人或者其他组织要求确认某种行政法律关系存在，旨在肯定自己享有某种实体权利，如请求行政机关作为的权利。

确认之诉通常是其他诉的前提和基础，并对其他诉具有预决的作用。在实践中，确认之诉很少单独提出，而常常是伴随其他诉同时提出的。从本质上讲，单纯的确认判决，只宣告某种行政法律关系是否存在，对公民、法人或者其他组织的权利义务内容并不直接产生影响。但是，确认判决虽然不能作为强制执行的依据，但具有既判的效力。公民、法人或者其他组织之间的法律关系由于确认判决而得到确认。通常请求确认判决并不是当事人的最终目的，公民、法人或者其他组织为了维护自己的权益，在请求确认判决时，往往同时请求其他补救手段，例如，同时提出撤销之诉、赔偿之诉、履行之诉等。如果被告改变行政行为，原告不撤诉，人民法院经审查认为原行政行为违法的，应当作出确认其违法的判决。人民法院认为被诉行政行为合法，但不适宜驳回诉讼请求的，可以作出确认其合法或者有效的判决。被告不履行法定职责，但判决责令其履行法定职责已无实际意义的；被诉行政行为违法，但不具有可撤销内容的；被诉行政行为依法不成立或者无效的，人民法院应当作出确认被诉行政行为违法或者无效的判决。上述司法审查中存在的原告诉求与法院裁判之间的不一致性，说明行政诉讼中确认之诉与确认判决之间并无必然的关系。原告未行确认之诉请，人民法院根据案件中的具体情况仍然可以进行确认之判决。

(二) 撤销之诉

撤销之诉，是指原告对行政行为不服，请求人民法院撤销该行政行为的请求。撤销之诉以该行政行为违法为要件。在行政行为存在不符合法定成立要件，或主要证据不足，适用法律、法规错误，程序违法等情况时，公民、法人或者其他组织均可提起撤销之诉。行政行为被撤销，即意味着该行为自始至终都无效。对于已执行终了或已经生效尚未执行的行政行为，均可适用撤销之诉，并可同时提起行政赔偿之诉。

（三）变更之诉

变更之诉，是指原告认为行政处罚明显不当，或者其他行政行为涉及对款额的确定、认定确有错误的，而要求人民法院变更判决的诉讼。由于行政诉讼以合法性审查为原则，以合理性审查为例外。在行政诉讼中，原告能以行政行为明显不当作为诉讼理由，提出变更之诉的，仅针对行政处罚一项，而以其他非行政处罚行为明显不当作为诉讼理由的，则只能提起撤销之诉。在我国，变更之诉的范围十分狭窄，实际上仅适用于行政处罚明显不当一种情况。因此，对其他行政行为不能提出变更之诉。

为妥善化解行政争议，通过对诉讼中行政机关改变被诉具体行政行为以及当事人撤诉的情况的研究，人民法院在查明案件事实后，建议行政机关改变行政行为，原告同意并申请撤诉的方式，达到了在行政诉讼中变更行政行为的效果，有利于化解行政纠纷。虽然这种变更并不是因为变更之诉引起的，但事实上达到了变更之诉的效果，在一定程度上弥补了行政诉讼的变更之诉范围狭窄的缺陷。

（四）行政赔偿之诉

行政赔偿之诉，是指原告要求人民法院判决行政机关赔偿因违法行使职权对其合法权益造成损失的诉讼。行政赔偿是行政机关承担的一种行政法律责任，因此，行政赔偿诉讼不能成为行政诉讼的附带民事诉讼，而是一个独立的诉讼形式。赔偿请求人要求赔偿，应当先向赔偿义务机关提出，也可以在申请行政复议或者提起行政诉讼时一并提出。赔偿诉讼可以适用调解。随着我国宪法、法律对保障公民财产权的规范日益完善，因为征收征用而产生的行政补偿纠纷逐渐增多，因此，学界也将此类诉讼归为"行政补偿之诉"。行政赔偿之诉和行政补偿之诉构成了狭义的给付诉讼种类。

（五）履行之诉

履行之诉，是指原告（即公民、法人或者其他组织）认为特定的行政机关对其负有特定的法定职责，要求人民法院判决负有法定义务的行政机关如期履行法定职责的诉讼。履行之诉往往以确认判决为前提，只能确认特定的行政机关对原告负有特定的法定职责，才能作出命令履行的判决。现阶段，履行之诉适用于行政机关不作为的案件，包括在法定期限内不为意思表示的不作为行为和拒绝作为的行为。应当注意的是，如果原告要求被告履行法定义务，而根据实际情况，判决责令被告履行法定职责已无实际意义的，人民法院应当作出确认被诉行政行为违法的判决。这时，不能采取判决责令履行。

根据《行政诉讼法》第70条的规定，人民法院可以判决被告重新作出行政行为。因为它不是根据原告提出的诉的请求，而是人民法院依据职权，根据不同情况，对被告行政机关作出的判决。所以，判令重作并不是诉的一种形式。

三、诉的合并和分离

诉的合并，是指基于各个诉的主体或内容上的联系，把几个诉合并在一起共同审理和解决。当事人是多数（3人以上）的诉或诉讼标的是多数的诉，都叫做诉的合并。这与单一之诉是对称的。所谓单一之诉，即一个原告对一个被告就一个诉讼标的提出的诉。当事人是多数（3人以上）的诉，在行政诉讼理论中叫做主体的合并，在行政诉讼法中叫做共同诉讼。诉讼标的是多数的诉，在行政诉讼理论中叫做客体合并，如当事人在一个诉中针对几个诉讼标的提出数个请求的合并。

诉的合并既可以因为法律的强制性规定产生，如《行政诉讼法》第27条规定的当事人一方或者双方为2人以上，因同一行政行为发生的行政案件的合并审理，这种是必要的共同诉讼，又可以来自于当事人的申请和人民法院依职权确定。如第三人申请参加诉讼而产生的诉的合并和人民法院决定将当事人为3人以上因同样的行政行为发生的行政案件进行合并审理产生的诉的合并。

决定诉的合并除了法律强制性规定之外，主要应该考虑诉的合并是否符合诉的经济原则，是否有利于提高审判效率、有利于裁判的统一性和确定性。同时必须注意：不属于同一性质的诉不能合并；不是同一审判程序的诉不能合并；不属于同一法院管辖的诉不能合并。并且，对于合并的诉讼，需要分别判决时，应在同一判决书中或几份判决中反映各诉的判决结果。

诉的分离，是指人民法院在受理后，对原告提出的几个诉单独审理，或者对已经合并的几个诉重新分离而单独审理的情况。诉的分离是对诉的不恰当合并的一种调整，其目的在于避免程序复杂化，防止案件久拖不决，避免给参诉各方带来不便。

对于法律规定必须合并的诉，即对不可分之诉不能分离。对于可分之诉，尽可能合并审理。

四、诉权的概念及诉权的保护

（一）诉权的概念

行政诉讼的诉权，是指公民、法人或者其他组织认为行政机关及行政机关工作人员的行政行为侵犯其合法权益，依照《行政诉讼法》的规定，请求人民法院予以司法保护的权利。

诉与诉权是两个不同概念，诉是诉权的表现形式，诉权是诉存在的基础，没有诉权，就不可能有诉；有了诉，诉权才能够得到实现。诉权是抽象的概念，是当事人能够享受某项权利的资格，而诉则是具体概念，它是享有诉权的人对某个具体事件行使诉权。诉是行使诉权的形式和手段，而诉权是诉的基础。广义的诉权是指当事人参加行政诉讼过程中依法享有的所有诉讼权利。狭义的诉权则仅是指当事人向人民法院起诉，请求人民法院以国家审判权保护其合法利益的权利，其实质是起诉权。就行政诉讼而言，由于行政诉讼法的规定，当事人的诉权具有单向性，即只有原告享有起诉权，被告没有起诉权，也无反诉权，只能依法应诉。所以，狭义上的诉权，事实上只涉及原告一方的起诉权，即公民、法人或者其他组织认为行政机关的行政行为违法、侵犯其合法权益依法向人民法院起诉，请求司法保护的权利。

（二）诉权保护的概念和意义

所谓充分保护诉权，是指人民法院对公民、法人或者其他组织认为行政机关的行政行为侵犯其合法权益，向人民法院提起的诉讼，只要符合法定条件，必须依法受理，保证公民、法人或者其他组织的起诉权得以充分有效地行使。所以，对诉权的保护与人民法院对起诉的审查和立案的受理行为有直接关系。

充分保护诉权的依据和重要意义在于以下几个方面：

1. 诉权是宪法和法律赋予公民、法人或者其他组织的一项重要权利。对诉权的保护是法律规定的人民法院的职责。我国《宪法》第 41 条规定，中华人民共和国公民对于任何国家机关和国家工作人员的违法失职行为，有向有关国家机关提出申诉、控告或者检举的权利。对于公民的申诉、控告或者检举，有关国家机关必须查清事实，负责处理。任何人不得压制和打击报复。我国《行政诉讼法》第 2 条第 1 款规定："公民、法人或者其他组织认为行政机关和行政机关工作人员的行政行为侵犯其合法权益，有权依照本法向人民法院提起诉讼。"我国宪法和行政诉讼法的法律规定，赋予了公民、法人或者其他组织申诉、控告、检举的权利，行政诉讼法进一步明确了公民、法人或者其他组织遭受违法行政行为侵犯时，享有请求人民法院给予司法保护的权利。宪法和法律既规定了公民享有的权利，同时也规定了国家机关对保护公民权利行使的职责。就行政诉讼来说，对起诉权的行使，任何人不能以任何方式进行压制和打击报复。对起诉权的保护，人民法院负有最直接的、不可替代的职责和义务。严格执行宪法和法律的规定，最大限度地为公民、法人或者其他组织诉权的行使提供充分的保护，是人民法院的神圣职责。

2. 行政案件的特殊性，决定了充分保护诉权的必要性。行政案件的诉权始终由被管理的公民、法人或者其他组织一方行使。由于行政机关与公民、法人或者其他组织在行政法律关系中主要表现为管理与被管理的关系，行政机关拥有国家行政权力，对公民、法人或者其他组织享有命令、指挥、处罚等行政管理的权力；公民、法人或者其他组织处于服从、被管理的被动地位，这就使公民、法人或者其他组织一方合法权益的保护成为人们普遍关注的问题。同时，由于当事人起诉的行政案件总是先由一定的行政机关解决过，其中包含了国家行政权力的作用，所以，这对公民诉权的行使在主观上和客观上都有不利的影响，制约着诉权的行使。实践中，由于行政机关工作人员人为的压力及传统思想的束缚，使公民、法人或者其他组织的起诉权的行使更为艰难，不愿告、不敢告、不会告的各种情况，严重影响了行政诉讼制度的推行。因此，行政诉讼法明确将起诉权赋予公民、法人或者其他组织，使他们可以请求人民法院运用国家审判权对其合法权益予以司法保护，以法律手段对抗行政机关的不法侵害。起诉权的这种特定性，反映了法律上权利义务相一致原则在行政法和司法上的调剂和平衡。

3. 起诉权是全部诉讼权利中至关重要的一项，是一项入门权利，是行使其他诉讼权利的前提和基础。保护公民的起诉权，是通过司法程序保护公民其他诉讼权利和实体权利的前提。

4. 充分保护诉权是行政法治建设的要求。我国行政诉讼制度的建立，标志着我国行政法治建设的进一步完善。但是，由于行政诉讼法起步晚、时间短，不仅在法律制度上不很完善，而且人们的民主意识、法治意识亦不适应这种法律上的进步要求，主观上、客观上的一些因素，都给诉权的行使造成了一定障碍。就行政诉讼的诉权（起诉权）的保护而言，不仅需要立法上的确认（这是最基本的），同时需要国家机关及工作人员本着充分保护公民、法人和其他组织的合法权益，监督和维护行政机关依法行使职权的基本宗旨要求，正确处理公民、法人和其他组织行使诉权，把充分保护诉权的思想贯彻到法律的实施中去。

（三）充分保护诉权的基本方法

1. 坚持依法受理。由于行政案件的受理涉及法律的主管，因此，对行政诉讼的受案范围的认识，对保护诉权、依法受理行政案件具有直接的意义。我国行政诉讼法的受案范围，是以行政诉讼法的法律规定和其他相关法律、法规的规定相结合而确定的。因此，应对此作全面的认识，不仅对符合法律具体条文规定的行政案件应依法受理，而且对符合法律精神实质的行政案件也应依法受理。根据我国《行政诉讼法》第12条的规定，对凡是涉及人身权、财产权以及认为行政机关侵犯其人身权、财产权等合法权益的行政案件都应受理。这意味着行政诉讼法规定的受案范围应当是包括但不限于人身权财产权，还包括其他合法权益。实践中，如果行政机关的行政行为是针对当事人的人身权和财产权的，虽然可能涉及其他（非人身权、财产权的）权利，也都应以侵犯人身权和财产权为由予以受理，并就行政行为涉及的该项人身权、财产权进行司法审查，而不应当以涉及其他（暂时不属于受案范围的）权利为由不予受理。

2. 对于当事人起诉符合法定条件的，必须在规定期限内立案。为了配合落实立案登记制，最高人民法院要求：对当事人依法提起的诉讼，人民法院应当根据《行政诉讼法》第51条的规定，一律接收起诉状。能够判断符合起诉条件的，应当当场登记立案；当场不能判断是否符合起诉条件的，应当在接收起诉状后7日内决定是否立案；7日内仍不能作出判断的，应当先予立案。除了法定条件之外，不能附加其他非法定条件限制当事人行使诉权。例如，行政诉讼法规定当事人可以选择复议，也可以直接向法院起诉，当事人选择向法院起诉时，法院就不得要求当事人先经过复议。当行政机关改变行政行为时，如果当事人坚持不撤诉，人民法院不得强行终结诉讼，而应按程序对案件进行审查并作出判决。

3. 强化法律责任，以制度之力保障公民诉权。《行政诉讼法》第3条规定了人民法院的诉权保障义务，为行政机关和行政机关作人员设定了禁止性规范。从制度上建立了保障公民诉权的屏障。该条明确规定："人民法院应当保障公民、法人和其他组织的起诉权利，对应当受理的行政案件依法受理。行政机关及其工作人员不得干预、阻碍人民法院受理行政案件……"《行政诉讼法》第51条还规定："……对于不接收起诉状、接收起诉状后不出具书面凭证，以及不一次性告知当事人需要补正的起诉状内容的，当事人可以向上级人民法院投诉，上级人民法院应当责令改正，并对直接负责的主管人员和其他直接责任人员依法给予处分。"以行政纪律处分为手段，进一步强化了司法人员保障公民诉权的义务。

为保障公民诉权行使，应当坚持以下规则[1]：

（1）不得随意限缩受案范围、违法增设受理条件。"凡是行政诉讼法明确规定的可诉性事项，不得擅自加以排除；行政诉讼法没有明确规定但有单行法律、法规授权的，也要严格遵循；法律和司法解释没有明确排除的具体行政行为，应当属于人民法院行政诉讼受案范围。不仅要保护公民、法人和其他组织的人身权和财产权，也要顺应权利保障的需要，依法保护法律、法规规定可以提起诉讼的与人身权、财产权密切相关的其他经济、社会权利。要坚决清除限制行政诉讼受理的各种'土政策'，严禁以服务地方中心工作、应对金融危机等为借口，拒绝受理某类依法应当受理的行政案件。要准确理解、严格执行行政诉讼法和相关司法解释关于起诉条件、诉讼主体资格、起诉期限的规定，不得在法律规定之外另行规定限制当事人起诉的其他条件。要正确处理起诉权和胜诉权的关系，不能以当事人的诉讼请求明显不成立而限制或者剥夺当事人的诉讼权利。"

（2）应依法积极受理新类型行政案件。"要依法积极受理行政给付、行政监

---

[1] 参见最高人民法院印发《关于依法保护行政诉讼当事人诉权的意见》的通知（法发〔2009〕54号）

管、行政允诺、行政不作为等新类型案件；依法积极受理教育、劳动、医疗、社会保障等事关民生的案件；依法积极受理政府信息公开等涉及公民其他社会权利的案件；积极探讨研究公益诉讼案件的受理条件和裁判方式。对新类型案件拿不准的，应当在法定期间先予立案，必要时请示上级人民法院，不得随意作出不予受理决定。"

（3）要完善工作机制，改进工作作风。加强对行政案件受理工作的监督，营造良好的环境。"对于当事人的起诉要在法定期限内立案或者作出裁定；不能决定是否受理的，应当先予受理。经审查确实不符合法定立案条件的，裁定驳回起诉。""对依法不予受理或驳回起诉的，必须依法出具法律文书，并在法律文书中给出令人信服的理由。""彻底废除各种违法限制行政案件受理的'土政策'。"使行政诉讼制度在保护合法权益，促进依法行政，化解行政争议，维护和谐稳定中发挥更加积极的作用。

我国 2001 年加入《经济、社会及文化权利国际公约》，并于 2003 年、2010 年两次向联合国提交了国家履约报告。该公约对公民的经济权利、社会权利、文化权利作了原则性列举和表述，积极扩展了公民权利种类，结合我国宪法"尊重和保障人权"的精神，我们可以认为，以人权为基础的中国社会的新的权力（利）结构，将替代以政治权利、人身权利、财产权利这"三分权利观"为基础的权力（利）结构，并进而推动对现行《行政诉讼法》的修订，进一步拓展对公民诉权的保障空间。

第二节　起　诉

一、起诉的概念

起诉，是指公民、法人或者其他组织认为行政机关的行政行为侵犯其合法权益、依法请求人民法院行使国家审判权给予司法救济的诉讼行为。它是原告单方面行使法律赋予的起诉权的行为，包含以下几个方面的内容：

1. 起诉是当事人向人民法院提起的，针对行政机关的行政行为的诉讼行为；而不是向行政复议机关或其他国家机关提出的申请。

2. 起诉是当事人单方面行使诉讼权利（起诉权）的行为，它的行使不需要其他机关、团体、个人的批准、同意。

3. 行使起诉权的主体具有特定性。即只有受被诉行政行为直接约束或者与被诉行政行为有利害关系的公民、法人或者其他组织才有起诉权。《行政诉讼法》第 25 条第 1 款规定："行政行为的相对人以及其他与行政行为有利害关系的公民、法人或者其他组织，有权提起诉讼。"该规定已经超出了"被管理的相对人"的范围。传统意义上的第三人也被赋予了原告的资格。并且，与修改前的规定相比，取消了"法律上利害关系"的限制，而以"利害关系"表述，有利于公民提起诉讼。被诉行政行为涉及公民、法人或者其他组织的相邻权、公平竞争权的，与被诉的行政复议决定有利害关系或者在复议程序中被追加为第三人的，要求主管行政机关依法追究加害人法律责任的，与撤销或者变更行政行为有利害关系的均享有起诉权。

4. 当事人起诉请求司法救济（保护）的是自己的权益而非他人的权益，故须以自己名义进行。公民提起公益诉讼暂时没有法律依据。

5. 起诉的根本目的在于请求人民法院的司法保护，以法律手段救济自己的合法权益，对抗行政机关违法的具体行政行为的侵害。

6. 起诉必须符合法律规定的条件、程序和方式。

二、起诉的条件

人民法院对行政诉讼采取"不告不理"的原则。原告的起诉是行政诉讼程序发生的前提条件。起诉一旦成立（决定受理立案），即标志着行政诉讼程序的开始。为了保证人民法院正确、及时地审理行政案件，既保证当事人诉讼权利的充分行使，又防止当事人不负责任的"滥诉"现象的发生，行政诉讼法规定了提起诉讼的条件。即当事人提起行政诉讼，必须符合法律规定的条件，即起诉条件。根据《行政诉讼法》第49条的规定，提起行政诉讼应符合以下条件：

（一）原告是符合《行政诉讼法》第25条规定的公民、法人或者其他组织

原告是诉的第一构成要素，原告适格是行政诉讼首要的起诉条件。《行政诉讼法》第25条规定："行政行为的相对人以及其他与行政行为有利害关系的公民、法人或者其他组织，有权提起诉讼。有权提起诉讼的公民死亡，其近亲属可以提起诉讼。有权提起诉讼的法人或者其他组织终止，承受其权利的法人或者其他组织可以提起诉讼。"需要注意的是，起诉的相对人或者利害关系人认为被诉行政机关的行政行为违法侵犯自己的合法权益，只是一种"认为"，行政行为违法与否，要待人民法院的判决确认。但是，就起诉的条件来讲，并不要求行政行为确属违法才能起诉，而只需要起诉人"认为"其违法就足够了。即是说，"合法权益"是否合法、是否被侵犯以及被诉行政行为是否确实违法，并不影响当事人起诉。要正确处理起诉权和胜诉权的关系，不能以当事人的诉讼请求明显不成立而限制或者剥夺当事人的诉讼权利。

此外，原告不一定是单一的。两个或两个以上的当事人对同一行政行为不服，可以作为共同原告提起诉讼。

（二）有明确的被告

即原告起诉须明确指出实施行政行为的行政机关，及法律、法规、规章授权

组织的名称，也就是要明确与自己发生行政争议的机关的名称。否则，原告起诉就是无的放矢，就会出现无人应诉（无法应诉）的情况。法院就无法审理。

当然，原告指明的被告不一定是真正的被告，但必须表明自己告谁，所以应当写明被告的名称、法定代表人的基本情况等。如果原告所指控的仅为工作人员，因某种条件所限搞不清应告哪一行政机关，人民法院应该帮助原告找出应该作为被告的行政机关，并让原告在起诉书中补正。理解该条件应注意以下内容：

1. 被告必须是国家行政机关或法律、法规、规章授权的组织。行政被告是以组织的形式出现的，而不是个人。因此，行政机关工作人员或其他人不能成为被告。

2. 被告参加行政诉讼并不一定是因为其作出了违法的行政行为，而是原告认为其作出的行政行为侵犯其合法权益而提出指控。

3. 被告参加行政诉讼是经原告指控，并由人民法院通知应诉。非行政机关不能成为行政诉讼的被告，故原告不能以非行政机关为被告提起行政诉讼。但法律、法规、规章授权的组织除外。

（三）有具体的诉讼请求和事实根据

所谓诉讼请求，是指当事人通过人民法院提出的，并希望获得人民法院司法保护的权利要求。在不同的诉讼种类中，这种诉讼请求各不相同。一般而论，在行政诉讼中，当事人提出的诉讼请求有确认之诉、撤销之诉、变更之诉、赔偿之诉和责令履行之诉几种。《最高人民法院关于适用〈中华人民共和国行政诉讼法〉若干问题的解释》第2条第1款进一步明确："行政诉讼法第47条第3项规定的'有具体的诉讼请求'是指：①请求判决撤销或者变更行政行为；②请求判决行政机关履行法定职责或者给付义务；③请求判决确认行政行为违法；④请求判决确认行政行为无效；⑤请求判决行政机关予以赔偿或者补偿；⑥请求解决行政协议审议；⑦请求一并审查规章以下规范性文件；⑧请求一并解决相关民事争议；⑨其他诉讼请求。"所谓事实根据，是指原告向法院起诉所依据的事实和根据，包括案件的案情事实和证据事实。案情事实，是指行政法律关系变动的事实及合法权益因此而受到损害（侵犯）的事实和与行政机关存在对该行政法律关系发生行政争议的事实。证据事实，是指证明这些案件事实具有法律意义的必要根据。缺少事实根据，就不能证明原告起诉能否成立。但我们应该注意到，要求原告提供事实根据是为了证明案情事实（主要是行政争议）是否存在，而不是要求原告提供证据证明行政行为违法，即不是要求原告承担行政诉讼的举证责任。并且，原告所提供的事实根据，也不要求具有全面的、真实的证明作用，只以能够证明所争议的行政法上的权利义务关系客观存在为必要。因此，一般来说，原告只要提出行政机关作出的针对自己的某一行政行为的法律文书或者该行政行为与自己有利害关系，即可证明行政争议的存在。对起诉被告不作为的，起诉人应当提供被诉行政机关不作为的证据。起诉人提供相应的事实根据是证明自己与被诉行政机关之间存在行政争议，不是进行合法性证明。应当正确理解原告的举证责任，原告的举证责任实际上是对自己享有起诉权的证明而不能扩大理解为原告有任何对被诉行为合法性的举证责任。

（四）属于人民法院受案范围和受诉人民法院管辖

所谓属于人民法院受案范围，即原告请求人民法院保护的权益，是人民法院行政审判权作用的领域。受案范围与起诉权的行使具有直接的关系，受案范围决定了当事人起诉权的范围，当事人只能在人民法院的受案范围内享有起诉权。受案范围既对当事人的起诉权有直接约束力，对人民法院的审判权的行使也有直接约束力。因此，不属于人民法院受案范围的，当事人不能起诉，人民法院也无权受理。所谓属于受诉人民法院管辖，是指当事人起诉的行政案件，既属于人民法院的受案范围，同时也依法属于接受起诉状的人民法院管辖。但应该注意的是，当事人因选择管辖上的错误，将诉状递交无管辖权的人民法院并不直接导致诉讼期限延误，当事人并不因此丧失诉权。受诉人民法院应将诉状移送有管辖权的法院或告知当事人向有管辖权的法院起诉。《行政诉讼法》第 22 条规定："人民法院发现受理的案件不属于本院管辖的，应当移送有管辖权的人民法院，受移送的人民法院应当受理。受移送的人民法院认为受移送的案件按照规定不属于本院管辖的，应当报请上级人民法院指定管辖，不得再自行移送。""一次移送"的受理规则较好地保障了当事人诉权的行使。2009 年 11 月 9 日，最高人民法院发文要求，对是否属于人民法院受案范围的新类型案件拿不准的，应当在法定期间先予立案，对不能决定是否受理的，应当在法定期限内先予受理，必要时请示上级人民法院，不得随意作出不予受理决定，体现了切实保护相对人诉权的态度和"积极受理"的精神。[1]

三、起诉的程序

符合起诉条件，不只是符合法律规定的起诉的实体性规定，起诉权的合法行使还须符合法定的程序要求，主要是符合法律规定的起诉期限和与行政复议的关系。

（一）行政诉讼与行政复议的关系

我国行政诉讼法没有把行政复议程序作为当事人提起行政诉讼的前置条件，但是，行政诉讼法肯定了在其他法律、法规中规定的复议前置条件对起诉的约束

---

[1] 最高人民法院《关于依法保护行政诉讼当事人诉权的意见》的通知（法发〔2009〕54 号）。

力。《行政诉讼法》第 44 条规定："对属于人民法院受案范围的行政案件，公民、法人或者其他组织可以先向行政机关申请复议，对复议决定不服的，再向人民法院提起诉讼；也可以直接向人民法院提起诉讼。法律、法规规定应当先向行政机关申请复议，对复议决定不服再向人民法院提起诉讼的，依照法律、法规的规定。"

本条是对行政复议与行政诉讼关系的规定，使行政复议程序与行政诉讼程序有机地结合起来。依据本条规定，我国采用的是以复议前置和当事人选择救济手段并存的原则处理行政复议与行政诉讼的关系。由当事人自己选择救济手段，是行政复议与行政诉讼关系的一般原则；行政复议前置是行政复议和行政诉讼关系的例外，需要法律、法规的特别规定。根据我国现行法律、法规的规定，行政复议与行政诉讼的具体关系类型主要有：

1. 涉及诉权的选择。当事人对具体行政行为不服，可以选择向上一级行政机关申请复议，或直接向人民法院起诉。这两种选择，当事人只能选择其一而为之。并且，选择行政复议的，行政复议决定即为发生法律效力的终局裁判，当事人也因选择复议而丧失起诉权，不得再提起诉讼，是谓强制性选择。按照行政诉讼法的规定，只有法律才能规定行政机关的终局裁决权。

2. 复议前置。当事人对具体行政行为不服，必须经上一级行政机关复议，对复议不服的，才可以向人民法院起诉，否则，人民法院不予受理。这是一级复议前置的规定。一般有关税收的法律、法规都规定了一级复议前置原则。

3. 任意选择。法律、法规中只规定对某类具体行政行为不服，可以申请复议，没有规定可以向人民法院起诉，而行政诉讼法规定可以向人民法院起诉的，当事人可以先向行政机关申请复议，对复议不服的，再向人民法院起诉，也可以直接向人民法院起诉。因为，复议前置应当是由法律、法规规定，没有法律、法规的明文规定，不能限制原告的选择权。

4. 其他情况。法律、法规规定，当事人对具体行政行为不服，必须经过复议才能向人民法院起诉的，如果行政机关在复议决定中追加当事人，被追加的当事人对复议决定不服的，可以直接向人民法院起诉。与复议决定有利害关系的公民、法人或者其他组织也可以直接向法院起诉。

（二）起诉期限

起诉必须在法律规定的期限内提出。起诉超过法定期限，起诉将无效，当事人也将因起诉时效届满而丧失诉权，人民法院对超过起诉期限的起诉可以拒绝受理。行政诉讼法规定的起诉期限，分为一般期限和特殊期限两类。一般期限，是指行政诉讼法规定的，适用于其他法律、法规未作明确规定的起诉期限。特殊期限，是指行政诉讼法承认的，其他法律、法规规定的起诉期限。例如，《行政诉讼法》第 45 条规定:"公民、法人或者其他组织不服复议决定的,可以在收到复议决定书之日起 15 日内向人民法院提起诉讼。复议机关逾期不作决定的,申请人可以在复议期满之日起 15 日内向人民法院提起诉讼。法律另有规定的除外。"这就是一般期限。该条适用于复议的行政案件。只要法律未作特殊规定的,对行政复议决定不服的行政案件都必须在收到复议决定书之日起 15 日内起诉,否则,即丧失诉权。《行政诉讼法》第 46 条第 1 款规定的是当事人直接向人民法院起诉的一般期限,该条规定:"公民、法人或者其他组织直接向人民法院提起诉讼的,应当自知道或者应当知道作出行政行为之日起 6 个月内提出。法律另有规定的除外。"只要法律未作特别限制,当事人直接向人民法院起诉,都应遵守这一期限,否则丧失诉权。明确一般期限与特殊期限的关系对当事人行使诉权有直接的意义,一般期限的规定,适用于其他法律、法规未规定当事人起诉或未规定当事人起诉期限的情形,当事人可依据行政诉讼法规定的一般期限行使诉权。当各单行法律、法规具体规定了当事人起诉期限即特殊期限时,一般期限即不能适用。这时,当事人起诉,必须按照各具体法律、法规规定的期限行使诉权。此外,行政诉讼法关于一般期限的规定,有以下两个问题必须引起注意:

1.《行政诉讼法》第 45 条和第 46 条规定的一般期限写明"法律另有规定的除外"。第 47 条规定的一般期限写明"法律、法规对行政机关履行职责的期限另有规定的,从其规定"。"法律"一词在这里是否是同样的含义呢?答案是肯定的。笔者认为,全国人民代表大会及其常务委员会制定的基本法律和行政法规、地方性法规、自治条例、单行条例的不同规定(特殊期限),应优先适用第 47 条规定的一般期限。因为该条款规定"法律、法规对行政机关履行职责的期限另有规定的,从其规定"。即法规的不同规定也能构成此处的特别条款,形成特殊期限。而对于第 45 条和第 46 条来说,则只有全国人民代表大会及其常务委员会制定的法律规定的特殊期限才能优先于第 45 条和第 46 条规定的一般期限。因为它规定的是"法律另有规定的除外",即只有法律才能构成不同于行政诉讼法规定的特别条款。所以,行政法规、地方性法规和自治条例、单行条例等规定特殊期限,不能优先于该条款规定的一般期限。

2.《行政诉讼法》第 46 条第 1 款规定:"公民、法人或者其他组织直接向人民法院提起诉讼的,应当自知道或者应当知道作出行政行为之日起 6 个月内提出。法律另有规定的除外。"此外《最高人民法院关于适用〈中华人民共和国行政诉讼法〉若干问题的解释》第 4 条指出"公民法人或者其他组织依照行政诉讼法第 47 条第 1 款的规定,对行政机关不履行法定职责提起诉讼的,应当在行政机关履行法定职责期限届满之日起 6 个月内提出。"这里如何理解"知道"是正确适用本条的关键。所谓当事人知道,笔者认为,应以行政机关"告知"为原则要求，由于行政机关未告知当事人的诉权或起诉期限，是行政机关违反行政法律关系的权利义务要求，对致使当事人延误期限负有直接责任。这里的告知应当具有法定性，法律上的告知是以符合法律要求的送达来完成的，不具有法律意义的告知，不产生相应的法律效果。比如，在公安交通行政管理中大量使用的在计算机网络上建立交通违章信息网站，在其中公布交通违章信息。如果对某人的交通违章处罚的决定已经在网上公布，该处罚信息公布上网之时，并不是该人知道之时。严格意义上讲，在网络公告尚不是法定的送达方式的时候，该人的权利、义务的起始点仍然应当以现行有效的送达方式送达之日起计算。而实践中对"应当知道"的认定需要以证据予以证明。如果有证据表明当事人知道或者应当知道行政行为作出的确定时间，则该当事人提起诉讼的期限应当是被证明知道之日起6个月内。逾期法院不予受理。

由于2014年修正后的《行政诉讼法》仍然采用"知道行政行为作出"作为诉权行使的起算点，没有采纳知道"权益受损"的事实之日作为诉权行使的起算点，因此，对大量的因受（授）益性行政行为可能存在的对公民权利的侵害而产生的纠纷，由于当事人亲自办理相关事务，对行政行为内容从办理之日就是知晓的，而赋予当事人权益的行政行为一般都没有告知诉权的内容，因此，发现自己权益受到损害的时间可能会超过法律规定的最长期限，这不利于诉权的保护。例如，某银行在办理甲的贷款申请时与甲签订了贷款抵押合同并在房地产管理部门办理了抵押物的他项权抵押登记。2年后，贷款到期而甲拒不归还借款时，银行向法院起诉。审理中，发现甲用于抵押登记的产权凭证均属伪造。银行向法院起诉房地产管理部门办理抵押登记的行政行为就会因为超过起诉期限而不被受理（或被驳回）。因此，我们认为，为切实保障相对人的诉权，应当用诉讼时效制度取代现行的起诉期限制度，用知道权益受损事实的时间点代替知道诉权或者行政行为内容作为计算诉权的起始点。2010年4月29日修订的《国家赔偿法》第39条出现了有关"行政诉讼时效"的名词，这对构建"行政诉讼时效"制度以替代"行政诉讼期限"制度有指引性意义。

（三）起诉期限耽误的处理

所谓起诉期限的耽误，又叫做起诉期限的迟误，是指起诉行为在法定期限内未能进行或未能完成，当事人又在期限届满后继续的诉讼行为。我国《行政诉讼法》第48条规定："公民、法人或者其他组织因不可抗力或者其他不属于其自身的原因耽误起诉期限的，被耽误的时间不计算在起诉期限内。公民、法人或者其他组织因前款规定以外的其他特殊情况耽误起诉期限的，在障碍消除后10日内，可以申请延长期限，是否准许由人民法院决定。"

从本条规定看，要延长起诉期限应符合以下三个条件：

1. 起诉期限耽误的原因须是不可抗力或者其他不属于其自身的原因。所谓不可抗力，是指当事人无力克服或无法预防也无法避免的事由，如自然灾害、战争等。所谓"其他不属于其自身的原因"，是指除不可抗力的事由之外的其他阻碍事由，不是由于本人的主观过错而耽误了期限的事由，如原告病重、因公出差在外，或受意外伤害不能在起诉期内完成起诉行为等。此外，还有一种情况，即由于行政机关未告知公民、法人或者其他组织诉权或诉讼期限而致使公民、法人或者其他组织耽误诉讼期限的，也是特殊情况。

《最高人民法院关于执行〈中华人民共和国行政诉讼法〉若干问题的解释》第43条规定："由于不属于起诉人自身的原因超过起诉期限的，被耽误的时间不计算在起诉期间内。因人身自由受到限制而不能提起诉讼的，被限制人身自由的时间不计算在起诉期间内。"该条规定中关于"因人身自由受到限制而不能提起诉讼"的理解在实践中争议较大，该司法解释的本意是为了更好地保障"人身自由受限制"的公民诉权，但是对条文的分解却可以作出两种解释：①虽然人身自由受限制，但是有证据证明其行使诉权的条件并没有丧失，因此，人身自由受限制的时间应当计算在起诉期限内，此种情形称为"相对不能"；②有证据证明公民在人身自由受限制期间，行使诉权的条件完全丧失，因此被限制人身自由的时间不计算在起诉期间内，此种情形被称之为"绝对不能"。司法解释的文本客观上存在起诉人需要证明在被限制人身自由期间行使诉权的条件是否存在的情况。"不属于其自身的原因耽误起诉期限的"的客观事实是否存在需要当事人承担举证责任。

2. 由于法定事由耽误起诉期限的，在障碍消除后的10日内，可以申请延长期限。这种延长，应是顺延，即把因法定事由而耽误的期限补足，而不是重新计算期限。如法定期限为15日，在期限开始后第5日发生了某种障碍，原告在该障碍消除后10日内，即应申请顺延补足15日，也就是该申请若能得到法院批准，原告仍有10日的起诉期限，而不是还有15日的起诉期限。

3. 当事人申请延长期限应由人民法院决定。当事人延长起诉期限的申请应在障碍消除后10日内，向人民法院提出。人民法院收到申请后，经过审查，如果认为延长起诉期限的申请有理由，就应当顺延当事人的起诉期限，如果认为期限的耽误没有正当理由，可以用裁定驳回当事人的申请。

（四）最长期限的规定

因不动产提起诉讼的案件自行政行为作出之日起超过20年，其他案件自行政行为作出之日起超过5年提起诉讼的，人民法院不予受理。该规定设置的期限是最长期限规定，无论起诉人是否知道或者应当知道行政行为作出的具体时间，法律给出的最长起诉期限届满而起诉人（当事人）没有提起诉讼的，人民法院即不再受理。这包括依法扣除被耽误的时间后，当事人没有在最长期限内提起诉讼的情形。

起诉是原告依法行使起诉权请求人民法院给予司法保护的单方意思表示。当事人的起诉除了必须符合行政诉讼法规定的起诉条件、诉讼程序和起诉期限外，还必须具备一定的外在形式。根据《行政诉讼法》第51、67条规定的精神，起诉应以书面形式进行，即通过向人民法院递交书面形式的起诉状及起诉状副本来提起行政诉讼。起诉状在诉讼中具有不可忽视的意义和作用。首先，起诉状能够在内容上全面、详尽地反映原告的诉讼请求和事实根据；其次，起诉状是人民法院审查起诉，决定是否受理的重要依据；再次，人民法院可以通过起诉状了解本案的争议焦点和原告的意向，是人民法院着手行使审判权的重要材料；最后，起诉状为被告答辩提供了答辩方向。

我国行政诉讼法未对起诉状的内容作严格规定，按照行政诉讼的特点，参考我国司法实践经验，行政诉讼的起诉状应包括以下主要内容：

1. 当事人的情况。①原告的姓名、性别、年龄、民族、籍贯、职业、工作单位和住址。原告是法人或者其他组织的，写明法人或其他组织的名称、所在地和法定代表人的姓名、职务。②被告行政机关的名称、所在地、法定代表人的姓名、职务。③有诉讼代理人的，还应写明代理人的姓名、所在单位、职业。

2. 诉讼请求和所根据的事实和理由。

3. 证据和证据来源、证人姓名和住址。此外，起诉状还应写明接受起诉状的人民法院名称和起诉的具体日期，并由原告签名或者盖章。如果对代理人有特别授权的，应当出具委托授权书，载明委托权限。

起诉状所载事项若有欠缺，接受起诉状的人民法院可要求限期予以补正。原告起诉时，应按被告人数提出起诉状副本，由受诉人民法院逐一送达被告。

第三节　受　理

一、受理的概念

受理，是指人民法院对公民、法人或者其他组织的起诉进行审查，认为符合法律规定的起诉条件而决定立案并予审理的诉讼行为。原告起诉与人民法院受理是两种不同性质却又有密切联系的诉讼行为。起诉是受理的前提，因人民法院对行政案件采取不告不理的原则，所以，如果没有当事人的起诉行为，也就没有人民法院的受理行为。但是，受理又不是起诉的必然结果。是否决定受理，是人民法院依据国家审判权对起诉行为进行审查的单方面行为的结果。只有原告的起诉行为与人民法院决定受理这两方面诉讼行为相结合，行政诉讼程序才能开始并继续下去。因此，人民法院通过对起诉的审查，决定是否受理，这是个十分重要的诉讼行为。

二、对起诉的审查和处理

（一）起诉的审查

人民法院对起诉进行审查的主要内容是：

1. 法定条件的审查，即依据《行政诉讼法》第49条的规定，审查原告是否适格；被告是否明确、适格；诉讼请求是否具体明确、事实根据是否具备；是否属于人民法院的受案范围和受诉人民法院管辖。

2. 法定起诉程序的审查，即审查当事人起诉是否符合法定的行政诉讼与行政复议的条件。有复议前置条件的是否经过了复议程序。

3. 法定起诉期限的审查，即审查当事人是否在法定期限内起诉。

4. 审查是否重复诉讼，即审查当事人起诉的案件，是否是人民法院已经审理过，或者正在审理的。

5. 审查起诉状内容是否明确、完整，手续是否符合法律要求。

（二）起诉的方式

《行政诉讼法》第50条规定："起诉应当向人民法院递交起诉状，并按照被告人数提出副本。书写起诉状确有困难的，可以口头起诉，由人民法院记入笔录，出具注明日期的书面凭证，并告知对方当事人。"行政诉讼起诉的方式，是以书面方式为原则，以口头方式为补充。

（三）对起诉的处理

人民法院对起诉的审查，是程序意义上的审查，即只就当事人的起诉是否符合法律规定的要件进行审查，以决定是否受理。一般而论，当事人起诉符合法定条件要求，即是一个完整的起诉，具备了人民法院受理并引起审判程序的可能。根据《行政诉讼法》第51条的规定人民法院可作如下处理：

1. 登记立案。对于符合起诉条件的，应当登记立案。

2. 对起诉状内容欠缺或者有其他错误的，人民法院应当给予指导和释明，并一次性告知当事人需要补正的内容。不得未经指导和释明即以不符合条件为由不接收起诉状。

3. 对当场不能判定是否符合本法规定的起诉条件的，应当接收起诉状，出具注明收到日期的书面凭证，并在7日内决定是否立案。不符合起诉条件的，作出不予立案的裁定。对7日内无法作出判断的，应予立案。原告对裁定不服的，可以提起上诉。应注意的是，人民法院在接收起诉状后应主动出具书面凭证，而不能依申请才出具。

为了确保公民的起诉权，《行政诉讼法》第52条规定了诉权保障条款："人民法院既不立案，又不作出不予立案裁定的，当事人可以向上一级人民法院起诉。上一级人民法院认为符合起诉条件的，应当立案、审理，也可以指定其他下级人民法院立案、审理。"该规定对公民起诉权的保障意义重大。

对于不接收起诉状、接收起诉状后不出具书面凭证，以及不一次性告知当事人需要补正的起诉状内容的，当事人可以向上级人民法院投诉，上级人民法院应当责令改正，并对直接负责的主管人员和其他直接责任人员依法给予处分。

三、受理的法律后果

公民、法人或者其他组织向人民法院提起行政诉讼，被人民法院依法受理后，即发生一定的法律后果。这种法律后果表现在以下几个方面：

1. 对人民法院来说，受理意味着行政诉讼程序开始，人民法院享有对该行政案件的审判权，并负有依法定程序按法定期限审结该案的义务。如果没有法律所规定的终止诉讼程序的情况出现，人民法院就必须完成审判的全过程，在人民法院与当事人双方之间形成诉讼上的法律关系。

2. 对当事人来说，受理行为使行政争议的解决权已经系属于法院，双方当事人取得原告和被告资格，各自享有法律赋予的诉讼权利，承担法律规定的诉讼义务，服从人民法院的生效判决、裁定，并负有自觉履行人民法院判决、裁定的义务。

3. 禁止原告重复诉讼，同时也排斥了其他国家机关，包括其他人民法院对该案的管辖权。即使以后发生原告的住所变更、被告行政机关被撤销、合并等情况，该案管辖权不变。

4. 诉讼时效中断，从中断之日起，诉讼时效的期间重新开始计算（按照民事诉讼法的相关规定理解）。

5. 起诉成立后，意味着被告行政机关与原告之间的行政争议进入司法解决程序，司法权制约行政权。人民法院享有对该行政争议的裁决权。

6. 对于被诉具体行政行为，人民法院的受理并不当然产生停止执行的效果。但是有法律规定的特殊情况出现时，法院有权依当事人申请，在诉讼中裁定停止该具体行政行为的执行，行政机关也可以自己决定停止执行。

第四节　行政诉讼附带民事诉讼

一、行政诉讼附带民事诉讼的概念

行政诉讼附带民事诉讼，是指人民法院在审理行政案件的同时，对与引起该案件的行政争议相关的民事纠纷一并审理的诉讼活动和诉讼关系的总称，简称行政附带民事。我国《行政诉讼法》第 61 条第 1 款规定："在涉及行政许可、登记、征收、征用和行政机关对民事争议所作的裁决的行政诉讼中，当事人申请一并解决相关民事争议的，人民法院可以一并审理。"《最高人民法院关于执行〈中华人民共和国行政诉讼法〉若干问题的解释》第61条规定："被告对平等主体之间民事争议所作的裁决违法，民事争议当事人要求人民法院一并解决相关民事争议的，人民法院可以一并审理。"该条规定没有取"附带民事诉讼"之意而是采用"可以一并审理"的措辞，笔者认为，采用行政诉讼附带民事诉讼这一诉讼程序解决行政管理中发生的与行政管理相关的民事争议，与行政诉讼制度本身并不矛盾。它有利于高效率地解决行政机关与相对人之间的行政争议以及相对人之间的民事争议，避免资源的浪费，有利于提高人民法院司法裁判的效率，稳定法律关系。同时，笔者认为，附带民事诉讼并不仅仅发生在行政裁决的事项内，与行政行为合法与否有法律上利害关系或者关联的民事权益的争议，也可以在提起行政诉讼时一并提出。本书将学界的观点与司法解释的相关规定合并作以简单介绍。

行政诉讼附带民事诉讼的特点是：

1. 附带民事诉讼的原告是涉及行政许可、登记、征收、征用，行政机关依法裁决的权属纠纷或民事纠纷的双方当事人中的任何一方。自己的民事权利与行政机关的行政行为有法律上的利害关系的人，在行政诉讼中享有提起附带民事诉讼（实际上是请求一并审理）的权利。如关于相邻权的行政诉讼及同时解决相邻权的民事请求。

2. 附带民事诉讼的被告不能是行政被告，即行政诉讼中的被告不能成为附带民事诉讼的被告。

3. 附带民事诉讼的原告既可以提出民事损害赔偿的请求，也可以提出解决相关民事权益之争的请求，如重新确认权属关系。

4. 附带民事诉讼的原告提出的民事请求，一种是该民事请求未经行政机关处理过而在行政诉讼中直接向人民法院起诉的；另一种是该民事请求经过行政机关依法进行裁决或处理过，当事人不服而起诉的。根据《最高人民法院关于执行〈中华人民共和国行政诉讼法〉若干问题的解释》第61条的规定，附带民事诉讼中，原告的请求似乎应当是已经过行政裁决的民事权利义务之争，对未经行政裁决的，不得提出附带或者一并审理的请求。

5. 行政侵权赔偿诉讼不是附带民事诉讼。

二、行政诉讼附带民事诉讼的条件

1. 行政诉讼案件的成立，附带民事诉讼依附于行政诉讼，即行政诉讼附带民事诉讼以行政案件成立为前提条件。已经成立的行政诉讼涉及行政许可、登记、征收、征用和行政机关对民事争议所作的裁决。对于行政裁决，根据法条解释的意思，只有在被诉的行政裁决行为违法被法院确认的情况下，民事争议的当事人才可以请求一并审理。这就要求，附带的民事诉讼应当在行政诉讼程序完成后进行，并且以被诉行政行为（行政裁决）违法为其启动的条件。这是现在的有效规定。它只是附带民事诉讼制度发展中的一个阶段。

2. 行政机关的行政行为引起了两种不同性质的争议，即行政机关行使职权的行为，一方面，行政诉讼中涉及行政许可、登记、征收、征用和当事人对其行政决定（裁决）不服；另一方面引起了新的民事纠纷或对业已存在的民事纠纷发生影响，从而引起两种性质不同但彼此关联的争议。

3. 两个分属于不同诉讼系列的诉讼请求之间具有内在联系（关联）性。表现在两个方面：一是同一行政行为引起了行政和民事两个不同的争议和纠纷；二是行政裁决和涉及行政许可、登记、征收、征用的行政行为改变了民事权利义务的状态，而民事权利义务的确定有待于行政争议的解决。

4. 有关联的民事诉讼请求须在行政诉讼过程中提出。行政诉讼中附带民事诉讼的提起，可以在提起行政诉讼中同时提起，也可以在行政诉讼开始后、终结前的任何时候提起。行政诉讼终结后提起，即丧失附带的意义，这时的民事纠纷是一个独立的民事纠纷，应成为一个独立的民事诉讼。现行司法解释对提起附带（或者一并审理）民事诉讼的时间没有作明确要求，但对审理顺序作了要求，即在被告对平等主体之间的民事争议所作的裁决违法被确认后，根据民事争议当事人的请求，根据案件需要，决定是否一并审理该民事争议。如果法院认为没有必要一并审理的，由民事争议的当事人单独提起民事诉讼予以解决。

三、行政诉讼附带民事诉讼的范围

行政诉讼附带民事诉讼的范围，应该是除行政侵权赔偿诉讼之外的，由行政机关行使行政职权、裁决民事纠纷或在行政行为中包含民事内容而形成的诉讼，具体包括：

1. 涉及行政许可的案件。行政许可，是指行政机关根据公民、法人或者其他组织的申请，经依法审查，准予从事特定活动的行为。

2. 涉及登记的案件。登记是对申请人所主张的事实依法加以确认，使之具有法律效力的一种行政行为。

3. 涉及征收、征用的案件。征收是指为了公共利益的需要，国家将私人所有的财产强制地征归国有。征用是指为了公共利益需要而强制性地适用公民的私有财产。

4. 当事人不服行政机关对其与他人之间的权属纠纷所作的裁决，诉诸人民法院撤销该裁决并要求人民法院重新确定权属的。

5. 当事人不服行政机关对其与他人有关损害赔偿的裁决或处理决定而提起

诉讼，要求法院撤销行政机关的裁决或处理决定，并重新对其损害赔偿问题作出裁决。

6. 当事人认为行政机关对他人作出的行政行为损害了自己的民事权益的，在对该行政行为的行政诉讼中，可以提起附带民事诉讼。

应该注意的是，当事人仅要求人民法院撤销行政裁决而未同时要求人民法院重新确认民事关系的，不是附带民事诉讼，而是行政诉讼，只有同时提出，既撤销行政行为，又同时重新确认民事关系的，才是附带民事诉讼。

为什么行政侵权赔偿诉讼不是行政附带民事诉讼？这是因为，行政侵权赔偿是国家责任的一种，它是国家对行政侵权所负的赔偿责任，实施侵害的主体是国家行政机关及其公务员在执行公务的过程中，因违法行使职权的行为给公民、法人和其他组织造成损害而承担的行政法律责任。虽然它在赔偿方式和法院审理过程中，都与民事诉讼相似，但其与民事诉讼（民事赔偿）有本质的区别。民事与行政争议的不同，本书已有阐述，在此不赘述。

四、行政诉讼附带民事诉讼的审理

行政诉讼附带民事诉讼的审理，是审判中的新问题，法律未作明确规定，根据《行政诉讼法》、《民事诉讼法》和《最高人民法院关于执行〈中华人民共和国行政诉讼法〉若干问题的解释》、《最高人民法院关于适用〈中华人民共和国行政诉讼法〉若干问题的解释》的规定，结合司法实践中的实际经验，主要应当注意以下问题：

1. 行政诉讼附带民事诉讼的提起，必须既符合行政诉讼的起诉条件，又符合民事诉讼的起诉条件，同时必须遵循行政诉讼附带民事诉讼的条件。

2. 行政诉讼附带民事诉讼的提起，必须是在行政诉讼过程中提起。由于附带民事诉讼的从属性，它应当在第一审开庭审理前提出；有正当理由的，也可以在法庭调查中提出。如果行政诉讼还未开始，就谈不上附带民事诉讼；如果在行政诉讼已经结束，又丧失了附带的意义，而成为一个一般的独立的民事诉讼。

3. 在行政诉讼中，人民法院认为该行政案件审理需以民事诉讼的裁判为依据的，可以裁定中止行政诉讼。当事人以作为行政许可、登记、征收、征用和行政机关就民事争议所作的裁决行为为基础的买卖、共有、赠与、抵押、婚姻、继承等民事法律关系无效或者应当撤销为由，对行政许可、登记、征收、征用和行政机关就民事争议所作的裁决行为提起行政诉讼的，人民法院应当告知当事人先行解决民事争议，民事争议处理期间不计算在行政诉讼起诉期限内；已经受理的，裁定中止诉讼。中止事由消失后，恢复诉讼。经释明后，仍不愿另行提起民事诉讼而坚持行政诉讼，人民法院也可以考虑先行单独审理行政案件。

在行政附带民事诉讼中，一般审理秩序上，应该先审行政部分再审民事部分。如果民事部分的案情复杂，可能延误行政诉讼的审结期限的，也可以先对行政部分进行审理并作出判决，然后，再由同一审判组织继续审理民事部分。对先行判决的行政判决、裁定，当事人可以依法上诉。对后作的民事判决、裁定，当事人也可依法上诉。在这一点上，并不要求同一。根据最高人民法院《关于执行〈中华人民共和国行政诉讼法〉若干问题的解释》第 61 条的规定，法院一并审理民事案件的，应当是在对被诉行政行为审查后，确认行政行为违法的情况下进行。

4. 行政附带民事诉讼，是两种不同性质而又相互关联的诉讼被人民法院一并审理，因此，在案件审理过程中，应特别注意遵守行政诉讼和民事诉讼各自的审判原则，对行政部分，必须坚持行政诉讼的原则，不能因存在附带的民事诉讼而错误援用民事诉讼的原则；对民事部分，必须坚持民事诉讼的原则，不能因该民事诉讼附带于行政诉讼而置民事诉讼的原则于不顾。尤其应当注意有关举证责任、反诉和调解等规定的法律适用。

5. 行政诉讼法对是否一并审理相关民事争议使用的是"可以"这样的表达词汇，因此，法院可以根据具体情况决定是否一并审理解决相关民事争议。对法院决定不一并审理的，民事争议的当事人应当另行提起民事诉讼。

6. 人民法院在行政诉讼中一并审理相关民事争议的，民事争议应当单独立案，由同一审判组审理。审理行政机关对民事争议审议后作裁决的案件，一并审理民事争议的，不另行立案。

7. 行政争议和民事争议应当分别裁判。

■ 思考题

1. 如何进一步完善诉权保护的制度？
2. 起诉期限与诉讼时效的区别是什么？
3. 受理行为的法律意义是什么？

■ 参考资料

1. 应松年主编：《行政行为法》，人民出版社 1993 年版。
2. 马怀德主编：《中国行政诉讼法》，中国政法大学出版社 1999 年版。
3. 马怀德、吴华："对我国行政诉讼类型的反思与重构"，载《政法论坛》2001 年第 5 期。
4. 左卫民等：《诉讼权研究》，法律出版社 2003 年版。

第十一章 第一审程序

■ 学习目的和要求

重点掌握一审程序的法律规定，了解开庭前的准备、法庭调查、法庭辩论、合议庭评议和宣告判决等环节的相关知识和制度，理解简易程序与普通程序的区别，掌握简易程序的适用范围和简易程序的具体规定。全章的内容侧重于程序性知识和程序流程。本章学习目的在于熟悉和尊重程序制度的具体规定。

第一节　一般程序规定

一、公开审理

《行政诉讼法》第 54 条第 1 款规定："人民法院公开审理行政案件，但涉及国家秘密、个人隐私和法律另有规定的除外。"该条表明行政案件的审理形式有两种：即公开审理和不公开审理。公开审理，是指人民法院审理行政案件的活动，除法律另有规定外一律公开进行。公开审理是贯彻公开审判原则的最主要形式。所谓不公开审理，是指具备法律规定不公开审理条件的行政案件在开庭审理时，除了当事人和人民法院通知到庭的其他诉讼参与人参加外，不允许与本案无关的人参加，不允许群众旁听，不允许记者采访报道。依据《行政诉讼法》第 54 条的规定，涉及国家秘密、个人隐私和法律另有规定的行政案件，不公开审理。涉及商业秘密的案件，当事人申请不公开审理的，可以不公开审理。这是保障国家公共安全、保护公民个人隐私权以及法人、组织合法权益的需要。

公开审判与开庭审理并不是同一概念。开庭审理有公开进行和不公开进行的区别，而公开审判都是开庭审理，以开庭的方式进行。

无论公开审理或不公开审理，在宣告判决、裁定时，都应当公开进行。在行政诉讼第一审程序中，人民法院审理行政案件都必须以开庭的方式进行，不能进行书面审理。

二、合并审理

根据《最高人民法院关于执行〈中华人民共和国行政诉讼法〉若干问题的解释》第46条规定："有下列情形之一的，人民法院可以决定合并审理：①两个以上行政机关分别依据不同的法律、法规对同一事实作出具体行政行为，公民、法人或者其他组织不服向同一人民法院起诉的；②行政机关就同一事实对若干公民、法人或者其他组织分别作出具体行政行为，公民、法人或者其他组织不服分别向同一人民法院起诉的；③在诉讼过程中，被告对原告作出新的具体行政行为，原告不服向同一人民法院起诉的；④人民法院认为可以合并审理的其他情形。"

三、撤诉

撤诉有自愿申请撤诉和视为申请撤诉两种。所谓自愿申请撤诉，是指在判决裁定宣告前的诉讼期间内，原告自动撤回起诉，经人民法院准许而终结诉讼的制度。所谓视为申请撤诉，是指原告经人民法院传票传唤，无正当理由拒不到庭时，或者未经法庭许可中途退庭的，人民法院即可视为原告自愿撤回起诉，以人民法院裁定准许而终结诉讼的制度。

申请撤诉是经原告申请由法院裁定准许而终结诉讼的制度。在一审程序中申请撤诉是法律赋予原告专有的诉讼权利，在二审程序中，上诉人也可以撤诉，此时的上诉人不一定是行政机关。准予撤诉则是人民法院审判权的表现。撤诉并不纯粹是原告的单方面的诉讼行为，而是原告申请撤诉和人民法院准予撤诉的两种行为共同构成的诉讼活动。原告行使撤诉请求权，须经人民法院决定准许撤诉，撤诉才能最终实现。如果人民法院不准许撤诉，案件即不终结，诉讼程序必须继续进行下去。

申请撤诉是原告对起诉权利的处分行为，并不影响原告实体权利的存在。但是，原告撤诉后，又以同一事实和理由重新起诉的，人民法院不予受理。实践中，原告在法定期间内未预交诉讼费，又不提出缓交诉讼费用申请，按自动撤回起诉处理的，原告在起诉期间内再起诉的，人民法院应予受理。

为妥善化解行政争议，依法审查行政诉讼中行政机关改变被诉行政行为及当事人申请撤诉的行为，结合司法实践和行政诉讼法的规定介绍如下：

（一）撤诉的条件

自愿申请撤诉是原告自动撤回起诉的行为，根据《行政诉讼法》第62条的规定："人民法院对行政案件宣告判决或者裁定前，原告申请撤诉的，或者被告改变其所作的行政行为，原告同意并申请撤诉的，是否准许，由人民法院裁定。"司法实践中的做法与该条规定不一致。《最高人民法院关于行政诉讼撤诉若干问题的规定》规定，对第二审或者再审期间行政机关改变被诉行政行为，当事人申请撤回上诉或者再审申请的，由人民法院裁定是否准许。我们认为，行政机关改变被诉行政行为后原告申请撤诉，一般发生在第一审诉讼期间，但在第二审和再审期间也可能出现，如果片面强调判决的既判力和稳定性而不允许撤诉，不利于实现化解行政争议、妥善解决纠纷的目的。因此，当事人在第二审期间申请撤回上诉，再审期间申请撤回再审申请的，均可依法准许。显然，从化解纠纷的立场出发，最高人民法院现行司法解释与《行政诉讼法》第 62 条规定撤诉应当在人民法院对行政案件宣告判决或者裁定前提起的解释是不一致的，在 2014 年修正的《行政诉讼法》于 2015 年 5 月 1 日实施后，仍然应该采取这种从宽的、分程序阶段的解释。即分别在一审、二审、再审程序中，只要行政案件宣告判决或者裁定前，当事人均可以申请撤诉，这与解决行政纠纷的司法任务是一致的。因为被告改变被诉行政行为，原告申请撤诉，符合下列条件的，人民法院应当准许：

1. 申请撤诉的必须是原告，包括原告的法定代理人和特别授权委托代理人。被告或第三人均不能在一审程序中提出撤诉请求。

2. 撤诉申请必须是当事人的真实意思表示，并明确提出。撤诉是原告放弃诉讼权利的自觉活动，不能强行动员原告撤诉，更不得强迫原告撤诉。即使被告已将其违法行政行为改正，原告不同意撤诉的，人民法院也不能强行终结诉讼，而应该继续开庭审理。被告改变原行政行为，原告不撤诉的，人民法院应当继续审理，认为原行政行为违法的，作出确认判决；认为原行政行为合法的，驳回原告的诉讼请求。因为被告已经改变原行政行为，故不适用撤销判决。

3. 撤诉申请的提出可以是在一审、二审或者再审判决或者裁定宣告前的任何一个阶段。人民法院的判决和裁定是对行政案件争议的法律关系的结论，是对原告诉讼请求的肯定（或否定）。无论判决、裁定生效与否，人民法院在一个法定程序中对行政案件的审理程序已告终结，此时撤诉实际上已无任何意义。但是，当事人在下一个程序中仍然享有申请撤回诉讼的权利。如在二审程序中申请撤回上诉，在再审程序中申请撤回再审申请等。

4. 被告改变被诉行政行为，不违反法律、法规的禁止性规定，不超越或者放弃职权，不损害公共利益和他人合法权益的。

5. 被告已经改变或者决定改变被诉行政行为，并书面告知人民法院，且第三人无异议。

6. 撤诉必须经人民法院准许。对于符合法律规定的条件的申请，人民法院应裁定准许撤诉，从而终结诉讼。对于不符合法律规定的条件的申请，人民法院就裁定不准许撤诉，并继续审理程序。人民法院经审查认为被诉行政行为违法或者不当，可以在宣告判决或者裁定前，建议被告改变其所作的行政行为。

（二）视为申请撤诉的条件

视为申请撤诉是原告并未明确表示自动放弃诉讼，人民法院根据原告拒绝履行法定义务的行为，推定其自愿申请撤诉，并裁定准许撤诉，从而终结诉讼。

依据《行政诉讼法》第58条"经人民法院传票传唤，原告无正当理由拒不到庭……可以按照撤诉处理"的规定，传票传唤是对于人民法院依照法定程序和方式对当事人作出的一种正式传唤。据此，视为申请撤诉应当具备以下条件：

1. 经人民法院传票传唤。所谓传票传唤，要求人民法院采用法定方式，按法定程序传唤当事人，即把传票送达本人，并且送达回证由被传唤人签名、盖章，以此证明被传唤人在法定期限内接到了传唤通知。

2. 原告无正当理由拒不到庭。原告经人民法院传票传唤，如有正当理由没有到庭的，也不能视为申请撤诉。对有正当理由不能到庭参加诉讼的，人民法院不能视为原告申请撤诉，而应另定开庭日期延期审理。

3. 人民法院对申请撤诉的审查与自愿申请撤诉的审查视为相同。如果原告虽然没有到庭，但是委托诉讼代理人到庭参加诉讼的，不能视为申请撤诉。如果原告（包括其法定代理人）无正当理由拒不到庭又不委托诉讼代理人参加诉讼的，可依照《行政诉讼法》第58条的规定，视为申请撤诉。

（三）关于撤诉的裁定

为了消除当事人申请撤诉的后顾之忧，稳定相关法律关系，明确当事人之间的权利义务，有利于解决行政纠纷，稳定相关的法律关系。撤诉裁定在表达程序意义的同时，还可以就因为行政机关改变被诉行政行为而产生的相关实体问题作出认定，传统的撤诉裁定有了新的意义。

被告改变被诉行政行为，原告申请撤诉，有履行内容且履行完毕的，人民法院可以裁定准许撤诉；不能即时或者一次性履行的，人民法院可以裁定准许撤诉，也可以裁定中止审理。而作出中止审理裁定的目的仍然是为了取信于原告（或者上诉人、再审申请人），确保案结事了。

准许撤诉裁定可以载明被告改变被诉行政行为的主要内容及履行情况，并可以根据案件具体情况，在裁定理由中明确被诉行政行为全部或者部分不再执行。这是司法实践的一种创新举措，

第二审或者再审期间行政机关改变被诉行政行为，当事人申请撤回上诉或者再审申请的，按照一审程序的撤诉规定办理。准许撤回上诉或者再审申请的裁定可以载明行政机关改变被诉行政行为的主要内容及履行情况，并可以根据案件具体情况，在裁定理由中明确被诉行政行为或者原裁判全部或者部分不再执行。

四、缺席判决

缺席判决，是指人民法院在开庭审理时，在一方当事人或双方当事人未到庭

陈述、辩论的情况下，合议庭经过审理所作的判决。缺席判决是相对于对席判决而言的，它是为了维护法律的尊严，维护到庭一方当事人的合法权益，保证审判活动正常进行而设立的一种程序法律制度。

根据《行政诉讼法》第58、62条的规定，缺席判决适用于下述几种情况：

1. 被告不到庭。经人民法院传票传唤，被告无正当理由拒不到庭的，根据《行政诉讼法》第58条的规定，可以缺席判决。被告已经到庭参加诉讼，但是未经人民法院许可中途退庭，又拒不返回的，应缺席判决。《行政诉讼法》第66条第2款规定，人民法院对被告经传票传唤无正当理由拒不到庭，或者未经法庭许可中途退庭的，可以将被告拒不到庭或者中途退庭的情况予以公告，并可以向监察机关或者被告的上一级行政机关提出依法给予其主要负责人或者直接责任人员处分的司法建议。

2. 原告申请撤诉时，人民法院裁定不准许撤诉。原告经合法传唤，无正当理由拒不到庭的，可以缺席判决。

3. 特殊情况时，人民法院裁定不允许原告撤诉。原、被告双方经人民法院传票传唤无正当理由拒不到庭的，可以缺席判决。

人民法院应该严格遵守缺席判决的条件适用缺席判决，并且缺席判决必须在查清全部案情事实、分清是非责任的基础上作出，同时必须注意保护缺席一方当事人的合法权益。

五、诉讼保全

诉讼保全是一项重要的法律制度。它是指人民法院在可能因当事人一方或其他原因而使判决不能执行或难以执行的情况下，根据对方当事人的申请或依职权采取的对有关财产加以保护的措施。它是保证人民法院作出的判决能够得到顺利执行，使当事人在判决中所确认的权利能够得到实现的一种法律制度。

行政诉讼法未对诉讼保全作明文规定。参照民事诉讼法的有关规定，诉讼保全可以通过对方当事人申请，人民法院采取保全措施和法院依职权主动采取保全措施两种途径提出。

诉讼保全的条件是：

1. 对于可能因当事人一方的行为或者其他原因，使判决不能执行或者难以执行的。

2. 诉讼保全限于诉讼请求所涉及的范围，或者与本案有关的财物，否则采取保全措施毫无意义。

3. 对方当事人申请诉讼保全的，应当提供担保。申请人不提供担保的，人民法院应驳回申请。

只有对方申请人同时具备以上三个条件时，才能采取诉讼保全。人民法院依职权主动决定采取的诉讼保全措施不需要担保。诉讼保全的措施主要是采取查封、扣押、冻结或者法律规定的其他方法。被申请人提供担保的，人民法院应解除诉讼保全。人民法院接受诉讼保全申请的，对情况紧急的，必须在 48 小时内作出裁定，裁定采取保全措施的，应当立即开始执行，并尽快执行完毕。申请诉讼保全有错误的，申请人应当赔偿被申请人因此所遭受的损失。人民法院主动采取的保全措施有错误的，根据《国家赔偿法》的规定，应当负担赔偿被保全人因诉讼保全所遭受的损失。

当事人对于诉讼保全裁定不服的，可以申请复议一次，复议期间不停止裁定的执行。

六、先予执行

先予执行，是指人民法院在判决确定之前裁定由有给付义务的人，预先给付对方部分财物，或者为一定行为的法律制度。在行政诉讼中，先予执行主要适用于控告行政机关没有依法发给抚恤金、最低生活保障金等案件和申请行政机关履行保护人身权、财产权的案件。它实际上是判决尚未确定之前，权利人实现了未来判决中确认的部分实体权利。所以，先予执行对以后的判决的内容来说，在形式上有预决的意义。

先予执行主要有以下条件：

1. 从案件的实质上看，应当是具有给付内容的，也就是行政被告负有给付原告一方一定财物，或履行一定行为的义务。双方当事人在行政法律关系中存在给付财物或履行一定行为（职责）的实体权利义务关系。《行政诉讼法》第 57 条第 1 款规定，人民法院对起诉行政机关没有依法支付抚恤金、最低生活保障金和工伤、医疗社会保险金的案件，权利义务关系明确、不先予执行将严重影响原告生活的，可以根据原告的申请，裁定先予执行。

2. 义务人拒绝自动履行法律规定的义务。先行给付是为了应急而采取的实现未来判决中的部分权利，具有让给付义务的一方当事人提前履行义务的性质。

先予执行发生在诉讼过程中，一般由当事人申请，人民法院裁定。《行政诉讼法》第 57 条第 2 款规定，当事人对先予执行裁定不服的，可以申请复议一次。复议期间不停止裁定的执行。

如果先予执行的裁定有错误，或经过审理最后确认申请人不具备申请先予执行的条件，申请人应退回已得到的财物。如果具备条件，执行判决时，应将先行给付部分作为判决已部分履行，予以扣除。

七、决定是否停止被诉行政行为的执行

《行政诉讼法》第 56 条规定，诉讼期间，不停止行政行为的执行。但有下列情形之一的，停止行政行为的执行：①被告认为需要停止执行的；②原告或者利害关系人申请停止执行，人民法院认为该行政行为的执行会造成难以弥补的损失，并且停止执行不损害国家利益、社会公共利益的；③人民法院认为该行政行为的执行会给国家利益、社会公共利益造成重大损害的；④法律、法规规定停止执行的。

根据这一法律规定，我国行政诉讼法采用的是诉讼不停止行政行为执行的原则。这一规定是世界各国行政诉讼立法的通例，它有利于提高行政效率，防止违法行为对公共利益造成更大损害，对保持法律秩序的稳定具有重大意义。我国法律、法规大多有起诉不停止行政执行的规定，有原则规定，也有例外情况。我国《行政诉讼法》第56条规定以下四种例外情况：

1. 被告认为需要停止执行的，可以停止行政行为的执行。对于行政行为执行与否，应该是行政权的范围，行政机关有完全的决定权。因此，行政诉讼法对此并未附加任何条件。

2. 原告或者利害关系人申请而由人民法院裁定停止执行。人民法院裁定停止执行行政行为必须符合下列条件：

（1）必须原告主动提出申请，如无原告申请，人民法院不得主动依职权决定停止具体行政行为的执行。

（2）必须是该行政行为的执行会造成难以弥补的损失。

（3）停止执行不会损害国家利益、社会公共利益。

对于符合停止执行条件的，人民法院应以裁定的形式决定停止行政行为的执行。如不符合停止执行的条件，人民法院应以裁定的形式驳回申请人申请。当事人对上述裁定不服的，应允许申请复议一次，复议期间不停止裁定的执行。

3. 人民法院认为该行政行为的执行会给国家利益、社会公共利益造成重大损害的。在某些特殊情况下，即使行政行为的执行会给国家利益、社会公共利益造成损害，原告因无法预计或其他情形不提出停止执行申请，被告也未认为应当需要停止执行的情况下，为了保证诉讼的顺利进行，保护国家利益、社会公共利益不受重大损害，赋予法院必要职权裁定停止执行该行政行为。

4. 法律、法规规定停止执行的，应当停止执行。当法律、法规规定当事人在起诉或在某些条件下具有停止行政行为效力时，应当停止执行。如果法律作了明确规定，当事人又确有停止行政行为的条件，就应当停止执行。如果行政机关仍坚持执行，就是程序上的违法行为。当事人可以一并提出诉讼请求，控告行政机关在程序上的违法。例如，《治安管理处罚法》第107条规定："被处罚人不服行政拘留处罚决定，申请行政复议、提起行政诉讼的，可以向公安机关提出暂缓执行行政拘留的申请。公安机关认为暂缓执行行政拘留不致发生社会危险的，由被处罚人或者其近亲属提出符合本法第108条规定条件的担保人，或者按每日行政拘留200元的标准交纳保证金，行政拘留的处罚决定暂缓执行。"如果当事人或者其家属依法找到担保人或交纳保证金的，公安机关决定暂缓执行的，在诉讼期间原处罚决定也可以停止执行，这时就不需要人民法院用裁定的形式停止行政行为的执行了。

应当注意的是，停止行政行为的执行只是暂缓其效力。如果经判决撤销了该行政行为，原行政行为就不用执行。如果判决驳回原告的诉讼请求，则判决生效后，原行政行为将继续执行。并且，人民法院也不用再以裁定或判决的形式撤销原停止行政行为执行的裁定。随着判决的生效，原裁定自然无效，行政行为继续执行。

八、行政案件以不调解为原则，以调解为例外

《行政诉讼法》第60条第1款规定："人民法院审理行政案件，不适用调解。但是，行政赔偿、补偿以及行政机关行使法律、法规规定的自由裁量权的案件可以调解。"这一规定表明，人民法院审理行政案件，原则上不采用调解的方法，也不以调解书的方式结案，只能依法作出裁判。所谓调解，是指在诉讼过程中，在人民法院的主持下，由双方当事人对争议的权益和法律关系通过自愿协商、互谅互让达成协议，使纠纷得以解决所进行的活动。调解除了需要事实清楚、是非分明和双方当事人自愿等条件外，还必须具备两个不可缺少的条件：①当事人双方必须有实体处分权；②调解形成的结果不能与法律和社会公共利益相抵触，不能损害他人的利益。

不适用调解的理由是：

1. 行政诉讼的被告是行政机关，不享有实体处分权。行政机关代表国家行使行政管理职权，这个职权是通过法定程序赋予的，行政机关行使法定的职权，同时也是行政机关的法定职责。对行政机关来讲，权利义务是不能分割的。因此，行政机关只能依法行使职权而不能处分自己的职权。行政机关虽然也享有一定的自由裁量权，但这种权利不是绝对的自由裁量权（任意的自由裁量权），而是相对的自由裁量权，也称为法规（下的）裁量。这种权力的行使必须符合法律授予这种权力的要求，在符合法律要求的前提下，采取最为合理的方式作出决定。因此，在自由裁量的领域，行政机关也没有任意处分的权力。正因为如此，以对实体权利享有处分权为基础的调解就不能适用于行政诉讼中。

2. 在合法性审查中行政诉讼没有调解的必要。行政诉讼以合法性审查为原则，在行政行为的合法与违法之间并不存在第三种选择。因此，人民法院对行政行为是否合法进行判断的唯一标准只能是事实和法律，而不可能由争议双方当事人互相让步、互相谅解而在违法与合法之间作出一种折中的处理决定。因此，在行政诉讼中，对合法的具体行政行为判决予以维持，对违法的行政行为判决予以撤销或确认违法等，并无调解的必要。

3. 行政诉讼的原告虽然享有一定的实体处分权，但是由于其相对一方（行政被告）不具有实体处分权，因此，对原告的调解请求，被告无法回答。并且，如果允许调解，就会使行政行为处于违法不当状态，或损害公共利益或他人利益，违反行政法治原则。

4. 调解不能解决行政行为是否合法的问题，不能完成人民法院对被诉具体行政行为进行合法性审查的任务，起不到监督行政机关正确行使职权的作用。

可以调解的范围及理由：

在行政机关不享有选择权的羁束行为中，因为不具有调解的基础而不能适用调解的方式解决行政案件，但是，在行政机关享有有限意思自治的领域，行政机关是可以在法定职权的范围内决定本机关的意思表示（或者表达本机关的行政意志）的，所以，在特定情形下，行政诉讼中也有调解的适用范围，即对于行政赔偿、补偿以及行政机关行使法律、法规规定的自由裁量权的案件，法院可以适用调解。在涉及行政赔偿、补偿的案件中，行政行为的合法性已经明确或不涉及行政行为的合法性问题，案件关注的焦点是行政赔偿或补偿金额多少，因此有调解的适用范围。在行政机关享有自由裁量权的案件中，由于自由裁量权属于行政行为的合理性问题，不属于审查行政行为合法性的范畴，因此法院无需作出合法、违法非此即彼的判决，可以适用调解结案。行政诉讼以调解为例外，目的是鼓励和提倡双方当事人通过合意协商，在法律允许的范围内妥善解决争议，实质性化解行政纠纷。

但同时要注意，法院调解应当遵循当事人双方自愿、合法的原则，不得损害国家利益、社会公共利益和他人合法权益。更不能与行政机关恶意串通损害行政相对人以及利害关系人的合法权益。

我们说行政诉讼不适用调解，并不意味着人民法院不能协调行政机关与公民、法人和其他组织之间的矛盾；并不意味着人民法院不能在行政审判过程中对当事人进行法制宣传、教育，开展疏导工作，缓和矛盾以利于行政争议的解决；也不影响行政机关改变或者撤销自己违法或者不当的行政行为。

九、民事争议与行政争议交叉问题

实践中的行政争议往往伴随着民事争议或与民事争议的结论息息相关，因此，为了节约司法资源，最大限度地节约当事人的时间成本，《行政诉讼法》第61条第1款规定，在涉及行政许可、登记、征收、征用和行政机关对民事争议所作的裁决的行政诉讼中，当事人申请一并解决相关民事争议的，人民法院可以一并审理。在行政诉讼中一并解决民事争议的规定符合实质性解决行政争议的基本原则，从根本上解决了当事人的法律纠纷，避免了行政诉讼与民事诉讼结果相冲突的问题。另外，在行政诉讼中，人民法院认为行政案件的审理需以民事诉讼的裁判为依据的，可以裁定中止行政诉讼。

十、审查依据

人民法院审理行政案件，以法律和行政法规、地方性法规为依据。若是审理民族自治地方的行政案件，并以该民族自治地方的自治条例和单行条例为依据。人民法院审理行政案件，参照规章。这意味着在法院审查行政案件中，规章的地位与法律、法规的地位不同。法律、法规是人民法院对行政行为进行审查的基本规定，而对规章而言，首先要进行合法性判决，仅对合法有效的规章参照适用。根据《行政诉讼法》第53条、第64条的规定，公民、法人或者其他组织认为行政行为所依据的国务院部门和地方人民政府及其部门制定的规范性文件（不含规章）不合法，在对行政行为提起诉讼时，可以一并请求对该规范性文件进行审查。人民法院在审理行政案件中，经审查认为上述规范性文件不合法的，不作为认定行政行为合法的依据，并向制定机关提出处理建议。

十一、被告对被诉行政行为的合法性负有举证责任

被告的举证应当符合法定的证据规则，如果被告在规定的期限内不提供（或拒绝提供）作出行政行为的证据，应当认定行政行为没有证据，由被告承担败诉的风险。如果被告提供的证据、依据不能证明自己的行政行为合法，人民法院应当判决被告败诉。同时，原告可以提供证明行政行为违法的证据。原告提供的证据不成立的，不免除被告的举证责任。

十二、延期审理

延期审理，是指人民法院把已定的审理日期或正在进行的审理推延至另一日期再审理的制度。通知、公告开庭日期后，或者开庭审理期间，由于特殊情况合议庭无法在原定审理日期进行审理，而推迟审理日期的决定，称为延期审理。

行政诉讼法未规定延期审理的情况。根据审判实践经验参照民事诉讼法的有关规定。延期审理适用于下列情形之一：

1. 因当事人请求而延期审理。当事人请求是指包括申请撤诉的请求和申请回避的请求，而使审理活动无法按计划如期进行时，应延期审理。另外，原告、被告共同要求推迟审判日期，经审查理由正当，不违反法律规定和不损害公共利益及当事人合法权益的，也可延期审理。

2. 当事人没有按时到庭参加诉讼的。包括当事人（原告或被告）经传票传唤未到庭的而有正当理由的，应该延期审理，而不应缺席判决。另外，不到庭不能查明案情，使审理难以进行的主要证人、翻译人员等未能到庭时，也可以延期审理。

3. 能证明案件事实的必要证据不齐备，需要通知新的证人到庭或调取新的证据需要重新鉴定、勘验或者需要补充调查的，可以延期审理。

4. 其他需要延期审理的情况。如合议庭成员因紧急公务或遇特殊情况不能出席法庭的。

十三、诉讼中止

诉讼中止，即在诉讼进行过程中，诉讼程序因特殊情况的发生而中途停止的一种法律制度。

诉讼中止与延期审理是不同的，既不是推迟开庭审理的日期，也不是诉讼活动完全停止，而是诉讼程序的中断。当行政诉讼中断的情况消除后，恢复诉讼程序。由于各种情况的影响，诉讼中止的时间都较长，恢复诉讼程序的日期难以在中止时确定。

根据《行政诉讼法》的规定和相关司法解释以及《民事诉讼法》的规定，在诉讼过程中，有下列情况之一的，中止诉讼：

1. 作为原告的自然人死亡，需要等待其近亲属表明是否需要参加诉讼的。

2. 作为原告的自然人丧失诉讼行为能力，尚未确定法定代理人的。

3. 作为原告的法人或者其他组织终止，尚未确定权利、义务承受人的。

4. 一方当事人因不可抗力的事由，不能参加诉讼的。

5. 被告行政机关被撤销，尚未确定继续行使其职权的行政机关的，或者虽已确定但尚未参加诉讼的；对于被告行政机关被撤销，其职权也同时撤销而无法继续行使其职权的行政机关，尚未确定继续诉讼的行政机关的。

6. 案件涉及法律适用问题，需要送请有权机关作出解释或者确认的；在等待解释或确认时，人民法院无法审理行政案件，应当中止诉讼的。

7. 人民法院在审理行政案件的过程中，发现案件的审判须以相关民事、刑事或者其他行政案件的审理结果为依据，而相关案件尚未审结的。

8. 被处罚人的行为构成犯罪，应当追究刑事责任的，应及时将有关犯罪材料移送有关机关，如果刑事责任的追究影响本案审理的，应中止诉讼，待有关机关作出最终处理后，再恢复诉讼。人民法院在审理行政案件中，认为行政机关的主管人员、直接责任人员违反政纪，或者有犯罪行为的，应当将有关材料移送有关机关处理。如果影响本案审理的，应中止诉讼。

9. 其他应当中止诉讼的情形。如追加、变更当事人。

中止诉讼由人民法院以裁定方式作出。对于中止诉讼的裁定，当事人不得申请复议，也不得提起上诉。中止诉讼的情形消除后，人民法院应当依当事人申请或依职权恢复诉讼程序，并通知当事人继续进行诉讼活动。诉讼程序恢复后，当事人在诉讼中止前所进行的诉讼行为，依然继续有效。

十四、诉讼终结

诉讼终结，是指在诉讼进行过程中，因特殊情况的发生而结束正在进行的诉讼程序的法律制度。

行政诉讼终结的特殊情况主要是指使诉讼活动不能继续进行下去或继续进行已无任何意义的情况。终结诉讼主要有以下几种：

1. 原告申请撤诉（包括视为申请撤诉的情况）被人民法院裁定准许后，进而使诉讼终结的情况。

2. 作为原告的自然人死亡，其近亲属表示不参加诉讼，或诉讼中止满 90 日，其近亲属仍不表明态度的。

3. 作为原告的自然人丧失诉讼行为能力，尚未确定法定代理人，中止诉讼满 90 日而仍无人继续诉讼的。

4. 作为原告的法人或者其他组织终止，承受其权利的法人组织放弃诉讼的，或尚未确定权利、义务承受人，诉讼中止满 90 日，仍无人继续诉讼的。

终结诉讼，由人民法院作出诉讼终结的裁定。对此裁定，不能提出上诉，也不能申请复议。诉讼终结的裁定书送达当事人之日起，即发生法律效力。当事人不能对同一诉讼请求以同一事实和理由向人民法院起诉，法院也无权受理。但是，丧失诉讼行为能力的原告，因无法定代理人继续诉讼而导致诉讼终结的，当原告恢复诉讼行为能力时，可以再行起诉，人民法院也应该受理。

十五、案件审理中的其他违法违纪行为的处理

人民法院在审理行政案件时，发现行政机关工作人员有违反政纪或犯罪行为，或被处罚人的行为构成犯罪，应当追究刑事责任的，将案件全部或者部分移送给有关部门处理的措施。接受移送的有关机关，应依法履行追查的职责，以维护国家法律的统一和尊严。移送的规则：

1. 由有移送权的人民法院移送。人民法院认为行政案件中的材料和证据证实行政机关公务人员违反政纪或者构成犯罪时，以及认为被处罚人的行为涉嫌构成犯罪时，才能采取移送措施。当事人或者其他人员只能采取合法的申请、控告、检举的方式向有关机关举报。但应当注意的是，移送的案件，只要人民法院"认为"有关人员违反政纪或构成犯罪即可，而不需要由人民法院通过调查来充分证实有关人员确实违反政纪或构成犯罪。

2. 受移送的有关机关必须负责查处。人民法院应当按照违反政纪或者犯罪行为的性质，分别将案件移送给有管辖权的机关处理，包括被诉行政机关、它的上一级行政机关、监督机关、人事机关、公安机关和人民检察院。

3. 人民法院发现有违反政纪或犯罪行为的，应随时移送，而不应等到审结以后再行移送。

案件移送影响本案审理的，人民法院应裁定中止诉讼。如果是案件全部移送致使案件不再是行政案件的，应终结诉讼。应该注意的是，人民法院不能在行政案件的审理过程中，直接追究有关人员的法律责任。

十六、司法建议

行政诉讼法规定的司法建议，是人民法院执行生效的行政判决、裁定的一种手段，同时也是法院对案件发生的有关法律问题提出建议，帮助有关单位发现问题、解决问题的有效方式。

司法建议是人民司法的一项重要制度。它是人民法院行使审判权时，对与案件有关的但不属于人民法院审判权所能解决的问题向有关方面提出建议。司法建议适用的领域很广，在行政诉讼中司法建议可以作为人民法院执行生效的行政判决、裁定的一种手段加以适用。司法建议不同于人民法院的判决和裁定，不具有强制力，其采取的方式可以是书面的，也可以是口头的形式。

《行政诉讼法》第 96 条第 4 项规定，行政机关拒绝履行判决、裁定、调解书的，第一审人民法院可以采取下列措施：向监察机关或者该行政机关的上一级行政机关提出司法建议。接受司法建议的机关，根据有关规定进行处理，并将处理情况告知人民法院。行政诉讼法规定接受司法建议的机关要根据有关规定进行处理，并将处理结果告知人民法院。这一规定使司法建议具有一定的促进作用，有利于行政判决、裁定的执行。对于其他事项的司法建议就没有这样规定，人民法院也不能要求接受司法建议的机关告知处理结果。这是法律的不完备之处，应加以改进。

同时，为了督促行政机关依法出庭应诉，《行政诉讼法》第 66 条第 2 款规定，人民法院对被告经传票传唤无正当理由拒不到庭，或者未经法庭许可中途退庭的，可以将被告拒不到庭或者中途退庭的情况予以公告，并可以向监察机关或者被告的上一级行政机关提出依法给予其主要负责人或者直接责任人员处分的司法建议。

人民法院认为规章以下的规范性文件不合法的，不作为认定行政行为合法的依据，并向制定机关提出处理建议。该建议也属于司法建议的范畴。

第二节　简易程序

一、简易程序概述

（一）简易程序的概念与意义

1. 简易程序，是指一审人民法院审理简单行政案件所适用的简便易行的诉讼程序。

在我国行政审判程序中，普通程序是基本的审判程序，是各种审判程序的基础。所以，我国《行政诉讼法》对普通程序作出了详尽系统的规定，而对其他审判程序只针对该程序的特点作出具体规定。《行政诉讼法》第七章第三节中对于"简易程序"的相关规定也体现了这一特点，即《行政诉讼法》中简易程序所规定的内容都是针对简易程序的特点来规定的，简易程序中没有规定的内容，可适用普通程序的相关规定。

简易程序是我国行政审判工作长期以来经验累积的产物，法院系统已经开展的行政诉讼简易程序试点工作为行政诉讼简易程序的设立提供了经验。同时民事诉讼、刑事诉讼中的简易程序为行政诉讼简易程序的设置提供了有利借鉴。立法机关之所以在行政审判中规定简易程序，主要因为行政案件类型众多，繁简有别，如果一味地只规定普通程序，导致繁简不能分流，不利于提高行政审判的效率，也不适当地增加了当事人的讼累。因此，简易程序有其存在的必要性和可行性。

2. 简易程序的意义。

（1）简易程序是我国确立合理科学的行政审判程序机制的重要举措。合理科学的诉讼机制，需要审判程序的审理要有针对性，案件审理实行繁简分流，对行政案件进行类型化处理。简易程序的设立既降低了当事人的诉讼成本，节约了司法资源，也提高了审判效率。

（2）简易程序便于人民群众诉权的实现。设立简易程序，可以使大量的简单行政案件得到迅速、及时地解决，从而满足了公民、法人和其他组织合法权益的客观需求，方便人民群众进行诉讼。

（3）简易程序有利于人民法院提高审判效率。适用简易程序审理案件，不仅节省人力、财力和物力，还减轻了当事人的负担，提高了人民法院办案效率，有利于人民法院集中力量审理重大疑难案件，保证办案质量。

（二）简易程序的适用范围

简易程序的适用范围，是指哪些行政诉讼案件能够适用简易程序予以审理。

行政案件简易程序的适用主体为第一审人民法院。但是，发回重审、按照审判监督程序再审的案件不适用简易程序。

人民法院适用简易程序审理行政案件的范围包括以下两种情形：

1. 法定的情形。根据《行政诉讼法》第82条的规定，可以适用简易程序的案件必须同时满足以下三个条件：①人民法院认为案件事实清楚、权利义务关系明确、争议不大。"案件事实清楚"是指原告、被告和第三人对争议的事实陈述基本一致，并能提供可靠的证据，无须法院调查收集证据即可判明事实、分清是非。"权利义务关系明确"是指被诉行政行为涉及的法律关系较为简单、明确、清晰，谁是责任的承担者，谁是权利的享有者，关系明确，并且不存在涉及国家利益、社会公共利益或者第三人合法权益的情形。"争议不大"是指当事人对案件的是非、责任以及诉讼标的争执无原则分歧。以上三个条件必须同时满足。此外，一般来说，新类型案件、群体性案件、社会影响较大的案件、涉外与涉港澳台案件等都不宜适用简易程序。②案件为一审案件。行政诉讼简易程序只适用于第一审案件，对于二审案件、再审案件都不适用。③须为下列三种具体情形之一：一是被诉行政行为是依法当场作出的。这种情况指行政机关在执法现场直接作出行政行为的情形。例如，根据《行政处罚法》第 33 条的规定，违法事实确凿并有法定依据，对公民处以 50 元以下，对法人或者其他组织处以 1000 元以下罚款或者警告的行政处罚的，可以当场作出行政处罚决定。二是案件涉及款额 2000 元以下的。这是从涉案金额角度作出的限定。需要注意的是，这里给出的是一个统一标准，各地法院不能根据其经济状况、居民收入水平等因素作出调整。三是属于政府行政信息公开案件的。政府信息公开案件一般都属于案件事实比较清楚、权利义务关系比较明确、争议不大的案件，而且案件数量较多。

2. 当事人各方同意适用简易程序的一审案件。该种情形下，则不以案件事实是否清楚、权利义务关系是否明确、争议大小为标准，只是以涉案当事人的共同意愿为依据，可以直接进入简易程序审理。当事人合意选择简易程序，表明当事人愿意通过简单、有效、及时、快捷的方式解决纠纷，从尊重当事人处分权利的角度出发，允许其可以适用简易程序是尊重当事人的程序选择权。所谓程序选择权，是当事人在行政诉讼中就程序事项达成合意后共同处分其诉讼权利的一种权能，它以当事人形成诉讼契约为基础，以处分自己依法享有的诉讼权利为内容。需要注意的是，根据《行政诉讼法》的规定，必须是当事人各方均同意适用简易程序，而不仅是其中的一方。另外，行政诉讼法并没有规定对这种情形需要人民法院准许，也就是说，只要当事人各方同意适用简易程序，就应当适用简易程序。

需要注意的是，尽管发回重审、按照审判监督程序再审的案件也可能适用一审程序，但案件发回重审、按照审判监督程序再审表明各方对案件争议很大，原审存在错误，不能适用简易程序审理。

二、简易程序的具体规定

（一）审理方式

简易程序的主要特点之一就是审理方式实行独任审判。《行政诉讼法》第 7 条规定："人民法院审理行政案件，依法实行合议、回避、公开审判和两审终审制度。"第 68 条规定："人民法院审理行政案件，由审判员组成合议庭，或者由审判员、陪审员组成合议庭。合议庭的成员，应当是 3 人以上的单数。"这是对普通程序的要求。对于简易程序而言，可以由审判员一人独任审理。适用简易程序审理的行政案件事实清楚、权利义务关系明确、争议不大、无须采用合议制，由一名审判员独任审理，就可以保证案件审判质量，也可以避免司法资源的浪费。需要注意，独任审判是由"审判员"一人独任审判，而不能由陪审员独任审判。独任制不等于审判员自审自记，审判员一人独任审理时，应当由书记员担任记录。

（二）审理期限

适用简易程序审理的行政案件，应当在立案之日起 45 日内审结。根据《行政诉讼法》第 81 条的规定："人民法院应当在立案之日起 6 个月内作出第一审判决。有特殊情况需要延长的，由高级人民法院批准，高级人民法院审理第一审案件需要延长的，由最高人民法院批准。"由于适用简易程序案件一般是事实清楚、权利义务关系明确、争议不大的案件，所以，对于人民法院来说，可以在更短的时间内完成审理工作。因此，本条规定适用简易程序审理案件，应当在立案之日起 45 日内审结，并且该期限不能延长。45 日的期限从立案之次日起连续计算，期间届满的最后一日是节假日的，以节假日后的第一日为期间届满的日期。鉴定、处理管辖争议或者异议以及中止诉讼的时间不计算在内。

（三）简易程序转为普通程序

《行政诉讼法》第 84 条规定："人民法院在审理过程中，发现案件不宜适用简易程序的，裁定转为普通程序。"此条是关于行政诉讼简易程序向普通程序转换的规定。

1. 简易程序向普通程序转换的条件。根据本条规定，从行政诉讼简易程序向普通程序转换的条件是"人民法院在审理过程中，发现案件不宜适用简易程序的。"所谓"不宜适用简易程序"，主要是针对《行政诉讼法》第 82 条规定的情形而言的。如果人民法院在审理过程中，发现案件并非事实清楚、权利义务关系明确、争议不大，或者并非属于第 82 条第 1 款所列的三种情形的，或者在因当事人各方同意适用简易程序而适用简易程序的情形下发现遗漏了其他当事人而该当事人不同意适用简易程序的，或者发现该案件属于发回重审、按照审判监督程序再审的案件的，就应当转换为普通程序。

2. 简易程序向普通程序转换的主体。根据《行政诉讼法》第 84 条的规定，程序转换由人民法院依职权而为。也就是说，不论在法定的适用简易程序的情形下还是当事人约定适用简易程序的情形下，只要人民法院在审理过程中发现案件不宜适用简易程序的，都可以依职权进行转化，不需要当事人同意，更不能由当事人决定，但可以由当事人提出异议，法院在审查后作出决定。

3. 简易程序向普通程序转换的时限。从行政诉讼简易程序向普通程序转换的，应当在审限届满前及时作出决定。由于简易程序案件的审理期限不得延长，因此由简易程序转为普通程序审理，必须在简易程序的审限届满之前。

4. 简易程序向普通程序转换的形式。人民法院在审理过程中，发现案件不宜适用简易程序，需要转为普通程序的，应适用裁定的形式，而非决定。

第三节　第一审普通程序

一、审理前的准备

审理前准备，又称开庭前的准备或庭前准备。它是指人民法院在案件受理后至开庭审理前，为保证审判工作的顺利进行和案件正确及时审理，由审判人员进行的各项准备活动。开庭审理是整个行政诉讼活动的关键环节，为了保证开庭审理的顺利进行，行政诉讼法规定了开庭审理前准备阶段，这一阶段的中心任务是创造开庭审理的必要条件，审查诉讼立案资格，弄清原、被告争议的焦点，查明并收集必要的证据，为正式开庭做好充分准备。庭前准备工作是否充分扎实，直接关系到庭审工作的成败，不应忽视。在立（案）审（案）分离的原则下，近年来，各级人民法院为了强化审判管理，建立公正、高效的审判运行机制，逐步完善和推广审判流程管理制度，改变了传统庭前审理的一些做法，取得了很好的效果。所谓审判流程管理，是将案件审理工作中的各程序性事项，按照启动的时间先后划分为若干环节，根据法律、司法解释的规定和确保司法公正、司法效率的要求，规定各阶段完成的时限，并由法院各职能部门综合运用计划、人事、组织、监督、控制和奖惩等手段，对案件各阶段的运行情况进行动态跟踪、监督和管理的制度。根据审判流程管理的有关规定和实践中的做法，[1] 立案庭、行政庭的合议庭都在自己的职责范围内进行着审理前的准备工作，所以，本章有关审理前的准备工作并不特指立案庭或者行政庭的准备，而是涵盖在案件受理后至开庭审理前这一阶段法院的工作和要求。根据《行政诉讼法》的有关规定，结合各地法院的审判流程管理实践经验，审理前的准备主要包括以下几项内容：

（一）组成合议庭

合议庭是人民法院行使行政审判权、审理行政案件的基本组织形式。《行政诉讼法》第4条第2款规定："人民法院设行政审判庭，审理行政案件。"该法第

---

[1] 2005年，完善和推广审判流程管理制度已经纳入《人民法院第二个五年改革纲要》。2011年1月6日，最高人民法院印发《关于加强人民法院审判管理工作的若干意见》的通知（法发〔2011〕2号），强调坚持全程管理，从立案到分案、排期、开庭、裁判、执行等各个审判环节进行管理和监督。强调健全审判质量管理、审判效率管理、审判流程管理、审判绩效考核等制度体系，实现审判管理的科学化。加强审判管理的规范已经超越了流程管理。各地法院已经制定了较为完善的审判流程管理的规范。

68 条规定："人民法院审理行政案件，由审判员组成合议庭，或者由审判员、陪审员组成合议庭。合议庭的成员，应当是 3 人以上的单数。"根据法律的规定，合议庭的组成有以下要求：

1. 由行政审判庭内针对具体行政案件组成合议庭审理，不能由审判员一人独任审判。实践中的主审法官制度与合议制并不矛盾。

2. 合议庭的组成形式有两种：一种是由审判员组成的合议庭；另一种是由审判员和人民陪审员组成的合议庭。人民陪审员参加合议庭审理行政案件，与审判员具有同等的权利。由于法律对合议庭的组织形式作了灵活规定，人民法院可根据具体案件的实际情况，灵活决定合议庭的组织形式，而不必强求一致。

3. 合议庭在审判长组织领导下进行活动，合议庭的全部活动都应在合议庭所有成员共同参加下进行。合议庭所有成员享有平等的表决权，以少数服从多数原则进行各项活动，对不同意见，应记入合议庭笔录备查。合议庭全体成员对全案的审理负责，以确保案件质量。合议庭审判长的人选由人民法院院长或行政审判庭庭长指定合议庭中审判员一人担任。院长或庭长参加合议庭时，自己担任审判长。现在各地法院已经完成主审法官即审判长选任，并以审判长为核心组成合议庭。这是审判制度改革的有效成果。审判长的职责主要是：担任案件承办人，或指定合议庭其他成员担任案件承办人；组织合议庭成员和有关人员做好庭审准备及相关工作；主持庭审活动；主持合议庭对案件进行评议，作出裁判；对重大疑难案件和合议庭意见有重大分歧的案件，依照规定程序报请院长提交审判委员会讨论决定；依照规定权限审核、签发诉讼文书；依法完成其他审判工作。

4. 对审判委员会的决定，合议庭必须服从。

（二）通知被告应诉，提供作出行政行为时的证据、依据，发送诉讼文书

按照《行政诉讼法》第 67 条的规定，人民法院应当在立案之日起 5 日内，将起诉状副本和应诉通知书、举证通知书发送被诉行政机关。被告应当在收到起诉状副本之日起 15 日内向人民法院提交答辩状，并提供作出行政行为时的证据、依据；《最高人民法院关于执行〈中华人民共和国行政诉讼法〉若干问题的解释》第 26 条规定："……被告不提供或者无正当理由逾期提供的，应当认定该具体行政行为没有证据、依据。"人民法院应当在收到答辩状之日起 5 日内，将答辩状副本发送原告。被告不提出答辩状的，不影响人民法院审理。在上述工作完成后，合议庭可以在开庭前举行庭前会议，通知各方当事人参加，交换证据。法院在一审开庭或者二审开庭前举行听证会的做法，正在取代庭前会议。

理解这一规定应注意以下几点：

1. 发送诉讼文书、通知被告应诉，并限期举证是承办案件的合议庭以人民法院的名义进行的，也是合议庭的职责。目前需要注意的是，根据立审分离的原

则和审判流程管理的实践，向原告送达受理通知书，向对方送达应诉通知书、起诉状副本，向双方送达举证通知书及开庭传票的工作是由立案庭完成的。

2. 原告有权起诉，被告即有权应诉，为了使被告更好地进行答辩，被告有权了解原告起诉的内容，人民法院必须向被告发送起诉状副本和应诉通知书。

3. 被告必须按照人民法院的举证通知，在收到起诉状副本之日起 15 日内提出答辩状，并在 15 日内向人民法院提交作出行政行为时的证据、依据。被告不提出答辩状的，不影响人民法院的审理。"收到起诉状副本之日起 15 日内"是被告行政机关提供作出行政行为时的证据、依据的最后期限，这必须引起被告行政机关的高度重视。如果被告行政机关在此期限内不提交或者没有正当理由逾期提供有关证据、依据的，应当认定该行政行为没有证据、依据。需要注意的是，被告没有提供证据的，被告将承担败诉的风险。《行政诉讼法》第 34 条规定："被告对作出的行政行为负有举证责任，应当提供作出该行政行为的证据和所依据的规范性文件。被告不提供或者无正当理由逾期提供证据，视为没有相应证据。但是，被诉行政行为涉及第三人合法权益，第三人提供证据的除外。"如果第三人的举证能够证明被诉行政行为的合法性，法院是采取判决确认被诉行政行为违法（被视为没有相应证据）或者是因为第三人举证导致原告诉讼请求被驳回？则应该是一个值得讨论的问题。我们认为，因为被告不提供或者无正当理由逾期提供证据，视为没有相应证据，且被告对被诉行政行为负有举证责任，因此，即使第三人举证证明该行政行为合法，法院也应该判决确认被诉行政行为违法。由于不是撤销判决，该被确认违法的行政行为继续有效，第三人权益得以保护，被告承担败诉的后果，这符合被告负有举证责任的制度精神。而采取驳回原告诉讼请求的判决方式可能更好地维护了第三人的合法权益，也能够在实质上维护合法的法律秩序，但是对被告不提供或者无正当理由逾期提供证据的行为后果确有放纵之嫌。当然，作出行政行为所依据的规范性文件并不是证据，如被告仅仅没有提供作出行政行为所依据的规范性文件，该行为的后果并不必然导致被告承担败诉风险。

4. 起诉状副本送达被告后，原告提出新的诉讼请求的，人民法院不予准许，但有正当理由的除外。这对避免原告突然袭击，保证诉讼程序正常进行，保证当事人双方平等行使诉讼权利是有必要的。

5. 如果被告提交答辩状，人民法院应当向原告发送答辩状副本。这不仅有利于原告了解被告答辩的情况，方便原告诉讼，而且也体现了人民法院保障当事人双方平等行使诉权的职责。

6. 以上所有诉讼行为都应遵循法定期限，并在法定期限内进行。

（三）审查诉讼文书和调查收集证据

通过对原、被告提供的起诉状、答辩状和各种证据材料进行审查，合议庭可以全面地了解案情，熟悉原告的诉讼请求和理由及被告答辩理由。审查诉讼材料、调查收集证据是合议庭进行审理前准备的中心工作，主要应实现以下目标：

1. 通过对原、被告提供的起诉状、答辩状和各种证据材料进行审查，了解原告的诉讼请求和理由，了解被告的应诉要求和理由，确定案件的焦点，并藉此了解诉讼主体的情况，及时告知变更或追加当事人，决定或通知第三人参加诉讼，使合议庭充分考虑案件中的实体关系，决定将具有共同诉讼性质的案件合并审理。所谓变更当事人，是指起诉或者应诉之人，不符合当事人条件的，由人民法院通过法定程序让符合条件的当事人参加诉讼，让不符合条件的当事人退出诉讼。所谓追加当事人，是指必须共同进行诉讼的当事人没有参加诉讼，由人民法院通知其参加诉讼。变更和追加当事人是有所区别的。变更当事人是原来起诉、应诉的人不适格，不符合行政诉讼原告或被告的资格，让不适格的当事人退出诉讼，让符合的当事人取代他们。更换当事人后，新的诉讼程序重新开始，原来的诉讼程序结束。如果被变更的当事人是原告又不愿退出诉讼的，即裁定驳回其起诉。适格原告不愿起诉，诉讼程序即不发生；适格被告不愿参加诉讼，人民法院经合法传唤，被告无正当理由拒不到庭应诉的，人民法院可缺席判决。被更换的不适格的当事人进行的诉讼活动对以后参加诉讼的适格的当事人没有效力。追加当事人是基于共同的诉讼而发生的，由于他们与原来的当事人对诉讼标的有共同的权利义务关系，所以他们应参加到诉讼中来。在这种情况下，不是原来的诉讼当事人不适格，而是应该参加诉讼的当事人没有参加诉讼，把他们追加进来，实际上是增加了案件中的当事人，不发生原来的当事人退出诉讼的问题。追加当事人后，原诉的程序继续进行。更换的、追加的当事人既可能是原告，也可能是被告；既可以由当事人申请、人民法院决定，也可以由人民法院依职权进行。

另外，必须注意的是，由于案件的复杂性和审理工作的深入进行，当事人的变更和追加在诉讼的其他过程中同样可以发生，而不局限于案件审理准备阶段。原告起诉的被告不适格，人民法院应当告知原告变更被告；原告不同意变更的，裁定驳回起诉。应当追加被告而原告不同意追加的，人民法院应当通知其以第三人的身份参加诉讼。行政机关的同一行政行为涉及两个以上利害关系人，其中一部分利害关系人对行政行为不服提起诉讼，人民法院应当通知没有起诉的其他利害关系人作为第三人参加诉讼。

2. 根据案件情况，要求当事人提供或者补充证据，以及人民法院依职权向其他组织和公民调取证据；对案件涉及的专门性问题，决定是否需要鉴定，并根据案情，决定是否勘验现场。依据案件需要，根据当事人申请，或者依职权作出诉讼保全决定，采取诉讼保全措施，防止材料丢失或以后难以取得。审判方式改革中，有人认为，人民法院应当坚持"当事人主义"，除了部分不能由当事人完成的工作外，尽可能由当事人自己完成有关的工作。行政诉讼制度正在向"当事人主义"转化。现行法律和司法实践体现了这一趋势。相关规定均有明确的"当事人主义"色彩。淡化职权主义色彩，约束法院依职权调取证据的事项范围是有关证据规则的基本精神。而各地法院制定的审判流程管理规范进一步细化了的合议庭的工作程序和工作机制也呼应了这种趋势。

（四）审查被告提供作出行政行为的证据和所依据的规范性文件

这一工作主要应解决以下问题：被告作出行政行为的依据。被告作出行政行为一般有以下几种情况：①依据国家法律、法规作出；②依据行政规章作出；③依据行政机关的其他规范性文件作出；④无依据。

根据行政行为依据的规范性文件不同，应对行政机关作出行政行为的依据进行核实。通过对行政机关行政行为依据的规范性文件的审查，决定人民法院适用的实体法律依据，决定是否参照规章，并可以对规章以下（不包含）的规范性文件进行审查，经审查认为该规范性文件不合法的，不作为认定行政行为合法的依据，并向制定机关提出处理建议。此一过程包括但不限于庭前准备阶段，事实上，对行政行为依据的审查更主要的是在案件合议阶段。审查行政机关提供的证据及证据目录以及法院收到该证据及目录的时间和收件人签字。

（五）审查行政行为是否具有停止执行的条件

诉讼期间，原则上不停止行政行为的执行。但被告认为需要停止执行的；原告或者利害关系人申请停止执行，法院认为该行政行为的执行会造成难以弥补的损失，并且停止执行不损害国家利益、社会公共利益的；法院认为该行政行为的执行会给国家利益、社会公共利益造成重大损害的；或法律、法规规定停止执行的由法院裁定停止执行。当事人对停止执行或者不停止执行的裁定不服的，可以申请复议一次。

（六）审查是否有先行给付的情况存在，裁定是否先行给付

法院对起诉行政机关没有依法支付抚恤金、最低生活保障金和工伤、医疗社会保险金的案件，权利义务关系明确、不先予执行将严重影响原告生活的，可以根据原告的申请，裁定先予执行。

（七）审查有无不公开审理的条件

是否涉及国家秘密、个人隐私、商业秘密和法律规定的不能公开审理的情况，决定依法公开或不公开审理。

庭审前的程序，应该包括从立案到开庭前的相关程序。按照审判流程管理的通常做法，这一阶段的审判管理分工及工作步骤大致是：①由立案庭（通常是立

案庭的立案审查组）统一负责行政案件的立案审查工作。行政案件首次开庭前向当事人送达的文书材料由立案庭（通常是立案庭的文书送达组）负责送达；再次开庭、结案需向当事人送达的法律文书才由行政审判庭负责。当事人签收后由立案庭（排期准备组）确定案件的适用程序、案件主审人及合议庭组成人员，排定开庭日期、法庭。②当事人在起诉前申请财产保全的，由立案庭（立案审查组）审查，认为需要采取保全措施的，依法作出裁定，组织采取保全措施；③起诉的同时当事人提出诉讼保全的，由立案庭（排期准备组）审查，认为需要采取保全措施的，依法作出裁定，组织采取保全措施；案件移送行政审判庭后当事人提出诉讼保全的，由行政审判庭审查并作出裁定，组织采取保全措施。④当事人提出先予执行申请的，由审判庭审判组织审查，认为需要先予执行的，依法作出裁定并予以执行。⑤当事人对已采取保全措施申请复议的，案件未移送审判庭前，仍由立案庭排期准备组负责复议审查；案件移送行政审判庭后，由承办案件的行政审判组织负责复议审查。⑥保全裁定如需解除保全时，视案件不同阶段，分别由立案庭、行政审判庭或者执行庭负责办理。⑦开庭前需要委托鉴定、审计、评估的，由行政审判庭办理。⑧当事人对案件管辖权提出异议的，根据案件流转不同阶段，分别由立案庭（排期准备组）或行政审判庭审查、裁定。

上述庭前程序和工作安排目前并没有形成全国统一的规定，但是，在最高人民法院的规范性文件要求下，从立案到分案、排期、开庭、裁判、执行等各个审判环节来看，各地法院的规范性文件的规定基本上是一致的。[1]

同时，我们也知道上述工作内容不仅仅是开庭前的准备工作，在庭审中也可能出现，并且，由于审判方式的改革，为了避免先入为主，要求当事人有证据举在庭上；有理说在庭上，并不积极主张承办案件的法官提前介入案件。如何进行审判方式改革是值得研究的。

二、开庭审理

（一）开庭审理的概念和特征

1. 开庭审理的概念。开庭审理即法庭审理，是指由审判人员主持，在当事人和其他诉讼参与人的参加下，依法定程序对行政案件进行审理并作出裁判的诉讼活动。

按照《行政诉讼法》的规定，在第一审程序中应当一律实行开庭审理，不得进行书面审理。开庭审理是全部审理活动的中心环节，其主要任务是审查核实证据，查明案情，正确适用法律，确认当事人之间的权利义务关系，最后作出正

---

〔1〕 最高人民法院 2011 年 1 月 6 日印发《关于加强人民法院审判管理工作的若干意见》的通知（法发 [2011] 2 号）

确判决。

2. 开庭审理的特征。

（1）开庭审理由审判人员主持，按照一定的形式和程序进行。行政诉讼法虽未明确规定法庭审理的程序，但这并不意味着行政案件的审理无章可循。根据人民法院多年的审判工作经验，参照民事诉讼法的规定，行政案件的开庭审理一般是按下列程序进行：开庭前的准备、出庭情况审查、法庭调查、法庭辩论、合议庭评议判决，最后是公开宣判。

（2）诉讼法律关系主体全部到庭参加诉讼活动。除合议庭成员外，双方当事人或他们的诉讼代理人及其他诉讼参与人也必须到庭参加诉讼。

（3）在法庭审理中，当事人可以充分平等地行使自己的诉讼权利，按照自己的意愿陈述事实和理由，提供证据进行言词辩论以及要求回避等。

（4）定案证据必须经法庭审查属实。《行政诉讼法》第43条规定"证据应当在法庭上出示，并由当事人互相质证。对涉及国家秘密、商业秘密和个人隐私的证据，不得在公开开庭时出示。人民法院应当按照法定程序，全面、客观地审查核实证据。对未采纳的证据应当在裁判文书中说明理由。以非法手段取得的证据，不得作为认定案件事实的根据。"公开质证，经法庭审查属实的证据，才能作为定案的根据。因此，不论是当事人提供的证据或者是人民法院依职权自行调取的证据，即使各项证据都是按法定程序收集的，也必须经过法庭审理，在法庭上向双方当事人出示，并由双方当事人以辨认、质证、展开辩论等各种形式加以审查核实。未经法庭审查的证据不能作为定案的根据。

3. 开庭审理的范围。开庭审理的范围，即法庭审理的范围。是指人民法院对行政案件中的哪些事项有权进行审查并作出判决的范围。虽然《行政诉讼法》第6条规定："人民法院审理行政案件，对行政行为是否合法进行审查。"但是，由于行政诉讼法赋予人民法院对明显不当的行政行为的监督权，包括对明显不当的行政处罚行为的变更权和对明显不当的其他行政行为的撤销权，所以人民法院开庭审查的范围不限于被诉行政行为的合法性，还包括是否存在明显不当这个属于合理性范畴的内容。根据《行政诉讼法》的规定，可以认为人民法院审理行政案件以合法性审查为核心内容，以是否存在明显不当的情形为补充。全面进行事实审和法律审，开庭审理的范围由以下因素决定：

（1）人民法院审理行政案件，只能对被诉行政行为进行审判，不得审判抽象行政行为。如果人民法院认为行政行为依据的规范性文件不合法或者无效的，应当不作为认定行政行为合法的依据，并向制定机关提出处理建议，但是不能以裁判的方式进行宣告；如果认为行政行为依据的规章有不一致或者规章与地方性法规有不一致的，不能确定如何适用的，应当中止案件审理，依程序报请有权部门解释或者裁决。

（2）人民法院审理行政案件，除了对被诉行政行为的合法性进行审查外，还需要对行政处罚和其他行政行为是否存在明显不当以及对行政行为涉及的款额的确定、认定是否确有错误进行审查。

（3）人民法院审理行政案件，对被诉行政行为是否合法进行实质性审查。即人民法院既审查行政行为的事实根据是否正确充分（事实审），又审查行政行为的法律依据是否正确适当（法律审）。

（4）人民法院审理行政案件，不受当事人诉讼理由的限制，对可能影响被诉行政行为合法性的所有因素进行全面审查。从实体上与程序上，形式上与实质上全面审查被诉行政行为是否合法。

（5）人民法院审理行政案件，受行政案件案卷材料范围的限制，即只能以行政机关为某种行为或不为某种行为时所根据的事实来判断，而不能根据事后补充的证据来判断其合法性。即人民法院以被告行政机关依法提供的行政案卷中包含的据以作出行政行为的证据、依据对该被诉行政行为进行合法性审查，而不采纳接受行政机关事后补充提供的证据。如被告及其诉讼代理人在作出行政行为后自行收集的证据、复议机关在复议过程中收集和补充的证据，均不能作为证明被诉行政行为合法的根据。同时，人民法院不得为证明被诉行政行为的合法性，调取被告在作出行政行为时未收集的证据。

但被告因不可抗力等正当事由不能提供或原告、第三人提出了其在行政处理程序中没有提出的理由或者证据的，经人民法院准许，可以延期提供或补充证据。

4. 开庭审理的程序。

（1）在开庭前3天传唤、通知当事人、诉讼参与人按时出庭参加诉讼。通知当事人按时出庭参加诉讼用传票，通知其他需要出庭参加诉讼的诉讼参与人用出庭通知书。对公开审理的行政案件，应当公告载明开庭时间、地点、案由，方便旁听者准时到庭旁听。

（2）审理开始阶段。开庭前由书记员查明当事人、诉讼参加人和其他诉讼参与人是否到庭。如有未到庭的应报告审判长，由审判长根据不同情况依法作出决定（延期审理、再次合法传唤等）。如所有人员都已到庭，书记员应宣布法庭纪律，并请审判长、审判员（陪审员）入庭。由审判长宣布开庭，宣布案由，依次核对当事人身份，宣布合议庭组成人员和书记员及本案鉴定人、勘验人、翻译人员名单，告知当事人诉讼权利和义务，告知申请回避权，询问当事人是否申请回避。当事人申请回避后，被申请回避的人员，在人民法院作出是否回避的决定前，应暂停参与本案的审理活动，但案件需要采取紧急措施的除外。当事人提出申请回避后，法庭应宣布休庭。如果对当事人的申请不采纳，决定被申请人不回避，可以继续开庭，当庭宣布法庭审理继续进行。如果有关人员的回避事由不能马上查明或有关人员应该回避的，可以宣布延期审理。人民法院对当事人提出的回避申请，应当在申请提出的 3 日以内，以口头或书面形式作出决定。申请人对决定不服的，可以在接到决定时申请复议一次。复议期间，被申请回避的人员，不停止参与本案的工作。人民法院对复议申请，应当在 3 日内作出复议决定，并通知复议申请人。当事人申请回避，可以在案件开始审理时提出；回避事由在案件开始审理后知道的，也可以在法庭辩论终结前提出。申请回避，可以口头提出，也可以书面提出。

5. 法庭调查阶段。法庭调查，是指审判人员在法庭上，在诉讼当事人和参与人参加下，全面调查案件事实、审查判断各项证据的诉讼活动。法庭调查的顺序是：

（1）告知当事人诉讼权利和义务，要求当事人及诉讼参与人必须作真实的陈述，表明事实真相，提供事实证据，不能互相责骂，都应如实回答法庭提问，听从审判人员的指挥。

（2）询问当事人和当事人陈述，其基本顺序是：原告、被告、第三人及他们各自的诉讼代理人，审判人员应当善于总结庭审中焦点问题，根据行政案件的具体情况，围绕焦点问题进行事实调查。

要求审判人员提问应当明确，如发现当事人陈述与本案无关的事实，审判人员应善于引导或予以制止。在当事人陈述之后，应征求其诉讼代理人对本案事实有无补充。

（3）通知证人到庭作证，证人作证之后，询问当事人及其诉讼代理人对证人证言的意见。当事人及其诉讼代理人经审判长准许，可以向证人提问。对未到庭的证人证言，应当庭宣读，并允许当事人及诉讼代理人对此发表意见。

（4）通知鉴定人到庭，告知其权利和义务，询问鉴定人，宣读鉴定结论。由鉴定人宣读鉴定结论，对鉴定结论作口头说明，然后由审判人员进行询问，双方当事人及其诉讼代理人经审判长同意，可以向鉴定人提问。

（5）出示物证、书证、视听资料和电子资料。案件有物证、书证、视听资料以及电子资料的，无论其收集取得的程序如何，都应当庭向当事人出示、播放并听取当事人及诉讼代理人的意见。

（6）通知勘验人到庭，告知其权利和义务，宣读勘验笔录、现场笔录。案件有勘验笔录的，先由勘验人宣读勘验笔录，然后由勘验人对勘验笔录作口头说明，并允许当事人及诉讼代理人提问。对现场笔录同此办理。如笔录有误应允许补充改正。

根据《行政诉讼法》第 34 条、第 67 条的规定，被告应当在收到起诉状副本之日起 15 日内向人民法院提交作出行政行为的证据和所依据的规范性文件，被告不提供或者无正当理由逾期提供的，应当认定该行政行为没有证据、依据。被诉行政行为涉及第三人合法权益，第三人提供证据的除外。因此，被告无正当理由不能在庭审时提出新的证据。所谓"正当理由"，是指《行政诉讼法》第 36 条规定，①被告在作出行政行为时已经收集了证据，但因不可抗力等正当事由不能提供的，经人民法院准许，可以延期提供。②原告或者第三人提出了其在行政处理程序中没有提出的理由或者证据的，经人民法院准许，被告可以补充证据。庭审过程中当事人可以要求重新勘验、鉴定。如果一方当事人或双方当事人提供新的证据，审判长认为有必要进行调查、鉴定的，可以宣布休庭或延期审理，待查明证据后继续开庭。对当事人要求重新鉴定、勘验的，由人民法院决定是否准许。《最高人民法院关于行政诉讼证据若干问题的规定》亦作了类似的规定。

法庭审理应当提倡对证据的当庭认定，这体现司法的精神，反映司法人员的能力。2002 年 7 月最高人民法院发布的《关于行政诉讼证据若干问题的规定》为当庭认定提供了制度保障。庭审中经过质证的证据，能够当庭认定的，应当当庭认定；不能当庭认定的，应当在合议庭合议时认定。庭审结束前发现当庭认定的证据有误，应当重新进行认定；庭审结束后宣判前发现认定的证据有误，应当在裁判文书中予以更正并说明理由，也可以再次开庭予以认定；有新的证据材料可能推翻已认定的证据的，应当再次开庭予以认定。

法庭调查结束，即进入法庭辩论阶段。应该说明的是，法庭辩论过程中，发现新问题，需要重新进行法庭调查的，审判长可以宣布恢复法庭调查，其顺序同上。

6. 法庭辩论阶段。法庭辩论，是指在审判人员主持下，双方当事人就本案的事实、证据以及作出行政行为的法律依据，行使自己的辩论权利，阐述自己的主张和根据，针对对方提出的主张进行反驳，并开展相互辩论的诉讼活动，是辩论原则的重要内容和形式。为了引导双方当事人围绕案件讼争的焦点进行，合议庭在法庭调查结束后，应当总结归纳案件争议的焦点问题并公开征询双方当事人及代理人意见，在各方同意的情况下，法庭辩论应当围绕焦点问题展开。

法庭辩论的基本顺序如下：首先，原告及诉讼代理人发言；其次，被告及诉讼代理人发言；再次，第三人及诉讼代理人发言；最后，双方互相辩论。

在辩论中发现新的情况需要进一步调查时，审判长可以宣布停止辩论恢复法庭调查或决定延期审理。待事实查清以后，再继续法庭辩论。

法庭辩论结束。在法庭辩论终结时，当事人还有最后陈述的权利。最后陈述仍是按原告、被告、第三人以及他们的诉讼代理人的先后顺序进行，征求最后意见。在休庭评议前，合议庭应最后征询当事人有无需要提供补充的证据。

7. 合议庭评议阶段。合议庭评议案件是秘密进行的。评议时，采取少数服从多数原则。评议应当制作笔录，评议中的不同意见，必须如实记入评议笔录，评议笔录由合议庭全体成员及书记员签名。对于重大疑难的行政案件，提请院长交审判委员会讨论。

8. 判决裁定阶段。合议庭评议后，可以当庭宣判，也可以定期宣判。如当庭宣判的，应由审判长（书记员）宣布继续开庭。由审判长起立，宣告判决或裁定或行政附带民事判决书，同时告知当事人有关事项：告知当事人在 10 日内发送判决、裁定书或行政赔偿调解书、附带民事诉讼调解书。人民法院定期宣判的，宣判后应立即发送判决书。

告知当事人的上诉权、上诉期限及上诉人民法院名称。

由书记员宣读庭审笔录或告知当事人在 5 日内到庭查阅庭审笔录，并签名。如有遗漏、差错，有权申请补正，书记员应将补正的内容和经过记入笔录。如果当事人拒绝签名，书记员应将经过记入笔录。合议庭成员和书记员均应审阅笔录后在庭审笔录上签名。无论是公开审理或是不公开审理，宣告判决都一律公开进行。

9. 闭庭。宣告判决、裁定或行政赔偿调解书，由审判长宣布人民法院行政审判庭对本案的审理到此终结，宣告闭庭。

■思考题

1. 如何认识第一审程序的重要意义？
2. 如何认识行政案件审判流程管理的意义？
3. 在行政诉讼中适用或者不适用调解的法理是什么？
4. 当庭认证的规则和意义是什么？
5. 行政诉讼简易程序的价值是什么？

■参考资料

1. 张卫平等：《司法改革：分析与展开》，法律出版社 2003 年版。
2. 顾培东："效益：当代法律的一个基本价值目标——兼评西方法律经济学"，载《中国法学》1992 年第 1 期。
3. 张步洪：《行政诉讼程序规范与判例创新》，人民法院出版社 2001 年版。

第十二章　第二审程序和审判监督程序

■ 学习目的和要求

　　理解第二审程序和审判监督程序的法律意义，掌握提起第二审程序和审判监督程序的具体条件和程序。学习中可以运用比较的方法，即通过与民事诉讼中第二审程序和审判监督程序的比较，发现两者的异同；还可以通过实际模拟或者到实务部门观摩的方法掌握本章的内容。

第一节　第二审程序

一、第二审程序的概念和作用及与第一审程序的关系

（一）第二审程序的概念

第二审程序，是指上级人民法院对下级人民法院，就第一审案件所作的判决、裁定，在发生法律效力以前，基于当事人的上诉，依据事实和法律，对案件进行审理的程序。

我国《行政诉讼法》第7条规定，人民法院审理行政案件实行两审终审制度。除了最高人民法院所作的第一审判决、裁定是终审判决、裁定外，当事人不服地方各级人民法院所作的第一审判决、裁定，都有权依法向上一级人民法院提起上诉，从而引起第二审程序的开始。第二审程序是一种独立的审判程序，但并非是每一个行政诉讼案件都必须经过的程序。只有当事人不服一审判决、裁定，在法定期间内，以合法的形式提出上诉的案件，才经过第二审程序。因而，第二审程序又称为上诉审程序。

第二审程序具有以下特点：

1. 第二审程序由当事人上诉而引起。两审终审的审判制度，赋予了当事人不服一审判决、裁定依法上诉的权利。如果当事人实施了符合法定条件的上诉行为，就会引起第二审程序。上诉必须是针对尚未发生法律效力的第一审判决、裁

定。如果第一审判决、裁定已经生效，则当事人无权上诉，即使上诉也不会引起第二审程序的发生。

2. 第二审程序由第一审人民法院的上一级人民法院适用。由于第二审程序是由当事人不服第一审人民法院的判决、裁定而发生，因而原审人民法院不能对上诉案件适用第二审程序进行审判；又由于当事人只能向第一审人民法院的上一级人民法院提起上诉，而不能越级上诉，因而除第一审人民法院的上一级人民法院以外的其他人民法院，都不能对上诉案件适用第二审程序进行审判。因此，对上诉案件适用第二审程序进行审判的，只能是第一审人民法院的上一级人民法院。

3. 适用第二审程序所作出的判决、裁定，是终审判决、裁定，不得再提起上诉。两审终审是我国审判制度的基本原则，行政案件的审判当然也不例外。尽管当事人对终审判决、裁定可以提出申诉，但不影响判决、裁定的执行。

（二）第二审程序的作用

1. 第二审程序同样是人民法院及时、准确审理行政案件的程序依据，对于监督和维护行政机关依法行政、维护公民、法人和其他组织的合法权益均具有重要意义。具体而言，第二审程序就是通过二审人民法院维持一审判决和裁定来达到维护和监督行政机关依法行政，保护公民、法人或者其他组织合法权益的目的。另一方面，由于人民法院在第二审程序中可以纠正一审裁判中的错误，从而使其在实现行政诉讼的整体作用时更具有效性，也使行政诉讼对于行政机关依法行政的维护和监督以及对公民、法人或者其他组织的合法权益的维护更具深刻性。

2. 第二审程序是上级人民法院对下级人民法院进行监督和检查的重要途径。人民法院作为国家审判机关应当严格依法审判。为了保证人民法院审理行政案件的合法性和公正性，应当加强对法院审判工作的监督。上级人民法院对下级人民法院担负着工作指导和审判监督的任务。第二审程序正是上级人民法院对下级人民法院进行指导和监督的重要途径。

3. 第二审程序是实现司法公正的重要保障。其一，第二审程序通过对一审程序进行监督，促使一审人民法院依法行使审判职能；其二，由于第二审程序是独立的审判程序，具有独立地认定事实、独立地适用法律的性质，不受一审判决和裁定的约束，实际是对同一个案件进行了两次独立的审理，防止了一审终审可能出现的司法偏私。当然不能说经过两次审判的审判结果就绝对公正，但起码比没有二审程序更可能接近公正。

（三）第二审程序与第一审程序的关系

第二审程序是由当事人不服第一审程序中所作的判决、裁定提出上诉而引起的，因而第二审程序与第一审程序有着紧密的联系。这种联系表现在：

1. 第一审程序是第二审程序的前提。如果没有第一审程序，自然也就谈不上第二审程序；第一审程序中所获得的证据、认定的事实，为第二审程序打下了基础。同时，根据《最高人民法院关于执行〈中华人民共和国行政诉讼法〉若干问题的解释》第67条第1款的规定，第二审人民法院审理上诉案件，应当对原审人民法院的裁判和被诉的行政行为是否合法进行全面审查。因此，第一审程序中所作的判决、裁定是否合法是第二审程序要解决的问题之一，因而，第二审程序离不开第一审程序。

2. 适用第二审程序和适用第一审程序审判的是同一行政案件。两审终审制度的宗旨之一，就是为了保证人民法院审理行政案件的正确性。当事人不服一审判决、裁定而提起上诉，由其上一级人民法院运用独立的程序进行审判，就是为了保证案件审理的公正性。尽管第二审程序中要对原审判决、裁定进行审查，但最终所要解决的仍然是被诉的行政行为是否合法的问题。因此，无论第一审程序还是第二审程序，都是人民法院合法地裁判行政行为是否合法而适用的程序，其目的是一致的。

3. 第二审程序和第一审程序中的诉讼参加人基本相同，只是法律地位发生变化。不服第一审人民法院提起上诉的第一审当事人称为上诉人，他既可以是一审中的原告，也可以是被告，还可以是一审中的第三人；第一审的对方当事人在二审中称为被上诉人，既可以是原告也可以是被告；第一审程序中参加诉讼的第三人，如果没有对第一审判决、裁定提出上诉，二审中仍是第三人，如果上诉，则成为上诉人，此时一审程序中的原告和被告均成为二审程序中的被上诉人。

第二审程序作为继第一审程序之后的独立诉讼程序，同第一审程序又有重要的区别。这种区别表现在：

1. 发生的原因不同。第一审程序是基于公民、法人或者其他组织合法的起诉而发生，因而只有作为被管理者的公民、法人或者其他组织的起诉行为才可能引起第一审程序，且也只有在法律赋予的对行政行为的诉权范围内才能引起，而作为管理者的行政机关不能引起一审程序的发生。第二审程序是基于第一审程序中当事人的上诉而发生，其基础是行政诉讼法律关系中当事人的上诉权。因而，无论是作为原告的公民、法人或者其他组织，还是作为被告的行政机关均可引起第二审程序，而且，一审程序中作为与被诉行政行为有直接利害关系的第三人，也可以上诉从而引起第二审程序。

2. 适用的审判机关不同。适用第二审程序的审判机关是适用第一审程序的人民法院的上一级人民法院。上级人民法院适用第二审程序审判上诉案件，是上级人民法院对下级人民法院行使监督权的具体表现。适用第一审程序的审判机关是对第一审行政案件具有管辖权的人民法院，人民法院适用第一审程序审判行政案件，是各级人民法院对行政案件行使管辖权的具体体现。

3. 审判对象不同。第一审程序的审判对象是被起诉的行政行为，其所要解决的问题是被诉行政行为是否合法；第二审程序的审判标的是一审人民法院的判决、裁定以及一审中被诉的行政行为。尽管一审程序和二审程序最终所要解决的是行政行为是否合法，但毕竟第二审程序是通过对第一审的判决、裁定的审判，间接地解决行政行为是否合法的问题，因而在审判中围绕的核心问题是不同的。

4. 法律后果不同。第一审人民法院适用第一审程序所作的判决、裁定，在法定期间是不发生执行力的，其法律后果在于超过法定期限后即对当事人产生拘束力，而在法定期限内当事人提出上诉，则不发生任何法律效力。第二审人民法院适用二审程序所作的判决、裁定，是终审判决、裁定，一经作出，即发生法律效力，当事人即应执行，否则将可能导致人民法院的强制执行。对二审判决与裁定尽管可以提起申诉，但不能停止执行。

二、上诉和上诉的受理

（一）上诉

1. 上诉的概念。上诉是当事人不服人民法院的一审判决、裁定，依法要求第二审人民法院审理的诉讼行为。《行政诉讼法》第 85 条规定："当事人不服人民法院第一审判决的，有权在判决书送达之日起 15 日内向上一级人民法院提起上诉。当事人不服人民法院第一审裁定的，有权在裁定书送达之日起 10 日内向上一级人民法院提起上诉……"

从以上规定可以看出，上诉是行政诉讼法赋予当事人的一项基本诉讼权利。上诉的对象既可以是一审判决也可以是一审裁定。当事人的上诉必须在一定的期限内提出，逾期则失去上诉权。

2. 上诉的条件。上诉是当事人的正当权利，但上诉必须符合法定条件。只有符合条件的上诉，才能引起第二审程序。上诉应当符合下列条件：

（1）上诉人符合法律规定。上诉人是指不服人民法院第一审判决、裁定，向上一级人民法院提起上诉的人。只有根据法律规定享有上诉权的当事人才能提起上诉。首先，原告可以依法上诉。其次，被告可以依法上诉。被告是指被原告指控实施了违法或不当的行政行为，侵害了原告的合法权益，由法院通知参加诉讼的行政机关或法律、法规、规章授权的组织，由于其在行政法律关系中处于主导地位，因而无须运用起诉的方法来维护他的合法权益。但当他一旦成为被告，便具备了诉讼当事人的资格，自然也就享有当事人应享有的一切诉讼权利。因此，若被告不服一审人民法院的判决、裁定，就有权上诉。再次，第三人可以依法上诉。第三人与被告的行政行为有利害关系，人民法院的一审判决、裁定不可避免地会影响到他的权利。如果他认为一审判决、裁定侵犯了自己的合法权益，当然也有权请求上一级人民法院进行审理。

值得注意的是，第一审程序中共同诉讼人的上诉问题。如果诉讼当事人中的一部分人提出上诉，没有提出上诉的对方当事人为被上诉人，其他当事人依原审诉讼地位列明。

（2）上诉对象符合法律规定。上诉对象是指当事人依法行使上诉权，请求上一级人民法院予以纠正的判决和裁定，也叫做上诉的客体。根据《行政诉讼法》的规定，能够成为上诉对象的，只能是第一审人民法院所作出的尚未发生效力的判决、裁定。具体有：地方各级人民法院第一审判决、裁定以及第二审人民法院发回原审人民法院重审后的判决、裁定；最高人民法院的一审判决、裁定；地方人民法院的第二审判决、裁定为终审判决、裁定，不能上诉。在裁定中，除起诉不予受理和驳回起诉的裁定外，均不能上诉。还应当注意，除对最高人民法院的一审判决、裁定不能提出上诉外，对各级地方人民法院的一审判决不服均可上诉，但对各级地方人民法院的一审裁定却不是都可上诉的。根据《最高人民法院关于执行〈中华人民共和国行政诉讼法〉若干问题的解释》，能够上诉只限于不予受理、驳回起诉和管辖异议的裁定。

（3）上诉的时间和方式符合法律规定。上诉应当在一定的期限内进行。依据《行政诉讼法》的有关规定，对判决不服的上诉期限为 15 日，对裁定不服的上诉期限为 10 日。从判决书、裁定书送达当事人之日起计算。

（4）原则上应当提交上诉状。当事人必须向人民法院递交上诉状。上诉状应当载明以下内容：上诉人的姓名或者名称；案件编号和案由；上诉的请求与理由。上诉的请求与理由是上诉状的主要内容，上诉人应当写明要求撤销还是变更第一审判决、裁定以及请求所依据的事实根据和法律根据。有一个问题值得注意，2014 年修正后的《行政诉讼法》第 50 条在规定起诉方式时，其第 2 款规定，当事人"书写起诉状确有困难的，可以口头起诉，由人民法院记入笔录，出具注明日期的书面凭证，并告知对方当事人"，但在上诉时是否允许口头上诉并没有明确规定。我们认为，既然这一规定是着眼于方便确有书写困难的当事人起诉，那么在上诉中同样应当做这样的考虑，对书写上诉状确有困难的，也应当允许口头上诉，由人民法院记入笔录，出具注明日期的书面凭证，并告知对方当事人。

另外，上诉还必须根据人民法院的要求，预交诉讼费用。

当事人提起上诉，必须同时具备以上条件，缺少其中任何一个，人民法院将不予受理，即不可能发生第二审程序。

3. 上诉的途径。上诉既可以通过原审人民法院提出，也可以直接向二审人民法院提出，上诉人必须按照对方当事人的人数提出副本。

（二）上诉的受理

1. 上诉受理的含义。第二审人民法院收到上诉状后，依法决定是否作为上诉案件立案、开始第二审程序的诉讼活动称为上诉受理。

在上诉受理的阶段，人民法院应当及时进行下列工作：

（1）审查上诉状。原审人民法院对当事人提出的上诉状应当进行全面的审查，以确定上诉是否符合法定的条件。如经审查发现上诉状的内容不完备的，应当及时告知当事人限期修改、补充；如发现上诉不符合其他条件，例如，超过上诉期限，对已经生效的判决、裁定提出的上诉，对法律不允许上诉的裁定提出的上诉，等等，应当要求当事人收回上诉状。如果当事人坚持上诉，则可以裁定驳回上诉。

如果当事人通过第二审人民法院提出上诉状，第二审人民法院应当在5日内将上诉状发送原审人民法院。

（2）发送上诉状副本及答辩状。原审人民法院在收到当事人提出的上诉状后，应当在5日内将上诉状副本送达对方当事人。对方当事人收到上诉状副本，应当在10日内提出答辩状，当事人不提出答辩状的，不影响人民法院审理。

（3）报送案件。原审人民法院在收到上诉状、答辩状之后，应当连同第一审的全部案卷和证据，尽快报送第二审人民法院。第二审人民法院收到全部案卷、证据和上诉状、答辩状后，即开始对上诉案件进行审理。

2. 上诉受理后的法律后果。符合法定条件的上诉一经人民法院受理，即产生法定后果。这种后果表现在以下三个方面：

（1）上诉受理后，即标志着案件进入第二审程序，当事人即可以根据法律的规定，充分享有二审程序中的权利，同时也应当完全履行法律所赋予的义务；另一方面，第二审人民法院也应当完全按照法律规定，及时、准确、公正地开展审理工作，在法定期限内审结案件。

（2）上诉受理后，直至宣布判决之前，当事人可以申请撤回上诉。撤回上诉是当事人对自己享有的上诉权的一种处分，撤回上诉应当符合法律规定，尽管我国行政诉讼法对第二审程序中当事人撤回上诉未作具体规定，但是笔者认为，由于二审程序中的撤回上诉，同样涉及诸如当事人规避法律、逃避法律责任、可能损害他人或国家利益等问题，因而也应参照一审程序中撤诉应经人民法院批准的规定，对当事人在二审程序中撤回上诉的申请同样进行审查，根据实际情况作出相应的裁定。当事人撤回上诉的申请经人民法院准许后，就不能再提起上诉。另外，上诉人在法定期限内不预交诉讼费，又不提出缓交申请的，按自动撤回上诉处理。

（3）上诉受理后，在第二审程序中，行政机关不得改变其原行政行为。行政行为是行政机关代表国家所实施的能产生法定效果的行为，一经作出，其本身就具有确定力，不得随意改变。况且，在第一审程序中，行政机关的行政行为已经人民法院审查，无论合法、违法均已经国家审判权确认（尽管这种确认尚非最终结论），行政机关对此完全失去处分权。因此，在二审程序中，行政机关无论是作为上诉人还是作为被上诉人，均不得改变原行政行为。

三、上诉案件的审理

第二审人民法院审理上诉案件，除《行政诉讼法》对第二审有特别规定外，均适用第一审程序。这里仅就第二审程序中审理的特别之处作一些说明。

（一）审判组织

第二审人民法院审理行政案件不适用简易程序，不能由审判员进行独任审理，必须由审判员组成合议庭，合议庭的成员必须是3人以上的单数，这与第一审程序中合议庭可以由审判员组成，也可以由审判员和陪审员组成不同，这是因为第二审程序是对第一审程序所实施的监督，其所作的判决、裁定是终审的判决、裁定。合议庭由审判员组成，有利于提高办案质量和加强上级人民法院对下级人民法院的监督。

（二）审理方式

根据《行政诉讼法》第86条的规定，第二审人民法院审理行政案件一般应当开庭审理。但对于"经过阅卷、调查和询问当事人，对没有提出新的事实、证据或者理由，合议庭认为不需要开庭审理的，也可以不开庭审理"，即书面审理。所谓书面审理，是指人民法院只就当事人的上诉状及其他书面材料进行审理，作出判决或裁定，不需要诉讼参加人出席法庭，也不向社会公开的一种审理方式。但书面审理要注意以下问题：①必须由合议庭审理而不允许审判人员独任审判，并且应当向当事人宣布合议庭的名单，认真执行回避制度；②能够适用书面审理的上诉案件，必须是事实清楚的案件，且当事人"没有提出新的事实、证据或者理由"，合议庭应首先就上诉案件事实是否清楚作出评议决定，如果认为事实不够清楚，或者当事人对原审人民法院认定的事实有争议的，不应书面审理；在实施书面审理的过程中，发现案件事实不清的，应改为开庭审理；③在书面审理中，合议庭必须审阅全部案卷材料，切忌片面审查，导致不准确的判决、裁定。

（三）审理对象

第二审人民法院对上诉案件的审理，必须全面审查第一审法院认定的事实是否清楚，适用的法律、法规是否正确，有无违反法定程序，不受上诉范围的限制，同时，第二审人民法院也应当对被诉的行政行为的合法性进行全面审查，也就是说，在二审中，审判对象包括原审判决、裁定和行政机关作出的行政行为。

（四）审理期限

第二审人民法院审理上诉案件，应当自收到上诉状之日起 3 个月内作出终审判决，有特殊情况需要延长的，由高级人民法院批准，高级人民法院审理上诉案件需要延长的，由最高人民法院批准。

第二节　审判监督程序

一、审判监督程序的概念和作用

（一）审判监督程序的概念

审判监督程序又称再审程序，是指人民法院对已经发生法律效力的判决、裁定，发现违反法律、法规的规定，依法再次审理的程序。

行政诉讼实行两审终审制，审判监督程序并不是每个行政诉讼案件的必经程序，而只是对发生法律效力的违反法律、法规的判决、裁定，确实需要再审时所适用的一种特殊程序。"以事实为根据，以法律为准绳"，是我国行政诉讼的基本原则，为了维护法律的严肃性和裁判所确定的当事人之间的稳定性，对已经发生法律效力的判决、裁定，一般不轻易改变。但是，法律的严肃性和裁判的确定性必须是建立在裁判的正确性的基础上，因此，本着实事求是的精神，对已经发生法律效力又被发现违反法律、法规规定的判决，均应依照法定程序予以纠正。再审程序就是具体规定人民法院对已经发生法律效力又被发现违反法律、法规规定的判决、裁定，依法予以纠正的法定程序。

审判监督程序具有以下特点：

1. 审判监督程序是人民法院进行审判监督的一种方式，目的是为了保证人民法院的审判工作公正、正确，体现了审判机关的实事求是、有错必纠的精神，因而审判监督程序不属于两审终审程序中的必经程序，与第一审程序或第二审程序没有直接的前后相继的联系。

2. 审判监督程序提起的理由具有法定性。审判监督程序是否开始，均应经法定部门审查决定，根据《行政诉讼法》的规定，当事人对已经发生法律效力的判决、裁定，认为确有错误的，可以提出申诉，但是否引起审判监督程序应由法院决定；人民法院院长如发现本院已经审结的案件需要再审的，也应当提交审判委员会决定。因此，引起审判监督程序的法定原因是人民法院已经生效的判决、裁定确有错误，并且应经法定部门审查决定。

3. 审判监督程序所适用的具体程序，既可以是第一审程序，也可以是第二审程序。根据《最高人民法院关于执行〈中华人民共和国行政诉讼法〉若干问题的解释》，只经过第一审法院审结的案件，无论是自行再审或指令再审，都适用第一审程序，作出的判决、裁定，当事人可以上诉。凡经过第二审法院依上诉程序审结的案件，无论是自行再审或指令再审只能适用第二审程序，所作判决、裁定为终审判决、裁定，不得上诉，而只能申诉。上级人民法院按照审判监督程序提审的，按照第二审程序审理，所作的判决、裁定是发生法律效力的判决、裁定。

（二）审判监督程序与第二审程序的关系

审判监督程序与第二审程序有密切的联系。两者审理的直接对象，都是人民法院已经作出的判决、裁定；两者的审理目的，都是为了审查、纠正人民法院已经作出的判决、裁定可能存在的错误。但是，两者有显著区别：

1. 提起的主体不同。第二审程序提起的主体是第一审程序中的当事人，而再审提起的主体是原审人民法院的院长、上级人民法院、最高人民法院和人民检察院。

2. 审理的对象不同。第二审程序的审理对象是第一审人民法院作出的尚未发生法律效力的判决、裁定和行政行为；而再审程序的审理对象是人民法院已发生法律效力的判决、裁定，既可以是一审法院的判决、裁定，也可以是二审法院的判决、裁定。

3. 提起的理由不同。第二审程序的提起，只要上诉人主观上认为第一审判决、裁定有错误，就可以提起上诉；而再审的提起，是人民法院院长、人民检察院、上级人民法院发现已经生效的判决、裁定，违反法律的规定，确有错误，方可决定是否开始再审程序。

4. 提起的时间不同。第二审是第一审的继续，上诉的期限有一定的限制。当事人对第一审不服的向上一级人民法院提起上诉的期限为 15 日；当事人对第一审的裁定不服的，向上一级人民法院提起上诉的期限为 10 日。而再审程序的提起时间，《行政诉讼法》没有明确作出规定。

5. 审理的法院不同。第二审人民法院必须是第一审人民法院的上一级人民法院；再审案件，既可以由原审法院审理，也可以由原审法院的上一级法院审理，还可以由更高级别的人民法院提审。

（三）审判监督程序的作用

行政诉讼中设立审判监督程序，对于纠正人民法院已经发生法律效力的判决、裁定违反法律、法规规定的错误，切实保障公民、法人或者其他组织的合法权益，有效地监督行政机关行使职权，维护国家法律尊严，监督人民法院的审判工作，具有重要的意义。

二、审判监督程序的提起

（一）当事人申请再审

《行政诉讼法》第 90 条规定："当事人对已经发生法律效力的判决、裁定，认为确有错误的，可以向上一级人民法院申请再审……"

《行政诉讼法》第 91 条明确规定："当事人的申请符合下列条件之一的，人民法院应当再审：①不予立案或者驳回起诉确有错误的；②有新的证据，足以推翻原判决、裁定的；③原判决、裁定认定事实的主要证据不足、未经质证或者系伪造的；④原判决、裁定适用法律、法规确有错误的；⑤违反法律规定的诉讼程序，可能影响公正审判的；⑥原判决、裁定遗漏诉讼请求的；⑦据以作出原判决、裁定的法律文书被撤销或者变更的；⑧审判人员在审理该案件时有贪污受贿、徇私舞弊、枉法裁判行为的。"

（二）各级人民法院院长提起再审

《行政诉讼法》第 92 条第 1 款规定："各级人民法院院长对本院已经发生法律效力的判决、裁定，发现有本法第 91 条规定情形之一，或者发现调解违反自愿原则或者调解书内容违法，认为需要再审的，应当提交审判委员会讨论决定。"

（三）上级人民法院、最高人民法院提起

《行政诉讼法》第 92 条第 2 款规定："最高人民法院对地方各级人民法院已经发生法律效力的判决、裁定，上级人民法院对下级人民法院已经发生法律效力的判决、裁定，发现有本法第 91 条规定情形之一，或者发现调解违反自愿原则或者调解书内容违法的，有权提审或者指令下级人民法院再审。"

（四）人民检察院的抗诉

《行政诉讼法》第 11 条规定："人民检察院有权对行政诉讼实行法律监督。"对人民法院而言，人民检察院对行政诉讼实行法律监督的主要方式就是通过抗诉进行。对于人民检察院的抗诉，人民法院应当再审。

《行政诉讼法》第 93 条规定："最高人民检察院对各级人民法院已经发生法律效力的判决、裁定，上级人民检察院对人民法院已经发生法律效力的判决、裁定，发现有本法第 91 条规定情形之一，或者发现调解书损害国家利益、社会公共利益的，应当提出抗诉。地方各级人民检察院对同级人民法院已经发生法律效力的判决、裁定，发现有本法第 91 条规定情形之一，或者发现调解书损害国家利益、社会公共利益的，可以向同级人民法院提出检察建议，并报上级人民检察院备案；也可以提请上级人民检察院向同级人民法院提出抗诉……"

三、再审案件的审理

《行政诉讼法》对再审的审理程序未作具体规定，再审程序是一种在特殊情况下出现的一种特殊程序，不同于第一审程序和第二审程序，因而有必要对再审的程序的特点作系统的研究，根据再审程序的性质，再审案件的审理，符合下列规则：

1. 再审的案件，应当裁定中止原判决、裁定的执行，并宣告已进入再审程序。这是因为，再审程序是在人民法院认为原审判决、裁定违反法律、法规规定，确有错误的情况下开始的，既然已经决定再审，自然就应当中止执行确有错误的判决、裁定，以免造成更大的损害。人民法院决定再审后，还应当另行组成合议庭进行审理，再审案件不适用简易程序，合议庭组成人员也应当由审判员组成，原审合议庭组成人员不得参加再审合议庭。

2. 人民法院审理再审案件，认为原生效判决或者裁定确有错误，在撤销原生效判决议者裁定的同时，可以对生效判决、裁定的内容作出相应裁判，也可以裁定撤销生效判决或者裁定，发回作出生效判决、裁定的人民法院重新审判。

3. 人民法院审理再审案件，发现生效裁判有下列情形之一的，应当裁定发回作出生效判决、裁定的人民法院重新审理：①审理本案的审判人员、书记员应当回避而未回避的；②依法应当开庭审理而未经开庭即作出判决的；③未经合法传唤当事人而缺席判决的；④遗漏必须参加诉讼的当事人的；⑤对与本案有关的诉讼请求未予裁判的；⑥其他违反法定程序可能影响案件正确裁判的。

4. 在审理期限上，再审案件按照第一审程序审理的，适用《行政诉讼法》第81条的规定，即在立案之日起6个月内作出判决。再审案件按照第二审程序审理的，适用《行政诉讼法》第88条规定的审理期限，即在收到上诉状之日起3个月内作出判决。

■思考题

1. 行政诉讼中的第二审程序有什么特点和法律意义？
2. 行政诉讼中的第二审程序与第一审程序的关系是什么？
3. 什么情况下可以提起行政诉讼的再审程序？再审程序具体应当适用什么程序进行审理？

■参考资料

1. 应松年主编：《行政法与行政诉讼法学》，法律出版社2005年版。
2. 叶必丰：《行政法学》，武汉大学出版社2003年版。

第十三章　判决、裁定和决定

■ 学习目的和要求

掌握行政诉讼判决的特点和各种判决所适用的条件以及法律意义。学习中应当结合我国立法体制，行政行为的基本原理，行政诉讼法宗旨和目的等，全面、深刻地加以理解。

第一节　判　决

一、行政诉讼判决概述

（一）判决的概念

行政诉讼判决是人民法院审理行政案件终结时，根据事实和法律，以国家审判机关的名义，就行政案件作出的处理决定。判决按照作出程序的不同，可以分为一审判决、二审判决和再审判决。

一审判决，是指受理第一审案件的人民法院按照第一审程序审理案件所作的判决。第一审判决非终审判决，当事人不服可以上诉，又称初审判决。

二审判决，是指第二审人民法院按照第二审程序审理案件时所作的判决。第二审判决是终审判决，一经作出，立即生效，因而又称终审判决。最高人民法院受理第一审行政案件所作出的判决，是终审判决，不得上诉。

再审判决，是指人民法院对已经生效的判决、裁定，发现违反法律、法规规定，确有错误，运用审判监督程序所作的判决。再审判决的效力视人民法院所适用的程序不同而有所不同。如果再审适用第一审程序则其判决的效力相当于一审判决的效力；如果再审适用第二审程序则其判决的效力相当于第二审判决的效力。

行政诉讼判决具有以下特点：

1. 行政诉讼判决是人民法院在行政案件审理终结时对案件所作的终结处理

决定。行政案件要经过一系列复杂的程序，这些程序的目的，是为了使人民法院最终能够查明争议事实，就争议问题作出公正的决断。而一旦人民法院通过各种程序查明了案情，就应当运用国家审判权对争议问题作出处理决定，这个决定就是判决。因此，判决是人民法院在经过各种程序、查明案件事实后所作的终结处理决定。尽管一审判决并不立即发生执行力，但毕竟是第一审人民法院对案件的评判。作为一审程序而言，已经终结。因而也可以这样说，人民法院对行政案件宣告判决后，就标志着案件审理的终结，也只有在案件审理经过所有的程序、查明所有事实后，才能作出判决。在行政案件的起诉和受理阶段，以及在行政案件的审理阶段，均不得进行判决。

2. 行政诉讼判决是人民法院就案件的实体问题，即就被诉的行政行为是否合法或行政处罚是否显失公正，以及如何处理这种行为所作的决定。在行政诉讼过程中，人民法院要解决的问题很多，这些问题有些是程序上的，有些是实体上的。前者如是否受理起诉与上诉，是否允许撤诉，是否中止诉讼，是否批准当事人提出的回避申请，等等。对于这类问题，均不得以判决的方式来处理。后者如行政行为是否合法，行政处罚是否显失公正，行政机关是否履行了法定职责，等等。对于这类问题才能以判决的方式作出处理。行政诉讼的判决具有严格的法律意义：①它是人民法院依照法定程序作出的，是国家审判权的体现，表明了国家审判机关对于行政争议的态度，具有权威性和法定性，任何人均不得无视它的存在；②人民法院的判决一旦生效，就具有确定力、约束力和执行力，受其拘束的当事人就必须执行，不得违抗，否则应承担法律责任。判决的履行是受国家强制力保障的；③判决是人民法院对行政机关进行司法监督最有效的方式，对于监督和维护行政机关依法行政，保护公民、法人和其他组织的合法权益具有重要的意义。

（二）判决书

根据我国《行政诉讼法》的规定，人民法院的判决应当以书面形式作出，这种由人民法院依法制作、载明人民法院对所争议案件的实体问题所作处理内容的文书称为判决书。第一审判决、第二审判决以及再审判决的判决书的内容有所不同。

第一审判决书的内容包括：①人民法院的名称、判决书的类别；②原告的姓名、性别和其他人身情况以及诉讼代理人的姓名与职务、被告的名称、法定代理人的姓名与职务以及诉讼代理人的姓名与职务；③法庭组成人员的姓名；④案由及其诉讼事实与理由；⑤判决认定的事实、理由及适用的法律；⑥判决结果（包括诉讼费的承担）；⑦上诉期限和上诉审法院；⑧判决宣告的日期。

第二审判决书的内容包括：①第二审人民法院的名称、判决书的类别；②上诉人的姓名（名称）、性别和其他人身情况、法定代表人的姓名、职务以及诉讼代理人的姓名与职务、被上诉人的姓名（名称）、性别和其他人身情况、法定代表人的职务以及诉讼代理人的姓名与职务；③法庭组成人员的姓名；④上诉理由及事实；⑤第一审人民法院认定的事实、理由及适用的法律；⑥第二审人民法院认定的事实、理由及适用的法律；⑦判决结果；⑧判决宣告的日期。

再审判决书的内容随再审程序所适用的具体程序不同而不同，如以第一审程序再审则符合第一审判决书的内容，如以第二审程序再审则符合第二审判决书的内容。

判决书均应由审判人员、书记员签名，并加盖人民法院印章，方能生效。

二、一审判决的种类和理由

根据《行政诉讼法》第69~78条的规定，行政诉讼的判决形式主要有6种，兹分述如下：

（一）驳回诉讼请求判决

1. 驳回诉讼请求判决的含义。是指人民法院经审理后认为，原告的诉讼请求在法律上不成立，从而以判决的形式驳回，意味着原告的诉讼请求遭到了人民法院的否定。

2. 适用驳回诉讼请求判决的情形。《行政诉讼法》第69条规定："行政行为证据确凿，适用法律、法规正确，符合法定程序的，或者原告申请被告履行法定职责或者给付义务理由不成立的，人民法院判决驳回原告的诉讼请求。"根据本条规定，适用驳回诉讼请求的判决主要有以下两种情形：①被诉行政行为合法，即被诉行政行为同时具备了"证据确凿，适用法律、法规正确，符合法定程序"三个条件；②原告要求被告履行法定职责的理由不成立的，比如被告并不具有原告所要求的法定职责，或者原告的请求已经超过法律法定期限，或者被告已经履行了法定职责的，等等。

另外，《行政诉讼法》第73条规定："人民法院经过审理，查明被告依法负有给付义务的，判决被告履行给付义务。"这意味着，针对原告要求被告履行给付义务的诉讼请求，比如支付最低生活保障，给予赔偿或者补偿的，等等，如果人民法院查明被告负有给付义务，应当判决被告履行给付义务，但如果人民法院经审理认为被告不应承担给付义务的，当然也可以适用驳回诉讼请求判决。

（二）撤销或部分撤销行政行为，并责令重作判决

1. 撤销或部分撤销行政行为，并责令重作判决的含义。这一判决可简称为撤销判决，是指人民法院在查清全部案件事实的基础上确认行政机关的行政行为部分或全部违法，从而部分或全部撤销并责令行政机关重新作出行政行为的判决。这种判决是人民法院对行政机关行政行为合法性的全部或部分否定。

2. 适用撤销判决的情形。《行政诉讼法》第 70 条规定："行政行为有下列情形之一的，人民法院判决撤销或者部分撤销，并可以判决被告重新作出行政行为：①主要证据不足的；②适用法律、法规错误的；③违反法定程序的；④超越职权的；⑤滥用职权的；⑥明显不当的。"根据这一规定，被诉行政行为具备以下情形之一，就可以使用本判决：

（1）主要证据不足。这里的证据是指行政机关作出行政行为时所依据的事实根据。行政机关作出行政行为之前应当认真调查事实，在充分了解事实真相的基础上，才能作出裁决。调查取证时，应当遵循充分、必要的规则。所谓充分，是指行政机关的取证必须充分满足法律、法规预先设置的各种事实要素而不能有所遗漏。例如，民政部门在颁发结婚证书时，就必须根据《婚姻法》的规定，就双方是否自愿、有无法律禁止结婚的疾病、有无重婚现象等各种要素逐项调查，遗漏其中任何一项，均不符合充分要求。所谓必要，是指行政机关的取证也要满足法律、法规预先设置的事实要素，而不需要节外生枝。如民政机关在颁发结婚证书时，一般情况下只要了解上述情况即可，诸如双方经济条件、住房条件等就无须了解，也无权了解。行政行为根据确凿而充分的证据作出，是其发生法律效力的前提条件，因此，当行政行为所依据的证据不足时，人民法院应当撤销行政行为。值得注意的是，《行政诉讼法》只规定当行政行为的主要证据不足时，法院可以撤销或部分撤销行政行为。也就是说，行政诉讼同民事诉讼、刑事诉讼一样，对定案证据的要求也是主要证据确凿充分。至于案件的次要或无关紧要的证据是否充分，不足以影响行政行为的合法性，不能以此为由作出撤销判决。主要证据是行政机关赖以作出行政行为的基本事实和据以认定该事实存在的必要证据。也就是行政机关根据法律、法规预先设置的事实要素所获取的证据。从根本上说，法院判定行政行为的主要证据是否充分，应判定的是行政机关在作出行政行为的当时是否充分，而不是在人民法院审查时是否充分，如果审理中已经发现行政机关在作出行政行为时主要证据不足，尽管可以通过被告补充或法院自行调取证据来补足证据，法院还是应当判决撤销，当然，在判决撤销的同时可以责令行政机关重新作出行政行为。因此，只要行政行为所依据的主要依据不足，就应当判决撤销。

（2）适用法律、法规错误。这是指行政机关作出行政行为时错误地援引了法律、法规。行政行为是对被管理者赋予或剥夺权利、科处或免除义务、设定或取消资格，均应以相应的法律、法规为依据。正确地援引法律、法规是行政行为合法生效的又一要件。在行政管理实践中，由于行政事务的复杂性、行政法律规范的多样性以及公务人员对法律、法规的认知程度等因素影响，适用法律、法规的错误是经常发生的。这些错误主要有以下几种表现形式：①应当适用此法而适用了彼法。②行政行为适用了无效的法律、法规。③适用了正确的法律、法规，但援引条文错误。④违反了法律冲突适用规则。例如，应适用高层次法却适用了低层次法，应适用新法却适用了旧法，应适用特别法却适用了普通法，等等。⑤没有考虑特殊情况，而只考虑一般情况适用法律、法规。例如，对正在孕期或哺乳期的妇女实施拘留或收审，对无财产的未成年人处以罚款，等等。⑥实施处罚时，应当并罚而未并罚，不应当并罚却并罚。⑦有规章以上的规范性文件不适用，而适用规章以下的规范性文件。⑧有明确的法律根据，而在裁决书中并不引用。

（3）违反法定程序。法定程序是指由法律、法规、规章及其他合法有效的规范性文件设定的，实施行政行为的过程以及构成这一过程的步骤、顺序、时限与方式。程序合法是行政行为的合法要件之一，行政机关作出行政行为，必须遵循法定行政程序。凡是违反法定程序的行政行为，人民法院应予以撤销。应当注意的是，行政行为违反法定程序即应判决撤销，而不应附加任何条件。当然，行政行为违反法定程序的情况是十分复杂的，人民法院应当区别情况准确判断。首先，应注意区别法律、法规规定中的任意性程序与内部程序。任意性程序是指行政机关可以选择的程序，不能将行政机关对这些程序的选择认定为违反法定程序。如法律、法规规定某种通知既可以是书面的，也可以是口头的，当行政机关选择了口头形式时，也是合法的。内部程序是指行政机关在作出某项裁判前内部的一些工作程序，如开会讨论、向领导请示汇报等，不能认为是程序的添加，从而撤销行政行为。但法律、法规明确规定要经上级批准方可实施的行为，如未经批准则可认定为程序缺漏，构成程序违法。其次，勿将行政机关在实施行政行为过程中的一些失误、差错当成违反法定程序。例如，行政决定上写错了名称、称谓、日期等，言词上的一般表述不通顺，等等。

（4）超越职权。超越职权是指行政机关实施行政行为时超过了法定的权限。目前，行政管理中超越职权的表现形式主要有以下几种：①违反行政机关的分工职责。现代行政管理纷繁复杂，要求各职能部门既要相互配合，又要职责分明，做到各负其责、各行其是，而不能此行彼职、职责相侵。如公安部门只能就社会治安行使职权，而不能行使工商或税务部门的权力，否则便构成超越职权。②超越行政机关行使权力的地域范围。根据我国行政管理的体制，中央行政机关在全国范围内行使权力，地方行政机关在各自相应的行政区划内行使权力。如北京市人民政府不能在河北省境内行使权力。即使是中央行政机关在一些特区和特殊地方，其行政管理权的行使也是受到一定限制的。因此，行政机关超越了一定的地域范围行使权力也是超越职权。③行政机关超过了一定的时间行使权力。为了保障行政管理的效率，保护公民、法人或者其他组织的合法权益，法律、法规往往要求行政机关在一定时间内行使权力，否则便不得行使权力。例如，根据《行政处罚法》第29条的规定，违法行为在2年内未被发现的，不予处罚。行政机关超过时间限制行使职权和超过法定期限不作为是不同的，前者是指超过一定时间未作为就不应作为；后者是指在法定期限内应作为但未作为而仍应作为。两者的法律后果也不同，前者是超过了一定的时间后行政机关便永远丧失了管理权；后者是超过一定的时间即构成违约失职，但并不因此而丧失职权，行政机关应继续履行自己的职责。④行政机关超越了法律、法规规定的数额进行管理。数额的大小同样是影响行政权限的一个因素，如各种罚款的法定数额、税款的数额等。对行政机关超越法定权限实施的行政行为应予撤销。

（5）滥用职权。所谓滥用职权，是指行政机关具备实施行政行为的权力，并且其行为形式上也合法，然而行政机关行使权力的目的违反法律、法规赋予其该项权力的目的。滥用职权实际属于权力的不正当行使。构成滥用职权应当具备以下要件：①行政机关实施了属于其权限范围内的职权。滥用职权的行政机关所实施的权力，应当是自己的权力。如果行使的权力不在其职权范围内，则构成超越职权而非滥用职权。有实施行为的主体资格是滥用职权的第一个条件，这是与超越职权的最大不同之处。②行政机关实施了行为，如果仅仅存在违反法律规定的宗旨和目的的意图，而客观上并未实施任何行为，也不构成滥用职权，并且这时的行为在形式上应当符合行政行为的构成要件。否则，一般应分别依据《行政诉讼法》第70条第1、2、3、4、6项加以撤销，而不以滥用职权论。行政机关实施了表面上合法的行政行为是构成滥用职权的又一条件。③行政机关行使权力的目的违反了法律、法规赋予其该项权力的目的，从根本上说，法律、法规赋予行政机关行政权的目的，是为了保证其完成行政管理的任务，为其实施行政管理提供方便和条件。当然，就每一个具体的法律、法规而言，其目的自然有所不同，但这些不同应当是在符合上述根本目的的前提下的个体差异。行政机关行使权力就应当符合这些目的，真正将权力用于维护国家利益，维护人民群众的整体利益，而不能出于行政机关或其工作人员自己的利益来行使权力，诸如以权谋私，刁难、报复被管理者等，都是不正当行使权力，因此，滥用职权必须是故意才能构成。总之，行政机关出于违反法律宗旨的主观上故意，客观上实施了符合其职责范围的权力，就构成了滥用职权。其本质特征是主观违法，不正当地行使权力。

滥用职权与超越职权不同。二者的区别主要表现为：①主观条件不同。滥用职权必须是出于故意，即行政机关明知其行为违反法律宗旨，而积极实施该行为，谋取不正当利益；超越职权则既可能出于故意，如行政机关明知没有某项职权，却仍行使该项职权，也可能出于过失，如对自己的职权理解不清或发生误会等。②行为的外部表现形态不同。滥用职权的行为表面上是符合行政行为构成要件的，从主体、权限、程序、内容上均符合法律规定；超越职权是不符合行政行为构成要件的，即权限不合法。

滥用职权的主要表现有：①为了行政机关的小集团利益或管理者个人的利益，故意考虑一些不相关因素或者故意不考虑一些应当考虑的因素。在实施行政管理时，行政机关应当严格按照法律、法规规定的各种因素来考虑应当如何处理，如果为了不正当的动机，故意地"考虑不周"，则构成滥用职权。如行政机关在对违法者实施处罚时，往往对关系较好的同学、朋友等网开一面，减轻处罚或不处罚，这就是管理者考虑了自己与被处罚者之间的关系这一在实施处罚中不应当考虑的因素而导致的滥用职权。又如，甲在乙先行对其殴打的情况下，实施防卫，两人发生殴斗，公安机关在考虑对甲的处罚时应当考虑到甲是在被动的情况下实施防卫的行为，可以适当减轻处罚，却不考虑这种因素，借口甲态度不好等，加重对甲的处罚，也构成了权力的滥用。②故意迟延和不作为。行政机关依法负有作为义务，也明知自己的职权，但为了达到个人目的，往往以"研究研究"、"考虑考虑"等理由搪塞当事人，或者暗示各种条件；在条件没有满足的情况下，不履行职责，而在条件满足后则立即作为，这种情况特别在法律、法规没有规定时限的情况下更为严重。③不一致的解释和反复无常。前者指行政机关在适用法律、法规、规章时，对某些规范不经法定程序故意随意解释，而这些解释往往相互矛盾和抵触，如果将这种不一致的解释运用于同类的不同案件，就构成权力的滥用；后者是指在事实和其他情况没有变化的情况下，因为其他因素的影响，行政机关朝令夕改，经常变换自己的主张和决定，以达到非法目的。行政机关对于法律、法规等的解释以及已经作出的决定，对行政机关本身也应当有拘束力。如果行政机关为了自己的目的随意变化，也构成行政权的滥用。④不当授权和委托。这是指本应该依法由法定行政机关行使的职权，因某种利益（如权钱交易等）行政机关擅自将行政权力授予其他组织或公民个人去实施。即行政机关不是从行政管理的实际需要去授权或委托，而是运用授权或委托谋取不正当的利益，这也是滥用职权的一种表现。

（6）明显不当的。这是在 2014 年修正《行政诉讼法》时新增加的内容，其主要目的在于，克服机械地对行政行为的合法性进行审查而完全不涉及行政行为的合理性所带来的不能充分有效的解决行政争议的弊端。赋予法院针对虽然合法但明显不合理的行政行为以司法否决权，消灭其效力。至于明显不当的标准，应当与"显失公正"并无实质区别。

人民法院在适用《行政诉讼法》第 70 条实施撤销判决时，还有几个问题应当注意：

（1）什么时候会出现部分撤销的判决？我们认为，部分撤销一般在下面两种情况下发生：①诉的客体的合并，公民、法人或者其他组织有两种以上违法行为，同时受同一行政机关的两种以上的处罚，公民、法人或者其他组织对这些处罚均不服，同时诉到法院，经法院合并审理后，发现其中有一个处罚符合撤销条件，即判决撤销该处罚，而对其他处罚行为予以维持。②诉的主体的合并，两个以上公民、法人或者其他组织共同违法，同时受同一行政机关分别给予的行政处罚。受处罚的公民、法人或者其他组织均不服，诉至法院，经合并审理后，发现对一部分公民、法人或者其他组织的处罚符合撤销条件，即判决撤销，其他行为则予以维持，或者两个以上行政机关同时对公民、法人或者其他组织实施行政行为，公民、法人或者其他组织均不服，诉至法院，经并案审理后发现其中一个行政主体是不适合的行为主体，则判决撤销该机关的行为，而其他予以维持。

（2）行政行为有数种违法情形应当如何处理？从立法精神来看，《行政诉讼法》第70条所列举的撤销条件，行政行为只要符合其中之一，即可判决撤销。实践中，行政行为往往同时具备了其中数种情形。如既没有充足的证据，适用法律、法规也不正确，程序上也有问题。人民法院应当撤销判决，但对行政行为存在的所有问题均应一一指明，而不能只依据其中一条草率地撤销了事。这样做有利于行政机关吸取教训，促进其执法水平的提高。

（3）人民法院判决撤销后，行政机关的重作问题。《行政诉讼法》第71条规定："人民法院判决被告重新作出行政行为的，被告不得以同一的事实和理由作出与原行政行为基本相同的行政行为。"这一规定意味着：首先，只有人民法院判决被告重新作出行政行为，被告才可以重新作出行政行为，但被告不得以同一的事实和理由作出与原行政行为基本相同的行政行为；其次，人民法院判决撤销或者部分撤销，但并没有判决被告重新作出行政行为。在这种情况下，被告不能重新作出行政行为。从根本上说，人民法院的撤销判决，是对行政行为效力的否决，其目的在于解除行政行为对于当事人的拘束力，如果行政机关还能基于同一事实重做行政行为，则完全达不到判决目的，实际是行政机关藐视人民法院判决的权威，而且，针对行政机关重作的行政行为，当事人势必还要起诉，又开始新一轮诉讼，从而导致缠讼，既增加当事人的讼累，又无谓消耗司法资源，增加人民法院的负担，将国家的诉讼制度视同于儿戏，这是绝对不能允许的。《行政诉讼法》之所以规定在有些情况下，人民法院判决被告重新作出行政行为，主要是针对以下一些情形：行政行为被撤销后，原告或者第三人的权利义务仍然需要行政机关予以安排或者处置，或者不重做会使公共利益或者公共秩序造成损害，等等。

（4）《行政诉讼法》第77条还规定了当"行政处罚明显不当，或者其他行政行为涉及对款额的确定、认定确有错误的，人民法院可以判决变更"，那么，当行政处罚明显不当时，或者其他行政行为涉及对款额的确定或者认定确有错误时，是适用撤销判决呢还是适用变更判决？我们认为，原则上还是应当适用撤销判决，因为行政诉讼中毕竟牵涉到人民法院和行政机关的法定分工，在撤销判决同样可以起到保护公民、法人或者其他组织合法权益的前提下，人民法院还是应当着眼于监督行政机关，避免过多地变更行政行为，造成代行行政职权的局面。

3. 撤销判决的法律意义。撤销判决是行政诉讼中极其重要的一种判决形式。①行政诉讼最主要的目的之一是保护公民、法人或者其他组织的合法权益。当公民、法人或者其他组织遭受违法的行政行为侵害时，有权依法向人民法院起诉，作为原告，要求撤销或部分撤销其所认为违法的行政行为是绝大多数行政诉讼所请求的主要内容。当法院确认行政行为违法时，运用国家审判权加以撤销，这对于原告合法权益的保护是最为直接也是最为有效的。②就一个国家的行政法治建设而言，要求彻底杜绝违法行政行为的发生是不客观的。具有实际意义的是，当违法行政行为发生之后能否通过法定程序，制止这种违法行政行为继续发生效力，撤销判决就是这样一种制止违法行政行为继续发生危害的最直接、最有效的手段。因而它对于维护行政法治、监督行政机关依法行政具有重要意义。

（三）履行判决

1. 履行判决的含义。履行判决是针对被告不履行法定职责或者不履行应当履行的义务所作的判决，是法院用判决的形式敦促行政机关履行法定职责或者履行应当履行的义务的一种判决。

2. 适用履行判决的情形。《行政诉讼法》第 72 条规定："人民法院经过审理，查明被告不履行法定职责的，判决被告在一定期限内履行。"第 78 条规定："被告不依法履行、未按照约定履行或者违法变更、解除本法第 12 条第 1 款第 11 项规定的协议的，人民法院判决被告承担继续履行、采取补救措施或者赔偿损失等责任。被告变更、解除本法第 12 条第 1 款第 11 项规定的协议合法，但未依法给予补偿的，人民法院判决给予补偿。"从上述两条规定看，适用履行判决的情形主要有两种：

（1）判决履行法定职责，即《行政诉讼法》第 72 条所规定的情形。在这种情形下，作出履行判决这种判决有两个条件：①被告依法负有法定职责，应当履行一定的作为义务。如果行政机关不履行自己的法定职责，便是一种违法行为。当然行政机关在实施行政管理时，是有一定职责分工的，如果公民、法人或者其他组织要求行政机关履行的并非其法定职责，行政机关是有权拒绝的。此时并不构成行政机关的违法失职。如公民申请营业执照，应当向工商行政管理部门申请，如向税务部门提出申请，税务部门当然可以拒绝。人民法院也不能要求税务部门发给公民营业执照。总之，行政机关依法负有必须履行的法定职责，是人民法院作出责令履行判决的前提。②行政机关不履行法定职责。所谓不履行，是指行政机关明确拒绝公民、法人或者其他组织的申请。实践中，还有一种情况，行政机关是否履行职责态度不明确。在这种情况下，认定行政机关不履行法定职责有一定的困难，我们认为可以按以下规则处理：其一，如果法律、法规明确规定了行政机关履行法定职责的期限，则未在该期限内履行的应视为不履行。其二，如果法律、法规未明确规定行政机关的履行法定职责的期限，则可以依据《行政诉讼法》第47条第1款的规定："公民、法人或者其他组织申请行政机关履行保护其人身权、财产权等合法权益的法定职责，行政机关在接到申请之日起2个月内不履行的，公民、法人或者其他组织可以向人民法院提起诉讼……"将2个月作为履行法定职责的法定期限，也就是说，第47条规定的2个月，既是起诉的程序标准，也是人民法院判决的实体条件。人民法院判决被告履行法定职责，应当明确规定履行的期限。具体期限应当视案件的具体情况而定，既不能太长，不利于原告权利的实现；也不能太短，使行政机关难以完成。一般而言，不能超过法律规定的履行期限，没有法定期限的，不能超过2个月，不能使被告通过行政诉讼又获得一个法定期限，客观上达到"拖延"的目的。

（2）判决履行义务，即《行政诉讼法》第78条规定的情形。此种履行判决又可以分为3种情况：①判决履行协议。即：人民法院经审理认为，被告不依法履行、未按照约定履行或者违法变更、解除政府特许经营协议、土地房屋征收补偿协议等协议的，应当判决被告履行或者继续履行协议。②判决履行采取补救措施或者赔偿损失的义务。即：当人民法院经审理后认为，被告违法变更、解除政府特许经营协议、土地房屋征收补偿协议等协议，并对原告造成不利影响和损害的，应当判决被告履行采取补救措施或者给予赔偿的义务。此种判决是否应当以原告提出采取补救措施或者赔偿损失的诉讼请求为前提，立法上并没有明确，因为从《行政诉讼法》第12条第1款第11项的规定看，只是规定对这类行为可以提起行政诉讼，在原告起诉时，可能附带提出补救或者赔偿的请求，也可能不附带提出。我们认为，只要法院认为被告变更、解除有关协议的行为违法，无论原告是否提出补救或者赔偿的诉讼请求，人民法院均可作出履行补救或者赔偿义务的判决。这是遵循"有损害就应当有救济"原则的表现，至于法院作出上述判决后，原告与被告之间就是否补救、赔偿以及如何就补救、赔偿达成一致的，则是另一个法律关系，原告当然可以放弃得到补救或者赔偿的权利。但如果不能达成一致，对行政机关所采取的补救措施、赔偿方案等不服的，则是另外一个诉讼。③判决履行补偿义务。即当人民法院经过审理认为，被告被告变更、解除政府特许经营协议、土地房屋征收补偿协议等协议的行为合法的，但未依法给予补偿的，判决被告履行补偿义务。按照信赖保护原则的要求，公民、法人或者其他组织因行政机关的合法行为导致的损失，有得到补偿的权利，对此，《行政许可法》已经明确地规定，行政机关应当履行补偿义务。同前述原因，这种判决也不以原告提出补偿请求作为前提。当然，原告单独就补偿问题起诉的，不在此列。

3. 履行判决的法律意义。履行判决的法律意义可以概括为两个方面：

（1）通过履行判决，可以督促行政机关履行法定职责，从而维护公共秩序。因为法律赋予行政机关以一定的职责，是出于对公共秩序的维护，如果在法院的督促下，履行了法定职责，则就使公共秩序得到了维护，公共利益得以实现，尽管这是迟到的。

（2）通过履行判决，可以使公民、法人或者其他组织的合法权益得到保护。行政机关负有法定职责而不履行或拖延履行，是一种违法失职行为，会导致公民、法人和其他组织及国家利益受到损失，人民法院应当判决责令其履行职责。另一方面，在特许经营协议、土地房屋征收补偿协议等行政协议中，公民、法人或者其他组织有着确定的权益，行政机关如果不履行应当履行的协议，或者违法变更、解除行政协议当然会造成公民、法人或者其他组织权益受到损害，即便是合法的变更、解除，也往往会造成损害，因此，人民法院作出履行协议判决、履行补救、赔偿义务判决以及承担补偿义务判决，会使公民、法人或者其他组织的合法权益得到有效的司法保护。

（四）给付判决

1. 给付判决的含义。给付判决是指人民法院作出要求被告承担给付义务的判决，这里的给付主要是指金钱给付。在诉讼理论上，给付诉讼是一个外延较为宽泛的概念，前述履行判决也属于给付诉讼，但这里的给付诉讼，主要是针对行政机关承担给付行政的职能所实施的行为。给付行政是政府的最基本职能之一，主要包括了提供各种公共保障、公共福利、公益事业等。1989年《行政诉讼法》将抚恤金案件纳入行政诉讼，是我国对给付行政活动进行司法监督的开始。在2014年修改《行政诉讼法》时，进一步扩大了给付行政纳入行政诉讼的范围。

2. 给付判决适用的情形。《行政诉讼法》第73条规定："人民法院经过审理，查明被告依法负有给付义务的，判决被告履行给付义务。"据此，适用给付判决的情形是：

（1）被告负有给付义务。所谓被告负有给付义务，不是指基于政治、道义标准的考虑，抽象的认为被告有给付义务，而是要有明确的法律根据。根据《行政诉讼法》第12条第1款第10项的规定，"认为行政机关没有依法支付抚恤金、最低生活保障待遇或者社会保险待遇的"可以提起行政诉讼，我们认为，只有在三个给付领域可以适用给付判决。

（2）被告没有依法给付。应当获得给付而没有获得，是对公民、法人或者其他组织权益的剥夺，人民法院作出给付判决实际是对其合法权益的维护。这里的没有给付包括全部没有给付和没有足额给付两种情形。

3. 给付判决的意义。2014年修正《行政诉讼法》时，扩大了给付行政诉讼的范围，是我国公共保障事业和福利事业的发展在行政诉讼领域的体现，可以预测，随着我国经济社会的不断发展，公民获得的社会保障和福利待遇还将进一步扩大，每一个公民都有平等的从国家获得保障的权利，《行政诉讼法》赋予人民法院进行给付判决的权力，正是为了保障公民、法人或者其他组织公平、合法地获得社会保障的权利。

（五）确认判决

1. 确认判决的含义。确认判决是指人民法院在某些特定情况下，对被诉的行政行为是否合法所作的一种评判，不同于撤销判决直接消灭被诉行政行为的效力，也不同于变更判决直接改变被诉行政行为的内容，而是就被诉行政行为是否合法作出认定，从而决定被诉行政行为是否能够继续有效的一种判决。

2. 适用确认判决的情形。《行政诉讼法》第74条和第75条对确认判决作出了规定，分析上述两条规定，确认判决实际有三种类型：

（1）确认违法但不撤销行政行为。《行政诉讼法》第74条第1款规定："行政行为有下列情形之一的，人民法院判决确认违法，但不撤销行政行为：①行政行为依法应当撤销，但撤销会给国家利益、社会公共利益造成重大损害的；②行政行为程序轻微违法，但对原告权利不产生实际影响的。"第一种情形是，被诉行政行为存在《行政诉讼法》第70条规定的应当予以撤销的情况，但撤销该行政行为将会给国家利益或者公共利益造成重大损失的，人民法院应当作出确认被诉行政行为违法的判决，但不撤销被诉的行政行为。这一规定的立足点在于，确认违法与撤销行政行为有显著的区别，根据行政行为效力的原理，行政行为的撤销具有溯及既往的效力，即行政行为被撤销后，行政行为自作出之日起就无效，而行政行为又往往具有先行力，一经作出公民、法人或者其他组织就应当履行，而事后经过法定程序被撤销的，已经执行的内容应当是能恢复原状的恢复原状，不能恢复原状的由国家承担赔偿责任。问题在于，如果一个涉及重大财产或者涉及重大公共利益的行政行为违法，被法院撤销后，就可能引起巨额国家赔偿或者对重大公共利益造成损害。因此，在这种情况下，选择对行政行为的效力没有溯及既往效力的确认违法判决，就不会造成重大公共利益受到损害，当然，原告如果因为受到违法行为的影响造成损害的，也应当得到赔偿。所以，法院在确认被告的行政行为违法的同时，应当责令被诉行政机关采取补救措施，或者给原告以国家赔偿，就使公共利益、国家利益和公民、法人或者其他组织的权益都得到保障。例如，规划局批准房地产开发公司建造一栋大楼，大楼建成后，相邻的邻居认为影响了他们的通风、采光、眺望等相邻权，依法向法院起诉规划局，要求撤销规划局的规划许可，法院受理后查明，规划局的规划许可明显违法，如果此时法院判决撤销规划许可行为，则后果是已经建成的大楼应当拆除，这样，房地产公司将会向国家申请巨额赔偿，使国家利益蒙受巨大损失。在这种情况下，法院如果根据本条规定，在作出确认规划许可行为违法的同时，责令行政机关采取补救措施，比如，让受益的房地产商对居民作出补偿，这样既不会引起巨额国家赔偿，同时又使原告的合法。第二种情形是：行政行为程序轻微违法，但对原告权利不产生实际影响。首先，这一情形只能针对行政行为的程序问题，涉及实体问题的，不适用此判决形式，其次，职能针对程序上存在轻微违法的行政行为，如果出现重大程序违法，则不适用此种判决。程序合法是行政行为合法的必要条件，理论上说，程序违法，足够构成行政行为违法。但是，程序违法的表现形态非常复杂，有的直接影响到当事人的合法权益，比如，行政机关超过法定期限作出许可决定，可能会影响到原告权利的及时行使和实现，也有的程序违法不会对当事人的权利造成实质影响，或者影响轻微，对这类违法行为如果判决撤销，行政机关有时还必须重做，这样不利于节约行政成本，有时对原告实际上也造成了不利的影响。比如，行政机关超期作出行政许可决定，虽然构成程序违法，但如果据此撤销了已经作出的行政许可决定，原告如果要实际获得被许可的权利，还需要另行提出申请，行政机关还要依法定程序再进行审核并作出决定。这样对原告实际更为不利。但是，法律并不因此放纵行政机关违法，因此人民法院作出确认违法的判决，根据《国家赔偿法》的规定，如果当事人能够证明因超期许可造成损失，则应当给予国家赔偿。

（2）确认违法但不需要撤销行政行为的。《行政诉讼法》第74条第2款规定："行政行为有下列情形之一，不需要撤销或者判决履行的，人民法院判决确认违法：①行政行为违法，但不具有可撤销内容的；②被告改变原违法行政行为，原告仍要求确认原行政行为违法的；③被告不履行或者拖延履行法定职责，判决履行没有意义的。"此种确认违法判决与前述确认违法判决有着明显的区别。前述确认违法判决是行政行为依法应当撤销，但出于特殊原因不撤销，只确认违法；此处确认违法判决是没有撤销意义的，要么其本身就是没有可撤销的内容，如行政事实行为，在当事人诉讼时违法行为的后果早已发生，撤销已经没有意义；要么是可以撤销的内容实际已经撤销，比如，原告起诉后被告改变了被诉的行政行为，对原告的不利影响实际已经消除；要么是撤销后原告已没有再实现权利的可能，比如，原告申请参加某种活动被行政机关拒绝，起诉后活动已经结束，已无再参加的可能。因此，作出确认违法判决是比较符合实际的。

（3）确认行政行为无效判决。《行政诉讼法》第75条规定："行政行为有实施主体不具有行政主体资格或者没有依据等重大且明显违法情形，原告申请确认行政行为无效的，人民法院判决确认无效。"这是2014年修正《行政诉讼法》时新增加的一种判决形式。从某种程度上说，增加这一判决反映了我国行政法律制度的重大进步，是朝着严格的法治主义迈出了一步。理解这一评价，首先要明确行政诉讼的撤销之诉与确认无效之诉的区别。表面看，这两种诉的目的都是为了消灭行政行为的效力，通过法院的判决解除行政行为对当事人的拘束，但从国外有关国家的法律规定看，二者区别十分重大：其一，撤销之诉有确定而严格的诉讼期限规定，而确认无效之诉没有诉讼起诉期限的规定，任何时候都可以提起；其二，一般而言，撤销之诉有较严格的原告资格限制，而确认无效之诉没有原告资格限制，"人人得而诉之"。由于确认无效之诉的存在，行政机关面临巨大的压力，行政行为随时随地都可能遭受确认无效之诉的攻击，对于行政行为的安定、法律秩序的稳定是极为不利的。正因为如此，凡是建立确认无效之诉的国家，在提起的条件和法院作出确认无效判决的条件方面，都有严格的规定，有的要求针对的行政行为存在重大违法情形，有的要求有明显违法情形，有的既强调重大同时强调明显违法情形。此前，我国《行政诉讼法》中没有规定确认无效之诉，人民法院也不存在作出确认行政行为违法的判决，行政行为违法的情形无论如何重大、如何明显，均以撤销之诉的模式实施。这种情况不利于及时制止重大、明显违法的行政行为实际发生的效力，与依法行政的要求背道而驰。因此，引入确认无效之诉势所必然。2014年修正后的《行政诉讼法》顺应这种形式需要，规定了确认无效判决。但是，从目前的规定，还是可以看出立法者谨慎和渐进的态度的。首先，没有在受案范围或者在起诉阶段赋予公民提起确认行政行为违法的诉讼；其次，未在起诉期限和原告资格上区别撤销之诉和确认违法之诉，而是实行统一的标准；最后，更重要的是，对法院作出确认行政行为无效判决的条件规定得较为严格：只能针对行政行为有"实施主体不具有行政主体资格"或者"没有依据"的情形，而且必须达到"重大且明显违法"的程度，才能做出。

3. 确认判决的法律意义。从《行政诉讼法》的规定来看，由于针对合法的行政行为适用驳回诉讼请求判决，所以不存在确认行政行为合法的判决，确认判决均为确认行政行为合法或者无效，其法律意义非常明显，根据《国家赔偿法》的规定，行政行为违法将可能导致国家赔偿。当人民法院判决行政行为违法或者无效后，当事人可以据此申请国家赔偿，而且，《行政诉讼法》第76条规定："人民法院判决确认违法或者无效的，可以同时判决责令被告采取补救措施；给原告造成损失的，依法判决被告承担赔偿责任。"这就形成了一个完整的保护公民、法人或者其他组织合法权益的法律结构。

（六）变更判决

1. 变更判决的含义。变更判决是指人民法院审理行政案件时，运用国家审判权直接变更被诉的行政行为的内容而进行的判决。人民法院依法进行变更判决，是人民法院拥有司法变更权的具体表现。

在行政审判中，如何处理行政权与审判权的关系，人民法院能否直接判决变更行政机关的行为，历来是理论界争论的焦点。有人认为，如果赋予法院变更权，实际上会造成审判权对行政权的侵害，导致司法机关代替行政机关行使职权，因而反对法院拥有变更权。也有人反对这种说法，他们认为分权与制衡，分工与制约是密不可分的。人民法院处理行政纠纷过程中变更行政机关的错误决定，是运用审判权对行政权的一种有效的制约。客观地说，从国家职能分工来看，审判机关和行政机关确定应当相互尊重各自的权力，即使运用审判权制约行政权，也应当建立在不过分干涉行政权的基础上。就我国行政审判制度的实际情况而言，我国行政诉讼制度历史还很短，如果赋予人民法院司法变更权，要求审判人员也要具备丰富的行政管理知识和经验，准确地对行政行为进行变更，是难以实现的。但是，如果审判机关完全不享有变更权，则对行政审判任务的实现也是不利的。而且，就世界范围而言，越来越多的国家和地区对司法变更权开始持肯定的态度。依据1989年的《行政诉讼法》第54条第4项的规定，人民法院对行政处罚显失公正的，可以判决变更。这一规定表明，在我国行政诉讼的立法上，有限地肯定了司法变更权。2014年修正《行政诉讼法》时，总结行政诉讼的经验教训，扩大了变更判决的适用范围，对司法变更权进行了扩充。

2. 适用变更判决的情形。《行政诉讼法》第77条规定："行政处罚明显不当，或者其他行政行为涉及对款额的确定、认定确有错误的，人民法院可以判决变更。人民法院判决变更，不得加重原告的义务或者减损原告的权益。但利害关系人同为原告，且诉讼请求相反的除外。"本条规定了适用变更判决的情形和条件：

（1）只能针对行政处罚和其他涉及款额确定的行政行为。行政处罚是对公民、法人或者其他组织权利义务影响最大的行政行为之一，对于行政处罚，法律、法规规定的处罚幅度较宽，有的根本没有规定处罚幅度，行政处罚实践中最突出的问题是，处罚裁量权的运用较为随意，没有确定的标准，行政机关在实施行政处罚时，往往会出现畸轻畸重的情况，损害公民、法人或者其他组织的合法权益。其他涉及款额的行政行为，如行政征收、支付抚恤金、最低生活保障待遇、社会保险待遇等，如果出现计算错误或者使用标准错误，也将损害当事人合法权益，因为只涉及款额计算，如果按照通常的判决予以撤销的话，行政机关还将重新作出行政行为，对原告实际是不利的，因此，对这类行为赋予法院变更权，有利于及时解决问题。

（2）行政处罚明显不当、其他涉及款额的行政行为确定、认定数额不当。2014年修正《行政诉讼法》时，将原规定的"显失公正"改为"明显不当"，并无实质区别，都是指行政处罚严重偏离了裁量基准，严重违反了行政合理性原则，具有通常法律常识和道德认识水准的人均可发现和确认其不合理。

3. 变更判决的法律意义。变更判决有利于及时有效的化解行政争议，减轻当事人的讼累，同时也有减低行政成本，提高行政机关处理行政事务的效率方面的作用。

当然，行政诉讼中涉及人民法院与行政机关的职权划分。如果人民法院无节制的运用变更判决，就会有过度干预行政机关职权，甚至有取代行政机关行使职权的嫌疑，因此，适用变更判决，应当坚持以下原则：其一，只能针对《行政诉讼法》第77条规定的案件、达到其规定的条件才能适用；其二，在行政行为出现可撤销、可变更情形的，应优先选择撤销判决。

根据诉讼禁止不利变更原则，人民法院判决变更，不得加重原告的义务或者减损原告的权益。但利害关系人同为原告，且诉讼请求相反的除外。《行政诉讼法》第77条规定了适用变更判决的情形和条件。

三、二审判决和再审判决

（一）二审判决

1. 二审判决的种类。二审判决是第二审人民法院运用第二审程序对案件所作的判决。第二审以第一审判决、裁定为审理对象。因此，第二审判决不仅要对行政诉讼当事人之间的行政争议所涉及的事实根据和法律依据作出结论，还要对第一审裁判的事实根据和法律依据作出结论。根据《行政诉讼法》第89条的规定，第二审判决可以分为两种：

（1）判决驳回上诉，维持原判。即第二审人民法院用判决的方式，对第一审人民法院在判决中认定的事实和适用的法律、法规予以肯定，认可其合法性，并确认其法律效力。根据《行政诉讼法》第89条第1款第1项的规定，维持原判的条件是：认定事实清楚，即第一审判决所依据的事实有充分的证据可资证明；适用法律、法规正确，即指第一审判决在正确认定事实的基础上，严格按照法定程序，准确适用了法律、法规的规定，对所争议的行政行为作出了公正的判决。

（2）依法改判。即第二审人民法院用判决的形式直接改正第一审法院错误的判决。根据《行政诉讼法》第89条第1款第2项的规定，改判有两种情况：①原判决认定事实错误；②原判决适用法律、法规错误的。改判既可以是对一审判决认定事实错误的纠正，也可以是对适用法律、法规错误的纠正，无论是哪一种改判，二审法院均应当撤销或部分撤销一审判决，并依法判决撤销或者变更被诉的行政行为。

另外，对于一审判决的处理，《行政诉讼法》第89条第1款还规定了以下两种情形：①原判决认定基本事实不清、证据不足的，发回原审人民法院重审，或者查清事实后改判；②原判决遗漏当事人或者违法缺席判决等严重违反法定程序的，裁定撤销原判决，发回原审人民法院重审。原审人民法院对发回重审的案件作出判决后，当事人提起上诉的，第二审人民法院不得再次发回重审。

人民法院审理上诉案件，需要改变原审判决的，应当同时对被诉行政行为作出判决。

2. 二审判决的效力。第二审人民法院的判决是终审判决，一经作出便立即发生法律效力，当事人不得上诉，并且立即发生执行力，当事人应立即履行判决内容。

（二）再审判决

再审判决是人民法院运用审判监督程序所作的判决。《行政诉讼法》未对再审判决的条件等作出明确的规定。我们认为，再审判决形式是由案件经过哪一级人民法院审结决定的，具体可以包括：

（1）如果原判决认定事实清楚，适用法律、法规正确，无论案件经过哪一级人民法院审结，均应裁定撤销原中止执行和决定再审的决定，执行原判决。

（2）原判决认定事实有错误，违反法律、法规的规定，如果是按照一审程序审理的，则按照一审判决的形式，作出新的判决。如果是按照二审程序审结的，可以撤销原判，发回原一审法院重新审理。

（3）如果按照第二审程序再审，发现原二审判决事实清楚，但违反法律、法规规定，可以依法改判。如果原一审裁判正确，二审裁判错误，可以撤销二审裁判、维持一审裁判。

再审判决的效力取决于再审案件按照哪一种程序审理，如果按照第一审程序审理，则其判决可上诉；如果按照第二审程序审理则为终审判决，不得上诉。

第二节　裁定与决定

一、裁定、决定的概念

裁定，是指人民法院在案件审理过程中，或者在判决的执行过程当中，就程序问题的处理形式。

决定，是指人民法院在诉讼过程中，就有关特殊问题的处理形式。

裁定、决定与判决一样，是人民法院依法作出的具有法律效力的诉讼文书。但它们又有明显的不同：①适用的对象不同。判决是在人民法院审理案件终结时，就实体问题所作的判定。裁定是在案件的审理过程中，就程序问题所作的判定。裁定只适用于程序问题，并且，既可能在案件审理过程中作出，也可能在执行过程中作出。决定只适用于一些特殊问题。②适用的范围不同。判决是确定行政行为是否合法的实体问题，其范围较小。裁定的范围要比判决广，凡有关程序问题均可用裁定解决。决定只适用于一些特殊问题的处理，如回避、决定再审等。③表现的形式不同。判决必须用书面形式作出，而裁定和决定既可以是书面的，也可以是口头的，但口头的裁定和决定应当记入笔录。

二、裁定、决定的适用范围

裁定只适用于有关程序问题，根据《最高人民法院关于执行〈中华人民共和国行政诉讼法〉若干问题的解释》，下列情况可以适用裁定：①不予受理；②驳回起诉；③管辖异议；④诉讼期间停止行政行为的执行或驳回停止执行的申请；⑤财产保全；⑥先予执行；⑦准许或者不准许撤诉；⑧中止诉讼；⑨终结诉讼；⑩补正裁判文书中的笔误；⑪中止或终结执行；⑫提审、指令再审或者发回重审；⑬移送或者指定管辖；⑭准许或者不准许执行行政机关的行政行为；⑮其他需要裁定的事项。如第二审人民法院审理不服第一审人民法院裁定不予受理或者裁定驳回起诉的上诉案件，一律使用裁定撤销一审裁定，由二审人民法院立案受理或者发回原审人民法院重新审理。按照审判监督程序决定再审的案件，应当适用裁定终止原判决的执行，等等。

裁定书应由合议庭成员、书记员署名，加盖人民法院印章，依法口头裁定的记入笔录。对其中第1～3项裁定，当事人不服可以上诉。

决定的适用范围：决定适用于一些特殊问题的处理。根据法律的有关规定和司法实践中的有关做法，下列情况可以适用决定：①回避；②对妨害诉讼的行为人采取强制措施，其中对决定给予行为人以罚款、拘留的需经人民法院院长批准，当事人不服的可以申请复议；③重大、疑难案件的处理由院长提交审判委员会决定；④决定再审、提审或者指定再审的。

决定可以是书面的，也可以是口头的。书面决定应由作出决定的机关加盖公章，口头决定应当记入笔录。

三、裁定、决定的效力

（一）裁定的法律效力

裁定的法律效力有两种情况：①凡审判人员为组织诉讼所作的裁定，一经宣布或者送达，即发生法律效力。②一审法院作出的不予受理的裁定，或者驳回起诉的裁定，可以在一审法院作出裁定之日起的10日内向上一级人民法院提出上诉。逾期不提出上诉的，一审人民法院的裁定即发生法律效力。

（二）决定的法律效力

决定无论是什么性质，也不论是根据哪一部法律作出的，一经宣布或送达，就发生法律效力。规定当事人可以申请复议的，复议期间不停止决定的执行。

■思考题

1. 行政诉讼中的判决有什么特点？有哪些主要形式？

2. 行政诉讼中各种判决形式适用的条件是什么？分别有什么法律意义？

3. 行政诉讼中的滥用职权与显失公正有什么区别和联系？

■参考资料

1. 吴华：《行政诉讼类型研究》，中国人民公安大学出版社2006年版。

2. 杨伟东：《行政行为司法审查强度研究——行政审判权纵向范围分析》，中国人民大学出版社2003年版。

3. 应松年主编：《行政法与行政诉讼法学》，法律出版社2005年版。

第十四章　行政诉讼的法律适用

■ 学习目的和要求

　　重点掌握人民法院审理行政案件对法律、法规的适用，对规章的参照适用，以及对其他规范性文件的审查适用。一般了解：行政诉讼法律适用冲突的概念和特点、种类和形式，以及选择适用的具体规则。

第一节　法律适用

一、法律适用的概念和特点

　　行政诉讼法律适用，是指人民法院按照法定程序将法律、法规（或参照规章的规定）具体运用于各种行政案件从而对行政机关具体行政行为的合法性进行审查的专门活动。

　　行政诉讼的法律适用与行政机关在行政程序中作出具体行政行为时的法律适用，以及与刑事、民事法律适用相比，具有以下特点：

　　1. 适用主体是人民法院，而非行政机关。根据《行政诉讼法》的规定，我国的行政诉讼是指人民法院通过依法审理行政案件，对具体行政行为的合法性进行审查并作出裁判的制度。在行政诉讼中，只有人民法院才有权适用法律，行政机关作为诉讼当事人无权决定对行政诉讼的法律适用。

　　2. 是第二次法律适用。在大多数情况下，[1] 行政诉讼中的法律适用，是人民法院对行政案件的第二次法律适用，也就是对行政机关在行政程序中作出具体行政行为时已经作过的法律适用的再适用，也可称为审查适用。

　　只要行政机关作出了具体行政行为，无论有无正式的书面决定，都是行政机关适用法律、法规或规范性文件于特定法律事实的活动。在行政诉讼之前，行政

---

〔1〕　公民、法人或者其他组织针对行政事实行为提起的行政赔偿诉讼当属例外。

机关已经解决过法律适用问题，这是第一次法律适用。如果公民、法人或者其他组织不服向人民法院起诉，人民法院依法受理、审理和作出裁判，对具体行政行为作出具有最终法律效力的法律适用，这是第二次法律适用，是对第一次法律适用的审查适用，从而解决第一次法律适用是否合法的问题。行政机关适用法律时面对的是公民、法人或者其他组织的行为事实，人民法院在诉讼中的法律适用则着眼于行政机关认定的行为事实，即行政机关作出具体行政行为时的事实根据。在第二次法律适用的过程中，也涉及公民、法人或者其他组织的行为事实，但法院审查的主要对象不是公民、法人或者其他组织的行为事实，而是行政机关认定的行为事实。公民、法人或者其他组织的行为事实与行政机关认定的行为事实之间虽有联系，但不是一回事。行政诉讼法律适用正是在审查行政机关针对公民、法人或者其他组织的行为事实所进行的法律适用是否合法的基础上所作的再适用。这与民事诉讼中的法律适用不同。民事诉讼中不存在某一法定机关依法定职权作出具有法律效力的决定的情况，从这个意义上说，民事诉讼中的法律适用是第一次法律适用。行政诉讼的法律适用和刑事诉讼的法律适用也有区别。在刑事诉讼中，一方面，在法院裁判之前，先有其他国家机关的法律认定，这与民事诉讼有区别；另一方面，人民法院是有权最终认定被告人是否有罪的唯一主体，就最终解决被告人的刑事法律责任而言，法院适用刑事实体法也是第一次法律适用。

3. 行政诉讼法律适用具有最终的法律效力。与上述特点相联系，行政诉讼中人民法院的法律适用是最终的适用，其效力高于行政机关作出具体行政行为时的法律适用。行政机关和公民、法人或者其他组织都必须遵守和执行，行政机关不得以同一事实和理由就同一问题再作出与司法判决不同的具体行政行为，否则就是违法，就要承担相应的法律责任。

4. 行政诉讼的法律适用以合法性审查为原则，有限的合理性审查为补充。2014 年修订的《行政诉讼法》在合法性审查原则的基础上，进一步强化对明显不合理的行政行为的司法审查。《行政诉讼法》运行二十余年来，人民法院一直将解决行政行为的合法性问题作为重点，除针对行政处罚和要求行政赔偿的诉讼之外，基本不解决合理性问题。而 2014 年修订的《行政诉讼法》第 70 条明确规定，具体行政行为"明显不当的"，人民法院有权判决撤销或者部分撤销，并可以判决被告重新作出行政行为。与之相对应，2014 年修订的《行政诉讼法》在可撤销的行政行为之外明确了无效行政行为的概念。《行政诉讼法》第 74 条规定，行政行为有重大且明显违法情形，原告申请确认无效的，人民法院判决确认行政行为无效。明显不当的行政行为因其不合理的程度已经达到了相当的标准，不符合正常人的判断标准，因此对其进行的司法审查也可以看做一种特殊的合法性审查。随着行政诉讼法的进一步修改和完善，人民法院对行政行为的审查权限不断增大，对行政行为的合法性和合理性监督日益增强。

5. 根据《行政诉讼法》的规定，我国行政诉讼法律适用的依据是法律、法规，并可参照规章。

二、法律、法规的适用

（一）法律

根据《行政诉讼法》第63条的规定，法律是人民法院审理行政案件的依据。这里的"法律"是指全国人民代表大会及其常务委员会制定的规范性文件。[1]根据《宪法》确定的立法权限，全国人民代表大会制定和修改有关刑事、民事、国家机构的和其他的基本法律；全国人民代表大会常务委员会制定和修改除应当由全国人民代表大会制定的法律以外的其他法律，并在全国人民代表大会闭会期间，对全国人民代表大会制定的法律进行部分补充和修改，但不得同该法律的基本原则相抵触。

依据法律，是法律适用的前提和基本要求。对于任何案件，法院都必须首先依据法律的规定作出定性和处理，而不能拒绝适用法律。这是由我国的政治制度决定的。根据《宪法》规定，我国是人民民主专政的社会主义国家，国家的一切权力属于人民，人民行使权力的机关是全国人民代表大会和地方各级人民代表大会。全国人民代表大会和地方各级人民代表大会都由民主选举产生，对人民负责，受人民监督，国家行政机关、审判机关、检察机关都由人民代表大会产生，对它负责，受它监督。全国人民代表大会是国家最高权力机关，它的常设机构是常务委员会，人民主要是通过人民代表大会及其常务委员会制定的法律来表达其意志。因此，在国家权力中，立法权是至高无上的，行政权和司法权均从属于立法权。行政权和司法权的行使都必须服从立法机关制定的法律。因此，毫无疑问，人民法院审理行政案件时，其法律适用的依据必须首先是法律。

需要指出的是，《宪法》是国家根本大法，是国家、民族和人民利益的集中体现。因此，在行政诉讼中，《宪法》应该是人民法院法律适用的最高和最终标准。行政诉讼的法律适用必须合宪，符合《宪法》在序言和正文中的基本精神和所有条款。

（二）行政法规

根据《行政诉讼法》第63条的规定，行政法规也是人民法院对具体行政行为进行合法性审查的依据。行政法规的法律地位仅次于宪法和法律，高于地方性

---

〔1〕　包括全国人大常委会的法律解释，参见最高人民法院2004年5月18日《关于审理行政案件适用法律规范问题的座谈会纪要》（以下简称最高法《座谈会纪要》）。

法规。行政法规是由国务院制定的，国务院是最高国家权力机关的执行机关，是最高国家行政机关，它负责全国的行政管理工作。[1] 行政法规之所以成为司法审查的依据，是因为：

1. 《行政诉讼法》明确规定，行政法规是人民法院法律适用的依据，《行政诉讼法》是全国人民代表大会制定的，所以法院必须遵守。

2. 由国务院的地位和其所行使的职权所决定，行政法规也应是人民法院法律适用的依据。国务院是全国人民代表大会的执行机构，负责全国的行政管理工作，行政法规是宪法和法律的直接具体化，如果排除行政法规的适用，全国的行政管理工作将陷入瘫痪。

3. 按照《宪法》和有关法律，地方国家权力机关制定的地方性法规也不得与行政法规相抵触。所以，无论是最高人民法院还是地方各级人民法院在行政诉讼中的法律适用，都必须以行政法规为依据。

行政法规可以就下列事项作出规定：①为执行法律的规定需要制定行政法规的事项；②《宪法》第89条规定的国务院行政管理职权的事项；③应当由全国人民代表大会及其常务委员会制定法律的事项，国务院根据全国人民代表大会及其常务委员会的授权决定先制定行政法规。

（三）地方性法规

地方性法规，是指由省、直辖市、自治区人民代表大会及其常务委员会，设区的市、自治州的人民代表大会及其常务委员会根据本行政区域的具体情况和实际需要制定的规范性文件。根据《立法法》第73条规定，地方性法规可以就下列事项作出规定：①为执行法律、行政法规的规定，需要根据本行政区域的实际情况作具体规定的事项；②属于地方性事务需要制定地方性法规的事项；③除《立法法》第8条规定的事项外，其他事项国家尚未制定法律或者行政法规的，省、自治区、直辖市和设区的市、自治州的人民代表大会及其常务委员会根据本地方的具体情况和实际需要，可以先制定地方性法规，但设区的市、自治州制定地方性法规限于城乡建设与管理、环境保护、历史文化保护等方面的事项。

根据《行政诉讼法》的规定，地方性法规是人民法院法律适用的依据。法律规定地方性法规作为审查相应地方国家行政机关具体行政行为是否合法的依

---

〔1〕 根据最高法《座谈会纪要》的规定，国务院或者国务院授权的部门公布的行政法规解释，人民法院也应当作为审理行政案件的法律依据。另外，考虑新中国成立后我国立法程序的沿革情况，现行有效的行政法规有以下三种类型：一是国务院制定并公布的行政法规；二是《立法法》施行以前，按照当时有效的行政法规制定程序，经国务院批准、由国务院部门公布的行政法规。但在《立法法》施行以后，经国务院批准、由国务院部门公布的规范性文件，不再属于行政法规；三是在清理行政法规时由国务院确认的其他行政法规。

据，主要基于以下考虑：

1. 地方性法规的制定主体是地方国家权力机关，地方国家行政机关和地方司法机关都由其同级国家权力机关产生，对它负责，受它监督。这一体制决定了地方行政机关制定规章或作出具体行政行为时都必须遵守地方性法规。地方各级人民法院在行使审判权时尤其是行使司法审查权时，必须遵守地方性法规。

2. 有的法律直接规定由地方性法规将法律的原则性规定具体化。人民法院对于依此种法律一般性授权制定的地方性法规为依据实施的具体行政行为，只有以地方性法规为依据才能准确地判定具体行政行为的合法性。

3. 较大的市在国家政治、经济建设中具有重要地位，又是改革和开放的前哨，在法律和行政法规就某一新的行政事务作出规定之前，往往作为中央立法的试验基地。所以，从国家经济建设和加快改革开放的需要出发，地方性法规作为法律适用的依据是必要的。

人民法院审查民族自治地方的行政机关实施的具体行政行为，同时还应以民族自治地方的自治条例和单行条例为依据。其理由亦同于地方性法规作为司法审查依据的理由。《行政诉讼法》明确规定，自治条例和单行条例也是人民法院在行政诉讼中法律适用时的依据。自治条例、单行条例与地方性法规是处于同一级别的法律规范。依照宪法和有关法律，自治区、自治州、自治县比一般行政区域单位享有更多的权力，民族自治地方除了必须遵守宪法之外，经全国人民代表大会常务委员会或省、自治区人民代表大会常务委员会批准，在必要时可以变通法律和行政法规的某些规定，故人民法院对民族自治地方行政机关根据此种自治条例和单行条例实施的具体行政行为，更有必要以自治条例和单行条例为依据进行审查。

在此有必要指出，尽管《行政诉讼法》规定，人民法院在适用法律时必须依据法律和法规，但必须注意法律、法规的层级效力，在认为相关法律、法规存在合法和合宪性问题时，可以向有权机关提出自己的观点，在有权机关确认和解决合宪、合法性问题之前，必须遵守相应的法律和法规。

三、规章的参照适用

规章是由国务院各部委和直属机构或省、自治区、直辖市人民政府或较大的市人民政府制定的规范性文件。《宪法》第 90 条第 2 款规定："各部、各委员会根据法律和国务院的行政法规、决定、命令，在本部门的权限内，发布命令、指示和规章。"《立法法》第 80 条规定："国务院各部、委员会、中国人民银行、审计署和具有行政管理职能的直属机构，可以根据法律和国务院的行政法规、决定、命令，在本部门的权限范围内，制定规章。部门规章规定的事项应当属于执行法律或者国务院的行政法规、决定、命令的事项……"这是部门行政规章制定权的宪法和法律依据。涉及两个以上国务院部门职权范围的事项，应当提请国务院制定行政法规或者由国务院有关部门联合制定规章。

《立法法》第 82 条第 1 款规定："省、自治区、直辖市和设区的市、自治州的人民政府，可以根据法律、行政法规和本省、自治区、直辖市的地方性法规，制定规章。"这是地方政府规章制定权的法律依据。地方政府规章可以就下列事项作出规定：①为执行法律、行政法规、地方性法规的规定需要制定规章的事项；②属于本行政区域的具体行政管理事项。

为什么《行政诉讼法》不把规章作为人民法院法律适用时的必然依据？主要原因是：①有权制定规章的行政机关常常又可以据此作出具体行政行为，从而成为司法审查的对象。如果法院审查具体行政行为必须以规章为依据，就等于相应行政机关自己制定司法审查的标准，这既不利于保护公民、法人或者其他组织的合法权益，也不符合行政法治原则的要求；②有权制定规章的行政机关，尤其是中央行政机关，在经济体制改革过程中其组织、职权、组成变动较快，部门间的职权交叉问题仍没有得到彻底解决；③规章的制定程序不够科学和严格，以至于某些规章存在着部门、行业主义或地方保护主义，规章之间的互相矛盾，甚至与法律、法规不一致。在这种情况下，以规章作为依据将使人民法院的法律适用无所适从或难以适用。所以，行政诉讼中的法律适用径直以规章为依据显然是不适当的。

但是，《宪法》和有关法律确立了规章的制定权，并限制在一定级别的行政机关，意味着国家对规章制定权的授予与控制是相当严格的。而且从其内容来看，规章又是法律、法规的具体化，行政机关作出具体行政行为时，在相当多情况下都依据规章。因此，人民法院审查具体行政行为的合法性时完全撇开规章又是不现实的，尤其在法律和法规对某一具体行政关系没有明确具体规定，而规章却作了具体规定时更是如此。所以，人民法院在审查具体行政行为合法性时不能依据规章，但同时又离不开规章，这就需要给规章在行政诉讼中的地位作一特别的规定。《行政诉讼法》第 63 条第 3 款规定"参照"规章，是一个有特殊法律含义的用词。权威的解释是《关于〈中华人民共和国行政诉讼法（草案）〉的说明》中指出："对符合法律、行政法规规定的规章，法院要参照审理，对不符合或不完全符合法律、行政法规原则精神的规章，法院可以有灵活处理的余地。"据此，可以认为，"参照"的基本含义包括两个不同的方面：一是可以将规章的规定作为依据；二是也可"灵活处理"，即不作为依据。也就是说，"参照"与依据不同，依据是指人民法院审理行政案件时必须适用该规范，不能拒绝适用；参照则是指在某些情况下可以适用，在某些情况下也可以不予以适用。

按照这个说明，如果行政机关的具体行政行为是根据符合法律和行政法规的规章作出的，人民法院就应适用该规章；如果行政机关的具体行政行为是根据不符合法律、行政法规原则精神的规章作出的，人民法院就可以不适用该规章。[1]

这个说明与《宪法》和法律关于规章的规定是一致的。《宪法》和有关法律关于规章制定权的规定是："根据法律和行政法规，制定规章"。也就是说，只有在法律、行政法规对某一问题已有规定，有了这一法律和行政法规的"根据"时，规章才能就同一问题作某些具体化的规定。没有法律、行政法规根据的规章就不能成立。"符合"与"根据"有共同点也有区别。符合是指在有法律、行政法规根据的情况下，规章所作的规定与法律、行政法规的规定相一致，或者在没有法律明确规定的情况下规章的规定与法律原则相一致。这种情况下，规章在行政诉讼中的适用问题已由王汉斌同志的报告解决。但"根据"面临的问题要比"符合"复杂得多。由于以下原因，现实中没有法律、行政法规根据的规章大量存在：①我国虽已制定了许多法律和法规，但法律、法规的涵盖面尚远未及于经济与社会生活的各个方面，而实践又迫切需要有一定的规范，否则这方面的行政管理就会陷于瘫痪，作为应急措施，先制定一些规章是必要的。②我国的社会关系尚不稳定，几十年来变动极大，要迅速在各个方面都制定出法律或行政法规极为困难。我国的立法进程不可能像某些社会关系已趋于稳定的国家那样先有法律再逐步具体化，通常的做法是先制定规章，待关系稳定、经验成熟，再形成行政法规、法律。因此，没有法律、行政法规根据的规章的出现是不可避免的，甚至可以说是必要的。实际上，我国各部门、各地方行政机关所作的具体行政行为相当一部分是适用规章作出的。这就给人民法院在行政诉讼中的法律适用提出了一个新问题：在有法律、行政法规根据时，可以规章是否符合法律、行政法规为标准作出是否适用的判断。如果没有法律和行政法规的根据，人民法院对规章如何适用？有的同志提出，应一律以没有法律根据为由宣布不能适用。笔者认为这样做恐有失偏颇，其结果将可能使我国的行政管理陷入难以运行的境地。对国家、对公民、法人或者其他组织都是不利的。对于那些一时尚无法律根据的规章，人民法院在适用时可以作具体区分。对那些虽无直接法律或行政法规根据，但总体上符合宪法精神、符合党和国家的政策、符合改革开放精神、有利于经济发展和人民利益，并且所涉及的事项确实在制定机关的法定职权内，遵循法定程序制定的规章，应予以适用，但对于反映部门主义、地方主义，甚至侵犯公民权益、违背宪法精神，或超越职权、不符合法定程序及其他要件的规章，则不予适用。

《行政诉讼法》关于人民法院在审理行政案件时参照规章的规定，在一定程

---

[1] 需要注意的是，根据最高法《座谈会纪要》的规定，规章制定机关作出的与规章具有同等效力的规章解释，人民法院审理行政案件时也应参照适用。

度上体现了人民法院对规章的司法监督权。

需要注意的是，既然参照规章既不是无条件地适用，也不是一律拒绝适用，"参照"一词作为行政诉讼中的法律术语，人民法院在制作判决和裁定等法律文书时，就不能用其他词语来代替。为了更准确地说明"参照"的法律含义，《最高人民法院关于贯彻执行〈中华人民共和国行政诉讼法〉若干问题的意见（试行）》第70条规定，人民法院作出判决或者裁定需要参照规章时，应当写明"根据《中华人民共和国行政诉讼法》第53条，参照××规章（条、款、项）的规定"。《最高人民法院关于执行〈中华人民共和国行政诉讼法〉若干问题的解释》第62条第2款也规定："人民法院审理行政案件，可以在裁判文书中引用合法有效的规章及其他规范性文件"。

四、规章以下规范性文件的附带性审查

2014年修订的《行政诉讼法》第53条规定："公民、法人或者其他组织认为行政行为所依据的国务院部门和地方人民政府及其部门制定的规范性文件不合法，在对行政行为提起诉讼时，可以一并请求对该规范性文件进行审查。前款规定的规范性文件不含规章。"第64条规定："人民法院在审理行政案件中，经审查发现本法第53条规定的规范性文件不合法的，不作为认定行政行为合法的依据，并向制定机关提出处理建议。"根据我国宪法和法律的规定，行政机关制定的规范性文件，包括行政法规、规章和其他规范性文件。其他规范性文件，行政诉讼法中有时称为"具有普遍约束力的决定、命令"，有时称为"规范性文件"，《行政处罚法》第14条明确称之为"其他规范性文件"，这应该成为统一的用语。[1] 实践中，行政机关往往将这些具体应用解释和其他规范性文件作为行政行为的直接依据。《行政诉讼法》没有规定这些具体应用解释和其他规范性文件在行政诉讼中的法律地位。这些具体应用解释和规范性文件不是正式的法律渊源，对人民法院不具有法律规范意义上的约束力。

关于对行政规范性文件的一并审查，2014年修订的《行政诉讼法》在审查行政行为的同时，首次明确人民法院可以一并审查据以作出行政行为的行政规范性文件的合法性，从而赋予人民法院就行政规范性文件是否合法的独立判断权。

---

〔1〕 对于其他规范性文件，广义的解释是指各类国家行政机关为实施法律、执行政策，在法定权限内制定的除行政法规、行政规章以外的具有普遍约束力的决定、命令及行政措施等。狭义的解释是指没有行政法规和行政规章制定权的国家行政机关为实施法律、法规和规章而制定的具有普遍约束力的决定、命令、行政措施等。本章采用狭义的解释。另外，根据最高法《座谈会纪要》的规定，这类行政法律规范包括国务院各部门以及省、市、自治区和较大的市的人民政府或其主管部门对于具体应用法律、法规或规章作出的解释；县级以上人民政府及其主管部门制定发布的具有普遍约束力的决定、命令或其他规范性文件。

与对具体行政行为的审查不同，人民法院在认为行政规范性文件违法的情况下，虽不能直接宣告其违法，但有送请有关机关解释和确认的权力，这有利于加强对行政规范性文件的监督，有利于提升行政立法质量。必须指出的是，根据目前其他规范性文件存在的问题，人民法院对此应加强监督。

此外，根据《宪法》和有关法律规定，最高人民检察院和最高人民法院也可以对法律进行司法解释，《行政诉讼法》没有规定司法解释的法律地位，但是，根据我国《宪法》和法律的有关规定，司法解释应当是人民法院司法审查的依据。

五、指导性案例的参照适用

指导性案例是司法机关经过一定程序确认的在审判工作中可以作为先例予以借鉴参考的已生效的司法案例。在司法审判中以指导性案例指导具体案件裁判的制度即案例指导制度。司法解释和案例指导是最高人民法院协调全国审判工作的两种重要形式，对帮助各级法院和广大法官准确理解法律，正确处理案件，起了重要作用。司法解释是最高人民法院对法律适用问题作出的具有法律约束力的解释，是对法律适用中出现的问题和典型案件进行总结、概括、抽象、升华而形成的。案例指导以其具体、及时、灵活的优势，对法律规定和司法解释起着必不可少的补充作用。

为了总结审判经验、统一法律适用，提高审判质量，维护司法公正，最高人民法院于2010年11月26日发布了《关于案例指导工作的规定》，建立起有中国特色的案例指导制度。

《关于案例指导工作的规定》主要规定了以下几个方面的内容：一是明确了指导性案例发布的主体。指导性案例由最高人民法院确定并统一发布。二是列举了指导性案例的选择范围。指导性案例应符合以下条件之一：①社会广泛关注的；②法律规定比较原则的；③具有典型性的；④疑难复杂或者新类型的；⑤其他具有指导作用的案例。三是明确了指导性案例的工作机构。为了做好案例指导工作，最高人民法院专门设立了案例指导工作办公室，具体负责指导性案例的组织、审查、编纂工作。四是明确了案例指导工作的程序。包括推荐程序、审查程序、报审程序、讨论程序和发布程序等。五是明确了指导性案例的效力问题。其明确规定，对于最高人民法院发布的指导性案例，各级人民法院在审理类似案件时应当参照。六是明确了人民法院此前发布的指导性案例的清理和公布问题。其中影响最大的是第五个方面，即指导性案例的效力问题。自此规定生效之后，各级人民法院在审理行政案件过程中，针对与指导性案例类似的案件，有义务参照适用指导性案例确立的裁判要旨和判决标准，对行政审判的法律适用产生了重要影响。

截至 2014 年底，最高人民法院已发布指导性案例共 9 批，其中行政指导性案例 12 件。指导性案例 5 号明确，地方政府规章违反法律规定设定许可、处罚的，人民法院在行政审判中不予适用。指导性案例 6 号从立法本意出发，将法律没有明文列举的"没收较大数额财产"的行政处罚也列入必须举行听证的范围，这充分保障了行政相对人的权益。指导性案例 21 号涉及行政征收，指导性案例 22 号涉及内部行政行为外部化后的可诉性，指导性案例 26 号涉及政府信息公开网上申请的答复期限问题。2014 年底公布的指导案例 38 号是著名的田永诉北京科技大学拒绝颁发毕业证、学位证案，旨在明确高等学校可以成为行政诉讼的适格被告，人民法院对校纪、校规的司法审查具有权限，以及教育行政管理应当遵循正当法律程序原则等问题。本案作为我国首例大学生因受高校退学处理产生的教育行政纠纷案件，确认了高等学校作为法律法规授权组织的行政主体地位，可以成为行政诉讼被告。这对规范教育领域乃至其他法律法规授权的组织的管理活动具有积极作用和现实意义。指导案例 39 号是何小强诉华中科技大学拒绝授予学位案，旨在明确高等学校作出不授予学位的决定属于行政诉讼的受案范围，以及高等学校在学术自治的范围内有依法自行制定学术评价标准的职权。这对正确理解学术自治与司法审查范围的关系有重要指导意义，具有较强的普遍性和现实意义。这些指导性案例对于监督依法行政、保障行政相对人合法权益、规范政府治理等方面起到了积极作用。

作为法律文化传统的组成部分，判例并非是英美法系所独有，虽然我国是实行成文法的国家，但类似案例指导的制度我国自古有之。而且当今世界大陆法系和英美法系都有相互学习、相互借鉴的趋势，由于成文法的局限性，我们有必要吸取判例法的合理因素，建立完善的案例指导制度。将仍具有指导意义的案例提升为指导性案例，对于总结审判经验，统一法律适用标准，保障公正司法，增强司法透明度，提升司法公信力具有重要意义。加强案例指导制度研究，健全和规范现实的案例指导制度，充分发挥经典案例的指导作用，可以从整体上提高审判工作的质量和法官适用法律的水平，实现"同案同判"和司法公正。

第二节　法律适用的冲突

一、法律适用冲突的概念和特点

行政诉讼的法律适用冲突，是指人民法院在审判行政案件的过程中发现对同一法律事实或关系有两个或两个以上的法律文件作出了不相同的规定，法院适用不同的法律规定就会产生不同的裁判结果。这种法律适用冲突是由于立法本身的原因或者某些客观因素导致的。例如，发生于某省的土地行政案件，土地行政机关适用了《某省土地管理条例》，如果该案诉至人民法院，人民法院认为《某省土地管理条例》和《中华人民共和国土地管理法》的有关规定相抵触，那么，是适用《中华人民共和国土地管理法》还是适用《某省土地管理条例》，这就是行政诉讼的法律适用冲突。

行政诉讼法律适用冲突有以下特点：

1. 是发生于我国领土范围内的法律适用上的冲突。任何一个国家的行政管理权只能在其本国领土上行使。依据我国法律、行政法规、地方性法规、规章作出的具体行政行为，其法律效力只能及于我国领土范围之内，而不及于领域外。同样，外国（或国际组织）国家行政机关的行政行为也只能发生于其本国。在民商法律冲突中，则主要表现为国与国之间的法律冲突。这是我国行政诉讼在法律适用上不同于其他部门法律适用冲突的特点。我国《行政诉讼法》第98条规定："外国人、无国籍人、外国组织在中华人民共和国进行行政诉讼，适用本法。法律另有规定的除外。"

2. 是行政诉讼中的法律适用冲突。在行政法律规范的适用中，行政机关作出具体行政行为要依据法律、行政法规、地方性法规、规章或者其他规范性文件，由于各种法律文件的规定不尽相同，行政机关在行政程序中也存在法律适用的冲突，在这种法律冲突中，发现和适用法律冲突问题的主体是行政机关。而行政诉讼法律适用冲突则是人民法院在审查具体行政行为的过程中发现的法律冲突，由于人民法院的判决具有最终的法律效力，解决法律适用冲突的要求较之行政程序阶段更加严格和迫切。

3. 法律适用冲突不可避免。只要某一国家不只存在一个行政立法主体，那么，法律适用冲突就不可避免。我国目前存在多重行政立法主体，而立法主体之间的协调还存在某些问题，立法职权划分和授权立法的不明确、不周全，立法技术有待进一步提高，公民、法人或者其他组织常跨两个以上行政区活动（客观连接因素）等客观因素，都会引起法律适用冲突。

4. 法律适用冲突发生的前提是各种法律文件，包括不同的法律、行政法规、地方性法规、自治条例和单行条例、规章、授权立法文件等，对相同的法律关系有不一致的规定，适用不同的规定，就会对具体行政行为作出不同的判断。

5. 法律适用冲突具有复杂性。法律适用冲突的表现是多种多样的。可以根据冲突是否合法把它分为合法的冲突与不合法的冲突。合法的冲突，即法律允许的冲突，如特别法与普通法的冲突，这种冲突即是合法、有效的冲突。不合法的冲突，即一种法律规范的规定是合法、有效的，另一种法律规范的规定与法律、法规的精神相冲突，由此二者间发生的冲突。对不合法的规定应否认其法律效力，不能作为法律依据，而只能选择合法、有效的规定，例如，地方性法规与法律相冲突就只能以法律为依据。从理论上讲，不合法的冲突是不允许存在的，不仅法律适用上要排除，立法上也必须排除。但实际上，如上所说，由于各种难以克服的因素，冲突又是不可避免的。就行政法律规范形式而言，冲突主要包括：①行政法规与法律的冲突；②地方性法规与法律的冲突；③自治条例、单行条例与法律的冲突；④地方性法规与行政法规的冲突；⑤规章与行政法规的冲突；⑥规章与地方性法规的冲突；⑦法律解释与法律、法规、规章的冲突；⑧每种法律规范形式自身的冲突，包括法律之间的冲突、地方性法规之间的冲突、规章之间的冲突等。

就行政法规范的具体内容而言，常见的冲突有：①制裁条件、手段、幅度、权限方面的冲突；②特定对象承担义务的条件、数量、范围、性质方面的冲突；③公民、法人和其他组织享受某种权利的条件、数量、范围、性质方面的冲突；④扩大或缩小特定术语的内涵和外延方面引起的冲突等。

二、法律适用冲突的种类和形式

法律适用冲突的具体表现形式是多种多样的，主要可作以下分类：

（一）特别冲突

特别冲突，是指我国行政法规范体系中的特别法律规定与一般法律规定之间的冲突，即同一机关制定的法律、行政法规、地方性法规、自治条例和单行条例、规章中的特别规定与一般规定之间的冲突。如法律对香港、澳门、台湾地区同胞的出入境管理作了特别的规定，它不同于中国公民的出入境管理的一般法的规定，如果人民法院审理香港、澳门、台湾地区同胞出入境管理案件，就应在相冲突的法律规定间作出选择。

（二）层级冲突

层级冲突，即指各种法律效力等级不同的法律文件就同一事项的规定不相一致而产生的法律冲突。具体表现为：①规章与地方性法规、行政法规、法律、宪法的冲突；②地方性法规与行政法规、法律、宪法的冲突；③行政法规与法律、宪法的冲突；④法律与宪法的冲突；⑤省级政府规章与其所属的较大的市人民政府制定的规章之间的冲突。

（三）平级冲突

平级冲突，即指制定机关不同但法律效力层级相同的各种法律文件就同一事项有不相一致的规定而产生的法律冲突。具体表现为：①国务院各部、委制定的规章之间发生的冲突；②国务院各部、委制定的规章与各省、自治区、直辖市人民政府制定的规章之间的冲突；③国务院各部、委制定的规章与较大的市人民政府制定的规章之间的冲突；④最高审判机关司法解释和最高检察机关司法解释之间的冲突。

（四）新旧法冲突

新旧法冲突，即新的行政法律规范与旧的行政法律规范相抵触而产生的是适用新法还是适用旧法的法律适用冲突。

（五）人际冲突

人际冲突，即由于公民的民族、种族或身份的不同，法律对其予以不同的权利义务规定而产生的法律适用冲突。例如，某民族自治地方的计划生育管理条例规定，该自治地方的汉族和少数民族家庭可生育的子女数量不同；我国台湾地区同胞在祖国大陆投资不同于外国人、香港和澳门同胞和祖国大陆公民、法人投资的规定。

（六）区际冲突

区际冲突，是指不同行政区域的行政法律文件的规定不同而产生的法律适用冲突。区际冲突又分为两类：

1. 不同行政区域的法律适用冲突。它包括各省、自治区、直辖市行政法律文件之间的冲突；各省、自治区、直辖市与其辖区外的较大的市之间的行政法律文件冲突；较大的市与较大的市之间的行政法律文件的冲突；没有隶属关系的各民族自治地方之间的行政法律文件的冲突；民族自治地方与它没有隶属关系的普通行政区之间的行政法律文件冲突；各经济特区之间的行政法律文件的冲突等。

2. 社会主义性质的中国内地行政法律文件与香港、澳门之间的非国家主权性质的行政法律文件的适用冲突。中华人民共和国已经分别于1997年7月1日、1999年12月20日恢复对香港、澳门行使主权。香港和澳门现在是中华人民共和国的两个特别行政区。按照《宪法》的有关条款、有关法律和"一国两制"的政策，特别行政区实行高度自治，享有行政管理权、立法权、独立的司法权和终审权。香港和澳门两个特别行政区的法律传统决定了中华人民共和国的行政法规范与特别行政区的行政法规范必然存在差异，冲突是必然的。内地与香港和澳门之间的冲突具体表现为：香港和澳门地区施行的法律与内地全国性法律之间的冲突；香港和澳门地区的法律与内地各省、自治区、直辖市及经济特区的法律文件之间的冲突。

除上述几类冲突外，有时法律适用冲突则表现为一种混合型的冲突，即两种或多种类型的冲突，如自治条例、单行条例与法律的适用冲突，既是一种特别冲突，又是一种层级冲突。

第三节 选择适用的规则

一、选择适用规则的概念和特点

选择适用规则，是指人民法院在审查具体行政行为的合法性时，为解决法律适用冲突所采取的方法和所遵循的原则，由此决定选择适用相应的行政法律文件或具体行政法律规范条款。其特点是：

1. 选择适用规则是解决行政法律适用冲突必须遵守的规则，其最终目的是通过选择适用规则的引导，将相应的行政法律规范条款适用于特定的行政关系。

2. 选择适用规则是一种方法、原则，它不能直接确定行政法律关系的内容，而是通过运用"选择适用规则"将选择适用主体引导向某个"法律文件"，然后再从所引导的法律文件中选择相应的行政法律规范条款。

3. 选择适用规则由两部分组成：一部分是指出有两种或两种以上的行政法律规范相冲突；另一部分是指出要适用何种行政法律规范。

4. 就其内容而言，选择适用规则包括解决合法性适用冲突的规则和解决违法性适用冲突的规则。

5. 在行政诉讼中，人民法院是选择适用规则的适用主体，一般情况下，人民法院不能创制选择适用规则，对宪法、法律还没有规定选择适用规则的法律适用冲突，人民法院应请求有权机关予以裁决，或在遵循宪法所确认的法制统一原则下，原则性和灵活性相结合，选择适用相应的"法律文件"。如果人民法院随意决定选择适用规则，等于行使了立法机关的立法权，而人民法院除了最高人民法院有司法解释权之外，没有立法的权力。但人民法院也不是无所作为，如对规章和其他规范性文件，《行政诉讼法》授权人民法院可以"参照"规章，人民法院还可对规章以下的规范性文件酌情考虑予以适用。

6. 选择适用规则不是实体性规则，基本上是一种程序性规则，例如，人民法院在认为国务院部门规章之间不一致时，由最高人民法院送请国务院作出解释或者裁决。

7. 选择适用规则和国际私法中的冲突规范既相似又不同，所谓"相似"，是指二者"结构"或"形式"相似，所谓"不同"，是指选择适用规则只援引本国行政法律文件，国际私法中的冲突规范可以援引外国民商法，等等。

二、确立选择适用规则的意义

1. 选择适用规则是行政法领域的新课题。从已有的法律来看，虽然《宪法》和有关组织法已经就法律规范冲突的选择适用规则作了较为分散的规定，且《立法法》对此也作了较为集中的规定。但是，由于现代国家实行多元立法体制，立法涉及的内容复杂多变等因素，立法也很难通过制定明确具体的标准把涉及所有法律适用冲突的选择适用规则固定下来。国内外的行政法理论对这一问题的研究还有待于进一步深入展开。

2. 选择适用规则是行政程序和行政诉讼中适用法律、法规或规章时不可缺少的规则，是解决行政法律适用冲突的主要途径，它可以避免行政机关和人民法院在发生法律适用冲突时无所适从，这是选择适用规则的直接作用。

3. 正确规定和适用选择适用规则，排除违法的行政法律规范，适用合法的行政法律规范，可以有效地维护法制统一，维护宪法的尊严和法律的效力。选择适用规则的运用，可以为立法者提供反馈信息，以便促成冲突规范选择适用规则的进一步完善。

三、选择适用规则的具体规则

为了解决法律适用冲突，我们可以根据法律适用冲突的种类从以下几个方面介绍规范冲突选择适用规则：

（一）特别冲突适用规则

它是当普通法与特别法的规定不一致时指明适用普通法还是特别法的规则。"特别法优于普通法"是处理特别法与普通法合法冲突的基本规则。例如，《立法法》第 92 条规定："同一机关制定的法律、行政法规、地方性法规、自治条例和单行条例、规章，特别规定与一般规定不一致的，适用特别规定……"

"特别法优于普通法"的规则也适用于调整适用于同一行政区域的不同行政法律规范之间的冲突。在有合法授权的情况下，这一规则还适用于低等级的特别法与高等级的普通法之间的冲突，例如，根据《立法法》第 90 条规定：①自治条例和单行条例依法对法律、行政法规、地方性法规作变通规定的，在本自治地方适用自治条例和单行条例的规定。②经济特区法规根据授权对法律、行政法规、地方性法规作变通规定的，在本经济特区适用经济特区法规的规定。

（二）层级冲突适用规则

"特别法优于普通法"的规则只适用于合法的冲突。不同等级的法律文件发生冲突而下级规范性文件又没有取得合法授权的，属于违法的冲突，只能适用层级冲突适用规则。层级冲突适用规则是指因不同效力等级的行政法规范相冲突而规定适用何种效力层级法律规范的冲突适用规则。其基本要求是选择适用效力等级较高的行政法律规范，即"上位法优于下位法"。当前，许多具体行政行为是依据下位法作出的，并未援引和适用上位法。在这种情况下，为维护法制统一，人民法院审查具体行政行为的合法性时，应当对下位法是否符合上位法一并进行判断。经判断下位法与上位法相抵触的，应当依据上位法认定被诉具体行政行为的合法性。[1] 根据立法法的规定，各种行政法律规范的效力高低依次是宪法、法律、行政法规、地方性法规和规章。

1. 宪法具有最高的法律效力，一切法律、行政法规、地方性法规、自治条例和单行条例、规章都不得同宪法相抵触。

2. 法律的效力高于行政法规、地方性法规、规章。当行政法规、地方性法规、规章的规定与法律不一致时，法院应当适用法律。

3. 行政法规的效力高于地方性法规、规章。地方性法规、规章与行政法规的规定不一致时，法院应适用行政法规作为判案的依据。但是，行政法规和行政法规以下的规范不得行使《立法法》第8条规定属于法律保留的立法权，[2] 这也是鉴别行政法规以下的规范是否合法的标准和内容之一。尽管地方性法规是由较高级别的人民代表大会及其常务委员会制定的，但是，为了维护法制的统一，赋予地方性法规低于法律和行政法规的效力是必要的。凡是地方性法规在未经合法授权的情况下作出与法律、行政法规不一致的规定的，法院应当以法律或行政法规作为审查依据。

4. 地方性法规的效力高于本级和下级地方政府规章。本级和下级地方政府规章与地方性法规不一致的，应当适用地方性法规。

5. 省、自治区的人民政府制定的规章的效力高于本行政区域内的较大的市的人民政府制定的规章。

另外，法律、行政法规或者地方性法规修改后，其实施性规定未被明文废止的，人民法院在适用时应当区分下列情形：实施性规定与修改后的法律、行政法规或者地方性法规相抵触的，不予适用；因法律、行政法规或者地方性法规的修改，相应的实施性规定丧失依据而不能单独施行的，不予适用；实施性规定与修改后的法律、行政法规或者地方性法规不相抵触的，可以适用。[3]

---

〔1〕 最高法《座谈会纪要》。

〔2〕 《立法法》第8条规定，下列事项只能制定法律：①国家主权的事项；②各级人民代表大会、人民政府、人民法院和人民检察院的产生、组织和职权；③民族区域自治制度、特别行政区制度、基层群众自治制度；④犯罪和刑罚；⑤对公民政治权利的剥夺、限制人身自由的强制措施和处罚；⑥税种的设立、税率的确定和税收征收管理等税收基本制度；⑦对非国有财产的征收；⑧民事基本制度；⑨基本经济制度以及财政、税收、海关、金融和外贸的基本制度；⑩诉讼和仲裁制度；⑪必须由全国人民代表大会及其常务委员会制定法律的其他事项。第9条规定，上述内容尚未制定法律的，全国人民代表大会及其常务委员会有权作出决定，授权国务院可以根据实际需要，对其中的部分事项先制定行政法规，但是有关犯罪和刑罚、对公民政治权利的剥夺和限制人身自由的强制措施和处罚、司法制度等事项除外。

〔3〕 最高法《座谈会纪要》。

（三）相同等级冲突适用规则

它是解决制定机关不同但效力层级相同的行政法律规范相冲突的规则。《立法法》第95条第1款第2、3项分别规定：地方性法规、规章之间不一致时，由有关机关依照下列规定的权限作出裁决：①地方性法规与部门规章之间对同一事项的规定不一致，不能确定如何适用时，由国务院提出意见，国务院认为应当适用地方性法规的，应当决定在该地方适用地方性法规的规定；认为应当适用部门规章的，应当提请全国人民代表大会常务委员会裁决；②部门规章之间、部门规章与地方政府规章之间对同一事项的规定不一致时，由国务院裁决。

最高法《座谈会纪要》对上述适用规则作了具体应用解释：

地方性法规与部门规章之间对同一事项的规定不一致的，人民法院一般可以按照下列情形适用：①法律或者行政法规授权部门规章作出实施性规定的，其规定优先适用；②尚未制定法律、行政法规的，部门规章对于国务院决定、命令授权的事项，或者对于中央宏观调控的事项、需要全国统一的市场活动规则及对外贸易和外商投资等需要全国统一规定的事项作出的规定，应当优先适用；③地方性法规根据法律或者行政法规的授权，根据本行政区域的实际情况作出的具体规定，应当优先适用；④地方性法规对属于地方性事务的事项作出的规定，应当优先适用；⑤尚未制定法律、行政法规的，地方性法规根据本行政区域的具体情况，对需要全国统一规定以外的事项作出的规定，应当优先适用；⑥能够直接适用的其他情形。不能确定如何适用的，应当中止行政案件的审理，逐级上报最高人民法院按照《立法法》第95条第1款第2项的规定送请有权机关处理。

国务院各部门之间制定的规章对同一事项的规定不一致的，人民法院一般可以按照下列情形选择适用：①适用与上位法不相抵触的部门规章规定；②与上位法均不抵触的，优先适用根据专属职权制定的规章规定；③两个以上的国务院部门就涉及其职权范围的事项联合制定的规章规定，优先于其中一个部门单独作出的规定；④能够选择适用的其他情形。不能确定如何适用的，应当中止行政案件的审理，逐级上报最高人民法院送请国务院裁决。

部门规章与地方政府规章之间对相同事项的规定不一致的，人民法院一般可以按照下列情形适用：①法律或者行政法规授权部门规章作出实施性规定的，其规定优先适用；②尚未制定法律、行政法规的，部门规章对于国务院决定、命令授权的事项，或者对属于中央宏观调控的事项、需要全国统一的市场活动规则及对外贸易和外商投资等事项作出的规定，应当优先适用；③地方政府规章根据法律或者行政法规的授权，根据本行政区域的实际情况作出的具体规定，应当优先适用；④地方政府规章对属于本行政区域的具体行政管理事项作出的规定，应当优先适用；⑤能够直接适用的其他情形。不能确定如何适用的，应当中止行政案件的审理，逐级上报最高人民法院送请国务院裁决。

国务院部门或者省、市、自治区人民政府制定的其他规范性文件对相同事项的规定不一致的，参照上述规定处理。

最高审判机关解释、最高检察机关解释和最高行政机关的行政解释只有在法律规定的职责权限范围内作出的才有效，才能作为法律适用的依据。任何机关超越其职权范围所作的解释均不能作为法律适用的依据。

（四）新旧法冲突适用规则

它是指因新的行政法律规范和旧的行政法律规范的规定不一致而决定适用何种行政法律规范的冲突适用规则。程序问题原则上适用新法的规定。在实体问题上，新旧法冲突适用规则应体现法律不溯及既往和新法优于旧法的原则。具体地说，如果行政法律关系发生在新法生效之后，则适用新法；相反，如果行政法律关系发生在旧法生效期间，而争议发生于新法生效之后，原则上适用旧法，但下列情形除外：①法律、法规或规章另有规定的；②适用新法对保护行政相对人的合法权益更为有利的；③按照具体行政行为的性质应当适用新法的实体规定的。

法律之间、行政法规之间或者地方性法规之间对同一事项的新的一般规定与旧的特别规定不一致的，人民法院原则上应按照下列情形适用：新的一般规定允许旧的特别规定继续适用的，适用旧的特别规定；新的一般规定废止旧的特别规定的，适用新的一般规定。不能确定新的一般规定是否允许旧的规定继续适用的，人民法院应当中止行政案件的审理，属于法律的，逐级上报最高人民法院送请全国人民代表大会常务委员会裁决；属于行政法规的，逐级上报最高人民法院送请国务院裁决；属于地方性法规的，由高级人民法院送请制定机关裁决。[1]

（五）人际冲突适用规则

它是指调整因不同民族、种族或人的特殊身份而产生的法律适用冲突问题的规则。人际冲突适用规则一般明确规定，不同民族、种族或特殊身份的人，适用就该民族、种族或特殊身份的人作出特别规定的法律文件或规范。

（六）区际冲突适用规则

它是规定我国不同行政区域的行政法律规范发生适用冲突时适用哪一行政区域的行政法律规范的冲突适用规则。由于区际法律适用冲突问题的复杂性，既有内地各省、自治区、直辖市与香港和澳门之间的冲突，又有内地各省、自治区、直辖市相互间的冲突，冲突内容广泛，目前法律还不可能规定明确具体的解决办法，有的地方借助地方性立法在某些具体问题上规定了冲突适用规则，规定在发

---

[1] 最高法《座谈会纪要》。

生冲突时适用何地的行政法规范。笔者认为，在解决区际法律冲突问题上，应确立统一的冲突适用规则，而不能由各地区各自制定其冲突适用规则，否则，冲突问题不仅不能得到根本解决，而且还可能会出现类似于国际私法上的转致、反致、法律规避等问题，使行政法律冲突问题变得更加复杂。因此，笔者建议在解决区际行政法律冲突问题上，可以建立全国统一的冲突适用规则。这类统一的冲突适用规则应当区分内地与香港和澳门的法律冲突和内地相互间的法律冲突而确立不同的规则。

1. 内地与香港和澳门之间的区际冲突适用规则。解决内地与香港和澳门之间的法律适用冲突的规则，应当体现"属地管辖"原则，即发生于香港和澳门地区的行政案件适用在香港和澳门地区施行的法律、法规。发生于内地的行政案件，适用在内地施行的法律、法规。具体地说，发生于内地的行政诉讼，即使具有涉及特别行政区（香港和澳门）的因素，也不适用特别行政区（香港和澳门）的行政法律文件；发生于特别行政区的行政诉讼，不适用大陆的一般行政法律文件，但必须恪守"一个中华人民共和国"的原则，即所适用的法律不得和"中华人民共和国是全中国的唯一国际法主体、中华人民共和国政府是全中国唯一合法政府"这个基本原则相抵触，必须遵守和适用依法在特别行政区生效的全国性法律，否则就是违法。

此外，各省、自治区、直辖市及经济特区与香港和澳门之间发生的法律适用冲突，还可通过双方协议来解决。例如，根据《中华人民共和国香港特别行政区基本法》第 95 条规定："香港特别行政区可与全国其他地区的司法机关通过协商依法进行司法方面的联系和相互提供协助。"全国各地区的法院可与香港特别行政区的法院通过协商来解决法律适用冲突问题。

2. 在国内没有隶属关系的行政区域间的区际冲突适用规则。这类冲突规范在没有法律规定以前，可考虑以下几种规定：

（1）基于地域管辖规则，直接涉及本地区社会、经济秩序、市政规划、市政建设、市容环境、卫生管理等方面的社会关系的，不论相对人是否属于本行政区域内的公民、法人，只要与本地区行政机关发生这方面的行政法律关系，就适用本地区的行政法律规范，而不适用其他地区的行政法律规范。它排除了其他行政区域的行政法律规范的域外效力。

（2）法律规范对公民、法人或者其他组织的行为有不同规定的，适用公民、法人或者其他组织行为地法。公民、法人或者其他组织的行为涉及多个行政区域的，适用与行为最密切相关地法。

（3）对公民、法人或者其他组织身份、能力、资格、权利义务的确认及承担等争议，不同行政区域有不同规定的，适用行为人户籍所在地法、居所地法或法人登记注册地的行政法律规范。例如，尽管法人在其登记注册地以外的行政区域进行经营活动，但是涉及其法人资格、人员组成、权利能力和行为能力等的确定，仍然应适用该法人注册登记地的行政法律规范。

（4）因不动产行政案件发生的法律适用冲突，适用不动产所在地的行政法律规范。例如，关于土地使用的有偿转让各地有不同规定，就应适用该土地所在的行政区域适用的关于土地使用权有偿转让的法律规范。

（5）执法或法律适用程序方面发生冲突的，适用执法机关所在地的行政程序法律规范。

总之，调整同一对象的两个或者两个以上的法律规范因规定不同的法律后果而产生冲突的，一般情况下应当按照《立法法》规定的上位法优于下位法、新法优于旧法以及特别法优于普通法等法律适用规则，判断和选择所应适用的法律规范。冲突规范所涉及的事项比较重大、有关机关对是否存在冲突有不同意见、应当优先适用的法律规范的合法有效性尚有疑问或者按照法律适用规则不能确定如何适用时，依据《立法法》规定的程序逐级送请有权机关裁决。

■思考题

1. 人民法院审理行政案件的依据是什么？
2. 如何理解人民法院审理行政案件时对规章的"参照"适用？
3. 行政诉讼中解决法律适用冲突的具体选择适用规则是什么？

■参考资料

1. 应松年主编：《行政法学新论》，中国方正出版社 2004 年版。
2. 姜明安主编：《行政法与行政诉讼法》，北京大学出版社、高等教育出版社 2005 年版。
3. 刘莘主编：《国内法律冲突与立法对策》，中国政法大学出版社 2003 年版。
4. 王宝明等：《抽象行政行为的司法审查》，人民法院出版社 2004 年版。
5. 沈德咏：《中国特色案例指导制度研究》，人民法院出版社 2009 年版。
6. 李瑰华：《指导性行政案例研究》，法律出版社 2012 年版。
7. 刘东亮："论行政诉讼法律适用是审查适用"，载《行政与法制》2002 年第 10 期。
8. 叶必丰："行政规范法律地位的制度论证"，载《中国法学》2003 年第 5 期。
9. 董皞："论行政审判对行政规范的审查与适用"，载《中国法学》2000 年第 5 期。
10. 郑全新、于莉："论行政法规、规章以外的行政规范性文件——由'王凯锋事件'引起的思考"，载《行政法学研究》2003 年第 2 期。

第十五章　行政诉讼的执行与非诉讼执行程序

■ 学习目的和要求

　　重点掌握行政诉讼执行的条件、主体、对象、执行措施与执行程序，一般掌握非诉行政案件执行，正确理解行政诉讼执行的概念、特点、意义和原则。

第一节　行政诉讼执行概述

一、执行的概念和特点

行政诉讼执行，是指执行组织对生效的行政裁判、调解的法律文书，在义务人逾期拒不履行时，依法采取强制措施，使生效法律文书的内容得以实现的活动。其特征如下：

（一）执行组织是人民法院或有权行政机关

与行政有关的强制执行，其种类较多，理论上就有所谓广义与狭义执行的区分。这种区分主要表现在执行组织方面。法律规定的执行组织主要有以下几种：

1. 法院作为执行组织的强制执行。从程序上看由两类构成：一类是经过诉讼程序审理与裁判，是对法院裁判文书和调解文书的执行；另一类是只经过行政程序，并由行政机关申请法院强制执行。

2. 行政机关作为执行组织的强制执行。这也同样因程序不同分为两类：一类是行政机关在行政程序中作出处理决定，并依法在行政程序中强制执行，此与法院无涉；另一类是经过法院诉讼的裁判、调解文书，由行政机关依法自行强制执行。

由此可见，从执行组织与程序方面看，与行政有关的强制执行有上述四种。而作为行政诉讼的强制执行，不仅要与行政有关，更重要的当然须与行政诉讼有关，有行政诉讼的性质与特征。据此，笔者认为，凡行政诉讼强制执行，必须是执行诉讼的司法文书，而不是执行行政的法律文书。而执行行政诉讼法律文书的组织，根据《行政诉讼法》的规定，有人民法院，也有有执行权的行政机关。当然，有执行权的行政机关，是指由法律规定赋予有执行权与执行措施的行政机关（关于行政强制设定权，笔者认为，原则上应属于法律设定，法规经法律允许也可以设定部分行政强制措施）。

（二）执行申请人或被申请人有一方是行政机关

这是由行政案件的性质与行政法律关系的基础所决定的，是行政法律关系在诉讼执行程序中的反映。当然，如果是行政机关依法自行强制执行，当事人与执行组织就融为一体了，就无申请人与被申请人一说。

（三）强制执行的根据是已经生效的诉讼文书

这些文书包括裁定书、判决书和调解书。这些文书均是司法文书，在法律上具有最终确定的效力，成为当事人和执行组织都必须履行和遵守的法律上的根据。由于这些文书具有司法的最终确定力，所以，它不能被其他任何行政机关的决定、决议所推翻，也不能在未经合法程序撤销以前被任何一个法院包括裁判的法院所否认或拒绝。

（四）须以强制力为之

行政诉讼执行是以强制力为特征的，它是以义务人不自动履行义务为前提所引发的程序上的法律后果。它具体化为强制执行措施，如罚款、查封、变卖、划拨、扣押等。这种所谓强制性主要表现为两个方面：主观上违反义务人的意志；客观上直接作用于物、行为或人身，从而实现义务的内容。所以，是强制直接实现义务，或者迫使被强制人履行义务。

（五）强制执行的法律后果是使裁判文书所确定的义务得以实现

执行本身并不具有重新调整或确认新义务的性质，从根本上讲，它不过是方法上的强制性去实现义务人本应自动履行的义务。鉴于此，所有的强制执行措施都以达到这个目的为限度，绝对不允许越出这个范围。

二、执行的意义

作为行政诉讼制度组成部分的执行制度，其实践性很强，它是法院审理、裁判过程的延续与实现，可以说是实践的法律。当前的审判实践，普遍有"执行难"的反映，这在一定程度上反映了我们在认识上与配套制度上的不足。所以，研究它的意义与对策是很有价值的。

（一）行政诉讼执行是为了保障当事人合法权益的实现

行政诉讼的根本宗旨是保护公民、法人或者其他组织的合法权益，维护行政机关依法行使职权。而要达到这一目的，不仅是审理与判决合法、正确的问题，而且还必须要有强而有力的执行制度来保证，使法官写在纸上的权利能够成为现实的权益，否则，保护权益、维持行政就是一句空话。从这个意义上讲，执行制度是行政诉讼制度的最终"落脚点"。

（二）行政诉讼执行是为了维护法律的权威与尊严

强制执行制度正是这种权威与尊严的集中体现，是其他制度与手段所不能取代的。要维护法律的尊严，就必须要使法律的规定得到不折不扣的贯彻实施，作为司法审判机关的判决，如果都不能完全、有效地执行，那么，法律的统一遵守功能就不能不受到怀疑。笔者认为，没有法律守护者的权威，也就不会有法律的权威。

（三）行政诉讼执行是社会主义法制的重要内容

我国社会主义法制有两个最基本的要求：权利一定要保护，违法一定要制裁。要使保护权利、制裁违法不成为一句空话，就必须加强各种执法、执行力度，尤其是作为公正象征的人民法院，因为其判决的执行就是对法制最有力的证明。

三、执行的原则

（一）诉讼地位平等的原则

《行政诉讼法》的基本原则之一就是当事人的诉讼地位平等，这一原则反映在执行上，就是执行申请人与被申请人的诉讼法律地位平等。具体讲，它包含以下4个方面的内容：

1. 当事人双方都受法院裁判的约束，均须履行裁判确定的权利和义务，也都只能提出裁判确认的权利范围内的请求，无一例外。

2. 对于拒绝履行义务的当事人，无论是原告还是被告，法院都应依职权或依申请，采取强制措施促使义务人履行义务或达到与义务实现同等状态。也就是说强制性上一律平等。

3. 对于拒不履行义务的当事人，相对方依照法律均有权向法院申请强制执行。

4. 对于拒不履行义务构成违法犯罪的，都必须承担相应的法律后果。

当事人地位平等的原则不等于对原告所规定的强制措施以及能够执行的财产范围与被告完全相同。其实，《行政诉讼法》规定对行政机关所采取的强制措施与执行财产范围是不同于对非行政机关的个人或组织的。这种规定是否有悖于平等的原则可以探讨，但作这样的区别对待，笔者认为是有理由的。因为行政机关是国家职能机关，是为社会管理服务的机关，它的财产是实施管理行为履行管理职责的条件保障，如果不加区别地对待，则会损害国家利益与公共利益，不利于社会秩序与国家管理职能的正常运转。

（二）依法执行的原则

强制执行是以强制手段为特征的，其政策性很强，必须严格按照法律的规定行事，不允许有法律以外的自创。

1. 在执行组织方面，只能是人民法院和法律明确规定的部分有执行权的行政机关，其他任何机关不能成为行政诉讼执行的组织。

2. 在执行期限方面，法律严格限制必须是法律文书生效以后的 1 年以内（公民申请的）或 180 天以内（机关、法人或者其他组织申请的）提出申请，逾期申请的，除有正当理由以外，法院不予执行。包括法院限定义务人自动履行的期限当然也必须在这 3 个月以内，不能随意延长。

3. 在执行措施方面法律有具体与不同的规定。对行政机关只能采取划拨、罚款、司法建议、公告、拘留和追究刑事责任等措施；对公民、法人、其他组织则运用民事诉讼法、单行实体法律中所规定的措施种类，如冻结、查封、拍卖等。凡法无规定者视为不能采用之措施。

4. 对于被执行财产的范围和执行清偿的顺序，在法律上均有明确规定和具体界限，执行组织必须依法执行。

（三）目的实现原则

目的实现原则包括两项内容：①行政诉讼执行应以完全实现被执行法律文书内容为目的，当事人和法院应不折不扣地实现法律文书的内容，维护当事人合法权益和裁判的权威性；②执行程度与范围以法律文书所确定的为限，只要当事人完全履行了义务，强制执行就应当停止，或者执行一旦达到目的即告结束，不应当超范围、超程度执行。而且选用的执行方法也应以达到此目的为限。

第二节　执行的条件、主体、对象与范围

一、执行的条件

行政诉讼的执行，必须在具备法律规定的一定条件后才能发生，没有这些条件，执行程序也就不能启动。所以，所谓执行的条件，就是法律设定的执行程序发生的条件。

（一）须有执行根据

就是强制执行据以执行的法律文书，即生效的判决书、裁定书和调解书。

（二）须有可供执行的内容

并非所有的裁判文书都有执行的可能，裁判确定给义务人的如果是作为义务才有执行的可能，而如果是不作为义务则是不可能发生执行一说的。试想，对不作为义务的违反，事实上就是再一次实施违法行为，应当产生的是制裁而不是什

么执行的后果。一般来讲，作为可供执行内容的义务有：给付义务，即赔偿；实施特定行为的义务，如拆除违章建筑、重新作出行政行为或者恢复原状等。

（三）被执行人有能力履行而拒不履行义务

按照现行制度与理论上的观点，执行的条件必须是：①义务人有能力履行；②义务人拒不履行。二者缺一不可。

（四）申请当事人在法定期限以内提出了执行申请

当事人有依法申请的权利，而这种权利是要受到保护期限限制的。申请人是公民的，申请执行的期限为1年；申请人是行政机关、法人或者其他组织的，申请执行的期限为180天，逾期法院则不予保护。这是出于稳定社会关系与秩序和维护法院司法工作正常秩序的考虑。当然，申请人逾期申请的，如法院认为确有逾期正当理由的，则仍可以执行。

二、执行的主体

所谓执行的主体，是指行政执行案件中涉及的享有诉讼上的权利、承担诉讼上的义务的主体。在由行政机关执行的时候，就是程序上的权利与义务的承担者。它包括执行组织、执行当事人、执行参与人和执行异议人。

（一）执行组织

执行组织，也叫执行机关，是指拥有行政诉讼执行权并主持执行过程的主体，即人民法院和有权行政机关。申请人申请的具体组织机构是法院的执行庭，并由执行员操作实施。当然这种分工，应当说主要还是工作性质而不是法律性质的，法律上的执行组织或执行机关原则上就是第一审人民法院。当然，如果情况特殊需要由第二审人民法院执行的，或者第二审人民法院决定由其执行的，也可以由第二审人民法院执行。

执行组织除法院以外，就是部分行政机关了。在行政法上，所有的行政机关都有一定的行政职权，但并非所有行政机关就当然有强制执行权。所以，能够成为执行组织的行政机关只能是依照法律具有强制权与强制手段、措施的行政机关。

执行组织在执行程序上居主导者地位，它主持着整个执行过程，在法律上对执行负责。它负责审查执行的申请，决定执行立案，决定选择执行措施，制订执行方案，组织执行活动的实施，并按规定收取执行费用，接受案外人的异议并进行审查，依法决定执行的中止、终结，并宣布执行完毕，等等。

（二）执行当事人

执行当事人，是指执行申请人与被申请人，或者是执行人与被执行人。其当事人的身份是由第一审程序中原告与被告转化而来的，是执行案件权利与义务争议的主体。无论是一审中的原告还是被告，都可能成为申请人，也可能成为被申请人，关键看行政裁判确定谁是权利人谁是义务人。

在行政机关依法自行执行的情况下，没有申请人与被申请人，而有执行人与被执行人。作为原争议一方当事人的行政机关，同时又成为执行机关，这是一种双重身份兼具的现象。在实践中，这种执行及时而有效，但同时也难免有功能混淆或不公正之嫌。笔者认为，在现行体制下，至少应考虑由另一个机构负责执行。行政决定与执行的分立，应是行政法治的趋势。

（三）执行参与人

执行参与人，是指除执行当事人以外的其他参与执行过程的单位或个人。他们因情况不同，各自承担的义务内容也不尽一致。主要有：因占有执行标的物而承担的交付、划拨该标的物的义务等。

理论上关于执行程序是否有参与人以及参与人范围似有不同的意见。笔者认为，参与人是存在的，因为确有协助执行的义务人，如果不将其纳入诉讼执行程序，就不能确认其地位、负担其义务。另外，《行政诉讼法》也明确有"诉讼参与人"的规定。从形式上看，似有三类参与人：①因占有执行标的物而被涉及的主体，如存款的银行；②因与被执行人有管理、监护等关系而被通知到场和建议进行处理的主体，如未成年人的成年家属、上一级行政机关等；③因属被执行财产所在地的基层管理组织而被要求到场的主体，如村委会、街道办事处等。在这三类主体中，只有第一类主体才是执行参与人，其他两类主体虽然也与执行活动有一定联系，但终究不是法律上的参与人。因为，作为执行参与人不仅仅是在活动上与之有关，关键是还须与执行案件发生实质性的联系，如掌握了被执行标的物等。因为这种联系而产生程序上的参与，同样，因为这种联系而负有必须完成、协助的义务。否则，要承担由不协助而产生的责任后果。而后两类主体则由于没有实质性联系，虽然法院应通知到场，但拒不到场的，也不影响执行，或者被建议加强管理甚至进行必要的处理等，但这并非是由于执行而设定的义务，而是法律在执行中试图凭借这种固有的管理与被管理关系来实现执行的目的。

据此，执行参与人主要有以下三种：

1. 如果执行涉及被执行人的存款、劳动收入，那么，该存款或劳动收入所在的机构（如银行、信用社或工作单位等），就有义务协助执行这部分财产。这些机构就是执行参与人。

2. 如果执行涉及物件或票证等，那么，掌握或保护这些物件、票证的单位或个人，有义务按通知交出这些物件、票证等。他们也是执行参与人。

3. 如果执行涉及财产的手续登记或变更，那么，主管登记的机关或部门也有义务协助完成法律过程，从而成为执行参与人，如房产变卖执行中的房产管理机关等。

（四）案外异议人

案外异议人，是指执行当事人以外的，对执行标的提出主张的主体。法律规定，案外异议人对执行标的提出确有理由的异议的，法院应当中止执行。因此：①案外异议人或许是审判程序中的当事人，或许不是审判程序中的当事人，但一定不是执行程序的申请人与被申请人，他原本不在执行程序之中，即所谓案外之人；②他对本执行案的执行标的向法院提出了自己的独立主张，主张自己的权利，如提出被执行标的属于或部分属于他所有等。这里的异议不是简单地提出不同的看法，而是主张自己的权利。

案外异议人是一个很特殊的主体。他提出的异议经审查确有理由的，也就是其主张成立的，执行程序被中止，继而进行修正或调整执行标的。在原执行标的基础上，异议人的地位实际上就相当于当事人的地位；而在调整后的执行标的基础上，他则与此无涉了，成为一个地地道道的案外人。

三、执行对象与执行范围

（一）执行对象

所谓执行对象，是指由生效的执行根据所确定的，并由执行机关的执行行为所指向的目标，即执行客体。这种对象首先是以生效的裁判文书为基础的，如判决退还罚款。其次，是由申请人所申请的要求所制约的。最后，也是最终确定标准，即执行行为所指向的对象或目标。这三个方面是有联系的，但并不能等同起来。如判决撤销收容审查决定，申请人申请执行是开释放人，但执行机关的执行行为所指向的目标，依据法律规定则不能由法院去羁押场所开释人身，而只能对被执行人处以罚款或其他强制行为，这些执行行为所直接指向的对象仍然是财产而不是人身。所以，简单地讲，执行对象就是执行行为所指向的目标或客体。

行政诉讼执行的对象有时是特定的，如退还所扣车辆，这是不能以其他物体代替的；而有些对象则是不特定的，如划拨款项等。

执行的对象大致分为三类：物、行为和人身。

1. 物。包括财物和其他物件，都是可以作为执行对象的。如缴纳税款，退还证件、票据等。物又有特定物与不特定物之分，财产又有动产与不动产之分，有些执行措施是对不动产适用，有些则是对动产适用。所以，明确物之属性与类别是很重要的。

2. 行为。作为执行对象之一的行为，是以实施特殊行为为完成执行义务的。这些特定行为原属裁判所确定的作为行为，本应由义务人自动履行。由于其拒不履行而引起强制执行，其所执行的对象就是该特定行为。如强制服兵役、强制拆除违章建筑等。

3. 人身。我们知道，在民事诉讼执行中是无人身作为执行的对象的，人身作为执行的对象是行政诉讼执行制度的特殊所在。如果一个公民被处以劳动教养，该公民起诉并经法院裁定停止执行，在诉讼判决中该公民败诉，应予收入劳动教养场所，而该公民不自动前往，则由执行机关强制收押予以教养。这里，作为执行对象的显然是该公民的人身而不是别的。笔者认为，人身作为执行对象只会发生在以下基础上：①只有对自然人才能适用，对组织则不能；②实际上所强制的乃是公民的人身自由，而不是以实施什么作为行为对象；③对行政机关的任何执行，如开释放人，都没有以人身作为执行对象一说，对行政机关来说，根据《行政诉讼法》的规定，执行对象只能是钱款。

（二）执行的范围

执行的范围就是执行对象的具体界限，即执行对象的范围。它要解决哪些物是可以执行的对象，哪些必须给被执行人保留，对行为或人身的执行又有些什么样的范围限制？在理论与实践中，主要涉及的是对物的执行范围。为此，有以下几项限制：

1. 只有属于被执行人本人所有的财产或物件才能成为执行的对象，其他无论什么关系人的财产或物件都不能纳入被执行的范围。通过民事法律关系而使用或暂时持有财物或物件，这些财物或物件也不能作为他的财物或物件而予以执行，否则就会侵犯其他人的权益，引起案外人的异议。如属于共有财产的，只能把被执行人所有的部分作为执行对象。如果该财产属于不动产，执行机关不能将财产整体予以执行再返还其他所有人部分，而只能将被执行人所有的部分产权予以执行。这里不能执行该不动产物本身，否则就会侵犯其他所有人的合法权益。

2. 如果被执行人是公民的，依照法律规定，还应当保留被执行人及其扶养家属的生活必需费用和生活必需品。关于必需费用与必需品的具体限度与范围，要结合当地生活水平并紧紧围绕着生活所必不可少这个核心予以考虑，这个标准应当是简单的、基本的。

3. 被执行人如果是以生产劳动为主要谋生手段的，那么，该被执行人赖以谋生的生产工具当然也不宜作为执行的范围，应予保留。这些生产工具是必备的，没有它就不能进行生产、劳动，并不能维持生计，所以，它是赖以谋生的生产工具。如农民的劳动工具、耕牛等。这条限制的基本精神与上述生活所必需的是一致的。

4. 被执行人是法人或组织的，如果该法人或组织未宣告破产或被撤销的，其必要的生产、工作设备、厂房、用房等不应纳入执行范围，从而保证该法人组织的存在与生产、经营的必要条件。但是，在实践中由于破产宣告制度并未全面建立起来，在当今市场经济条件下，是否仍有此条限制的必要是应重新予以考虑的。

5. 被执行人如果是行政机关，从法律规定来看，除了可供执行的款项以外，其他财物是不能纳入执行范围的，如办公设备、用房等。因为这些财物都是该行政机关履行行政职能的条件。当然也不能是无限制的，这里面同样有个范围问题，这就是必须给行政机关保留足够的履行职责的财物。

第三节　执行措施

一、执行措施概述

所谓执行措施，是指执行机关所采用的具体执行手段与方法。这些执行手段与方法，是源于法律的明确规定，不能由执行机关任意创造，执行法律的严肃性与严格性必须充分表现在执行须符合执行法律规定上。法律规定执行措施主要表现在三类法律文件上：①《行政诉讼法》，如该法第 96 条的规定对行政机关适用；②《民事诉讼法》，这些措施对公民、法人或其他组织适用；③单行的行政法文件，例如，《海关法》允许海关机关对被扣留、抵押的货物、物品、运输工具变价抵缴的执行措施，《治安管理处罚法》规定公安机关有强制拘留的手段，等等。

二、执行措施的种类及适用范围

关于执行的措施，可以按不同属性分为不同种类：

（一）最能表现行政诉讼执行特点的，是依执行措施的适用对象不同，因而措施也不尽相同

根据《行政诉讼法》和司法解释，对行政机关的罚款有：在规定期限内不履行的，从期满之日起，对该行政机关负责人按日处 50～100 元的罚款。这个规定是 2014 年修订的《行政诉讼法》的规定，将原来对机关的罚款改为了对行政机关负责任的罚款，以期行政机关可以履行生效法律文书。

1. 对行政机关适用的执行措施有：罚款、划拨、司法建议、公告、拘留和追究刑事责任。

2. 对公民、法人、其他组织适用的执行措施种类较多，主要有：扣留、提取、划拨、扣押、冻结、拍卖、变卖、强制拆除、强行拘留等。

（二）按照执行措施与所要实现的义务内容的关系，可以分为直接强制执行措施与间接强制执行措施

1. 间接强制执行措施。其特征是该类措施并不直接实现义务内容，而是通过强制方法促使义务人自己履行义务。如对拒不履行义务的行政机关处以执行罚，或者建议其上一级行政机关进行处理。

2. 直接强制执行措施。这种措施的特征是直接实现义务内容，或者说是实

现与义务人履行义务同等状态。如对拒不拆除违章建筑物的义务人，执行机关直接拆除之，对拒不缴纳款项者直接划拨等。这种措施要求它所适用的必须是可以由义务人以外的其他人的行为所代替或能够达到实现目的的情形，否则就不能适用。

（三）依照执行措施的方法不同可具体分为冻结、划拨等

1. 冻结。这是对被执行人在金融储蓄机构的存款所适用的手段措施，对公民、法人适用。关于款项冻结，就是该款项不能再收支，不孳利息，就地冻结，不能转户。冻结是由法院作出的，由该法院直接向存款银行等发出执行协助通知书，并附法律文书副本，而无须银行机构的上一级部门核对。另外，冻结的期限，司法解释规定最长为6个月，逾期自行解冻，有的法律规定为2个月。如果款项已被法院冻结，它就有排斥其他机关或法院对同一笔款项数目重复冻结的功能。

2. 划拨。相同的还有如扣缴等，是将被执行款项从存款机构账户内划出，并直接划入执行机关所指定账户的强制执行措施。这种措施对公民、法人、其他组织和行政机关均可适用。

3. 扣留、提取。是对劳动收入直接从发放或存放处扣留与提取的执行措施。如对公民所在工作单位发出协助执行通知书，从其工资中逐月扣除等。

4. 查封、扣押、拍卖、变卖和收购。

（1）查封，是对执行的标的物进行清核后张贴封条、原状封存的措施。查封既可以对动产适用也可以对不动产适用，前者可为异地封存，后者可以就地封存。查封的效力及于被查封之物及其孳息物。查封期间，他人不得转移、开启、占有、使用被查封物，任何人对它所设定的负担均不产生法律效果。

（2）扣押，是将被执行财物或物件强制扣押的措施，扣押所需保管费用由行政机关负担。扣押往往适用于易移动的贵重物件，或者运输工具、货物等，如首饰、汽车、船舶。扣押物需扣押于执行机关指定场所，且要予以妥善保管，不能使用或毁坏，否则，扣押机关须负赔偿责任。

（3）变卖，是对查封、扣押物，在义务人仍拒不履行义务时，将其按商品进行出售的执行措施，所卖款项用于支付义务人应付之债务。由于变卖本身是一种商业行为，所以，执行机关应将变卖物交由商业机构进行变卖，自行变卖属于官商不分行为，应予禁止。

（4）拍卖，是买卖的一种特殊形式，是由执行机关将查封、扣押之物品，交由拍卖商行在公开竞价基础上卖出的行为。并用所卖出之款项偿付义务人的债务，所余款项如数退还义务人。

（5）收购，是对查封、扣押的属于国家法律禁止买卖、不能进入商品流通

领域的物品，交由专门单位按照规定的价格强行收购的措施，所得价款仍用于折抵义务人应支付的部分。如文物的强行收购。

执行机关采取上述措施，如果被执行人是公民的，应当通知被执行人或者他的成年家属到场，其工作单位或房屋、土地所在地的基层组织也应当派人参加；如果被执行人是法人或者组织的，则应当通知其法人代表或主要负责人到场，既可以协助执行，也可以作为见证人，当然，上述人员拒不到场的，不影响执行。

5. 强制交付。这是以强制方法实际交付特定物给申请人的措施。一般来说，须是特定物才有交付的必要。交付的形式可以是当事人双方当面交付，也可以由执行机关转交。

6. 强制迁出或强制退出。对于占有房屋的被执行人，执行机关可以实行强制迁出措施，而对已占有土地、空间的被执行人，则适用强制退出的措施。

7. 强行拆除。是对建筑物及其附属物予以拆除的一种执行措施。当前实践中，这种措施实用性越来越强，主要用于对违章建筑的拆除，在开发建设中对逾期拒不搬迁人也经常适用。在操作上，强制迁出与强行拆除往往相关联，先将人及物品搬出，然后强行拆除该建筑物等。采用这类措施时，一般应先予张贴公告，如届时仍不履行的，则会同有关部门强行实施，并同时做好应急对策，以防不测。

8. 强行销毁。这种执行措施是将物品予以损毁，使其丧失使用价值与功能的方法，如用火焚烧、用机器破碎等。

9. 罚款。罚款作为诉讼强制执行措施，是指在行政机关拒不履行义务时而适用的一种间接强制执行方法。它是执行罚，即通过处罚机关负责人施加压力，促使行政机关履行义务，当然也就不能因此而免除或折抵义务人的义务。一旦义务人开始履行，处罚立即停止。罚款是由法院作出的，按规定每日可罚 50～100 元作为限制。

10. 公告。这是 2014 年修正《行政诉讼法》的规定，是对拒不履行生效法律文书的行政机关的情况予以公开，以督促其履行义务。

11. 司法建议。司法建议就是由法院函致义务人的上一级行政机关、监察机关，建议对拒不履行义务一事依权限进行必要的处理，从而促使义务机关履行义务。可见，作为一种执行措施，它本身并不具有直接的性质，甚至可以说不是一种典型的执行措施。它的特点是：①由法院以书面形式正式提出；②向有管理、管束权限的机关提出；③是否进行处理以及怎样处理要由行政机关决定，法院只作建议；④即便进行处理，其性质与范围均属行政处分范畴；⑤接到建议的机关有义务将处理情况告知法院，不能置之不理。

12. 拘留。拒不履行判决、裁定、调解书，社会影响恶劣的，可以对该行政机关直接负责的主管人员和其他直接责任人员予以拘留。这项强制措施也是2014年修订《行政诉讼法》的规定，其目的也是通过对负责任和责任的处罚督促其履行义务。

13. 追究刑事责任。法律规定，行政机关拒不履行判决、裁定，如果属于情节严重构成犯罪的，要依法追究其主管人员和直接责任人员的刑事责任。这是最为严厉的措施，《刑法》第313条规定，对人民法院的判决、裁定有能力执行而拒不执行，情节严重的，处3年以下有期徒刑、拘役或者罚金。

（四）限制高消费措施

根据《最高人民法院关于限制被执行人高消费的若干规定》的司法解释规定，对民事案件当事人拒不履行给付义务的，法院可以采取限制其高消费措施，促使其履行义务。这个措施在司法实践中有一定的积极意义和效果，社会反映也较好。就行政诉讼执行来讲，对公民、法人、其他组织在符合法定条件情况下，也可以采取限制其高消费的措施。对行政机关来讲，虽然司法解释没有规定可以适用于行政机关，但笔者认为，应当可以考虑限制高消费措施适用于行政机关的问题。无论是司法的公平原则，还是措施的针对性实用性，行政机关并不具有特殊的例外必要。

第四节　执行的程序

行政诉讼的执行程序，是一个由诸多阶段组成的并连续发展的过程，按其逻辑顺序是：提起、审查、准备、实施、阻却、完毕、补救等。

一、执行提起

执行提起，是指引起执行程序发生的阶段，它由申请人而提起。

（一）申请执行

申请执行是提起执行的主要形式。如果法院的裁判法律文书已经生效，而义务人仍拒不履行的，胜诉一方的权利人有权向人民法院提出执行申请。申请人无论是原告还是被告都可以，但他必须是行政裁判文书的权利人而非义务人。除诉讼当事人以外，其他人无权提出执行申请。但是，在行政裁决民事纠纷的案件中，裁决行为确定的权利人及其承受人有权申请执行。

无论案件经过几审程序，申请人须向第一审人民法院提出执行申请，而不能直接向第二审人民法院提出执行申请。如果一审法院认为应由上一级法院执行时，可报经上一级法院决定同意。这样规定，是为了方便就地就近执行。申请人提出执行申请的期限为1年（个人）或180天（组织），即申请执行的期限从法律文书规定期间的最后一日起计算，如文书中没有规定履行期限的，则从该法律文书送达当事人之日起计算。申请人须向第一审人民法院提交书面的行政执行申请书，执行依据的判决书、裁定书、调解书，以及有关证据材料，并预交执行费用。

（二）移交执行

移交执行，也叫移送执行，是指由案件审判机构（行政庭）直接将案件移交执行机构（执行庭）的执行。这是依职权执行的形式，它无须等待权利人申请，而由法院依据职权主动采取，引起执行程序。职权执行应当说是执行制度的补充形式，是为了更好、更及时地实现裁判确认的权利，维护公共利益和司法裁判的权威。

移交执行过程是发生在法院内部的。具体讲就是：由负责审判案件的审判员填写移交执行书，经庭长批准后移交给负责执行的执行员，并同时须移交生效的执行根据，以及有关案件材料，以供执行员审查与执行。至于移交执行的期限，法律没有明确的限定。但笔者认为，一般应比申请期限即 3 个月更短。另外，就是要限定移交的目的、理由，使之符合法律关于执行的基本精神，不能使之成为任意使用的工具。

（三）委托执行

委托执行，是指负责执行的法院，在不便异地执行时，委托当地法院并由受委托法院代为执行的制度，是引起执行程序的另一种形式。作出执行决定的法院须向受托的法院发出委托执行函、生效法律文书等。委托执行函应具体说明：被执行人拒不履行的事实，要求执行的标的对象、范围以及措施、期限等。其内容应明确、具体，以便执行。受委托的法院在接到委托执行函后的 15 日内开始执行，并将执行结果函复委托的法院。如果在委托执行中，受委托法院认为委托法院委托执行的法律文书确有错误，应当函请委托法院进行审查，在委托法院作出审查处理的答复后，受委托的法院如仍有意见，可向委托法院的上一级法院反映，但对委托执行的文书，应立即予以协助执行。如果受委托的法院发现有应当中止执行的情形时，应及时函请委托法院裁定中止执行，但不宜自行裁定中止执行。

二、执行审查

执行审查，是指执行机构在接到执行申请和移交执行书后，在法定期限以内，对有关文书、材料进行审查、对案情进行了解，并决定是否立案执行的过程。只有经审查并立案的，执行程序才能发展与继续。执行是一个独立的过程，所以，审查是必须环节，并由执行机构负责。如果经审查认为符合条件应当立案的，要通知申请人、被申请人和移交机构；如果审查认为不符合条件，则不予立案不予执行，将有关文书、材料退回。如果审查发现材料不足，则通知申请人和移交机构补充材料；如属执行事项不清、不准确或有文书制作错误，则应当通知有关机构予以裁定补正后，立案执行。

执行员在接到申请书或移交执行书后，应当在 10 日以内了解案情，审查以下主要事项：①申请人资格是否适当；②执行的文书、材料是否齐备；③执行根据是否生效；④申请是否逾越期限，以及逾期理由是否成立；⑤执行文书的内容是否正确、合法；⑥执行文书材料的要求是否一致，有关文件文号等形式条件是否完备；⑦其他需要审查的事项。

三、执行准备

执行准备，是指经决定立案执行的，执行机构在实施执行以前，仍有一些法律上或工作上的准备事项，即深入了解案情，尤其是了解被执行义务人拒不履行义务的原因，是否有能力及其财产状况等。另外，在接到申请或移交后 10 日内，还应通知被执行人在指定的期限以内自动履行，并告诫如逾期仍不履行的，即行强制执行。同时，作为一种工作上的要求，还要对被申请人进行说服教育，并主动与被执行人所在单位或上级部门、基层组织取得联系，以求得他们的协助，促使义务人自动履行义务。然后，要制订强制执行的方案，决定所要采取的执行措施，确定执行的时间、地点、划分执行范围、明确执行对象，并办理好有关执行措施批准手续，通知执行参与人以及有关人员到场。

四、执行实施

执行实施，是指开始适用执行措施的过程，是执行实现的阶段。这个阶段的要求：运用强制措施，迅速实施，切实实现法律文书所确定的义务内容，保护当事人合法权益。

五、执行阻却

执行阻却，是指在执行过程中，因发生法定事由，使执行不能继续或继续进行已无必要，因而执行程序中断的现象。简言之，就是执行过程被阻却，没有进行到底完成执行任务。

执行阻却有：执行中止、执行终结和执行和解。

（一）执行中止

在执行过程中，因法定事由出现，暂时中断执行，待事由消失后执行程序继续进行，这就是执行中止。法律所规定的事由有：

1. 申请人表示可以延期执行的。由于被执行人短期内无财产可供执行，或者由于被执行人提供担保表示以后履行等因素，申请延期，而权利人即执行申请人表示可以延期执行的。考虑到申请执行与不申请执行系权利人的诉讼权利，法院应当尊重其权利的选择，所以，法律规定，法院"应当"中止执行，并以法院裁定形式作出。申请人表示可以延期须以书面形式表达，或由法院执行员记录在案，并由申请人签名或盖章。无论公民、法人或者其他组织做申请人还是行政机关做申请人，笔者认为都有可以表示同意延期执行的权利，因为，即便是行政机关，也并不意味着它在放弃职责，而只不过是行使职权的一种方式罢了。当然，这种延期应是有期限的，而且确有后续执行实现的可能性。

2. 案外人对执行标的提出确有理由的异议的。这也是要暂时中止执行程序进行的，以便在中止期间进行审查、修正或调整执行标的，以免执行错误。具体讲就是，案外人必须以书面形式向法院提出自己的权利主张，而且必须在执行程序进行过程中提出。异议人必须向法院同时提供其主张或异议的理由及有关证据材料。如执行员经审查、了解确认成立，应将有关材料交合议庭或审委会讨论决定，裁定中止。等重新调整执行对象范围后，再恢复执行。

3. 作为一方当事人的公民死亡，需要等待继承人继承权利或承担义务的。无论是被执行人还是申请人死亡，都会使权利义务主体发生变化，所以需要裁定暂时中止执行，待继承关系发生后，继承人进入执行程序，权利义务主体确定，执行程序继续进行。那么，这个等待期限多长为宜呢？参考有关解释，应以 3 个月为期限，逾期仍无人继承的，则由中止转变为终结。

4. 同样，作为一方当事人的法人、其他组织终止的，尚未确定权利义务承受者的，也应中止执行程序。

5. 法院认为应当中止执行的其他情形。如被执行人下落不明的；被执行人出国未归的，而国内又无财产可供执行的；被执行人暂时丧失行为能力，需要等待其恢复的；作为执行根据的法律文书已被再审需要等待再审结果的；等等。

上述事由消失以后法院应立即主动恢复执行，也可以由申请人提出恢复执行的申请，经法院批准后恢复执行。中止以前所进行的执行活动，仍然继续有效。

（二）执行终结

在执行过程中，因法定事由出现，使执行已无必要或不可能继续进行，因而结束执行程序，就是所谓执行终结。它与中止不同，中止是暂时中断，以后还要继续执行，而终结则是执行被结束，以后也不再恢复或继续，程序终结了。当然，终结的结束程序并不是由于义务的实现，而是由于：

1. 申请人撤销执行申请的。申请人有权撤销其执行申请，法院也应允许申请撤销并以裁定形式终结执行。但是，这种申请应不悖于法律之精神与规定，不能有损于公共利益与行政法律秩序。况且结束执行这样一个司法程序，也必须经由法院审查决定。另外，对于移交执行不适用此种情况，因为这里并没有申请人存在。申请撤销经法院同意后，即以法律文书裁定形式下达，立即生效，结束执行。申请人不能以同一理由同一标的再次申请执行。这也是一事不再理原则在执行程序中的体现。

2. 据以执行的法律文书被合法撤销。这是经法定程序作出的撤销，如已生效，应立即裁定终结执行程序。如果是因错误裁判而被撤销，已经执行的部分还要予以恢复。

3. 作为被执行的公民死亡，无遗产可供执行，又无义务承担人的。

4. 追索抚恤金案件的权利人死亡的。我们知道，抚恤金是一种特定人享有的权利，如果该特定权利人已死亡，其权利是不可以被转让或代替的，所以必须终结，已无执行的必要。

5. 法院认为应当终结执行的其他情形。

终结执行的，法院制作终结执行裁定书，载明终结之理由、法律根据，并送达当事人生效，当事人对于终结执行裁定不得上诉。

（三）执行和解

执行和解，是在执行过程中，申请人与被申请人就赔偿内容，自愿协商达成协议，以解决争议，从而结束赔偿内容的执行。执行和解，是当事人双方自行和解，不是由法院主持进行的。而且，和解之对象不能是具体行政行为部分，只能是所涉及的赔偿部分。根据《行政诉讼法》的规定，行政诉讼中的赔偿部分是可以进行调解的，因为这部分内容说到底也是民事权利义务。这也就决定了在执行中对赔偿部分内容适用和解的可能性。当然，是否和解，以及达成什么样的和解，应由当事人双方自行协商，并达成一致。

和解不得违反法律规定，不得侵害第三人利益，也不能损害公共利益。须当事人双方在平等基础上进行。和解协议应当交执行机构，并记录在案，由双方和执行员签名、盖章，协议即生效，该赔偿部分的执行即告结束。当然，如果还有行为义务执行部分，这部分执行依然进行。

六、执行完毕

执行完毕，是指执行机关采取执行措施，实现执行根据确定的义务，从而完结执行案。可见，执行完毕虽然与执行终结在结束执行程序这一点上是相同的，但所不同的是，执行完毕是内容执行完成，是完成了执行目的与任务的结束，而执行终结并未完成原执行任务。

执行完毕是执行案在内容和程序上的终结，当事人权利得以实现，执行案结束。应结清执行交付的各种手续、费用等，从而告知程序完毕。如果执行确有错误，只有通过执行回转予以补救。

七、执行补救

执行补救，是指在执行程序结束后，因法定事由出现而需对已执行事项采取补救措施，予以补救。它有两种：执行回转和再执行。

（一）执行回转

执行回转，是指在执行结束后，因法定事由而将已执行的对象恢复到执行前状态，即回转。这实际上是在实事求是地纠正错误，因此，执行回转的事由必须是：

1. 已经执行完毕的法律文书被有权法院依审判监督程序予以撤销。

2. 第一审法院先行给付的裁定执行完毕后，该第一审的判决被上诉法院撤销，从而第一审的先行给付裁定失去合法的基础与效力。

3. 执行人员违法执行的。

执行回转也适用于当事人自动履行的情形，只要属于上述事由的，法院应依职权完成执行回转，以恢复合法状态。

（二）再执行

再执行，是指在执行程序结束后，对未执行的内容再次执行。在再执行情况下原执行的内容尚未完成，但程序上被终结了，由于新的事由出现，原来终结的执行须再予执行。

1. 发现新的情况。如原认定被执行人死亡，又无遗产可供执行，从而终结执行。后来发现有遗产存在，这是原认定有误所致。

2. 因被执行人以违法手段威胁，使申请执行人撤回申请而终结执行的，事后申请人提出，如确属理由正当应予执行。

3. 其他应当再执行的情形。

第五节　非诉讼行政案件的执行

本章内容是关于行政诉讼执行的，在概念上不包括行政机关申请人民法院强制执行行政行为的情形。这两者在程序性质与执行根据归属上都不同：一为司法，一为行政。而且，非诉讼行政执行的特征就是未经诉讼审判。但是，它们两者又有一些联系和相近之处，这就有必要划分各自的范围、界限。所以在本章专设一节，附带讨论以下问题。

一、非诉行政案件执行的概念

非诉行政案件的执行，是指公民、法人或者其他组织既不向人民法院提起行政诉讼，又拒不履行已生效的行政行为所确定的义务，行政机关或行政裁决行为确定的权利人向人民法院提出执行申请，由人民法院采取强制执行措施，使行政机关的行政行为得以实现的制度。

非诉行政案件的执行有以下特点：

1. 非诉行政案件的执行机关是人民法院，而非行政机关。虽然非诉行政案件的执行对象是行政行为，执行申请人也是行政机关，但非诉讼行政案件强制执行权的享有者不是行政机关，而是人民法院。

2. 非诉行政案件的执行根据是行政机关作出的行政行为，该行政行为没有进入行政诉讼，没有经过人民法院的审理裁判，而且，申请执行的行政行为已经发生法律效力。

3. 非诉行政案件的执行申请人是行政机关或行政裁决确定的权利人，被执行人只能为公民、法人或者其他组织。非诉行政案件强制执行的是行政机关所作的行政行为，该行政行为是行政机关行使行政职权的体现，具体行政行为所确定的义务能否履行，直接关系到行政机关的职权是否得以实现。因而，在通常情况下，非诉行政案件执行的执行申请人应为行政机关。作为行使行政职权的行政机关不能成为被执行人，而具体行政行为所确定的义务人即公民、法人或者其他组织一般只能成为被执行人，不能成为执行申请人。

不过，在特定情况下，非诉行政案件的执行申请人也可以是生效行政行为确定的权利人或者其继承人、权利承受人。《最高人民法院关于执行〈中华人民共和国行政诉讼法〉若干问题的解释》第 90 条规定："行政机关根据法律的授权对平等主体之间民事争议作出裁决后，当事人在法定期限内不起诉又不履行，作出裁决的行政机关在申请执行的期限内未申请人民法院强制执行的，生效具体行政行为确定的权利人或者其继承人、权利承受人在 90 日内可以申请人民法院强制执行。享有权利的公民、法人或者其他组织申请人民法院强制执行具体行政行为，参照行政机关申请人民法院强制执行具体行政行为的规定。"行政机关对平等主体之间民事争议作出的裁决中，涉及三方主体，一方是行政裁决者行政机关，另外两方则为民事争议双方当事人。由于行政裁决是行政机关对民事争议双方当事人的民事争议作出的裁决，如果裁决中义务人拒不履行行政裁决，行政裁决中确定的权利人的权益会因此受到侵害，为了保护其合法权益，法律赋予其直接向人民法院申请强制执行行政裁决的权利。同时，权利人与行政裁决有直接利害关系，他最了解义务人是否已经履行了义务，由他直接申请人民法院强制执行可以弥补行政机关怠于履行职责行使权利的不足。因此，《最高人民法院关于执行〈中华人民共和国行政诉讼法〉若干问题的解释》在规定行政机关有权向人民法院申请强制执行生效行政裁决的同时，还规定生效行政裁决确定的权利人或其继承人、权利承受人也有权申请人民法院强制执行该行政裁决。

4. 非诉行政案件的执行前提是公民、法人或者其他组织在法定期限内，既不提起行政诉讼，又拒不履行行政行为所确定的义务。

根据《行政诉讼法》第 97 条的规定，行政机关申请人民法院强制执行行政行为必须同时具备两个条件：①公民、法人或者其他组织在法定起诉期间内没有对该行政行为提起行政诉讼；②公民、法人或者其他组织拒不履行该行政行为所确定的义务。只有这两个条件同时具备时，人民法院才能强制执行行政机关作出的行政行为。

如果公民、法人或者其他组织已经向人民法院提出了行政诉讼，法院已经受理，即使其没有履行该行政行为所确定的义务，行政机关也不能向人民法院申请强制执行该行政行为。所以，《最高人民法院关于执行〈中华人民共和国行政诉讼法〉若干问题的解释》第94条规定："在诉讼过程中，被告或者具体行政行为确定的权利人申请人民法院强制执行被诉具体行政行为，人民法院不予执行……"不过，鉴于在行政诉讼过程中，可能会遇到原告或者第三人转移、隐匿、毁损被诉行政行为所涉及的财物以及发生其他情况，如果不及时采取措施会给国家利益、公共利益或者他人利益造成不可弥补的损失。因此，《最高人民法院关于执行〈中华人民共和国行政诉讼法〉若干问题的解释》第94条在但书中又作出了变通规定，规定如果人民法院不及时执行被诉行政行为，可能给国家利益、公共利益或者他人合法权益造成不可弥补的损失的，在被告或者行政行为确定的权利人提供担保的情况下，人民法院可先予执行。

二、非诉行政案件执行的适用范围

非诉行政案件执行的适用范围，解决的是在何种情况下行政机关可以申请人民法院强制执行行政行为，在何种情况下行政机关不能申请人民法院强制执行行政行为的问题。它事实上涉及人民法院与行政机关对行政行为强制执行的分工和对二者行政强制执行权的划分。根据《行政诉讼法》的规定，非诉行政案件执行的适用范围是：凡行政机关对行政行为没有强制执行权，以及行政机关和人民法院对行政行为皆享有强制执行权时，行政机关都可以申请人民法院强制执行该行政行为。具体适用范围如下：

1. 法律、行政法规、地方性法规没有赋予行政机关对该行政行为的强制执行权，公民、法人或者其他组织在法定期限内既不提起行政诉讼又不履行义务的，行政机关申请人民法院强制执行，人民法院应当依法受理。

2. 法律、行政法规、地方性法规规定，该行政行为既可以由行政机关依法强制执行，也可以申请人民法院强制执行，行政机关申请人民法院强制执行的，人民法院也可以依法受理。

3. 行政机关依法律、法规规定部分享有强制执行权，部分没有强制执行权，行政机关对没有强制执行权部分申请人民法院强制执行的，也属于非诉执行范围。

如果法律、行政法规、地方性法规规定应当由行政机关依法强制执行的，行政机关应当依法自行强制执行，不得申请人民法院强制执行，此类行政行为的执行，不属非诉行政案件的执行。此类行政行为不能纳入到非诉行政行为执行范畴。

三、非诉行政案件执行的执行管辖

非诉行政案件执行的执行管辖，是指不同级别的人民法院和同级不同区域人民法院对非诉行政案件执行的权限分工。

2011年6月30日通过的《行政强制法》第54条规定："行政机关申请人民法院强制执行前，应当催告当事人履行义务。催告书送达10日后当事人仍未履行义务的，行政机关可以向所在地有管辖权的人民法院申请强制执行；执行对象是不动产的，向不动产所在地有管辖权的人民法院申请强制执行。"

《最高人民法院关于执行〈中华人民共和国行政诉讼法〉若干问题的解释》第89条规定："行政机关申请人民法院强制执行其具体行政行为的，由申请人所在地的基层人民法院受理；执行对象为不动产的，由不动产所在地的基层人民法院受理。基层人民法院认为执行确有困难的，可以报请上级人民法院执行；上级人民法院可以决定由其执行，也可以决定由下级人民法院执行。"

根据此规定，非诉行政案件执行的级别管辖原则上由基层人民法院承担。这主要是因为执行案件一般相对简单，基层人民法院能够胜任执行工作；同时基层人民法院距离行政机关和公民、法人或者其他组织最近，由基层人民法院负责执行，既便于申请强制执行的行政机关和被执行人，又便于人民法院了解情况，加快执行工作。但是，考虑到基层人民法院执行中可能遇到的困难，《最高人民法院关于执行〈中华人民共和国行政诉讼法〉若干问题的解释》又对执行法院作了变通规定，规定如果基层人民法院认为执行确有困难时，可报请上级人民法院执行，但最终由哪一级人民法院具体执行，由上级人民法院决定，上级人民法院既可以自己执行，也可以决定由下级人民法院执行。

在非诉行政案件的地域管辖方面，根据《最高人民法院关于执行〈中华人民共和国行政诉讼法〉若干问题的解释》的规定，由申请人即行政机关所在地的人民法院管辖。如果是行政裁决确定的权利人、继承人、权利承受人申请执行的，笔者认为也应由该法院管辖执行。这样，不至于出现一案两法院的执行管辖。

通常行政机关只能管辖本行政区域内的公民、法人或者其他组织，因为行政机关与被执行人公民、法人或者其他组织一般同在一个地区，由行政机关所在地的人民法院管辖，既便于执行申请人，也便于被执行人。但如果执行对象为不动产时，则由不动产所在地人民法院管辖即特殊管辖。

四、申请非诉行政案件执行的期限

根据《最高人民法院关于执行〈中华人民共和国行政诉讼法〉若干问题的

解释》第 88 条的规定："行政机关申请人民法院强制执行其具体行政行为，应当自被执行人的法定起诉期限届满之日起 180 日内提出……"在适用这些规定时应当注意的是，依照《行政诉讼法》第 46 条第 1 款的规定："公民、法人或者其他组织直接向人民法院提起诉讼的，应当自知道或者应当知道作出行政行为之日起 6 个月内提出。法律另有规定的除外。"因此，起诉期限的确定和申请执行的期限的计算，必须根据行政诉讼法和具体法律、法规的规定。行政机关逾期申请的，人民法院不予受理，但行政机关逾期申请有正当理由的除外。《行政强制法》第 53 条规定："当事人在法定期限内不申请行政复议或者提起行政诉讼，又不履行行政决定的，没有行政强制执行权的行政机关可以自期限届满之日起 3 个月内，依照本章规定申请人民法院强制执行。"据此，行政机关申请人民法院强制执行的期限是 6 个月期限届满后的 3 个月。

五、非诉行政案件执行的条件

非诉行政案件的执行以强制力为后盾，直接影响公民、法人或者其他组织的权益，并影响到行政法治目标的实现，因而应当明确规定行政机关申请人民法院强制执行行政行为的条件。根据《最高人民法院关于执行〈中华人民共和国行政诉讼法〉若干问题的解释》第 86 条规定，行政机关申请人民法院执行其行政行为，应当具备以下条件：

1. 具体行政行为依法可以由人民法院执行。即行政行为属于非诉行政案件的适用范围。

2. 具体行政行为已经生效并具有可执行内容。即行政行为必须已经发生法律效力，并且具有给付或作为内容。如果行政行为尚未发生法律效力，行政机关就不能申请人民法院强制执行；如果行政行为无给付或作为的内容，行政机关就无须人民法院的强制执行。

3. 申请人是作出该具体行政行为的行政机关或法律、法规、规章授权的组织，或是行政裁决确定的权利人等。这是对申请人资格的要求。首先，申请人必须是依法成立行使行政职权的行政机关，或者是经法律、法规授权行使行政职权的组织；其次，申请人必须是作出行政行为的主体。依照最高人民法院《关于执行〈中华人民共和国行政诉讼法〉若干问题的解释》第 90 条第 1 款的规定，行政裁决确定的权利人或者其继承人、权利承受人也具有申请强制执行行政裁决的资格。

4. 被申请人是该具体行政行为所确定的义务人。这是对被申请人资格的要求。

5. 被申请人在具体行政行为确定的期限内或者行政机关另行指定的期限内未履行义务。义务人没有在规定期限内履行义务是强制执行的前提条件，如果义务人已经履行了具体行政行为所确定的义务，或者义务人没有履行义务尚未超过规定的期限，行政机关不能申请人民法院强制执行该具体行政行为。

6. 申请人在法定期限内提出申请。根据《最高人民法院关于执行〈中华人民共和国行政诉讼法〉若干问题的解释》第 88 条的规定，行政机关必须在公民、法人或者其他组织法定起诉期限届满之日起 180 日内提出，逾期申请的，如果没有正当理由，人民法院将不予受理。

7. 被申请执行的行政案件属于受理申请执行的人民法院管辖。即行政机关必须向有执行管辖权的人民法院提出申请。

六、非诉行政案件执行前的财产保全

为了保护国家利益、公共利益，保证行政职能的实现以及公民、法人或者其他组织的合法权益，《最高人民法院关于执行〈中华人民共和国行政诉讼法〉若干问题的解释》还规定了非诉行政案件执行申请的财产保全制度。

《最高人民法院关于执行〈中华人民共和国行政诉讼法〉若干问题的解释》第 92 条规定："行政机关或者具体行政行为确定的权利人申请人民法院强制执行前，有充分理由认为被执行人可能逃避执行的，可以申请人民法院采取财产保全措施。后者申请强制执行的，应当提供相应的财产担保。"这里所谓的财产保全，是指人民法院依法对被执行人的财产采取一种强制性的保护措施，以避免被执行人恶意对财产进行处分。

根据《最高人民法院关于执行〈中华人民共和国行政诉讼法〉若干问题的解释》的规定，非诉行政案件执行前的财产保全必须具备以下条件：

1. 行政机关或者行政行为确定的权利人向人民法院提出财产保全申请。非诉行政案件执行前的财产保全依申请开始，人民法院不得主动采取。有权提出非诉行政案件执行前财产保全的主体为作出行政行为的行政机关，或者行政行为确定的权利人，其他人员无权提出申请。

2. 非诉行政案件执行前财产保全的申请应向对该行政行为有强制执行管辖权的人民法院提出。

3. 非诉行政案件执行前财产保全申请人有充分理由证明被执行人可能逃避执行，这是申请执行前财产保全的实质条件。被执行人逃避执行是指被执行人有主观上的恶意，擅自将财产转移、隐匿、毁损、挥霍、出卖等逃避履行义务的行为。被执行人逃避执行必须是客观存在的，而不是执行前财产保全申请人的主观臆断，对此申请人必须提出充分理由证明被执行人有逃避执行的可能性。

4. 非诉行政案件执行前，财产保全申请人（行政行为确定的权利人）必须向人民法院提供相应的财产担保。由于财产保全是对被执行人财产权行使的一种限制，可能会给被执行人造成损失，为了防止出现因保全措施给被执行人造成损

失，而申请人又无力赔偿或拒绝赔偿的情况，要求执行前财产保全申请人必须向人民法院提供相应的财产担保。申请人不按规定提供担保，人民法院则应依法驳回其执行前财产保全申请。但行政机关作为执行申请人的，《最高人民法院关于执行〈中华人民共和国行政诉讼法〉若干问题的解释》没有明确设定其提供财产担保的义务。

对于符合执行前财产保全条件的申请，人民法院应采取财产保全措施，对被执行人的财产加以保护，防止被执行人恶意处分这些财产。根据有关法律的规定，人民法院可以采取查封、扣押、冻结等财产保全措施。

七、非诉行政案件的执行程序

非诉行政案件的执行一般包括申请与受理、审查、告知履行和强制执行等环节。

（一）申请与受理

非诉行政案件的执行自行政机关（包括行政裁决所确定的权利人或其继承人、权利承受人）的申请开始，行政机关向人民法院提出强制执行其行政行为的申请是非诉行政案件执行开始的唯一方式，人民法院无权自行开始非诉行政案件的执行。

行政机关申请人民法院强制执行行政行为必须符合上述非诉行政案件执行的条件，否则人民法院将不予受理。同时，行政机关在向人民法院提出申请时，必须向人民法院递交有关材料。

《行政强制法》第55条规定："行政机关向人民法院申请强制执行，应当提供下列材料：①强制执行申请书；②行政决定书及作出决定的事实、理由和依据；③当事人的意见及行政机关催告情况；④申请强制执行标的情况；⑤法律、行政法规规定的其他材料。强制执行申请书应当由行政机关负责人签名，加盖行政机关的印章，并注明日期。"

行政机关提出申请后，人民法院应当对行政机关的申请进行审查，以确定行政机关的申请是否符合非诉行政案件的执行条件，对于符合非诉行政案件的申请，人民法院应当立案执行；对不符合非诉行政案件执行条件的申请，人民法院应裁定不予受理。根据《行政强制法》第56条的规定，人民法院接到行政机关强制执行的申请，应当在5日内受理。行政机关对人民法院不予受理的裁定有异议的，可以在15日内向上一级人民法院申请复议，上一级人民法院应当自收到复议申请之日起15日内作出是否受理的裁定。

（二）人民法院对行政行为的审查

人民法院决定立案执行后，应当继续对申请进行审查，但这一审查不同于立案审查，这次审查主要是对作为执行根据的行政行为是否合法进行实质审查。但是这种实质审查又不同于行政诉讼案件中的实质审查，即不同于根据《行政诉讼法》第 70 条规定进行的严格审查标准。

根据《最高人民法院关于执行〈中华人民共和国行政诉讼法〉若干问题的解释》第 93 条的规定，负责对被执行的行政行为的合法性进行审查的机构是行政审判庭，行政审判庭对被执行的具体行政行为进行审查实行合议制，由行政审判庭组成合议庭审查。

经合议庭审查认定行政行为合法正确，人民法院应作出准予强制执行的裁定，并送达申请人民法院强制执行的行政机关；《最高人民法院关于执行〈中华人民共和国行政诉讼法〉若干问题的解释》第 95 条规定："被申请执行的具体行政行为有下列情形之一的，人民法院应当裁定不准予执行：①明显缺乏事实根据的；②明显缺乏法律依据的；③其他明显违法并损害被执行人合法权益的。"因而，从总体来看，人民法院对行政行为不予执行的原因，必须是被申请执行的行为存在较为明显的错误，即行政行为有原则性错误时，人民法院才能对该行政行为不予执行。具体而言，人民法院对被申请执行的行政行为不予执行的情形有：

1. 行政行为明显缺乏事实根据。行政行为明显缺乏事实根据，是指行政行为没有相应证据作为根据，行政机关对相应事实认定存在重大错误，事实认定不清等，使行政机关得以作出行政行为的事实无法成立。行政行为明显缺乏事实根据属于行政行为明显违法，此种行政行为自然不能成为强制执行的对象。

2. 行政行为明显缺乏法律依据。行政行为明显缺乏法律依据，是指行政机关作出行政行为的法律文书中根本没有引用法律根据，行政机关对法律、法规的适用明显存在错误等情形。行政机关适用法律、法规明显错误时，对公民、法人或者其他组织权利、义务的设定也必然会出现错误，其所作出的行政行为也是错误的。

3. 其他明显违法并损害被执行人合法权益的。这属于弹性条款，需要人民法院根据实际情况作出具体判断。人民法院在行政行为同时存在明显违法和损害被执行人合法权益两种情形时，才能作出不予执行的裁定。

《行政强制法》第 58 条增加了听取意见的程序，人民法院发现有下列情形之一的，在作出裁定前可以听取被执行人和行政机关的意见：①明显缺乏事实根据的；②明显缺乏法律、法规依据的；③其他明显违法并损害被执行人合法权益的。同时规定了人民法院审查的期限，人民法院应当自受理之日起 30 日内作出是否执行的裁定。裁定不予执行的，应当说明理由，并在 5 日内将不予执行的裁定送达行政机关。行政机关对人民法院不予执行的裁定有异议的，可以自收到裁定之日起 15 日内向上一级人民法院申请复议，上一级人民法院应当自收到复议申请之日起 30 日内作出是否执行的裁定。

（三）通知履行

根据《最高人民法院关于执行〈中华人民共和国行政诉讼法〉若干问题的解释》第 93 条的规定，对于行政审判庭裁定准予执行的非诉行政案件，需要采取强制执行措施的，行政审判庭应当将案件交由本院负责强制执行非诉行政行为的机构具体执行。

负责执行非诉行政行为的机构，在强制执行前，应当再次书面通知被执行人，告诫被执行人履行义务，并附履行期限，促使被执行人自觉履行义务。如果被执行人逾期仍不履行义务的，则由执行机构实施强制执行。

（四）准备强制

在此阶段，人民法院应当出具强制执行手续，填写强制执行文书，通知有关单位、人员到场，制订强制执行方案等。

（五）实施强制措施

人民法院在非诉行政案件执行中所采取的执行措施，可以参照《民事诉讼法》及《最高人民法院关于适用〈中华人民共和国民事诉讼法〉的解释》的有关规定执行。

（六）执行结束

执行任务完成后，人民法院应将案卷材料整理归档，并结清各种手续、清单及费用，书面通知申请强制执行的行政机关，宣告执行程序结束。

（七）执行费用

《行政强制法》第 60 条规定："行政机关申请人民法院强制执行，不缴纳申请费。强制执行的费用由被执行人承担。人民法院以划拨、拍卖方式强制执行的，可以在划拨、拍卖后将强制执行的费用扣除。依法拍卖财物，由人民法院委托拍卖机构依照《中华人民共和国拍卖法》的规定办理。划拨的存款、汇款以及拍卖和依法处理所得的款项应当上缴国库或者划入财政专户，不得以任何形式截留、私分或者变相私分。"

■**思考题**

1. 简述行政诉讼执行的原则。
2. 简述行政诉讼执行的条件。
3. 试论述行政诉讼执行的对象和范围。
4. 试论述行政诉讼执行措施的种类及适用范围。
5. 试论述行政诉讼执行的程序。
6. 试论述非诉行政案件执行的程序。

■参考资料

1. 傅士成：《行政强制研究》，法律出版社 2001 年版。

2. 应松年主编：《行政法学新论》，中国方正出版社 2004 年版。

3. 姜明安主编：《行政法与行政诉讼法》，北京大学出版社、高等教育出版社 2005 年版。

4. 张树义主编：《寻求行政诉讼制度发展的良性循环》，中国政法大学出版社 2000 年版。

5. 马怀德主编：《司法改革与行政诉讼制度的完善》，中国政法大学出版社 2004 年版。

6. 杨小君："行政诉讼强制执行措施再思考"，载《行政法学研究》2003 年第 3 期。

7. 刘东亮："行政诉讼执行问题研究——我国〈行政诉讼法〉执行条款的修改与完善"，载樊崇义主编：《诉讼法学研究》（第 4 卷），中国检察出版社 2003 年版，第 135 页。

第十六章　行政赔偿诉讼

■ 学习目的和要求

　　重点掌握行政赔偿的概念和构成要件；行政赔偿的范围；行政赔偿诉讼的受案范围及其特殊规定；行政赔偿诉讼的被告和原告；提起行政赔偿诉讼的两种方式。一般了解：行政赔偿的特点和意义；追偿制度；行政赔偿诉讼的特殊证据规则和调解制度。

第一节　行政赔偿概述

一、行政赔偿的概念

　　行政赔偿，又称行政侵权赔偿责任，是指国家行政机关及其工作人员行使行政职权过程中的违法行为给公民、法人或者其他组织造成损害，由国家承担的赔偿责任。

　　行政赔偿是国家赔偿的重要组成部分，其主要特点是：

　　（一）侵权行为主体是行使国家行政职权的行政机关及其工作人员

　　侵权主体的特定性是行政赔偿区别于其他赔偿的主要根据。①它区别于民事赔偿。民事赔偿是平等的民事主体之间因民事侵权行为造成的赔偿，行政赔偿在归责原则、赔偿责任构成要件和赔偿范围、赔偿程序乃至赔偿方式、赔偿金计算标准等方面均有别于民事赔偿。②它区别于刑事赔偿。刑事赔偿是行使刑事司法权的司法机关及其工作人员行使职权过程中的违法行为造成损害产生的赔偿责任。③行政赔偿也不同于民事、行政司法侵权赔偿。民事、行政司法侵权赔偿是指法院在民事、行政诉讼过程中因特定的违法行使审判权的行为给公民、法人和其他组织造成损害而引起的赔偿责任。

　　（二）请求赔偿的权利主体是其合法权益受到损害的公民、法人和其他组织

　　在行政赔偿法律关系中，当事人的法律地位是恒定的。赔偿主体是行政机

关，受害人是合法权益受到损害的公民、法人和其他组织，双方地位不能互换。应当注意的是，行政赔偿请求人不仅限于行政相对人，凡是合法权益受到行政机关及其工作人员违法行使职权行为侵害的人都可以请求赔偿。这也是行政赔偿区别于民事赔偿的一个特征。

（三）引起行政赔偿责任的行为是具体行政行为或者事实行为，抽象行政行为不能直接引起行政赔偿责任

尽管抽象行政行为有时会侵犯特定群体的利益，但是，根据法律规定这种侵权不属于行政赔偿的范围，公民、法人和其他组织不能直接对抽象行政行为提起诉讼、请求赔偿。例如，市政府发布了一个规范性文件，决定对某一行业增加特种收费，从事该行业的经营者不能就此规范性文件提起诉讼、请求行政赔偿。只有当行政机关据此规范性文件向经营者收取费用时，该经营者才可以起诉；只有当行政机关据此向其征收了费用时，他才可以请求行政赔偿。[1]

（四）国家承担赔偿责任

行政赔偿是一种国家赔偿责任，表现在两个方面：行政赔偿的责任主体是国家，赔偿义务机关只是代表国家承担赔偿责任，赔偿费用由国家承担。国家赔偿责任的产生曾经历了"公务员个人责任"、"代位责任"和"国家（自己）责任"三个发展阶段。国家自己责任的理论根据是：工作人员代表国家行使职权，因而一切后果都归属于国家。在工作人员取得成功时，其成就归于国家，那么，在工作人员因侵权造成损害时，其后果当然也应当由国家承担。这与公司派出工作人员与其他公司发生关系，其后果应由公司负担的道理是一样的。

二、确立行政赔偿制度的意义

行政赔偿制度是建立社会主义法治国家必不可少的制度。它不仅有利于保障公民、法人和其他组织受到非法行政侵害时获得补救，而且有利于保障《宪法》的实施，有利于监督行政机关依法行使职权，有利于建立完备的法律体系，有利于增强国家机关及其工作人员的法律意识和责任心。

（一）确立行政赔偿制度有利于宪法的实施

宪法是国家行为的基本准则。世界上很多国家的宪法都明确规定了国家赔偿

---

[1]　在外国的国家赔偿制度中，立法行为或抽象行政行为造成的损害是应当被包括在国家赔偿的范围内的。例如法国为保护牛奶工业，1934年制定一项法律，禁止生产奶类食品的代制品。La Fleurette公司为制造奶类食品代制品的企业，由于这个法律而不能营业。1938年该公司向行政法院起诉，请求国家赔偿。最高行政法院判决国家负赔偿责任。最高行政法院认为，根据公平负担原则，国家的法律不能为了部分人的利益而牺牲特定人的利益，而且1934年的法律本身并没有禁止或豁免国家赔偿责任的规定，因此判决国家承担对该公司的赔偿责任。参见王名扬：《法国行政法》，中国政法大学出版社1988年版，第737～738页。

的基本原则。我国 1954 年《宪法》和 1982 年《宪法》均原则性规定了国家赔偿责任制度[1] 1986 年《民法通则》和 1989 年《行政诉讼法》进一步落实了这一宪法原则。但是，随着民主政治建设的迅速发展，人们对落实《宪法》这一原则提出了新的要求，而上述法律规定过于原则化，缺乏可操作性，为此，1994 年制定的《国家赔偿法》详细地规定了行政赔偿的各项具体制度，经过 2010 年、2012 年两次修订的《国家赔偿法》对国家赔偿的具体制度进行了完善，使宪法的原则规定得到落实。

（二）建立行政赔偿制度，有利于监督行政机关依法行政

监督行政机关及其工作人员依法行政是构建行政赔偿制度的重要目的之一。行政赔偿制度以其实际存在和运作时刻提醒公务员：违法行政、滥用职权不仅会招致非难，而且要承担法律责任。这种潜在的制裁威慑力可以有效地督促行政机关及其工作人员依法行使职权，恪尽职责，以避免违法失职行为。

（三）建立行政赔偿制度，可以为行政侵权行为的受害人提供有效的补救

为受到行政侵权行为侵害的公民、法人和其他组织提供补救是行政赔偿制度的基本功能之一。按照法治的基本要求，所有受到不法侵害的公民、法人都有获得补救的权利和途径。法律通过对行政赔偿范围、赔偿程序和赔偿方式、赔偿标准的规定，发挥国家赔偿制度保障公民、法人和其他组织合法权益的功能。

（四）建立行政赔偿制度，有利于增强行政机关工作人员的法律意识和工作责任心

行政赔偿制度是一种民主制度，它强调国家责任意识，使每个公务员都意识到自己手中的权力应当受法律的限制和约束，而不是可以随意使用的工具，违法行使权力就要负法律责任。越权、失职、渎职都有侵犯公民权利的危险，行政机关及其工作人员应当严格依法行使权力。而行政赔偿制度正好具有强化行政权的自我约束意识，减少行政违法、渎职、失职现象，提高行政效率等功能。这也正是建立行政赔偿制度的目的所在。

（五）建立行政赔偿制度有利于调整利益，实现社会公平，推进法治，构建和谐社会

国家赔偿制度既是对受到行政侵权行为侵害的受害人提供的补救，也是调整社会利益，以平衡受害人与社会其他成员之间公平关系的方式。特别是行政补偿制度，对于因国家机关及其工作人员行使职权的合法行为遭受特别损害的个人、组织提供补救，不仅可以实现受害人与其他社会成员之间的公平关系，而且可以

---

[1]　我国1982 年《宪法》第 41 条第 3 款规定："由于国家机关和国家工作人员侵犯公民权利而受到损失的人，有依照法律规定取得赔偿的权利。"

将国家支出的赔偿、补偿费用以税收形式转嫁于社会，从而实现全体社会成员之间的利益平衡。更为重要的是，行政赔偿制度的确立，打破了禁锢人们上千年的"官民不等"、"国家豁免"等信条，创造了民主、平等的社会环境，大大地推进了国家民主法治和构建和谐社会的进程。

三、行政赔偿责任的构成

行政赔偿责任的构成，即构成行政赔偿责任所必须具备的条件的总和。一定的法律责任的构成要件受归责原则的制约，也就是说，一定的归责原则决定了赔偿责任的构成要件。

《国家赔偿法》第2条关于国家赔偿归责原则的规定和第3条、第4条关于行政赔偿范围的规定，决定了行政赔偿采取违法责任原则。

根据违法责任原则，行政赔偿责任的构成应当具备以下要件：

1. 侵权行为主体是国家行政机关及其工作人员，也包括法律、法规授权其行使行政职权的组织及其工作人员以及受行政机关委托行使行政职权的组织或个人。

2. 侵权行为必须是上述主体行使行政职权过程中的违法行为。这一要件包括两层含义：侵权行为必须发生在行为主体行使行政职权的过程中，包括行使行政职权的行为和与行使行政职权有关的行为；行政主体行使行政职权的行为违法。实务中，对违法的判断主要采取客观标准，只有在判断滥用职权时才同时考虑主观标准。

3. 行政主体行使行政职权的行为必须给公民、法人和其他组织的合法权益造成了特定的损害。特定损害事实的发生是行政赔偿责任产生的前提条件。根据2012年修正的《国家赔偿法》的规定，构成行政赔偿责任所要求的损害事实包括人身权损害和财产权损害。其中，人身权的损害包括人身自由权的损害和生命健康权的损害，并且2012年修正的《国家赔偿法》将侵犯人身权致人精神损害的情形纳入到国家赔偿的范围；财产权的损害仅限于直接损害。

4. 损害事实与行政机关及其工作人员行使行政职权的行为之间具有因果关系。因果关系是连结责任主体与损害事实的纽带，是责任主体对损害承担责任的基础。如果缺少因果关系，责任主体将不承担责任。具备一定的因果关系，是任何一种归责原则下都应具备的赔偿责任的构成要件。如果造成损害结果的原因是多方面的，其中既有行政机关的违法行为，又有其他原因，受害人可以得到相应的行政赔偿。[1]

经过十余年的实践，很多人对我国《国家赔偿法》的归责原则定为违法原则提出了质疑，认为违法原则使赔偿范围过窄，许多并非违法但有过错的行为，使公民权益受到损害，无法纳入赔偿范围，因而主张把单一的归责原则改为多元化的归责原则。2012 年修正的《国家赔偿法》第 2 条第 1 款规定："国家机关和国家机关工作人员行使职权，有本法规定的侵犯公民、法人和其他组织合法权益的情形，造成损害的，受害人有依照本法取得国家赔偿的权利。"与 1995 年《国家赔偿法》第 2 条相比较，将"国家机关和国家机关工作人员违法行使职权"修改为"国家机关和国家机关工作人员行使职权"。看似很简单地去掉了"违法"二字，却意味着我国国家赔偿归责原则的重大进步。修改后的国家赔偿法确立了包括违法归责原则和结果归责原则的多元归责原则，顺应了时代的发展，对国家赔偿制度的发展将起到极大的推动作用。

四、行政赔偿的范围

行政赔偿的范围即国家承担行政赔偿责任的范围。它包括行政赔偿的行为范围和损害范围。前者是指国家对哪些行政侵权行为承担赔偿责任；后者是指对行政侵权行为造成的哪些损害承担赔偿责任。

根据行政侵权行为侵犯的客体的不同，我们可以把行政赔偿分为侵犯人身权的赔偿和侵犯财产权的赔偿。

（一）侵犯人身权的行政赔偿

《国家赔偿法》第 3 条规定："行政机关及其工作人员在行使行政职权时有下列侵犯人身权情形之一的，受害人有取得赔偿的权利：①违法拘留或者违法采取限制公民人身自由的行政强制措施的；②非法拘禁或者以其他方法非法剥夺公民人身自由的；③以殴打、虐待等行为或者唆使、放纵他人以殴打、虐待等行为造成公民身体伤害或者死亡的；④违法使用武器、警械造成公民身体伤害或者死亡的；⑤造成公民身体伤害或者死亡的其他违法行为。"

何为造成公民身体伤害或者死亡的其他违法行为？《最高人民法院关于审理行政赔偿案件若干问题的规定》（1997 年 4 月 29 日）第 1 条规定："《中华人民共和国国家赔偿法》第 3 条、第 4 条规定的其他违法行为，包括具体行政行为和

---

[1] 例如，在"闽侯县航运公司不服福安市矿产资源管理委员会办公室扣押财物及行政侵权赔偿案"中，终审审理此案的福建省宁德地区中级人民法院认为，上诉人闽侯县航运公司下属的 S–72 号船的沉没，主要系因台风引起大风、大浪、大雨，该船舱内长时间积水及无发电机致水泵无法运作抽水，导致舱内积水过多，船体过重而倾斜沉没，但与被上诉人福安市矿产资源管理委员会办公室扣押发电机有一定关系，因此，对于沉船造成的损失负重要责任，应予相应的赔偿。此案例载于《人民法院案例选》（总第 23 辑），时事出版社 1998 年版，第 387～391 页。

与行政机关及其工作人员行使职权有关的，给公民、法人或者其他组织造成损害的，违反行政职责的行为。"究竟违反行政职责的行为包括哪些行为？这需要根据实际情况作具体分析。总的来说，只要侵权行为具备了行政赔偿责任的构成要件，并且没有可以免责的抗辩事由，就应当由国家承担赔偿责任。

《国家赔偿法》第32～34条规定，对于侵犯人身权的赔偿，以支付赔偿金为主要赔偿方式。侵犯公民人身自由的，每日的赔偿金按照国家上年度职工日平均工资计算。侵犯公民生命健康权的，赔偿金按照下列规定计算：①造成身体伤害的，应当支付医疗费、护理费，以及赔偿因误工减少的收入。减少的收入每日的赔偿金按照国家上年度职工日平均工资计算，最高额为国家上年度职工年平均工资的5倍。②造成部分或者全部丧失劳动能力的，应当支付医疗费、护理费、残疾生活辅助具费、康复费等因残疾而增加的必要支出和继续治疗所必需的费用，以及残疾赔偿金。残疾赔偿金根据丧失劳动能力的程度，按照国家规定的伤残等级确定，最高不超过国家上年度职工年平均工资的20倍。造成全部丧失劳动能力的，对其扶养的无劳动能力的人，还应当支付生活费。③造成死亡的，应当支付死亡赔偿金、丧葬费，总额为国家上年度职工年平均工资的20倍。对死者生前扶养的无劳动能力的人，还应当支付生活费。④对于②、③规定的生活费的发放标准，参照当地最低生活保障标准执行。被扶养的人是未成年人的，生活费给付至18周岁止；其他无劳动能力的人，生活费给付至死亡时止。

对于受害人人身权受到的损害，国家不可能用类似恢复原状的方式承担责任。相比之下，金钱赔偿是最切实可行的。然而，由于受害人获取金钱的能力不同，而人身权益损害与金钱之间不存在可靠的比例关系，我们很难在法律上恰如其分地确定人身权益和金钱之间的换算关系。正因为如此，《国家赔偿法》在规定侵害人身权的赔偿金计算标准时没有考虑受害人因侵权行为遭受的实际损失，而是规定了统一的赔偿金计算标准。并且规定国家机关及其工作人员违法侵害公民的人身自由及生命健康权致人精神损害的，赔偿义务机关应当消除影响、恢复名誉、赔礼道歉；对造成严重后果的，应当支付相应的精神损害抚慰金。

（二）侵犯财产权的行政赔偿

《国家赔偿法》第4条规定，行政机关及其工作人员在行使行政职权时有下列侵犯财产权情形之一的，受害人有取得赔偿的权利：①违法实施罚款、吊销许可证和执照、责令停产停业、没收财物等行政处罚的；②违法对财产采取查封、扣押、冻结等行政强制措施的；③违法征收、征用财产的；④造成财产损害的其他违法行为。

"造成财产损害的其他违法行为"是指《国家赔偿法》第4条前3项规定的行为以外的行政违法行为，例如：①行政机关对公务员作出的奖惩任免决定违法，从而损害了该公务员的财产权益；②行政机关及其工作人员侵犯企业、农村承包经营户的经营自主权造成财产权益损害；③行政机关违法发放许可证，造成申请人之外的公民、法人或者其他组织财产权益损害的；④行政不作为造成公民、法人或者其他组织财产权益损害的。[1]

关于侵犯财产权的赔偿，《国家赔偿法》第36条要求按照下列规定处理：①处罚款、罚金、追缴、没收财产或者违法征收、征用财产的，返还财产；②查封、扣押、冻结财产的，解除对财产的查封、扣押、冻结，造成财产损坏或者灭失的，依照本条第③、④项的规定赔偿；③应当返还的财产损坏的，能够恢复原状的恢复原状，不能恢复原状的，按照损害程度给付相应的赔偿金；④应当返还的财产灭失的，给付相应的赔偿金；⑤财产已经拍卖或者变卖的，给付拍卖或者变卖所得的价款；变卖的价款明显低于财产价值的，应当支付相应的赔偿金；⑥吊销许可证和执照、责令停产停业的，赔偿停产停业期间必要的经常性费用开支；⑦返还执行的罚款或者罚金、追缴或者没收的金钱，解除冻结的存款或者汇款的，应当支付银行同期存款利息；⑧对财产权造成其他损害的，按照直接损失给予赔偿。通过这一法律规定不难看出，现行法律规定的侵害财产权的损害赔偿的范围极其有限。"返还财产"、"解除对财产的查封、扣押、冻结"和"恢复原状"属于与赔偿并行的责任形式，这些责任形式的功能各不相同，不能彼此互相代替。因此，可以说《国家赔偿法》规定的对侵犯财产权的损害赔偿的范围甚至没有达到赔偿直接损失的最低要求，更谈不上赔偿"必得利益"、"可预期利益"的问题。因此，将来修改《国家赔偿法》时，应当加重侵犯财产权的行政赔偿责任。

关于行政赔偿的抗辩事由。根据《国家赔偿法》和有关法律的规定，有下列情形之一，国家不承担行政赔偿责任：①行政机关工作人员与行使职权无关的个人行为造成的损害；②因公民、法人和其他组织自己的行为致使损害发生的；③国防、外交等国家行为造成的损害；④行政机关制定、修改法规、规章或其他规范性文件造成的公民、法人或者其他组织利益丧失；⑤根据《民法通则》、《刑法》等法律上的原则和规定，因不可抗力、意外事件造成的损害，国家不承担赔偿责任。行政机关及其工作人员为了公共利益、他人利益和自身的合法权益行使正当防卫权的行为，以及紧急避险行为造成的损害，国家也不承担赔偿责任。

《国家赔偿法》对赔偿范围规定的方式，与《行政诉讼法》一样，都是列举

---

〔1〕 张步洪：《〈国家赔偿法〉判解与应用》，中国法制出版社2000年版，第47~50页。

式。在列举可以请求赔偿和不能赔偿之间，留下了广泛的空白地带，既不全面，也不科学。因此，有人建议，改为采用对列入赔偿范围的事项用肯定概括方式规定。如改为：行政机关及其工作人员在行使职权中违法或者过错侵犯公民、法人和其他组织合法权益，或者怠于履行职责造成损害的，受害人有取得赔偿的权利。然后再列举国家不承担赔偿责任的事项。还有人建议将其他规范性文件违法，以及国有并由行政机关管理的公共设施，因设置或管理缺陷等造成公民、法人和其他组织合法权益损害的，都纳入国家赔偿的范围。

五、追偿

（一）追偿的概念和性质

追偿，是指国家向受害人赔偿损失后，依法责令有过错的国家机关工作人员或者受委托的组织和个人承担部分或全部费用的制度。追偿制度调整的是国家与受追偿人之间追偿与被追偿的内部关系，其目的在于对受追偿人在经济上实施惩戒，追回国家支付的赔偿费用。

关于追偿的性质，国外流行两种观点："代位责任说"和"自己责任说"。"代位责任说"认为，国家公务员对其违法行使职权的行为造成的损害应负有赔偿责任，因为国家代其支付了损害赔偿金，国家有权向实施加害行为的官吏追回赔偿费用。"自己责任说"认为，公务员不法侵害相对人的合法权益，是违反其职务上的义务，本应自负其责，因此，国家向官吏追偿赔偿费用是理所当然的。笔者认为，这两种观点并无本质区别，他们都承认追偿是因国家官吏行使职权有过错或违反职务上的义务造成损害，国家向受害人赔偿损失后，再向有重大过错的公务员追还赔偿金。如果没有国家赔偿，追偿也就没有存在的理由。可以说，国家赔偿是追偿制度产生的前提和基础，追偿制度是从属于国家赔偿制度的一个法律责任制度，它具有制裁的性质。

（二）追偿制度的产生和发展

追偿制度是与国家赔偿制度相继产生的，是国家赔偿制度健全和完善的体现。在 20 世纪以前，盛行"国家无责任"学说，许多国家奉行"主权豁免"原则，国家官吏侵害公民、组织的合法权益被认为是个人行为，国家不负赔偿责任。于是出现了很多问题：①官吏靠薪俸生活，个人财力有限，往往无力承担赔偿责任，不利于保护受害人的合法权益；②由国家官吏承担损害赔偿责任直接影响了他们执行公务的积极性、主动性；③国家官吏执行公务，受益者是国家、社会和全体公民，而不是官吏个人，由官吏个人承担损害赔偿责任也不符合公平原则。鉴于上述情况，一些国家采用国家承担全部赔偿责任的制度。国家承担全部赔偿责任避免了官吏承担全部赔偿责任的弊病，但却又使官吏在行使职权时无所顾忌，缺乏责任感，也不利于官吏在行使职权时兢兢业业，恪尽职守，且使国家负担加重。至 19 世纪末 20 世纪初，一些国家开始制定《国家赔偿法》，由国家作为赔偿责任的主体。起初，一些国家建立起双重责任主体的赔偿制度，由国家和官吏分担赔偿责任。在这种制度下，官吏在执行公务中的一般过错造成的损害，由国家负责赔偿；官吏在执行公务中的重大过错（故意或重大过失）造成的损害由官吏个人负责赔偿。这种赔偿制度的积极意义在于促使官吏在执行公务中加强责任感，恪尽职责，慎重行使职权，防止权力滥用和违法乱纪行为发生；其消极方面在于，它不利于保护受害人的合法权益，常常因为官吏的负担能力不足而致使受害人无法获得赔偿。

至 20 世纪中期，许多国家相继实行国家赔偿加追偿的赔偿制度。在这种制度下，官吏在执行公务中造成的损害，无论是一般过错还是重大过错造成的损害，一律先由国家赔偿，国家承担赔偿责任后根据官吏个人的过错决定是否向其追偿。

在我国，直至 1989 年制定了《行政诉讼法》，才首次确定了国家赔偿责任制度。在国家承担赔偿责任的基础上，规定应当向有过错的行政机关工作人员追偿部分或者全部赔偿费用。[1]

（三）追偿的条件

根据《国家赔偿法》的规定，赔偿义务机关行使追偿权应当具备以下条件：①国家赔偿责任已经成立。国家机关工作人员在行使职权过程中因违法或违反职务上的义务，侵犯公民、法人和其他组织的合法权益并造成损害，该工作人员行使职权的行为与损害事实之间存在因果关系；②赔偿义务机关已经向赔偿请求人支付了赔偿金；③受追偿的工作人员在行使职权过程中有故意或重大过失。

（四）受追偿人的确定

追偿程序中，首先要确定向谁追偿。在我国，责任人员承担追偿责任的归责原则是重大过错责任，即责任人员对危害后果有故意或重大过失。实践中，受追偿人主要是指造成损害后果的行为实施者，如实施暴力行为的行为人；受委托行使行政职权的组织或个人；实行首长负责制的行政机关的行政首长；作出决策的行政机构负责人；案件的主要承办人；实行集体负责制的机关中主张作出该侵权行为的成员。在作出决策时对作出侵权行为持反对意见者可免除受追偿的责任。

---

[1] 参见我国《行政诉讼法》(1989) 第 68 条："行政机关或者行政机关工作人员作出的具体行政行为侵犯公民、法人或者其他组织的合法权益造成损害的，由该行政机关或者该行政机关工作人员所在的行政机关负责赔偿。行政机关赔偿损失后，应当责令有故意或者重大过失的行政机关工作人员承担部分或者全部赔偿费用。"

（五）追偿责任的确立

追偿责任的确立，取决于国家机关工作人员在执行职务活动中是否有重大过错，即是否存在故意或者重大过失。

故意，是指行为人明知自己的行为会发生危害后果，而希望或放任这种后果的发生。例如，滥用权力作出决定，实施暴力行为、唆使他人实施暴力行为，或者违法使用武器、警械造成公民身体伤害的行为均属于故意行为。过失，是指行为人应当预见到自己的行为可能造成损害他人权益的后果，由于疏忽大意而没有预见，或者虽已预见但轻信能够避免以致造成损害他人权益的后果发生的心理状态。《国家赔偿法》所指的"重大过失"的是指工作人员不但没有遵守法律对其职务注意程度的较高要求，甚至连普通公民应当注意并能够避免的一般标准也未达到，因而造成公民、法人和其他组织的合法权益损害的主观状态。赔偿义务机关应当向有故意或者重大过失的工作人员行使追偿权，而不应向有一般过失的工作人员行使追偿权。

以上是认定重大过错的心理依据。此外，有些过错形式，法律有直接的规定，例如，司法机关工作人员贪污受贿、徇私舞弊、枉法裁判的，一经查证属实，即可在国家赔偿责任成立的前提下确立追偿责任。

赔偿义务机关可以根据责任人员的过错程度责令其承担部分赔偿费用，也可责令其承担全部费用。赔偿义务机关在确定追偿金额时拥有一定的裁量权，应当综合考虑责任人员的责任大小、经济承受能力、国家实际支付的赔偿金额等因素。首先，追偿金额必须根据受追偿人的主观过错程度而确定。①要区分故意与过失。对因故意造成的损害，可要求其在赔偿数额范围内多承担责任，损害结果较小的，可责令其承担全部费用；对于因过失造成的损害，可要求其承担较少的费用。②区分主要责任和次要责任。共同实施的行为造成的损害，在赔偿数额范围内确定追偿金额，主要责任者多承担，次要责任者少承担。其次，追偿数额仅以国家机关工作人员的薪俸收入为限。追偿数额应在国家机关工作人员除维持日常生活外能够承担的范围内酌定，不能超过公务员的承受能力。最后，追偿金额与赔偿义务机关实际支付的赔偿金额密切相关，追偿金额不得超过国家实际支付的赔偿金额。

追偿不是有职务过错的工作人员承担责任的唯一形式。国家机关工作人员在行使职权过程中有故意或重大过失的行为，不但造成公民、法人和其他组织合法权益的损害，而且违反了公务人员应当"忠于职守"、"尽职尽责"的义务，应当受到纪律制裁。因此，除责令其承担部分或全部赔偿费用外，有权机关仍应依法给予行政处分或纪律处分，不得以追偿代替行政处分或纪律处分。对于情节严重，构成渎职犯罪的责任人员，应当移交司法机关依法追究刑事责任。简言之，追偿、行政处分和刑事责任不能相互代替。

第二节　行政赔偿诉讼的受案范围

《国家赔偿法》第 14 条的规定确立了以诉讼程序最终解决行政赔偿争议的原则。简单地说，为解决行政赔偿争议而进行的诉讼，就是行政赔偿诉讼。行政赔偿诉讼与行政诉讼的关系固然十分密切：行政诉讼因行政行为而引起，大部分行政赔偿诉讼也因行政行为而引起；因行政行为引起的行政赔偿诉讼以审查行政行为的合法性为前提。同时，我们也不能无视行政赔偿诉讼自身的特点：行政诉讼审查的是行政行为的合法性，而行政赔偿诉讼审查的是行政机关及其工作人员行使行政职权的行为是否造成应由国家承担赔偿责任的损害后果；行政诉讼主要解决行政行为的效力问题，而行政赔偿诉讼主要解决的问题是国家是否承担行政侵权赔偿责任。

在法律没有特别规定的情况下，行政赔偿诉讼适用行政诉讼程序规则。当然，法律应当根据行政赔偿诉讼的特点，对行政赔偿诉讼的特殊程序规则作出明确规定。由于立法时还缺乏经验的积累，立法者在行政诉讼法中没有详细规定行政赔偿诉讼的程序规则，后来制定的《国家赔偿法》中虽然有了较为详细的规定，但这些规定仍然缺乏可操作性。为此，最高人民法院又作出了《关于审理行政赔偿案件若干问题的规定》。这一司法解释是有关行政赔偿诉讼特殊规则的主要依据之一。

一、行政赔偿诉讼受案范围的一般规则

根据《行政诉讼法》的规定，法院受理行政诉讼案件的范围仅限于行政机关及其工作人员作出的行政行为，行政赔偿诉讼适用该法关于行政诉讼规则的一般规定。《国家赔偿法》扩大了行政赔偿诉讼的受案范围。根据该法规定，行政赔偿诉讼的受案范围，既包括《行政诉讼法》第 12 条规定的行政行为造成损害引起的行政赔偿争议，也包括行政机关及其工作人员与行使职权有关的违反行政职责的行为造成损害引起的行政赔偿争议。

《国家赔偿法》第 3 条规定："行政机关及其工作人员在行使行政职权时有下列侵犯人身权情形之一的，受害人有取得赔偿的权利：……③以殴打、虐待等行为或者唆使、放纵他人以殴打、虐待等行为造成公民身体伤害或者死亡的；④违法使用武器、警械造成公民身体伤害或者死亡的；⑤造成公民身体伤害或者死亡的其他违法行为。"第 4 条规定："行政机关及其工作人员在行使行政职权时有下列侵犯财产权情形之一的，受害人有取得赔偿的权利：……④造成财产损害的其他违法行为。"其中，《国家赔偿法》第 3 条第 3 ~ 5 项和第 4 条第 4 项所涉

及的行为不属于具体行政行为，而是行政机关工作人员违背职责的行为，其中大部分属于违法的行政事实行为。对于这类非具体行政行为造成的损害，最高人民法院的司法解释规定，赔偿请求人认为行政机关及其工作人员实施了《国家赔偿法》第3条第3~5项和第4条第4项规定的非具体行政行为侵犯其人身权、财产权并造成损失，赔偿义务机关拒不确认致害行为违法，赔偿请求人可以直接向人民法院提起行政赔偿诉讼。

二、几种特殊的行政赔偿诉讼

（一）对违法的终局行政决定提起的行政赔偿诉讼

根据《行政诉讼法》第13条的规定，对公民、法人或者其他组织对"法律规定由行政机关最终裁决的行政行为"提起的诉讼，法院不予受理。在《国家赔偿法》实施前，对行政机关终局裁决的行政行为提起的诉讼，包括行政赔偿诉讼，法院均不予受理。虽然行政诉讼法规定的不属于法院受案范围的几种情况包括了行政机关终局裁决的行政行为，但这显然是针对行政终局裁决行为的合法性审查而规定的。然而对行政机关作最终裁决的行为提起的赔偿诉讼已不属于合法性审查的范围，而且，《国家赔偿法》第5条关于国家不承担赔偿责任的规定并没有排除行政机关终局裁决行为引起的行政赔偿诉讼。因此，因行政机关的终局裁决行为引起的行政赔偿争议，法院应当受理。与《行政诉讼法》相比，国家赔偿法规定的行政赔偿诉讼的受案范围扩大了，这也符合《行政诉讼法》第12条第2款关于"除前款规定外，人民法院受理法律、法规规定可以提起诉讼的其他行政案件"的规定。

据此，《最高人民法院关于审理行政赔偿案件若干问题的规定》第5条规定："法律规定由行政机关最终裁决的具体行政行为，被作出最终裁决的行政机关确认违法，赔偿请求人以赔偿义务机关应当赔偿而不予赔偿或逾期不予赔偿或者对赔偿数额有异议提起行政赔偿诉讼，人民法院应依法受理。"当然，只有在行政机关作出的终局裁决的违法性由有权机关依法定程序确认后，赔偿请求人认为赔偿方式或赔偿数额不当，或行政机关不予赔偿时，才可向法院提起行政赔偿诉讼。

行政处分是行政机关作最终裁决的典型。根据《行政诉讼法》第13条第3项的规定，对"行政机关对行政机关工作人员的奖惩、任免等决定"提起的诉讼，法院不予受理。其法理上的依据是：公民当然具有成为公务员的权利，但是，担任公务员并不是公民天然的权利。对公务员的任免属于行政机关裁量权的范围，一般并不存在违法或者侵权。

与公务员的任免不同，对公务员的惩戒应当严格按照法律规定进行。因此，《国家赔偿法》第4条第4项规定的行政机关及其工作人员在行使行政职权时给公民、法人或者其他组织"造成财产损害的其他违法行为"，应当包括对公务员的行政处分。既然违法的行政处分造成的损害属于国家赔偿的范围，由此引起的争议就应当适用行政赔偿诉讼程序解决。这与《行政诉讼法》的规定并不矛盾，只是因违法行政处分引起的行政赔偿争议，应当在该行政处分被有权的行政机关确认为违法之后再单独提起行政赔偿诉讼。

2005年4月27日第十届全国人大常委会第十五次会议通过，2006年1月1日起实施的《中华人民共和国公务员法》第103条规定："机关因错误的具体人事处理对公务员造成名誉损害的，应当赔礼道歉、恢复名誉、消除影响；造成经济损失的，应当依法给予赔偿。"这一规定说明：①因错误的具体人事处理造成经济损失的，应当依法给予赔偿，肯定了赔偿责任的承担；②"错误的具体人事处理"显然较对公务员的"惩戒"在范围上要宽泛得多；③由于我国公务员的范围较广，属于国家机关系列的公务员，当然应该适用《国家赔偿法》，属于非国家机关的公务员，以及参照适用《公务员法》管理的人员，因受到错误的具体人事处理造成经济损失的，是否应当依《国家赔偿法》给予赔偿，应该适用何种赔偿程序，尚需进一步明确。

（二）行政事实行为引起的行政赔偿诉讼

事实行为，是指行政机关及其工作人员不具有设立、变更、终止行政法律关系的意图，仅依据法律规定产生法律后果的行为。

与《行政诉讼法》的规定不同，《国家赔偿法》将行政事实行为纳入了行政赔偿诉讼的受案范围。事实行为有两种情形：一种是明显的事实行为，如个别工作人员恣意妄为的暴力行为；另一种是包含在行政行为之中的行政事实行为，如行政机关在执行行政决定的过程中超出行政决定的要求，剥夺公民、法人或者其他组织财产权的行为。就引起行政赔偿法律后果而言，明显的事实行为和包含于行政行为之中的事实行为没有本质的区别。

对于违法的事实行为造成的损害，经赔偿请求人申请，赔偿义务机关拒绝确认或者不予答复的，行政赔偿请求人应就事实行为直接向法院提起要求确认违法和予以赔偿的诉讼。当然，除了法院可以通过行政诉讼程序直接确认事实行为是否违法外，赔偿义务机关和法定复议机关都有权确认。《国家赔偿法》第9条明确规定："赔偿义务机关有本法第3条、第4条规定情形之一的，应当给予赔偿。赔偿请求人要求赔偿，应当先向赔偿义务机关提出，也可以在申请行政复议或者提起行政诉讼时一并提出。"该条规定中暗含着对《国家赔偿法》第3、4条所规定的情形均可以通过赔偿义务机关、行政复议机关或行政诉讼程序的确认。赔偿义务机关应当自收到申请之日起2个月内依法给予赔偿，逾期不予赔偿或者赔偿请求人对赔偿数额有异议的，赔偿请求人可以自期间届满之日起3个月内向人民法院提起诉讼。

（三）因行政处罚明显不当提起的行政赔偿诉讼

明显不当的行政处罚给公民、法人或者其他组织造成损害，国家是否应当承担行政赔偿责任？引起行政赔偿争议以后是否可以提起行政赔偿诉讼？对此，存在两种截然相反的观点。

一种观点认为，因明显不当的行政处罚造成损害引起赔偿争议的，不能提起行政赔偿诉讼，主要理由是：明显不当的行政处罚仍然属于行政机关在法律规定的自由裁量权范围内所作的行政行为，只是存在合理性问题，但不属于违法行为。根据违法责任原则，行使裁量权的行为不产生国家赔偿责任。

另一种观点认为，明显不当的行政处罚形式上虽然是合法的，且认定事实清楚，证据确凿，程序合法，但是，明显不当的行政处罚不是一般的不合理、不公正，而是已经达到明显失去公正的程度，没有达到这个程度，则不能认定为明显不当。因此，明显不当的行政处罚形式上合法，实质上明显不合理、不公正，也是不合法的。

《行政诉讼法》第 6 条规定："人民法院审理行政案件，对行政行为是否合法进行审查。"而不是审查行政行为是否适当。《行政诉讼法》第 77 条第 1 款规定："行政处罚明显不当，或者其他行政行为涉及对款额的确定、认定确有错误的，人民法院可以判决变更。"这里，如果"判决变更"在性质上属于合理性审查，它就与《行政诉讼法》第 6 条规定的合法性审查不完全一致，因为《行政诉讼法》第 6 条规定并没有给合理性审查留有余地。行政处罚明显不当，或者其他行政行为涉及对款额的确定、认定确有错误的，应当视为合法性审查的标准的延伸。

对于明显不当的行政处罚决定，作出原处罚决定的机关、复议机关均有权依法定程序予以变更，法院也有权在行政诉讼中作变更判决。明显不当的行政处罚决定经有权机关变更以后，原处罚决定就自然失去效力。例如，有权机关将罚款1000 元的处罚决定变更为罚款 100 元，而前一个罚款决定已经执行，被处罚人显然应当有权要回他依据变更后的处罚决定不应缴纳的 900 元。又如，行政机关没收了被处罚人用于轻微违法的豪华汽车后即依法定程序将汽车变卖，而法律又授权处罚机关没收用于违法的工具，经有关机关将没收决定变更为罚款后，被处罚人显然有权要求赔偿。而提起行政赔偿诉讼正是其索赔的最有效的法律途径。因此，显失公正的行政处罚造成损害引起行政赔偿争议，受害人提起行政赔偿诉讼的，法院应当受理，并依法作出裁判。

同样，原告在要求变更明显不当的行政处罚的同时一并提起赔偿诉讼的案件，法院应一并审理。对明显不当的行政处罚，赔偿请求人于法院判决变更后单独提起赔偿的，必须依法由作出明显不当的行政处罚的行政机关就赔偿问题先行裁决，对裁决不服才可以向法院提起行政赔偿诉讼。

（四）对怠于履行职责行为提起的行政赔偿诉讼

怠于履行职责行为造成的损害是否属于国家赔偿的范围，《国家赔偿法》并没有明确规定。司法解释也只是对部分怠于履行职责行为作出了规定，并没有一般性的解释[1]。怠于履行职责应当包括两种形式：一是不作为，明确拒绝或者不予答复，如经相对人申请，公安机关拒绝履行保护公民生命、财产安全的法定职责，或者对相对人的申请不予理睬；二是不适当履行职责，即行政机关没有尽职尽责有效地防范风险和阻止风险的扩大。和其他违法行为相比，怠于履行职责行为的特点是行政机关及其工作人员不是直接致害主体，而是间接致害主体。

怠于履行职责行为属于典型的违法行为，应当纳入国家赔偿的范围。因为：其一，怠于履行职责行为与主动行使职权行为一样，也是一种法律上的行为，也有侵犯相对人合法权益的可能性；其二，怠于履行职责行为的关键在于违反了公权力的职责统一性。公权力是一种权力，同时也是义务，行政机关不依法行使权力，就是不履行职责。从依法行政的角度考虑，行政机关必须依法行使其职权，怠于行使其职权给相对人造成损害的，国家应当承担赔偿责任。

怠于履行职责行为，不仅侵害了相对人利益，也违背了国家设置行政机关、建立公务员队伍为人民服务的宗旨。实践中大量的案例反映出怠于履行职责的现象是较为普遍和严重的，因而应当明确将其纳入国家赔偿的范围，以减少怠于履行职责违法行为的产生。[2]

三、法院不予受理的行政赔偿诉讼请求

《最高人民法院关于审理行政赔偿案件若干问题的规定》第6条根据《行政诉讼法》第12条规定的精神，对法院不予受理行政赔偿诉讼的范围作了解释：

---

[1] 最高人民法院2001年对四川省高级人民法院的一个批复中规定："由于公安机关不履行法定行政职责，致使公民、法人和其他组织的合法权益遭受损害的，应当承担行政赔偿责任。"

[2] 实践中，法院受理了很多对行政机关不作为违法请求国家赔偿的案件。如湖南省溆浦县中医院诉邮电局不作为赔偿案。法院认为被告邮电局依法享有通讯管理的职权和法定职责，却没有给原告溆浦县中医院开通"120"急救电话，属于不履行法定义务的行为。但原告请求赔偿购置急救车辆和设备的损失问题，由于不在"直接损失"的范围内，法院依法不予支持。案情详见《最高人民法院公报》2000年第1期。再如，尹琛琰诉卢氏县公安局"110"报警不作为行政赔偿案。法院认为，被告卢氏县公安局在本案中，两次接到群众报警后，都没有按规定立即派出人员到现场对正在发生的盗窃犯罪进行查处，不履行应该履行的法律职责，其不作为的行为是违法的，该不作为行为相对原告尹琛琰的财产安全来说，是具体的行政行为，且与门市部的货物因盗窃犯罪而造成的损失在法律上存在因果关系。因此，尹琛琰有权向卢氏县公安局主张赔偿。案情详见《最高人民法院公报》2003年第2期。

公民、法人或者其他组织以国防、外交等国家行为或者行政机关制定发布行政法规、规章或者具有普遍约束力的决定、命令侵犯其合法权益造成损害为由，向人民法院提起行政赔偿诉讼的，人民法院不予受理。

第三节　行政赔偿诉讼管辖与当事人

一、行政赔偿诉讼管辖

行政赔偿诉讼原则上与其他行政诉讼案件适用相同的管辖规则。公民、法人或者其他组织在提起行政赔偿诉讼的同时一并提出行政赔偿请求的，人民法院依照《行政诉讼法》第18、19、21条的规定管辖。同时，由于行政赔偿诉讼具有自身的特点，最高人民法院的司法解释规定了行政赔偿诉讼的一些特殊规则。具体包括：

（一）专属管辖

赔偿请求人提起行政赔偿诉讼的请求涉及不动产的，由不动产所在地的法院管辖。

（二）级别管辖

单独提起的行政赔偿诉讼案件由被告住所地的基层人民法院管辖。

中级人民法院管辖下列第一审行政赔偿案件：①被告为国务院部门或者县级以上地方人民政府的；②被告为海关机关的；③本辖区内重大、复杂的案件；④其他法律规定由中级人民法院管辖的案件。

高级人民法院管辖本辖区内有重大影响和复杂的第一审行政赔偿案件。

最高人民法院管辖全国范围内有重大影响和复杂的第一审行政赔偿案件。

（三）共同管辖与选择管辖

赔偿请求人因同一事实对两个以上行政机关提起行政赔偿诉讼的，可以向其中任何一个行政机关住所地的法院提起。赔偿请求人向两个以上有管辖权的法院提起行政赔偿诉讼的，由最先收到起诉状的法院管辖。

公民对限制人身自由的行政强制措施不服，或者对行政赔偿机关基于同一事实对同一当事人作出限制人身自由和对财产采取强制措施的行政行为不服，在提起行政诉讼的同时一并提出行政赔偿请求的，由受理该行政案件的法院管辖；单独提起行政赔偿诉讼的，由被告住所地或原告住所地或不动产所在地的法院管辖。

二、行政赔偿诉讼当事人

行政赔偿诉讼当事人，是指因发生行政赔偿争议，以自己的名义参加诉讼活动，并受法院裁判约束的诉讼主体，包括行政赔偿诉讼的原告、被告和第三人。

（一）行政赔偿诉讼被告——行政赔偿义务机关

为了促进行政机关增强自我约束机制，保护受害人的合法权益，使抽象的国家赔偿具体化，国家赔偿法规定由赔偿义务机关代表国家承担赔偿责任。赔偿请求人对赔偿义务机关的赔偿决定或者不予答复不服而提起赔偿诉讼，就把实体争议引入诉讼程序。因此，行政赔偿诉讼的被告应当是指行政赔偿诉讼中被诉的行政赔偿义务机关。

根据《国家赔偿法》第7条第1款的规定，行政机关及其工作人员行使行政职权侵犯公民、法人和其他组织的合法权益造成损害的，该行政机关为赔偿义务机关。据此，行政机关及其工作人员行使行政职权侵犯公民、法人或者其他组织的合法权益引起的行政赔偿诉讼，该行政机关为被告。

《行政诉讼法》与《国家赔偿法》是一般法与特别法的关系。通常情况下，确定行政赔偿诉讼被告应当首先适用《国家赔偿法》的有关规定，在《国家赔偿法》没有特别规定时，才适用《行政诉讼法》的有关规定。对于二者均未作规定的某些情形，最高人民法院的司法解释确定了以下规则：

1. 两个以上行政机关共同侵权，赔偿请求人对其中一个或者数个侵权机关提起行政赔偿诉讼，若诉讼请求系可分之诉，被诉的一个或者数个侵权机关为被告；若诉讼请求系不可分之诉，由法院依法追加其他侵权机关为共同被告。

2. 复议机关的复议决定加重损害的，赔偿请求人只对作出原决定的行政机关提起行政赔偿诉讼，作出原决定的行政机关为被告；赔偿请求人只对复议机关提起行政赔偿诉讼的，复议机关为被告。

3. 行政机关依据《行政诉讼法》第97条的规定，申请人民法院强制执行行政行为，由于据以强制执行的根据错误而发生行政赔偿诉讼的，申请强制执行的行政机关为被告。

4. 法院审理行政赔偿案件，需要变更被告而原告不同意变更的，裁定驳回起诉。

经过复议的行政赔偿案件应当如何确定被告？《行政诉讼法》关于被告的规定与《国家赔偿法》关于赔偿义务机关的规定基本上是一致的，但有些规则又不尽相同。前者规定，经过复议的案件，复议机关决定维持原行政行为的，作出原行政行为的行政机关是被告，复议机关改变原行政行为的，复议机关是被告；后者规定，经行政复议机关复议的，最初造成侵权行为的行政机关为赔偿义务机关，但复议机关的复议决定加重损害的，复议机关对加重的部分履行赔偿义务。对于复议机关维持原行政行为的案件，两个法律确定被告的规则是相同的。复议机关变更原行政行为的，可分为两种情况：①复议决定没有加重受害人的损害；②复议决定加重了受害人的损害。如果把两个法律的规定结合起来使用就会出现这样的矛盾；在前一种情况下，复议机关不履行赔偿义务但是应当作被告；作出原行政行为的行政机关依法不需作被告但应当履行赔偿义务。在后一种情况下，复议机关应当作被告但它只对复议决定加重损害的部分履行赔偿义务，对原行政行为造成的损害不负责；作出原行政行为的行政机关应当履行部分赔偿义务，但它无权作为行政赔偿诉讼被告参加诉讼。事实上，这种冲突属于一般法与特别法的冲突。《行政诉讼法》为一般法律规范，《国家赔偿法》的规定为特别法律规范。法院在审理复议决定加重原行政行为的损害的行政赔偿诉讼案件时，可以根据国家赔偿法规定的精神，以复议机关和作出原行政行为的机关为共同被告。

（二）行政赔偿诉讼原告——赔偿请求人

行政赔偿诉讼的原告，是指认为行政机关及其工作人员的行政行为或违反行政职责的行为侵犯其合法权益并造成损害，依法以自己的名义向法院提起行政赔偿诉讼的公民、法人或者其他组织。一般情况下，行政赔偿诉讼的原告就是行政赔偿请求人。但是，《行政诉讼法》和《国家赔偿法》的规定不尽一致。首先，有权申请国家赔偿的公民死亡的，根据《行政诉讼法》的规定，只能由其近亲属继续提起诉讼，而《国家赔偿法》规定，死亡公民的继承人和其他有扶养关系的亲属可以作为原告提起行政赔偿诉讼，突破了行政诉讼法规定的限制。其次，在行政诉讼中，原告为两人以上的，称为共同原告，但是，行政诉讼中的共同原告不一定是行政赔偿中的共同赔偿请求人。

最高人民法院的司法解释规定了行政赔偿诉讼原告的转移规则：受害的公民死亡，其继承人和其他有扶养关系的亲属以及死者生前扶养的无劳动能力的人有权提起行政赔偿诉讼。企业法人或者其他组织被行政机关撤销、变更、兼并、注销，认为经营自主权受到侵害，依法提起行政赔偿诉讼，原企业法人或者其他组织，或者对其享有权利的法人或者其他组织均具有原告资格。

受害的公民死亡，其继承人和有扶养关系的人提起行政赔偿诉讼，应当提供该公民死亡的证明及赔偿请求人与死亡公民之间的关系证明。

（三）第三人

《国家赔偿法》未规定行政赔偿诉讼第三人制度，然而在行政赔偿诉讼中，第三人的存在不仅可能，而且为解决某些行政赔偿争议所必需。为此，《最高人民法院关于审理行政赔偿案件若干问题的规定》第14条规定："与行政赔偿案件处理结果有法律上的利害关系的其他公民、法人或者其他组织有权作为第三人参加行政赔偿诉讼。"据此，行政赔偿诉讼中的第三人是指与行政赔偿案件处理结果有法律上的利害关系而参加到他人提起的行政赔偿诉讼程序中的其他公民、法人或者其他组织。

第四节   行政赔偿诉讼的提起

法律规定，公民、法人和其他组织提起行政赔偿诉讼可以单独提起，也可以在要求撤销行政机关的具体行政行为的同时一并提起。

一、一并提起的行政赔偿诉讼

行政赔偿诉讼是一种特殊的行政诉讼，因此，当事人在提起行政诉讼的同时，可以"一并"提起行政赔偿诉讼，而不是"附带"提起行政赔偿诉讼。

赔偿请求人在提起行政诉讼的同时一并提出赔偿请求的，起诉应当符合《行政诉讼法》第六章规定的起诉条件。公民、法人或者其他组织在提起行政诉讼的同时一并提出行政赔偿请求的，人民法院应一并受理。公民、法人或者其他组织可以在提起行政诉讼的同时一并提起行政赔偿诉讼，也可以在诉讼过程中提起行政赔偿诉讼。原告在诉讼过程中提起行政赔偿诉讼的，应当在提起行政诉讼后至法院一审庭审结束前，提出行政赔偿请求。因为，法院在确定赔偿之前必须首先明确行政机关的行政行为是否违法，只有确定了行政行为违法并且确实给当事人造成了损失，行政侵权赔偿责任才能成立。因此，一并提起行政赔偿诉讼的时间应当在提起行政诉讼的同时或者是行政诉讼过程中，而不是在提起行政诉讼之前或者行政诉讼案件审理结束之后。根据《行政诉讼法》的规定，二审法院的职责在于审查一审判决的合法性。因此，在提起行政诉讼的同时一并提起的赔偿诉讼请求，应当在法院一审庭审结束前提出，这也是诉讼法上的要求。二审法院一般不直接审理赔偿请求人在一审期间没有提出的赔偿诉讼请求。[1]

原告在提起行政诉讼的同时一并提起行政赔偿诉讼的，赔偿请求必须属于行政赔偿的范围，其管辖、起诉期限只能适用《行政诉讼法》的规定，而不适用《国家赔偿法》第 39 条。《国家赔偿法》第 39 条规定的请求国家赔偿的期限只适用于单独就损害赔偿提出请求的案件。

根据《行政复议法》的有关规定，当事人可以在申请复议时一并提出赔偿请求，对复议决定不服的，还可以向法院提起行政诉讼和行政赔偿诉讼。理论界和实际部门普遍认为，法律关于行政赔偿程序的规定给赔偿请求人提供了较多的选择机会和行使权利的方便，能够较好地维护和保障当事人合法权益的实现。相

---

〔1〕 例如，在"杨柏林诉黑龙江省桦南林业地区公安局违法行使林业行政处罚权案"中，原告于上诉时提出赔偿请求。审理该上诉案件的佳木斯市中级人民法院认为，上诉人杨柏林在一审阶段未提起行政赔偿之诉，而在上诉审理中提起行政赔偿，故上诉审不能直接受理。此案例载于《人民法院案例选·行政卷（1992～1996 年）》，人民法院出版社 1997 年版，第 70 页。

比之下，《国家赔偿法》关于刑事赔偿程序的规定却遭到了较多的批评。

当然，如果法院判决行政机关的行政行为违法，当事人又确实因此遭受损失，行政诉讼结束后，赔偿请求人仍然可以单独提起行政赔偿诉讼。

当事人在提起行政诉讼的同时一并提出行政赔偿请求，或者因行政行为和与行使行政职权有关的其他行为侵权造成损害一并提出行政赔偿请求的，人民法院应当分别立案，根据具体情况可以合并审理，也可以单独审理。法院审理行政赔偿案件，除依照《国家赔偿法》关于行政赔偿程序的规定外，还应当依照最高人民法院的司法解释，司法解释也没有规定的，可以在不与《国家赔偿法》相抵触的情况下适用行政诉讼的有关规定。

对违法的事实行为造成的损害，赔偿请求人能否在提起行政诉讼的同时一并提起行政赔偿诉讼，曾经是一个争议较大的问题。根据《行政诉讼法》的规定，行政诉讼是审查行政行为合法性的诉讼程序。据此，如果致害行为不是行政行为，就不能提起行政诉讼。《国家赔偿法》在一定程度上拓展了行政诉讼的功能，审查合法性也不再局限于维持合法行为、撤销违法行为和变更显失公正的行政处罚，还包括直接确认违法行为。鉴于一并提起行政诉讼和行政赔偿诉讼的特殊性，对于行政机关及其工作人员行使职权过程中违法事实行为造成的损害赔偿，受害人可以一并提起诉讼，理由是：

1. 不论行政致害行为是行政行为还是事实行为，只要赔偿请求人提起行政赔偿诉讼，法院首先要对致害行为的合法性进行确认。法院对致害行为合法性确认的过程，实质上就是行政诉讼程序。因此，在行政诉讼中确认事实行为是否违法，判断是否造成了损害，并判决赔偿与否是否是可行的。

2. 考察《行政诉讼法》规定的行政诉讼受案范围和《国家赔偿法》规定的行政赔偿范围即可发现，引起行政诉讼的有争议的行政行为与引起行政赔偿诉讼的行使职权的违法行为基本上相对应。可以将《国家赔偿法》中规定的违法事实行为归纳在《行政诉讼法》第12条第2款规定的"法律、法规规定可以提起诉讼的其他行政案件"这一弹性条款规定的范围之内。

3. 行政诉讼法最重要的立法目的之一，就是保护公民、法人或者其他组织的合法权益。国家赔偿法将事实行为引起的争议纳入行政诉讼的受案范围，与《行政诉讼法》的宗旨是一致的。

二、单独提起行政赔偿诉讼

单独提起的行政赔偿诉讼，即仅就行政赔偿事项提出请求的诉讼。它是指赔偿请求人对行政机关确认具体行政行为违法但又决定不予赔偿，或者对确定的赔偿数额有异议提起的行政赔偿诉讼。

根据法律规定和司法解释，赔偿请求人单独提起行政赔偿诉讼应当符合以下条件：①原告具有请求资格，即必须符合《国家赔偿法》第 6 条规定的赔偿请求人资格；②有明确的被告；③有具体的诉讼请求和受损害的事实根据；④加害行为为行政行为的，该行为已被确认为违法；⑤赔偿争议已经赔偿义务机关先行处理；⑥属于法院行政赔偿诉讼的受案范围和受诉法院管辖；⑦符合法律规定的起诉期限。

上述起诉条件中以下几点须特别说明：

1. 关于原告的请求资格。司法解释要求原告起诉时就符合赔偿请求人资格。从理论上讲，这一要求有悖于行政诉讼的基本原理。行政赔偿诉讼和其他行政诉讼一样，属于主观诉讼。无论起诉人是否具有实体请求权，法院对于他们就法定事项提起的行政赔偿诉讼都应当受理。因此，行政赔偿诉讼的原告应当是认为自己有权获得行政赔偿的公民、法人或者其他组织。原告是否具有赔偿请求人资格，属于法院受理案件后审理阶段应当解决的问题。

2. 关于行政违法的确认。对行政机关及其工作人员行使行政职权行为违法的确认并不是行政赔偿程序中的独立程序，法律上也不要求专门的确认书。只要赔偿请求人所主张的违法事实已经被有权机关的有关法律文书所证实，即构成对违法的确认。

经过行政复议或行政诉讼未能推翻原行政行为，又向法院提起行政赔偿诉讼的，应区别情况处理：①经过行政复议，复议机关维持原行政行为，申请人未提起行政诉讼的，原行政行为生效，复议程序确认该行政行为合法，相对人单独提起赔偿之诉，不符合起诉条件，法院不应受理；②公民、法人或者其他组织单独提起行政诉讼，法院审理后驳回公民、法人或者其他组织诉讼请求的，该公民、法人或者其他组织仍起诉要求赔偿的，不符合起诉条件，法院不应受理；③已经过行政诉讼，法院判决驳回原告的行政赔偿请求，该公民、法人或者其他组织又提起行政赔偿诉讼的，不符合起诉条件，法院不应受理。

3. 关于赔偿义务机关先行处理。行政诉讼法规定，公民、法人或者其他组织单独就损害赔偿提出请求，应当先由行政机关解决。对行政机关的处理不服，可以向人民法院提起诉讼。《国家赔偿法》也有同样的要求，该法第 9 条第 2 款规定："赔偿请求人要求赔偿，应当先向赔偿义务机关提出，也可以在申请行政复议或者提起行政诉讼时一并提出。"据此，行政赔偿请求人在单独提起行政赔偿诉讼前，应当先向赔偿义务机关要求赔偿。在赔偿义务机关不予赔偿或赔偿请求人对赔偿数额有异议时，赔偿请求人才可以向赔偿义务机关的上一级行政机关申请复议或向法院提起行政赔偿诉讼。《最高人民法院关于审理行政赔偿案件若干问题的规定》第 4 条第 2 款根据上述立法的精神，进一步明确："赔偿请求人单独提起行政赔偿诉讼，须以赔偿义务机关先行处理为前提……"

4. 单独提起行政赔偿诉讼的起诉期限。起诉人应当在法定期限内按照法定程序提起诉讼，是法律对起诉的基本要求，也是起诉条件之一。超过法定期限，当事人即丧失了诉权。

关于单独提起行政赔偿诉讼的起诉时限，《国家赔偿法》规定，赔偿请求人单独提起行政赔偿诉讼的，无论赔偿义务机关在什么时间作出赔偿决定，起诉期限的起算点均为赔偿请求人向赔偿义务机关递交赔偿申请之日，期限为 3 个月。

为了充分保护公民、法人或者其他组织的诉权，《最高人民法院关于审理行政赔偿案件若干问题的规定》第 24 条规定："赔偿义务机关作出赔偿决定时，未告知赔偿请求人的诉权或者起诉期限，致使赔偿请求人逾期向人民法院起诉的，其起诉期限从赔偿请求人实际知道诉权或者起诉期限时计算，但逾期的期间自赔偿请求人收到赔偿决定之日起不得超过 1 年。"

对于相对人超期未提起行政诉讼，而于诉讼期间届满后单独提起行政赔偿之诉，法院能否受理的问题，存在两种截然相反的观点：

一种观点认为，具体行政行为作出后，利害关系人在法定期限内没有通过行政复议或行政诉讼来确认该行为的合法性，具体行政行为就已经发生法律效力，其法律效力不容再有争议，故不符合行政赔偿诉讼的起诉条件，法院应不予受理。

另一种观点认为，行政诉讼与行政赔偿诉讼的职能和作用不同，因而不宜将功能不同的两种救济手段互为前提而制约受害人，从而因其超期未提起行政诉讼而剥夺受害人请求损害赔偿的权利。

笔者认为，对此应当区别不同的行政侵权行为作不同处理：一种是需要首先确认其违法性方可确定国家赔偿责任的具体行政行为；另一种是明显违法无须确认的违背行政职责的行为，如殴打等暴力行为。对于前者，相对人逾期不提起行政诉讼，即丧失了申请确认具体行政行为违法的机会，超过行政诉讼的起诉期限而单独提起行政赔偿诉讼的，法院不予受理；对于后者，只要没有超过行政赔偿诉讼的起诉期限，法院就应当受理。

第五节　审理行政赔偿案件的特殊规则

除了法律针对行政赔偿诉讼的特点作出特别规定的规则以外，法院审理行政赔偿案件原则上适用行政诉讼程序的一般规则。因此，本节只介绍行政赔偿诉讼的证据规则和行政赔偿诉讼中的调解。

一、行政赔偿诉讼的证据规则

作为一种诉讼证据，行政赔偿诉讼证据具有与普通行政诉讼证据共同的特证。同时，行政赔偿诉讼证据规则又有其特殊性，这主要表现在举证责任的承担方面。

在行政赔偿诉讼中，根据最高人民法院的司法解释，原告应当对被诉行政行为造成损害的事实提供证据。[1] 法院审理行政赔偿案件，就当事人之间的行政赔偿争议进行审理与裁判。具体地说，原告在行政赔偿诉讼中举证的范围主要包括两个方面：①有关损害事实的举证；②有关损害事实与行政机关及其工作人员违法行使职权行为之间因果关系的举证。在起诉人一并提起行政赔偿诉讼的情况下，原告对损害事实的存在、损害程度以及违法行政行为与损害结果之间有因果关系应该提供证据。有学者认为，这种举证应该与被告的举证有所区别。在德国，将这种举证制度称为初步证明责任。意为，只要这种举证达到常理可以判断其存在即可。以示与严格的举证责任相区别。被告对被诉具体行政行为的合法性及其在诉讼中提出的其他主张负举证责任。

在其他方面，行政赔偿诉讼应遵循《行政诉讼法》确定的证据规则，此处不再赘述。

二、行政赔偿诉讼中的调解

与行政诉讼的结案方式不能适用调解不同，行政赔偿诉讼可以以调解方式结案。关于行政赔偿判决和赔偿诉讼中的裁定的有关规则，本书其他章节已作过介绍。这里着重介绍行政赔偿诉讼中的调解结案方式。

由于行政赔偿诉讼的特殊性，根据《行政诉讼法》的规定，包括行政赔偿在内的诉讼是可以进行调解的。所谓可以进行调解，也就是说，调解只是法院审理行政赔偿诉讼的方式之一，但不是唯一的方式。

法院调解有两层含义：①调解与判决一样，都是法院审理行政赔偿案件的一种方式。法院对受理的行政赔偿案件可以用调解的方式结案，也可以用判决的方式结案，但调解方式不是法院审理行政赔偿案件首先必须运用的方式。法院认为能够用调解方式解决的，可以进行调解，不能调解解决或者调解无效的，就应放弃调解的手段，及时采用判决的方式结案。②法院在运用调解的方式解决纠纷时，应当对当事人多做思想工作，多做法制宣传教育工作，以促使双方当事人互谅互让，达成调解协议。当然，审判人员不能靠强迫、压制甚至哄骗等手段促使当事人违心地达成调解协议。

根据法律对调解的基本要求，调解必须在查明事实、分清是非的基础上进行，所达成的调解协议的赔偿范围、方式必须符合法律的规定，且不得损害国家

---

[1] 《最高人民法院关于行政诉讼证据若干问题的规定》第5条规定："在行政赔偿诉讼中，原告应当对被诉具体行政行为造成损害的事实提供证据。"

利益或当事人的利益。

法院对行政赔偿案件进行调解应当遵循以下原则：①自愿原则。即当事人的真实意见表示是双方的，不是一方愿意而另一方不愿意。靠强迫手段促使一方或双方同意而达成调解，是背离自愿原则的违法行为；②合法原则。所谓合法，一是程序上合法，二是实体内容合法。调解程序合法主要指调解的方式、调解书的制作过程要符合法律规定；调解的内容合法是指双方就赔偿范围、赔偿数额所达成的协议符合法律要求。

《最高人民法院关于审理行政赔偿案件若干问题的规定》第 30 条规定："人民法院审理行政赔偿案件在坚持合法、自愿的前提下，可以就赔偿范围、赔偿方式和赔偿数额进行调解。调解成立的，应当制作行政赔偿调解书。"《行政赔偿调解书》的制作可以适用民事诉讼法关于制作民事调解书的有关规定。调解书经双方当事人签字即发生法律效力。

在修改《国家赔偿法》的讨论中，很多人主张，应该加上国家补偿的内容，对国家补偿的性质、内容、原则、标准和程序等作出规定，使目前实践中比较混乱的补偿情况得到基本规范。

■思考题

1. 如何理解行政赔偿责任的构成要件？
2. 行政赔偿诉讼的受案范围有哪些特殊规定？
3. 如何确定行政赔偿诉讼的原告和被告？
4. 提起行政赔偿诉讼的两种方式有哪些区别？

■参考资料

1. 王名扬：《法国行政法》，中国政法大学出版社 1988 年版。
2. 肖峋著：《中华人民共和国国家赔偿法的理论与实用指南》，中国民主法制出版社 1994 年版。
3. 马怀德：《国家赔偿法的理论与实务》，中国法制出版社 1994 年版。
4. 应松年主编：《国家赔偿法研究》，法律出版社 1995 年版。
5. 马怀德主编：《国家赔偿法学》，中国政法大学出版社 2001 年版。
6. 杨小君：《国家赔偿法律问题研究》，北京大学出版社 2005 年版。
7. 董保城、湛中乐：《国家责任法——兼论大陆地区行政补偿与行政赔偿》，元照出版公司 2005 年版。
8. ［日］盐野宏：《行政法》，杨建顺译，法律出版社 1999 年版。
9. ［德］哈特穆特·毛雷尔：《行政法学总论》，高家伟译，法律出版社 2000 年版。
10. 应松年、杨小君："国家赔偿若干理论与实践问题"，载《中国法学》2005 年第 1 期。

11. 汤鸿沛、张玉娟："德国、法国与中国国家赔偿制度之比较"，载《人民司法》2005年第2期。

12. 朱新力："行政不作为违法之国家赔偿责任"，载《浙江大学学报（人文社会科学版）》2001年第2期。

第十七章　涉外行政诉讼

■ 学习目的和要求

　　重点掌握涉外行政诉讼的法律适用、原则、代理、期间与送达，正确理解涉外行政诉讼的概念和涉外行政诉讼与其他涉外诉讼的区别。

第一节　涉外行政诉讼概述

一、涉外行政诉讼的概念

　　《行政诉讼法》第九章规定了涉外行政诉讼的内容，在立法形式上采用专列一章的结构，说明涉外行政诉讼有其特殊的要求与属性。因此，本书有必要加以专门分析与研究。我国涉外行政诉讼，是指当事人一方为外国人的行政诉讼，具体说就是：外国人因不服我国行政机关的具体行政行为而起诉于法院，法院依行政诉讼法审判案件的诉讼。涉外行政诉讼具有以下三个特征：

　　（一）主体涉外性

　　涉外行政诉讼的根本特征是诉讼当事人是外国人。考虑到行政诉讼的基本特征，被告只能是我的国家行政机关或法律、法规、规章授权的组织。所以，涉外行政诉讼当事人的涉外性，实际上就是原告人或第三人是外国人。原告是为维护自己的合法权益而起诉的人，第三人虽未起诉，但行政诉讼第三人同样是为了维护自己的合法权益而参与到诉讼中来的利害关系人。所以，无论原告是外国人还是第三人是外国人，都构成涉外行政诉讼。

　　这里所说的当事人是外国人，包括外国公民、无国籍人、国籍不明人、外国企业和其他外国组织，等等。只要这些外国人是在我国领域内进行行政诉讼，就能构成涉外行政诉讼。当然，如果是向境外别国法院起诉，就不是《行政诉讼法》中所规定的涉外行政诉讼了。

　　当事人是港、澳、台地区居民或组织的行政诉讼是否也属于涉外行政诉讼呢？笔者认为，由于历史的原因，香港在 1997 年 7 月 1 日以前是英国属土，当地居民持有港英当局发给的"英国属土公民护照。"1997 年 7 月 1 日以后，我国政府恢复了在香港行使主权，1999 年 12 月 20 日后，我国政府也恢复了对澳门行使主权。香港、澳门居民均为中国公民，不能承认他们具有英国或葡萄牙国籍，如果他们作为原告或第三人起诉或参与行政诉讼，不是涉外行政案件。台湾是中国领土不可分割的一部分，是我国一个省区，台湾居民起诉的行政案件，当然在法律上也不是涉外行政诉讼。这些都属于必须明确的法律界限，不容混淆。但另一方面，由于祖国大陆地区与上述三个地区在政治、法律、经济制度上的巨大差异，台湾地区还没有达到或实现恢复行使国家主权与统一，所以，在具体问题的处理上，可以参照涉外行政诉讼的规定，这样更切合实际。

（二）涉外行政诉讼发生在我国领域内

无论原告人或第三人是哪个国家的公民或组织，要构成我国行政诉讼中的涉外行政诉讼，必须是：①行政行为发生在我国领域内，是我国主权范围之事项；②作出行政行为的主体，应是我国的行政机关或授权组织，而不是外国的政府部门；③鉴于前两点事实，所以，应向我国的人民法院提起行政诉讼，诉讼程序在我国领域内进行。如果行政管理发生在我国领域之外，不能向我国法院起诉，如果诉讼是在外国法院进行，也不属我国的涉外行政诉讼。

（三）原则与制度具有特殊性

涉外行政诉讼的根本特征是主体涉外性，但并不能因此就断定它只有主体涉外性这个唯一的特征。由于主体涉外而引发行政诉讼，当然包含了该诉讼原则与具体制度上的一些特殊性。这些特殊性充分反映了涉外行政诉讼的特殊要求，从而一并构成全面的涉外行政诉讼制度。例如，涉外行政诉讼的特殊原则，依照法律规定就有"对等的原则"等，在委托律师代理诉讼、送达方式与有关期间方面、法律适用顺序方面等，都有一些不同于非涉外行政诉讼的规定与要求。

二、涉外行政诉讼与其他涉外诉讼的区别

这里，我们着重把涉外行政诉讼与涉外民事诉讼作一比较，从对比分析中进一步把握涉外行政诉讼的本质特征。

根据最高人民法院的司法解释，当事人一方或双方是外国人、无国籍人、外国企业或组织，或者当事人之间民事法律关系的设立、变更、终止的法律事实发生在国外，或者诉讼标的物在外国的民事案件，为涉外民事案件。由此可见：

1. 涉外行政诉讼从根本上讲只是由于当事人的涉外性而引起。而涉外民事诉讼则既可以是当事人的涉外，也可以是法律事实发生在外国，或者是诉讼标的物在外国，这三种情况均可引起涉外民事诉讼。

2. 当事人方面。涉外行政诉讼的被告当事人显然不能是外国人，而只有原告或第三人是外国人。而涉外民事诉讼则不同，它的原告、被告及第三人都可以是外国人，不像涉外行政诉讼那样"恒定"。

3. 纠纷发生的领域。涉外行政诉讼中的行政争议，必须是发生在我国境内，因为行政权的运用始终是在一个国家主权范围之内的事情，它不可能发生在国外。而涉外民事诉讼中的民事纠纷，既可以发生在国内，也可以发生在国外。

第二节　涉外行政诉讼的法律适用

一、涉外行政诉讼法律规范

所谓涉外行政诉讼法律规范，是指由我国立法机关制定或认可的，适用于调整涉外行政诉讼活动与关系的原则与规则。

1. 涉外行政诉讼法律规范，并不是独立于《行政诉讼法》之外的什么特别种类法，它仍然是行政诉讼法之内的法律规范。由于涉外行政诉讼本身具有的一些特殊性，所以适用于调整它的原则与规则的内容与一般规定尚有差异。我们说，涉外行政诉讼法律规范并不构成一种独立体系，相反，《行政诉讼法》的一般性规定在大多数情况下都对它适用。

2. 涉外行政诉讼法律规范依然是由我国立法机关制定或认可的规范。从立法形式看，涉外行政诉讼法律规范有两大内容：一是由我国立法机关直接制定的规范，如《行政诉讼法》、《民事诉讼法》等，它们都是立法机关按照立法程序制定与颁布的法律文件。二是由我国立法机关认可的国际条约。由于我国政府缔结或参加了国际条约，就意味着承认这些条约的内容与效力在国内的适用，行政诉讼法规定了在涉外行政诉讼中适用有关国际条约的原则，那么，对于这些条约部分，我们也就不能不承认它是涉外行政诉讼法律规范的构成部分。但我国声明保留的部分除外。

3. 涉外行政诉讼法律规范须是调整我国涉外行政诉讼活动与关系的法律规范。尽管是由我国立法机关制定或认可的法律规范，如果不适用于调整行政诉讼的活动与关系，自然不是行政诉讼法律规范，而只有这些规范适用于调整行政诉讼活动与关系时，才能成为涉外行政诉讼法律规范。

二、涉外行政诉讼法律规范的范围

能够成为涉外行政诉讼法律规范的有哪些法律呢？根据《行政诉讼法》的规定，主要有：

（一）《中华人民共和国行政诉讼法》

这部法律几十个条文，应当说都能适用于调整涉外行政诉讼的活动与关系。该法包括两大类内容：一是适用于调整所有行政诉讼活动与关系的规范，如第一章总则、第二章受案范围等；二是专门适用于调整涉外行政诉讼活动与关系的规范，如《行政诉讼法》关于适用国际条约的规定、关于委托律师代理诉讼的规定等。《行政诉讼法》是规范行政诉讼的基本法，当然也就是涉外行政诉讼的基本法。涉外行政诉讼适用本法，法律另有规定的除外。

（二）《中华人民共和国民事诉讼法》有关适用于行政诉讼部分的规定

由于行政诉讼法的内容比较概括，不甚具体，所以有关司法解释承认，行政诉讼除依照行政诉讼法的规定外，可以参照民事诉讼的有关规定。那么，民事诉讼法的这些有关规定，当然也就可以成为涉外行政诉讼的审判依据，构成涉外行政诉讼法律规范的内容。如民事诉讼法中有关执行的规定，在涉外行政诉讼中是应当参照执行的。

（三）有关单行的行政法律、法规

如海关法、外国人入境出境管理法等，这些以实体为主的行政管理法律，其内容涉及外国人的起诉期限、程序甚至一些范围等，同样也是人民法院审判涉外行政案件的依据，是涉外行政诉讼法律规范的组成部分。

（四）有关国际条约

这些国际条约须是：①我国缔结或参加的国际条约；②内容涉及调整涉外行政诉讼的关系与活动。如果我国对该国际条约有部分条款声明保留，就意味着这部分内容我国政府不予接受，当然也就不能对我国产生拘束力。

（五）有关的司法解释

有关的司法解释主要有《最高人民法院关于执行〈中华人民共和国行政诉讼法〉若干问题的解释》、《最高人民法院关于适用〈中华人民共和国行政诉讼法〉若干问题的解释》和《最高人民法院关于适用〈中华人民共和国民事诉讼法〉的解释》。有关民事诉讼的司法解释可以参照适用于行政诉讼，成为涉外行政诉讼法律规范的内容。

三、涉外行政诉讼法律规范的运用

涉外行政诉讼法律规范是由若干不同的规范体系组成的，如《行政诉讼法》的一般法律规范与专门适用于涉外行政诉讼的特别法律规范，国内法与有关国际条约等。这就不可避免地提出了它们彼此之间的冲突与适用选择的问题。

（一）关于《行政诉讼法》的一般规范与专门调整涉外行政诉讼的特别规范

所谓一般规范，是指既适用于调整涉外也适用于调整其他非涉外行政诉讼的法律规范，而特别规范就是只适用于调整涉外行政诉讼的规范，由特别法规定。《行政诉讼法》规定，外国人、无国籍人、外国组织在中华人民共和国进行行政诉讼，适用本法。法律另有规定的除外。这条规定包含以下三个方面的意思：

1.《行政诉讼法》的一般性规定，同时适用于涉外行政诉讼，这是个原则。

2. 另有规定的法律也适用于涉外行政诉讼。这里的"另有规定"的法律，实际上有两种：一是《行政诉讼法》当中专门规定涉外行政诉讼的法律规定；二是《行政诉讼法》之外的其他法律，其中涉及外国人、无国籍人、外国组织在我国进行行政诉讼的部分。这两种法律，都属于特别规定，即"另有规定"的法律。

3. 前两者发生冲突时，即一般性规定与特别规定发生冲突时，必须适用特别规定，这就是行政法上的所谓"特别法优于一般法"的规则。

这种冲突可以是整体的不相容，也可以是部分的不相容。前者中关于受案范围，《行政诉讼法》规定应当受理，而另外的法律则限制外国人对某种具体行政行为提起诉讼。按照上述规则这就不能起诉，不适用《行政诉讼法》一般规定。而后者如两种规范均规定可进行行政诉讼，但在委托律师进行诉讼代理方面，特别法与一般法限制不同，这是部分规定不相容，则适用该特别法的规定。

（二）关于国际条约与国内立法的适用

行政诉讼法规定，中华人民共和国缔结或者参加的国际条约同本法有不同规定的，适用该国际条约的规定。中华人民共和国声明保留的条款除外。我国在宪法上没有对国际条约与国内立法的关系作一般性规定，而在《行政诉讼法》中，对涉外行政诉讼有专门规定，因此，关于国际条约与国内立法的关系，也只是适用于涉外行政诉讼法，而不能随意扩大。我国是个主权独立、完整的国家，任何国家都不可能将其意志强加于我国。同时，我们也遵循国际交往的惯例与规则，凡是我国缔结或者参加的国际条约，包括多边条约与双边条约，我国政府即承认其内容与效力，承认它在我国境内的拘束力。而这种拘束力在与国内立法发生冲突时，应优先适用。对缔约国来说，这是我们的法律承诺，对国内涉外行政诉讼来讲，这就是立法的规定，必须遵守。

适用国际条约时，并不意味着行政法成了国际法。行政法仍然是国内法，该国际条约由于我国的参加或承认，而同时转变成为在国内适用的法律规则，即国内法。所以，法律规定，只有我国缔结或者参加的国际条约，而且是没有声明保留的部分，才能适用于涉外行政诉讼。进一步讲，这些条约的适用，也只是在缔约或参加国的公民、组织进行行政诉讼的前提下进行，如果起诉的外国人，其所属国没有参加该国际条约，对该涉外行政诉讼就不能适用该国际条约的有关规定。

第三节　涉外行政诉讼的原则

从定义上看，涉外行政诉讼的原则，当然包括适用于一般行政诉讼的原则，如当事人诉讼地位平等的原则、合法性审查原则等。此外，同时还包括作为涉外行政诉讼特别规定的原则，如同等原则、对等原则等。关于前者，本书其他章节已有论述，这里着重谈谈后者。

一、同等原则

《行政诉讼法》第 99 条第 1 款规定，外国人、无国籍人、外国组织在中华人民共和国进行行政诉讼，同中华人民共和国公民、组织有同等的诉讼权利和义务。这就是涉外行政诉讼的同等原则。这个原则的基本思想，就是在涉外行政诉讼中的外国人与外国组织，享有和承担与我国公民、组织在行政诉讼中同样内容、范围与性质的诉讼权利与诉讼义务。既不能因为其外国人身份增设权利，也不能因此而减少或限制其权利。这当然也就保证了外国人与我国公民在行政诉讼上的平等法律地位。

我们知道，在我们社会主义法治国家，在法律面前人人平等，这当然也体现在诉讼中的外国人与中国公民之间。外国人在我国必须遵守我国的法律，同时，宪法也明确规定，中华人民共和国保护在中国境内的外国人的合法权益。而诉讼上的权利是为保护实体权益实现的必要手段，所以，外国人在我国行政诉讼中同样是权利主体。

我国公民在法律上享有什么样的实体权利，是根据有关实体法的规定而取得的，而外国人在我国实体法上享有什么样的实体权利也是根据有关实体法的规定而存在的，离开法律规定谈权利是不可能的。而在实体法上，有些权益只能为中国公民设定，不可能为外国人所享有，如抚恤金享有权利。尽管这样，但在诉讼上的权利却是相同的。因为，作为一种保护手段是需要的。所以，《行政诉讼法》上规定的同等原则是针对行政诉讼权利和诉讼义务而言的。

诉讼权利义务的同等原则，实质上是国际法上的"国民待遇"规则的体现。这个规则所要求的就是本国国民所享有的权利，也同等地赋予在本国境内的外国人。它体现了国家之间的平等、友好的关系，是国际交往中的一个重要规则。这个原则也告诉我们，由于国家之间的政治、经济、文化制度与传统的差异，每个国家的行政诉讼制度都多多少少会有些不同，任何一个国家不应当也不能用自己国家的标准要求别国。所以，外国人在本国诉讼上所享有的权利，不能在我国"硬套"。完全可能他在本国能享有的诉讼手段，在我国诉讼中却不能享有，他在本国进行诉讼所承担的义务，在我国诉讼法上却不存在。这是很自然的事情，因为诉讼权利与义务的同等，是在我国诉讼法上与我国公民的同等。

二、对等原则

《行政诉讼法》第 99 条第 2 款规定，外国法院对中华人民共和国公民、组织的行政诉讼权利加以限制的，人民法院对该国公民、组织的行政诉讼权利，实行对等原则。这个所谓对等原则具有以下三层含义：

1. 这个原则适用于在外国对我国公民或组织行政诉讼权利加以限制方面。它不适用于权利赋予方面，即便根据外国法，我国公民在外国进行行政诉讼享有更广泛多样的权利，但也不能因此就对该国公民在我国进行行政诉讼也搞什么对等。对等是指诉讼权利的限制对等。

2. 我国公民、组织在外国进行行政诉讼，其诉讼权利应与所在国公民、组织相同。即该国对我国公民、组织实行"国民待遇"。如果在诉讼权利方面，低于本国公民、组织的标准，即构成限制我国公民、组织的诉讼权利。所以，这种限制的形式是多样的，可以由立法机关制定法令来限制，并通过法院在行政诉讼中来执行；也可以是虽然立法无限制，但在行政诉讼中的法院却实行对我国公民、组织的限制。另外，这种诉讼权利的限制，可能是只对我国公民、组织适用，也可能是对包括我国公民、组织在内的外国公民、组织都适用。无论哪一种，都是对我国公民、组织诉讼权利的限制。

由此可见，对等原则的要求实际上是与我国立法赋予外国人国民待遇诉讼地位相联系的。由于我国给予外国人同我国公民相同的诉讼权利，当然也要求外国给予我国公民同本国公民相同的诉讼权利，这是国家间平等关系的表现。我们反对在法律上歧视我国公民的做法，并以对等原则来处理这种歧视，体现了平等主权国家的交往关系。

3. 《行政诉讼法》规定的对等原则，也只是一个法律原则。我们知道，我国的行政诉讼与外国的行政诉讼的内容不尽相同，有些制度我国《行政诉讼法》中有规定，外国《行政诉讼法》中却没有；相反，我国没有规定的，外国则可能有。在这个前提条件下的对等就必须考虑我们究竟对等限制什么的问题。如果外国法院所限制我国公民的内容，我国法律也有规定，则可以相同的内容限制之；如果外国法院限制我国公民的内容，在我国法律上根本就没有，则应当以相同性质、相近内容来限制，因为对等只是一个原则，实际上对限制的内容是要求相应的，要根据具体情况加以分析决定。

第四节 涉外行政诉讼的代理、期间与送达

一、代理

《行政诉讼法》第100条规定，外国人、无国籍人、外国组织在中华人民共和国进行行政诉讼，委托律师代理诉讼的，应当委托中华人民共和国律师机构的律师。这条规定，是涉外行政诉讼中外籍当事人委托律师的特别规定，它包含以下意思：

1. 外国人在我国进行行政诉讼，有权委托律师代理诉讼。但法律并未把上述规定变成义务。也就是说，外国人可以委托我国律师代理诉讼，也可以不委托代理人代理诉讼，而独自参加诉讼。这一点，与我国公民在行政诉讼中有权委托或不委托诉讼代理人的规定是一样的。

2. 外国人在我国进行行政诉讼，法律并没有限定他只能委托我国律师作为其诉讼代理人，从法律规定看，外国人如果要委托诉讼代理人，他可以委托我国律师，也可以委托除律师以外的其他人作为他的诉讼代理人。这个"其他人"包括：

（1）社会团体。根据行政诉讼法规定，社会团体可以受委托为诉讼代理人，如法学会。

（2）外国人的近亲属。含国内和国外的近亲属。

（3）所在单位推荐的人。如外国人在我国开办合资企业，该外国人进行诉讼，是该合资企业单位推荐的。

（4）外国人可以委托本国律师以非律师身份担任诉讼代理人。

（5）外国人可以委托本国公民为诉讼代理人。

（6）外国人可以委托外国驻华使领馆官员，以个人名义担任诉讼代理人，但在诉讼中不享有外交特权和豁免权。

（7）委托中国公民代理诉讼，须经法院许可。

限制性规定，仅仅是限制以律师身份担任诉讼代理人。即外国人在我国进行行政诉讼，如果要委托律师以律师身份或名义代理诉讼，作诉讼代理人，那么，就只能委托我国律师机构的律师。在律师制度方面，我国法律规定，外国律师不得在我国开设律师事务所或与我国律师事务所合伙开业；外国律师不得在我国开业；不得以律师名义在我国代理诉讼和出庭等。所以，《行政诉讼法》关于外国人委托律师代理诉讼的限制，正是在这种律师制度与体制基础上所作出的，与现行律师体制相一致。但近几年来，随着改革开放的发展，律师制度也有些改变。如外国律师在我国开设办事机构的，有外国律师在我国律师事务所从业的等。这些变化势必影响到诉讼代理人制度，这是值得注意的。

外国人委托我国律师机构的律师代理行政诉讼的，如果该外国人、无国籍人、外国组织在国内没有住所的，其委托书要通过域外寄交或托交的，应当经所在国公证机关证明，并且经我国驻外使领馆认证，或者履行我国与该国订立的有关条约中规定的证明手续以后，该委托书在我国境内才具有效力。

二、期间

涉外行政诉讼，与非涉外行政诉讼一样，都要涉及各个诉讼阶段与期间，法律对于涉外行政诉讼的期间，没有专门的、统一的规定。而外籍当事人的域外居住这一实际情况，又使我们不能不注意到它的特殊性，况且，有关的解释对此也有一些特别的规定，这就是要给予适当的延长。

适当延期的原因是当事人居住在我国境外，通讯、交通等不便。所以，涉外行政诉讼中如果外国人在我国国内已有住所的，则不能延长有关期间。同样，我国公民居住在国外的，也应当适当延长期间。总之，立法及解释关于期间延长的精神，是因为当事人在国内没有住所。

有关特别期间，目前有规定的是：

1. 不服一审人民法院判决、裁定的上诉期限。根据规定，在国内没有住所的当事人，不服一审判决、裁定的，其上诉期限为自判决书、裁定书送达之日起30日内，而不是一般的15日或10日期限。

2. 居住域外的被上诉人，在收到上诉状副本以后，提出答辩状的期限为30日，而不是一般的限定为10日。

3. 居住域外的当事人，有关诉讼法律文书的送达期限为6个月。这在邮寄送达和公告送达方式上，已有明确规定，自寄出之日和公告之日起满6个月的，即视为送达。

一个案件中涉及两个以上外籍当事人，如果其中一人居住在我国国内，而另一人居住在国外的，对于国内居住的当事人不适用特别规定期间，而仍然适用一般规定期间；对于国外居住的当事人则适用特别规定期间。这正如《最高人民法院关于适用〈中华人民共和国民事诉讼法〉的解释》第538条中所解释的那样：不服第一审人民法院判决、裁定的上诉期，对在中华人民共和国领域内有住所的当事人，适用《民事诉讼法》第164条规定的一般期；对在中华人民共和国领域内没有住所的当事人，适用《民事诉讼法》第269条规定的30日期限。当事人的上诉期均已届满没有上诉的，第一审人民法院的判决、裁定即发生的法律效力。

有关诉讼的其他期间，原则上应按《行政诉讼法》的一般规定执行。但对于域外居住当事人确有理由提出的延长申请，法院应当考虑准许。在法院的指定期间方面，也是如此。

三、送达

（一）送达适用的对象

涉外行政诉讼是外国人、无国籍人、外国组织在我国进行的行政诉讼。而涉外送达与涉外行政诉讼的送达有所不同，根据司法解释，送达适用于在中华人民共和国领域内没有住所的当事人。因此，所谓涉外行政诉讼送达适用的对象实际上有两种：①在我国境内没有住所的外国人、无国籍人、外国组织等；②在我国境内没有住所的我国公民。

（二）送达方式

根据司法解释，涉外行政诉讼的诉讼文书送达方式，依具体条件不同有以下几种：

1. 依条约规定的方式送达。这种方式适用于受送达人所在国与我国有双边或多边国际条约的条件下。该条约中如有法律文书送达方式约定的，则应按条约中约定的方式送达。没有国际条约或虽有条约但无此内容的，则不适用此种送达方式。

2. 外交途径送达。两国间无送达法律文书条约的，并且与我国建立有外交关系的国家，可以适用外交途径送达诉讼文书，即由审判案件的人民法院，将诉讼文书交我国外交部，再由外交部通过外交途径送达外籍当事人所在国。

3. 委托使领馆送达。对于具有中华人民共和国国籍而在国内无住所的受送达人，法院可以委托我国驻受送达人所在国大使馆、领事馆代为送达。

4. 委托代理人送达。受送达人在诉讼中有诉讼代理人的，且该诉讼代理人有权接受送达的，可以向有权接受送达的诉讼代理人送达诉讼法律文书，或者向受送达人专门委托的有权接受送达的代理人送达。

5. 如果受送达人在我国领域内设有代表机构的，向代表机构送达；如果受送达人在我国领域内设有分支机构或业务代办人的，且这些分支机构、业务代办人有权接受送达的，可以向这些分支机构、业务代办人送达文书。

6. 邮寄送达。受送达人所在国的法律允许邮寄送达诉讼文书的，可以采用邮寄方式送达。自邮寄之日起满6个月，送达回证没有退回，但根据各种情况足以认定已经送达的，期间届满之日视为送达。

7. 公告送达。自公告之日起满6个月，即视为送达。公告送达方式在涉外行政诉讼中的运用，须是上述六种方式不能使用的前提下。所以，不能只图方便，随意使用公告送达方式。

第五节　国际贸易、反补贴、反倾销行政案件

一、国际贸易、反补贴、反倾销行政案件的范围

（一）国际贸易行政案件的范围

根据司法解释，有关国际贸易方面的行政案件范围是：

1. 有关国际货物贸易的行政案件。

2. 有关国际服务贸易的行政案件。

3. 与国际贸易有关的知识产权行政案件。

4. 其他国际贸易行政案件。

（二）反补贴行政案件的范围

1. 有关补贴及补贴金额、损害及损害程度的终裁决定。

2. 有关是否征收反补贴税以及追溯征收的决定。

3. 有关保留、修改或者取消反补贴税以及承诺的复审决定。

4. 依照法律、行政法规规定可以起诉的其他反补贴行政行为。

（三）反倾销行政案件的范围

1. 有关倾销及倾销幅度、损害及损害程度的终裁决定。

2. 有关是否征收反倾销税的决定以及追溯征收、退税、对新出口经营者征税的决定。

3. 有关保留、修改或者取消反倾销税以及价格承诺的复审决定。

4. 依照法律、行政法规规定可以起诉的其他反倾销行政行为。

二、国际贸易、反补贴、反倾销行政案件的当事人

（一）原告

反补贴、反倾销行政案件的原告资格，与一般的原告资格在原理上一样，仍然是法律上具有利害关系。但是，司法解释对于这种利害关系有特定的解释，包括两种关系：①申请人，即向国务院主管机关提出反补贴或者反倾销调查书面申请的申请人。这里，确定利害关系的标准中有两个形式要件：提出了书面的反补贴或者反倾销调查申请，以及申请是向国务院主管机关提出的。②具有实质上利害关系的当事人，即有关出口经营者和进口经营者及其他具有法律上利害关系的自然人、法人或者其他组织。

（二）被告

反补贴、反倾销行政案件的被告，由于反补贴、反倾销调查工作的主管级别关系，决定了它只能是国务院的主管部门，不是也不可能是其他地方行政机关和非主管部门。也就是说，主体的恒定性决定了这类案件的被告是作出相应被诉反补贴或者反倾销行政行为的国务院主管部门。

（三）第三人

反补贴、反倾销行政的第三人资格和范围，应当符合行政诉讼第三人的基本要求。除此之外，有关司法解释还特别明确了其他主管机关作为这类行政案件第三人的规定，使得人们在理论上经常争论的行政机关能否作为利害关系第三人参与行政诉讼的问题得到了明确的回答。根据司法解释的规定，与被诉反补贴或者反倾销行政行为具有法律上利害关系的其他国务院主管部门，可以作为第三人参加诉讼。也就是说，虽然没有作出被诉行政行为，但作为其他主管部门也与该被诉行政行为具有法律上的利害关系，例如，有关规定是该部门作出的，或者是有关标准是该部门制定的，或者是有关许可是该部门核发的，等等。

三、证据制度

反补贴、反倾销行政案件的证据制度，是行政诉讼证据制度的一种，当然必须符合行政诉讼证据的基本或者普遍性要求。但是，除此之外，反补贴、反倾销行政案件的证据制度也有特殊或者强调的规则，主要有：

1. 案卷制度。司法解释规定，反补贴、反倾销行政案件，仍然是由被告负举证责任，被告的证据和认定的事实必须是记载于案卷之中的，如果没有记载于案卷之中，是不能作为有效证据支持被告所作出的行政行为的，也就是不能作为定案证据使用。这是我们在法律上第一次明确限定证据和事实必须具备的形式要件。

2. 证明规则。出于公平和证据优势原理，反补贴、反倾销行政案件，在证明规则上作出了一些限制性规定，补充和完善了现行行政诉讼的证据制度。这包括对原告和对其他利害关系人两个方面。对原告来讲，被告履行职责进行调查时，原告有义务提供相应证据材料，如果被告在反补贴或者反倾销行政调查程序中依照法定程序要求原告提供证据，原告无正当理由拒不提供、不如实提供或者以其他方式严重妨碍调查，而在诉讼程序中原告提供该证据的，司法解释规定，对于这类证据人民法院不予采纳。同样，在反补贴或者反倾销行政调查程序中，利害关系人无正当理由拒不提供证据、不如实提供证据或者以其他方式严重妨碍调查的，国务院主管部门根据能够获得的证据得出的事实结论，可以认定为证据充分。

这个规定，是从被告举证责任角度作出的，在上述两种情形下，被告举证责任是否完成，不再依赖于原告或者利害关系人新提供的这些证据，被告只要根据他能够获得的证据作出事实认定，足以认定证据充分。换言之，在这种情况下，法院只是审查被告是否在能够获得的证据范围内收集、使用了证据。如果能够获得而没有获得或者没有使用相应证据，那么该行政行为仍然属于主要证据不足；如果能够获得的证据已经获得了，没有获得的证据又属于上述两种情形，那么法院不根据上述两种情形提供的新证据来判断被告的证据是否充分。这种规定也是在法律上第一次明确作出的规定。

四、国际贸易行政案件的法律解释适用

在国际贸易行政案件中，涉及法律、行政法规的适用，而适用可能涉及对这类法律、行政法规的解释，由于时期、部门等原因，这些解释可能出现不同的含义，对此，司法解释明确了按与条约的关系适用这些不同解释的规定。也就是说，人民法院审理国际贸易行政案件所适用的法律、行政法规的具体条文存在两种以上的合理解释，其中有一种解释与中华人民共和国缔结或者参加的国际条约的有关规定相一致的，应当选择与国际条约的有关规定相一致的解释，但中华人

民共和国声明保留的条款除外。

■思考题

1. 试论述涉外行政诉讼的法律适用。
2. 简述涉外行政诉讼的原则。
3. 试比较涉外行政诉讼与其他涉外诉讼。
4. 涉外行政诉讼有哪些送达方式?

■参考资料

1. 应松年主编:《行政法学新论》,中国方正出版社 2004 年版。

2. 姜明安主编:《行政法与行政诉讼法》,北京大学出版社、高等教育出版社 2005 年版。

3. 马怀德主编:《司法改革与行政诉讼制度的完善——〈行政诉讼法〉修改建议稿及理由说明书》,中国政法大学出版社 2004 年版。

4. 黄学贤、杨海坤主编:《新编行政诉讼法学》,中国人事出版社 2001 年版。

附录： 中华人民共和国行政诉讼法[1]

(1989 年 4 月 4 日第七届全国人民代表大会第二次会议通过 根据 2014 年 11 月 1 日第十二届全国人民代表大会常务委员会第十一次会议《关于修改〈中华人民共和国行政诉讼法〉的决定》修正)

第一章 总 则

第一条 为保证人民法院**公正**、及时审理行政案件，**解决行政争议**，保护公民、法人和其他组织的合法权益，**监督**行政机关依法行使职权，根据宪法，制定本法。

第二条 公民、法人或者其他组织认为行政机关和行政机关工作人员的**行政行为**侵犯其合法权益，有权依照本法向人民法院提起诉讼。

前款所称行政行为，包括法律、法规、规章授权的组织作出的行政行为。

第三条 **人民法院应当保障公民、法人和其他组织的起诉权利，对应当受理的行政案件依法受理。**

行政机关及其工作人员不得干预、阻碍人民法院受理行政案件。

被诉行政机关负责人应当出庭应诉。不能出庭的，应当委托行政机关相应的工作人员出庭。

第四条 人民法院依法对行政案件独立行使审判权，不受行政机关、社会团体和个人的干涉。

人民法院设行政审判庭，审理行政案件。

第五条 人民法院审理行政案件，以事实为根据，以法律为准绳。

第六条 人民法院审理行政案件，对行政行为是否合法进行审查。

第七条 人民法院审理行政案件，依法实行合议、回避、公开审判和两审终审制度。

第八条 当事人在行政诉讼中的法律地位平等。

第九条 各民族公民都有用本民族语言、文字进行行政诉讼的权利。

---

[1] 文中黑体部分为本次修正新修改的内容。

在少数民族聚居或者多民族共同居住的地区，人民法院应当用当地民族通用的语言、文字进行审理和发布法律文书。

人民法院应当对不通晓当地民族通用的语言、文字的诉讼参与人提供翻译。

第十条　当事人在行政诉讼中有权进行辩论。

第十一条　人民检察院有权对行政诉讼实行法律监督。

第二章　受案范围

第十二条　人民法院受理公民、法人**或者**其他组织提起的下列诉讼：

（一）对**行政拘留、暂扣或者**吊销许可证和执照、责令停产停业、**没收违法所得**、没收非法财物、罚款、**警告**等行政处罚不服的；

（二）对限制人身自由或者对财产的查封、扣押、冻结等行政强制措施和**行政强制执行**不服的；

（三）**申请行政许可，行政机关拒绝或者在法定期限内不予答复，或者对行政机关作出的有关行政许可的其他决定不服的**；

（四）**对行政机关作出的关于确认土地、矿藏、水流、森林、山岭、草原、荒地、滩涂、海域等自然资源的所有权或者使用权的决定不服的**；

（五）**对征收、征用决定及其补偿决定不服的**；

（六）申请行政机关履行保护人身权、财产权等合法权益的法定职责，行政机关拒绝履行或者不予答复的；

（七）认为行政机关侵犯其经营自主权或者农村土地承包经营权、农村土地经营权的；

（八）**认为行政机关滥用行政权力排除或者限制竞争的**；

（九）认为行政机关**违法集资、摊派费用或者**违法要求履行其他义务的；

（十）认为行政机关没有依法**支付抚恤金、最低生活保障待遇或者社会保险待遇的**；

（十一）**认为行政机关不依法履行、未按照约定履行或者违法变更、解除政府特许经营协议、土地房屋征收补偿协议等协议的**；

（十二）认为行政机关侵犯其他人身权、财产权等**合法权益**的。

除前款规定外，人民法院受理法律、法规规定可以提起诉讼的其他行政案件。

第十三条　人民法院不受理公民、法人或者其他组织对下列事项提起的诉讼：

（一）国防、外交等国家行为；

（二）行政法规、规章或者行政机关制定、发布的具有普遍约束力的决定、命令；

（三）行政机关对行政机关工作人员的奖惩、任免等决定；

（四）法律规定由行政机关最终裁决的行政行为。

第三章 管 辖

第十四条 基层人民法院管辖第一审行政案件。

第十五条 中级人民法院管辖下列第一审行政案件：

（一）对国务院**部门**或者**县级以上地方人民政府**所作的**行政行为**提起诉讼的案件；

（二）海关处理的案件；

（三）本辖区内重大、复杂的案件；

（四）其他法律规定由中级人民法院管辖的案件。

第十六条 高级人民法院管辖本辖区内重大、复杂的第一审行政案件。

第十七条 最高人民法院管辖全国范围内重大、复杂的第一审行政案件。

第十八条 行政案件由最初作出行政行为的行政机关所在地人民法院管辖。经复议的案件，也可以由复议机关所在地人民法院管辖。

经最高人民法院批准，高级人民法院可以根据审判工作的实际情况，确定若干人民法院跨行政区域管辖行政案件。

第十九条 对限制人身自由的行政强制措施不服提起的诉讼，由被告所在地或者原告所在地人民法院管辖。

第二十条 因不动产提起的行政诉讼，由不动产所在地人民法院管辖。

第二十一条 两个以上人民法院都有管辖权的案件，原告可以选择其中一个人民法院提起诉讼。原告向两个以上有管辖权的人民法院提起诉讼的，由最先**立案**的人民法院管辖。

第二十二条 人民法院发现受理的案件不属于**本院**管辖的，应当移送有管辖权的人民法院，受移送的人民法院**应当受理。受移送的人民法院认为受移送的案件按照规定不属于本院管辖的，应当报请上级人民法院指定管辖，不得再自行移送。**

第二十三条 有管辖权的人民法院由于特殊原因不能行使管辖权的，由上级人民法院指定管辖。

人民法院对管辖权发生争议，由争议双方协商解决。协商不成的，报它们的共同上级人民法院指定管辖。

第二十四条 上级人民法院有权审理下级人民法院管辖的第一审行政案件。

下级人民法院对其管辖的第一审行政案件，认为需要由上级人民法院**审理或者指定管辖**的，可以报请上级人民法院决定。

第四章 诉讼参加人

第二十五条 行政行为的相对人以及其他与行政行为有利害关系的公民、法人或者其他组织，有权提起诉讼。

有权提起诉讼的公民死亡，其近亲属可以提起诉讼。

有权提起诉讼的法人或者其他组织终止，承受其权利的法人或者其他组织可以提起诉讼。

第二十六条　公民、法人或者其他组织直接向人民法院提起诉讼的，作出**行政行为**的行政机关是被告。

经复议的案件，复议机关决定维持原**行政行为**的，作出原行政行为的行政机关和**复议机关**是共同被告；复议机关改变原**行政行为**的，复议机关是被告。

复议机关在法定期限内未作出复议决定，公民、法人或者其他组织起诉原行政行为的，作出原行政行为的行政机关是被告；起诉复议机关不作为的，复议机关是被告。

两个以上行政机关作出同一**行政行为**的，共同作出**行政行为**的行政机关是共同被告。

行政机关委托的组织所作的**行政行为**，委托的行政机关是被告。

行政机关被撤销**或者职权变更**的，继续行使其职权的行政机关是被告。

第二十七条　当事人一方或者双方为 2 人以上，因同一**行政行为**发生的行政案件，或者因同类行政行为发生的行政案件、人民法院认为可以合并审理**并经当事人同意的，为共同诉讼。**

第二十八条　**当事人一方人数众多的共同诉讼，可以由当事人推选代表人进行诉讼。代表人的诉讼行为对其所代表的当事人发生效力，但代表人变更、放弃诉讼请求或者承认对方当事人的诉讼请求，应当经被代表的当事人同意。**

第二十九条　**公民、法人或者其他组织同被诉行政行为有利害关系但没有提起诉讼，或者同案件处理结果有利害关系的，可以作为第三人申请参加诉讼，或者由**人民法院通知参加诉讼。

人民法院判决第三人承担义务或者减损第三人权益的，第三人有权依法提起上诉。

第三十条　没有诉讼行为能力的公民，由其法定代理人代为诉讼。法定代理人互相推诿代理责任的，由人民法院指定其中一人代为诉讼。

第三十一条　当事人、法定代理人，可以委托 1～2 人作为诉讼代理人。

下列人员可以被委托为诉讼代理人：

（一）律师、**基层法律服务工作者；**

（二）**当事人的近亲属或者工作人员；**

（三）**当事人所在社区、单位以及有关社会团体推荐的公民。**

第三十二条　代理诉讼的律师，**有权按照**规定查阅、**复制**本案有关材料，有权向有关组织和公民调查，收集**与本案有关**的证据。对涉及国家秘密、**商业秘密**和个人隐私的材料，应当依照法律规定保密。

当事人和其他诉讼代理人**有权按照规定**查阅、**复制本案庭审材料**，但涉及国家秘密、商业秘密和个人隐私的内容除外。

第五章　证　据

第三十三条　证据**包括**：

（一）书证；

（二）物证；

（三）视听资料；

（四）**电子数据**；

（五）证人证言；

（六）当事人的陈述；

（七）鉴定**意见**；

（八）勘验笔录、现场笔录。

以上证据经法庭审查属实，才能作为**认定案件事实**的根据。

第三十四条　被告对作出的**行政行为**负有举证责任，应当提供作出该**行政行为**的证据和所依据的规范性文件。

被告不提供或者无正当理由逾期提供证据，视为没有相应证据。但是，被诉行政行为涉及第三人合法权益，第三人提供证据的除外。

第三十五条　在诉讼过程中，被告及其诉讼代理人不得自行向原告、**第三人**和证人收集证据。

第三十六条　被告在作出行政行为时已经收集了证据，但因不可抗力等正当事由不能提供的，经人民法院准许，可以延期提供。

原告或者第三人提出了其在行政处理程序中没有提出的理由或者证据的，经人民法院准许，被告可以补充证据。

第三十七条　原告可以提供证明行政行为违法的证据。原告提供的证据不成立的，不免除被告的举证责任。

第三十八条　在起诉被告不履行法定职责的案件中，原告应当提供其向被告提出申请的证据。但有下列情形之一的除外：

（一）被告应当依职权主动履行法定职责的；

（二）原告因正当理由不能提供证据的。

在行政赔偿、补偿的案件中，原告应当对行政行为造成的损害提供证据。因被告的原因导致原告无法举证的，由被告承担举证责任。

第三十九条　人民法院有权要求当事人提供或者补充证据。

第四十条　人民法院有权向有关行政机关以及其他组织、公民调取证据。但是，**不得为证明行政行为的合法性调取被告作出行政行为时未收集的证据。**

第四十一条 与本案有关的下列证据，原告或者第三人不能自行收集的，可以申请人民法院调取：

（一）由国家机关保存而须由人民法院调取的证据；

（二）涉及国家秘密、商业秘密和个人隐私的证据；

（三）确因客观原因不能自行收集的其他证据。

第四十二条 在证据可能灭失或者以后难以取得的情况下，诉讼参加人可以向人民法院申请保全证据，人民法院也可以主动采取保全措施。

第四十三条 证据应当在法庭上出示，并由当事人互相质证。对涉及国家秘密、商业秘密和个人隐私的证据，不得在公开开庭时出示。

人民法院应当按照法定程序，全面、客观地审查核实证据。对未采纳的证据应当在裁判文书中说明理由。

以非法手段取得的证据，不得作为认定案件事实的根据。

第六章 起诉和受理

第四十四条 对属于人民法院受案范围的行政案件，公民、法人或者其他组织可以先向行政机关申请复议，对复议决定不服的，再向人民法院提起诉讼；也可以直接向人民法院提起诉讼。

法律、法规规定应当先向行政机关申请复议，对复议决定不服再向人民法院提起诉讼的，依照法律、法规的规定。

第四十五条 公民、法人或者其他组织不服复议决定的，可以在收到复议决定书之日起15日内向人民法院提起诉讼。复议机关逾期不作决定的，申请人可以在复议期满之日起15日内向人民法院提起诉讼。法律另有规定的除外。

第四十六条 公民、法人或者其他组织直接向人民法院提起诉讼的，应当自知道或者应当知道作出行政行为之日起6个月内提出。法律另有规定的除外。

因不动产提起诉讼的案件自行政行为作出之日起超过20年，其他案件自行政行为作出之日起超过5年提起诉讼的，人民法院不予受理。

第四十七条 公民、法人或者其他组织申请行政机关履行保护其人身权、财产权等合法权益的法定职责，行政机关在接到申请之日起2个月内不履行的，公民、法人或者其他组织可以向人民法院提起诉讼。法律、法规对行政机关履行职责的期限另有规定的，从其规定。

公民、法人或者其他组织在紧急情况下请求行政机关履行保护其人身权、财产权等合法权益的法定职责，行政机关不履行的，提起诉讼不受前款规定期限的限制。

第四十八条 公民、法人或者其他组织因不可抗力或者其他不属于其自身的原因耽误起诉期限的，被耽误的时间不计算在起诉期限内。

公民、法人或者其他组织因前款规定以外的其他特殊情况耽误起诉期限的，在障碍消除后 10 日内，可以申请延长期限，**是否准许**由人民法院决定。

第四十九条　提起诉讼应当符合下列条件：

（一）原告是**符合本法第 25 条规定的**公民、法人或者其他组织；

（二）有明确的被告；

（三）有具体的诉讼请求和事实根据；

（四）属于人民法院受案范围和受诉人民法院管辖。

第五十条　起诉应当向人民法院递交起诉状，并按照被告人数提出副本。

书写起诉状确有困难的，可以口头起诉，由人民法院记入笔录，出具注明日期的书面凭证，并告知对方当事人。

第五十一条　人民法院在接到起诉状时对符合本法规定的起诉条件的，应当登记立案。

对当场不能判定是否符合本法规定的起诉条件的，应当接收起诉状，出具注明收到日期的书面凭证，并在 7 日内决定是否立案。不符合起诉条件的，作出不予立案的裁定。裁定书应当载明不予立案的理由。原告对裁定不服的，可以提起上诉。

起诉状内容欠缺或者有其他错误的，应当给予指导和释明，并一次性告知当事人需要补正的内容。不得未经指导和释明即以起诉不符合条件为由不接收起诉状。

对于不接收起诉状、接收起诉状后不出具书面凭证，以及不一次性告知当事人需要补正的起诉状内容的，当事人可以向上级人民法院投诉，上级人民法院应当责令改正，并对直接负责的主管人员和其他直接责任人员依法给予处分。

第五十二条　人民法院既不立案，又不作出不予立案裁定的，当事人可以向上一级人民法院起诉。上一级人民法院认为符合起诉条件的，应当立案、审理，也可以指定其他下级人民法院立案、审理。

第五十三条　公民、法人或者其他组织认为行政行为所依据的国务院部门和地方人民政府及其部门制定的规范性文件不合法，在对行政行为提起诉讼时，可以一并请求对该规范性文件进行审查。

前款规定的规范性文件不含规章。

第七章　审理和判决

第一节　一般规定

第五十四条　人民法院公开审理行政案件，但涉及国家秘密、个人隐私和法律另有规定的除外。

涉及商业秘密的案件，当事人申请不公开审理的，可以不公开审理。

第五十五条　当事人认为审判人员与本案有利害关系或者有其他关系可能影响公正审判，有权申请审判人员回避。

审判人员认为自己与本案有利害关系或者有其他关系，应当申请回避。

前两款规定，适用于书记员、翻译人员、鉴定人、勘验人。

院长担任审判长时的回避，由审判委员会决定；审判人员的回避，由院长决定；其他人员的回避，由审判长决定。当事人对决定不服的，可以申请复议**一次**。

第五十六条　诉讼期间，不停止**行政行为**的执行。但有下列情形之一的，裁定停止执行：

（一）被告认为需要停止执行的；

（二）原告**或者利害关系人**申请停止执行，人民法院认为该行政行为的执行会造成难以弥补的损失，并且停止执行不损害**国家利益**、社会公共利益的；

（三）人民法院认为该行政行为的执行会给国家利益、社会公共利益造成重大损害的；

（四）法律、法规规定停止执行的。

当事人对停止执行或者不停止执行的裁定不服的，可以申请复议一次。

第五十七条　人民法院对起诉行政机关没有依法支付抚恤金、最低生活保障金和工伤、医疗社会保险金的案件，权利义务关系明确、不先予执行将严重影响原告生活的，可以根据原告的申请，裁定先予执行。

当事人对先予执行裁定不服的，可以申请复议一次。复议期间不停止裁定的执行。

第五十八条　经人民法院传票传唤，原告无正当理由拒不到庭，或者未经法庭许可中途退庭的，可以按照撤诉处理；被告无正当理由拒不到庭，或者未经法庭许可中途退庭的，可以缺席判决。

第五十九条　诉讼参与人或者其他人有下列行为之一的，人民法院可以根据情节轻重，予以训诫、责令具结悔过或者处 1 **万元**以下的罚款、15 日以下的拘留；构成犯罪的，依法追究刑事责任：

（一）有义务协助调查、执行的人，对人民法院的**协助调查决定**、协助执行通知书，无故推拖、拒绝或者妨碍**调查**、执行的；

（二）伪造、隐藏、毁灭证据**或者提供虚假证明材料，妨碍人民法院审理案件的**；

（三）指使、贿买、胁迫他人作伪证或者威胁、阻止证人作证的；

（四）隐藏、转移、变卖、毁损已被查封、扣押、冻结的财产的；

（五）**以欺骗、胁迫等非法手段使原告撤诉的**；

（六）以暴力、威胁或者其他方法阻碍人民法院工作人员执行职务，或者**以哄闹、冲击法庭等方法扰乱人民法院工作秩序的**；

（七）对人民法院**审判人员或者其他**工作人员、诉讼参与人、**协助调查和执行的**人员恐吓、侮辱、诽谤、诬陷、殴打、**围攻**或者打击报复的。

人民法院对有前款规定的行为之一的单位，可以对其主要负责人或者直接责任人员依照前款规定予以罚款、拘留；构成犯罪的，依法追究刑事责任。

罚款、拘留须经人民法院院长批准。当事人不服的，可以向上一级人民法院申请复议一次。复议期间不停止执行。

第六十条　人民法院审理行政案件，不适用调解。但是，行政赔偿、补偿以及行政机关行使法律、法规规定的自由裁量权的案件可以调解。

调解应当遵循自愿、合法原则，不得损害国家利益、社会公共利益和他人合法权益。

第六十一条　在涉及行政许可、登记、征收、征用和行政机关对民事争议所作的裁决的行政诉讼中，当事人申请一并解决相关民事争议的，人民法院可以一并审理。

在行政诉讼中，人民法院认为行政案件的审理需以民事诉讼的裁判为依据的，可以裁定中止行政诉讼。

第六十二条　人民法院对行政案件宣告判决或者裁定前，原告申请撤诉的，或者被告改变其所作的**行政行为**，原告同意并申请撤诉的，是否准许，由人民法院裁定。

第六十三条　人民法院审理行政案件，以法律和行政法规、地方性法规为依据。地方性法规适用于本行政区域内发生的行政案件。

人民法院审理民族自治地方的行政案件，并以该民族自治地方的自治条例和单行条例为依据。

人民法院审理行政案件，参照规章。

第六十四条　人民法院在审理行政案件中，经审查认为本法第 53 条规定的规范性文件不合法的，不作为认定行政行为合法的依据，并向制定机关提出处理建议。

第六十五条　人民法院应当公开发生法律效力的判决书、裁定书，供公众查阅，但涉及国家秘密、商业秘密和个人隐私的内容除外。

第六十六条　人民法院在审理行政案件中，认为行政机关的主管人员、直接责任人员**违法违纪**的，应当将有关材料移送监察机关、该行政机关或者其上一级行政机关；认为有犯罪行为的，应当将有关材料移送公安、检察机关。

人民法院对被告经传票传唤无正当理由拒不到庭，或者未经法庭许可中途退庭的，可以将被告拒不到庭或者中途退庭的情况予以公告，并可以向监察机关或者被告的上一级行政机关提出依法给予其主要负责人或者直接责任人员处分的司法建议。

第二节　第一审普通程序

第六十七条　人民法院应当在立案之日起 5 日内，将起诉状副本发送被告。被告应当在收到起诉状副本之日起 15 日内向人民法院提交作出**行政行为的证据和所依**

据的规范性文件，并提出答辩状。人民法院应当在收到答辩状之日起 5 日内，将答辩状副本发送原告。

被告不提出答辩状的，不影响人民法院审理。

第六十八条　人民法院审理行政案件，由审判员组成合议庭，或者由审判员、陪审员组成合议庭。合议庭的成员，应当是 3 人以上的单数。

第六十九条　**行政行为证据确凿，适用法律、法规正确，符合法定程序的，或者原告申请被告履行法定职责或者给付义务理由不成立的，人民法院判决驳回原告的诉讼请求。**

第七十条　**行政行为**有下列情形之一的，**人民法院**判决撤销或者部分撤销，并可以判决被告重新作出行政行为：

（一）主要证据不足的；

（二）适用法律、法规错误的；

（三）违反法定程序的；

（四）超越职权的；

（五）滥用职权的；

（六）明显不当的。

第七十一条　人民法院判决被告重新作出**行政行为**的，被告不得以同一的事实和理由作出与原**行政行为**基本相同的行政行为。

第七十二条　人民法院经过审理，查明被告不履行法定职责的，判决被告在一定期限内履行。

第七十三条　**人民法院经过审理，查明被告依法负有给付义务的，判决被告履行给付义务。**

第七十四条　**行政行为**有下列情形之一的，人民法院判决确认违法，但不撤销行政行为：

（一）行政行为依法应当撤销，但撤销会给国家利益、社会公共利益造成重大损害的；

（二）行政行为程序轻微违法，但对原告权利不产生实际影响的。

行政行为有下列情形之一，不需要撤销或者判决履行的，人民法院判决确认违法：

（一）行政行为违法，但不具有可撤销内容的；

（二）被告改变原违法行政行为，原告仍要求确认原行政行为违法的；

（三）被告不履行或者拖延履行法定职责，判决履行没有意义的。

第七十五条　行政行为有实施主体不具有行政主体资格或者没有依据等重大且明显违法情形，原告申请确认行政行为无效的，人民法院判决确认无效。

第七十六条　人民法院判决确认违法或者无效的，可以同时判决责令被告采取补救措施；给原告造成损失的，依法判决被告承担赔偿责任。

第七十七条　行政处罚明显不当，或者其他行政行为涉及对款额的确定、认定确有错误的，人民法院可以判决变更。

人民法院判决变更，不得加重原告的义务或者减损原告的权益。但利害关系人同为原告，且诉讼请求相反的除外。

第七十八条　被告不依法履行、未按照约定履行或者违法变更、解除本法第12条第1款第11项规定的协议的，人民法院判决被告承担继续履行、采取补救措施或者赔偿损失等责任。

被告变更、解除本法第12条第1款第11项规定的协议合法，但未依法给予补偿的，人民法院判决给予补偿。

第七十九条　复议机关与作出原行政行为的行政机关为共同被告的案件，人民法院应当对复议决定和原行政行为一并作出裁判。

第八十条　人民法院对公开审理和不公开审理的案件，一律公开宣告判决。

当庭宣判的，应当在10日内发送判决书；定期宣判的，宣判后立即发给判决书。

宣告判决时，必须告知当事人上诉权利、上诉期限和上诉的人民法院。

第八十一条　人民法院应当在立案之日起6个月内作出第一审判决。有特殊情况需要延长的，由高级人民法院批准，高级人民法院审理第一审案件需要延长的，由最高人民法院批准。

第三节　简易程序

第八十二条　人民法院审理下列第一审行政案件，认为事实清楚、权利义务关系明确、争议不大的，可以适用简易程序：

（一）被诉行政行为是依法当场作出的；

（二）案件涉及款额2000元以下的；

（三）属于政府信息公开案件的。

除前款规定以外的第一审行政案件，当事人各方同意适用简易程序的，可以适用简易程序。

发回重审、按照审判监督程序再审的案件不适用简易程序。

第八十三条　适用简易程序审理的行政案件，由审判员一人独任审理，并应当在立案之日起45日内审结。

第八十四条　人民法院在审理过程中，发现案件不宜适用简易程序的，裁定转为普通程序。

第四节　第二审程序

第八十五条　当事人不服人民法院第一审判决的，有权在判决书送达之日起15日内向上一级人民法院提起上诉。当事人不服人民法院第一审裁定的，有权在裁定书送达之日起 10 日内向上一级人民法院提起上诉。逾期不提起上诉的，人民法院的第一审判决或者裁定发生法律效力。

第八十六条　人民法院对上诉案件，应当组成合议庭，开庭审理。经过阅卷、调查和询问当事人，对没有提出新的事实、证据或者理由，合议庭认为不需要开庭审理的，也可以不开庭审理。

第八十七条　人民法院审理上诉案件，应当对原审人民法院的判决、裁定和被诉行政行为进行全面审查。

第八十八条　人民法院审理上诉案件，应当在收到上诉状之日起 3 个月内作出终审判决。有特殊情况需要延长的，由高级人民法院批准，高级人民法院审理上诉案件需要延长的，由最高人民法院批准。

第八十九条　人民法院审理上诉案件，按照下列情形，分别处理：

（一）原判决、裁定认定事实清楚，适用法律、法规正确的，判决或者裁定驳回上诉，维持原判决、裁定；

（二）原判决、裁定认定事实错误或者适用法律、法规错误的，依法改判、撤销或者变更；

（三）原判决认定基本事实不清、证据不足的，发回原审人民法院重审，或者查清事实后改判；

（四）原判决遗漏当事人或者违法缺席判决等严重违反法定程序的，裁定撤销原判决，发回原审人民法院重审。

原审人民法院对发回重审的案件作出判决后，当事人提起上诉的，第二审人民法院不得再次发回重审。

人民法院审理上诉案件，需要改变原审判决的，应当同时对被诉行政行为作出判决。

第五节　审判监督程序

第九十条　当事人对已经发生法律效力的判决、裁定，认为确有错误的，可以向上一级人民法院申请再审，但判决、裁定不停止执行。

第九十一条　当事人的申请符合下列情形之一的，人民法院应当再审：

（一）不予立案或者驳回起诉确有错误的；

（二）有新的证据，足以推翻原判决、裁定的；

（三）原判决、裁定认定事实的主要证据不足、未经质证或者系伪造的；

（四）原判决、裁定适用法律、法规确有错误的；

（五）违反法律规定的诉讼程序，可能影响公正审判的；

（六）原判决、裁定遗漏诉讼请求的；

（七）据以作出原判决、裁定的法律文书被撤销或者变更的；

（八）审判人员在审理该案件时有贪污受贿、徇私舞弊、枉法裁判行为的。

第九十二条　各级人民法院院长对本院已经发生法律效力的判决、裁定，发现有本法第 91 条规定情形之一，或者发现调解违反自愿原则或者调解书内容违法，认为需要再审的，应当提交审判委员会讨论决定。

最高人民法院对地方各级人民法院已经发生法律效力的判决、裁定，上级人民法院对下级人民法院已经发生法律效力的判决、裁定，发现有本法第 91 条规定情形之一，或者发现调解违反自愿原则或者调解书内容违法的，有权提审或者指令下级人民法院再审。

第九十三条　最高人民检察院对各级人民法院已经发生法律效力的判决、裁定，上级人民检察院对下级人民法院已经发生法律效力的判决、裁定，发现有本法第 91 条规定情形之一，或者发现调解书损害国家利益、社会公共利益的，应当提出抗诉。

地方各级人民检察院对同级人民法院已经发生法律效力的判决、裁定，发现有本法第 91 条规定情形之一，或者发现调解书损害国家利益、社会公共利益的，可以向同级人民法院提出检察建议，并报上级人民检察院备案；也可以提请上级人民检察院向同级人民法院提出抗诉。

各级人民检察院对审判监督程序以外的其他审判程序中审判人员的违法行为，有权向同级人民法院提出检察建议。

第八章　执　行

第九十四条　当事人必须履行人民法院发生法律效力的判决、裁定、调解书。

第九十五条　公民、法人或者其他组织拒绝履行判决、裁定、调解书的，行政机关或者第三人可以向第一审人民法院申请强制执行，或者由行政机关依法强制执行。

第九十六条　行政机关拒绝履行判决、裁定、调解书的，第一审人民法院可以采取下列措施：

（一）对应当归还的罚款或者应当给付的款额，通知银行从该行政机关的账户内划拨；

（二）在规定期限内不履行的，从期满之日起，对该行政机关负责人按日处 50 ~ 100 元的罚款；

（三）将行政机关拒绝履行的情况予以公告；

（四）向监察机关或者该行政机关的上一级行政机关提出司法建议。接受司法建议的机关，根据有关规定进行处理，并将处理情况告知人民法院；

（五）拒不履行判决、裁定、调解书，社会影响恶劣的，可以对该行政机关直接负责的主管人员和其他直接责任人员予以拘留；情节严重，构成犯罪的，依法追究刑事责任。

第九十七条　公民、法人或者其他组织对行政行为在法定期限内不提起诉讼又不履行的，行政机关可以申请人民法院强制执行，或者依法强制执行。

第九章　涉外行政诉讼

第九十八条　外国人、无国籍人、外国组织在中华人民共和国进行行政诉讼，适用本法。法律另有规定的除外。

第九十九条　外国人、无国籍人、外国组织在中华人民共和国进行行政诉讼，同中华人民共和国公民、组织有同等的诉讼权利和义务。

外国法院对中华人民共和国公民、组织的行政诉讼权利加以限制的，人民法院对该国公民、组织的行政诉讼权利，实行对等原则。

第一百条　外国人、无国籍人、外国组织在中华人民共和国进行行政诉讼，委托律师代理诉讼的，应当委托中华人民共和国律师机构的律师。

第十章　附　则

第一百零一条　人民法院审理行政案件，关于期间、送达、财产保全、开庭审理、调解、中止诉讼、终结诉讼、简易程序、执行等，以及人民检察院对行政案件受理、审理、裁判、执行的监督，本法没有规定的，适用《中华人民共和国民事诉讼法》的相关规定。

第一百零二条　人民法院审理行政案件，应当收取诉讼费用。诉讼费用由败诉方承担，双方都有责任的由双方分担。收取诉讼费用的具体办法另行规定。

第一百零三条　本法自 1990 年 10 月 1 日起施行。